Nobuhiro Miyoshi
三好信浩 著

日本の産業教育

Industrial Education in Japan: Historical Perspective

歴史からの展望

名古屋大学出版会

まえがき

産業国家としての日本の成長については、先進・途上を問わず内外国の学徒から注目を集めてきたが、その成功要因として、人的基盤確立のための「産業教育」の果たした役割についての本格的研究は多くはない。特に日本の教育学者のこの問題に対する関心の薄さが気懸りとなる。本書では、産業教育学の構築という遠い理想に向けて、日本の産業教育の歴史的特質と今日的課題を明らかにしてみたい。

維新革命の嵐が過ぎると、開明派官僚によっていち早く工学寮（工部大学校）が設けられ、その教頭として雇われたイギリス人ダイアー（H. Dyer）は、当時の世界に類例のないエンジニア教育を創始した。彼は自著 *Dai Nippon* の中で、日本の成長を「一九世紀後半の驚異（wonder of the latter half of the nineteenth century）」と評し、それが堅固な教育制度に支えられていたことを「世界史最大の顕著な事例（the most striking example of the history of the world）」とまで高く評価した。

資源も資本も乏しい日本において、殖産興業を進めて国家富強を図るためにはまずは人づくりが重要である、ということは官民の共通認識となった。工学寮の創置に寄与した山尾庸三は、たとえ当時の日本に見るべき工業はなくとも、人をつくればその人が工業をつくるであろうと公言した。

一時期大蔵官僚として銀行制度の創始に寄与した渋沢栄一は、期するところあって野に下りて自称「商売人」となり、日本の商業教育の成立に貢献した。彼は商工業の発展にとって「人才」の重要性を痛感し、商人の力量形成と道徳向上のための学校教育に期待し、かつ支援をした。数多の企業や事業に成功し日本資本主義の最高指導者となった彼は、同時に日本商業教育の最高のパトロンでもあった。

産業系の人材教育を「実業教育」と称し、それの法制化に力を尽くしたのは、名に負うドイツ系官僚井上毅文部大臣であった。彼は、軍隊になぞらえ大将を作る学校、下士官伍長を作る学校、兵卒を作る学校という三層の学校システムを構想し、それを国家の支配下に置いた。

結果として、日本は産業の近代化のために学校教育を最大限に活用した、世界の中でも異数の国となった。工・農・商の各分野にわたり、各層各般の学校を整備して、産業界、ひいては国家の要請にこたえた。そしてそのことが産業国家としての日本の成長の一大要因となったのである。

一九三四（昭和九）年、文部省は日本の実業教育の成果を内外に誇示し、かつさらに「産業立国の国策」を徹底させることを目的にして、関係機関を総動員して実業教育五〇周年の盛大な記念事業を挙行した。五〇周年の根拠はあいまいであり、後に言及することにするが、ここで著者が注目したいのは、これを機に刊行の始まった『産業と教育』の中に出る言論界の長老長谷川如是閑の記した「教育と産業社会」と題する論説である。その一節に次のように言う。

「伝統的教育観念のもつ錯誤の最も根本的なるものは、教育の原理を産業形態と没交渉の基礎の上に置くことである」「現在の教育制度は、この近代に於ける当然の改革に際して、二つの方面に於て錯誤を敢てした。即ち一方では、産業国家の形態の下に、産業社会を超越した、伝統的の抽象的教育を継承し、他方では、近代産業社会の原理に応じて、教育機関をも需要供給の原則に従ふ大量生産による人間供給の機関としたことである」（『産業と教育』一九三四年九月号）。

教育学の抱える二つの「錯誤」は、それから八〇年経った今日でもあまり改善されていないように思われる。著者は本書において産業教育学の構築を目ざして、長谷川の言う「錯誤」の是正に全力を尽くしてみたいと思う。

顧みれば、著者がこの問題に手を染めてから四〇余年の歳月が流れた。第一次資料を集めてできるだけ実証性の高い研究に仕立てたいと願いつつ著作物を書き続け、二〇一二（平成二四）年には風間書房から産業教育史学研究全一三冊を刊行し、その間ダイアーについては研究書一冊と著作集全五巻をイギリスから出版した。その他の著作物の数も増えたので、ここらで一書にまとめて識者のご高批を仰ぎたいと考えたのが、本書執筆の理由である。

いささか不遜な言い草になるかもしれないが、本書は、これまでの私自身の刊行物を集約し体系化して一書となしたうえで、これまでの研究で言及することのなかった戦後日本の産業教育の課題解決について愚見を記した一章を書き加えた。長谷川如是閑の言う「錯誤」は教育学の外の世界からの指摘であるだけに重く受けとめるべきであり、その錯誤の内実を検証することを含めて、たとえ微力とはいえ、産業と教育の関係性を明らかにし、両者の関連づけに一臂の貢献をしたいと念願する。加えてその成果をもとにして、混迷する現代日本の産業教育の課題に対して解決の提言をなしたいと思う。本書が、産業教育学の基礎づくりの一助となれば幸いである。

名古屋大学は、産業教育学の研究において高い実績を誇っている。本書の刊行に際しては、出来れば名古屋大学出版会からという願望を抱いていたが、同出版会の専務理事・編集部長の橘宗吾氏は著者の申し出を快く受け入れてくださり、また神舘健司氏は校正作業において適切な指摘をしてくださった。ここに厚くお礼を申し上げる。

二〇一六年早春

著者しるす

目次

序章　産業教育学へのプレリュード

1　先行研究の到達点

産業教育は、教育学の研究の中で傍系的・周辺的位置に置かれてきたためか、これまで本格的な研究物の数は少ない。その中から、著者（三好）は三人の研究者に注目してみたい。

その一は、東京大学の細谷俊夫である。第二次大戦の末期に軍事工業の重要性が増す中で、一九四四（昭和一九）年に「産業と教育の連繫」（文部省『日本諸学研究報告』第一八篇）と題する論説を発表し、同年に単著『技術教育――成立と課題』（育英出版）を公刊した。戦後になると論説の数を増やし、新しい時代状況を考慮に入れて、改めて一九七八（昭和五三）年に『技術教育概論』（東京大学出版会）を出版した。

細谷の業績は先駆的であり、後に続く多数の門下生は『細谷俊夫教育学選集』（全四巻および別巻、教育出版、一九八五年）を刊行し、その第三巻を「産業教育論」と題号した。しかし、細谷の研究は工業を中核とする技術教育論であって、産業全体への広がりは見えにくい。

その二は、関西大学の本庄良邦である。一九七三（昭和四八）年に『産業教育体制論研究』（三和書房）を、一九八三（昭和五八）年に『産業教育論』（同上）を刊行している。真正面から産業教育とうたい、その概念を「産業に従事するために必要な知識・技術ならびに態度の習得をめざして継続的に行われる教育活動の総称」と規定したうえで、学校教育、社会教育、職業訓練など多方面の教育をその中に包み込んだ（前著の「まえがき」）。その学校教育の中には、正規の学校のほかに各種学校や専修学校も含まれる。

その理論づけにはデューイとマルクスを挙げてイデオロギーの超克を期しているが、本庄の同輩鈴木祥蔵は特に「労働」の概念について疑念を呈しつつも、本庄がこの課題に取り組んだことの勇気には高い評価を与えた。余りに早く死去した本庄の追悼文集を編集した鈴木は、その「まえがき」に次のように記した。その評価には著者も同感する点があるので以下に引用してみる。

「現代社会の変化の根底に〝産業社会〟があり、その産業社会の変化がまた急激であって、その中に人間の資質に対する要求が極めて強くふき出してきているのである。そのことを対象として教育の学問的研究をやり遂げ、それをくぐり抜けて教育学を再編するという試みを教育学者の多くは無視してきたのである。この問題の所在に気づいた一人の教育学徒に故本庄良邦教授がいた」（鈴木編『現代産業社会と教育』明石書店、一九九一年）。

その三は、名古屋大学の寺田盛紀である。本庄の門下生であり、現在は細谷が中心となって創立した日本産業教育学会の会長をつとめている。『近代ドイツ職業教育制度史研究』（風間書房、一九九六年）などで、後述するドイツのデュアルシステムを紹介した学究であるが、ここでは学会の会長としての見解に注目してみる。

日本産業教育学会は、一九六〇（昭和三五）年に教育学者や生産現場の教育担当者などが集まり、「近代産業化した社会における生産活動と消費生活のためのあらゆる教育問題について研究討議する場」（「創立の趣旨」）として設けられた。寺田は二〇一二（平成二四）年に学会員を総動員して『産業教育・職業教育学ハンドブック』（大学教育出版）を編集したが、その内容は、義務教育、後期中等教育、高等教育の三段階の学校教育に加えて、職業訓練、企業内教育、障害児・者教育、キャリア教育、諸外国の事例など、実に幅広い構成になっている。「教育を学校から社会に出す」ことが学会設立の趣旨であったためその方針を継承し拡張している。

三人の研究者の見解を紹介したので、ここで著者の立場を明確にしておきたい。

産業教育は、産業が人間の生存と関係し、時代とともにその範囲を際限なく拡張する運命にあるため、「学」としての固有性や体系性を確立することは困難な状況にある。そこで著者は、この際思い切って三点の禁欲をして自己の守備範囲を限定しておきたい。

第一点。農・工・商の三業を産業の中心にすることである。この三業は日本人の歴史とともに始まり、長い歳月の中で大きく変貌してきたとはいうものの、人間の「生きる力」の原点は今もそこにあると考えるからである。戦前期の日本では「実業教育」という言葉が公用語とされた。井上毅がそれを法制化したけれども、その直後の『教育時論』には「実業教育の本義は如何に之を解すべきや」という、次のような疑義が提示された。

「実業教育てふ言語、一たび文部大臣の口に出でて、其噂忽ち天下に囂然《ごうぜん》たり。既に実業教育は職業教育にあらずとすれば、実業教育の本義は如何に之を解すべきや。強《あなが》ちに外国の例を引用するにはあらざれども、実業教育てふ文字に相当する外国語もなく、随て之を取調ぶるに就ても、其前例を欠くが故に、論者各《おのおの》銘々勝手の見解を付せざるを得ざるに至れり」（『教育時論』第二九二号、一八九三年五月。なお、以下の引用文については、必要と思う範囲で著者が特に断りなく振り仮名をつけた）。

渋沢栄一もこの直後から実業教育という言葉に反発し、生涯変わらなかった。例えば、一九二二（大正一一）年の論説では、三宅雪嶺が雑誌『実業』において「実業の実とは何の意味乎」と問いかけたのに対し全幅の同意を示したうえで、「農工商の事業」「生産殖利の経営」をさすと解釈して自分を納得させた（『龍門雑誌』第四一四号、一九二二年一一月）。著者もまた渋沢の常識から出たこの理解に共鳴する。

第二点。本書では産業教育という言葉を使うが、その際産業よりも教育に引きつけて考察する。産業教育という用語は、一九五一（昭和二六）年の「産業教育振興法」によってそれまでの実業教育に置きかえられた。法案段階では職業教育という言葉が使われていた。その原語である vocational education はアメリカで発展していた諸種の方法による教育領域であって、初等・中等段階の学校における職業ガイダンスから始まり、各種の技術訓練や職業訓練などを含む広範囲な概念で理解されていた。日本の産業教育振興法は、産業教育と称しつつも職業教育に近接していた。そこで想起したいことは、近代教育学の鼻祖であるペスタロッチが国民教育の基礎分野を基礎陶冶、道徳的陶冶、職業陶冶に三区分して人間の最後の陶冶は職業陶冶としたことである。産業教育を真の教育論にするためには、この三者の関連を常に念頭に置きたいと考える。

第三点。産業教育の中核に学校を据えることである。先述したように、近代の日本は学校教育の力を借りて産業国家として成長した実績を誇る。その学校を経営する教育家の中には近代以前の日本人の広義の「教育的営為」を生かす工夫をした人が多い。そのことによって産業系の学校が民衆の中に浸透して信頼をかち得ることができた。戦後の日本では、萎靡振わぬ感のある産業系の学校を、現代の、そして将来の産業社会にどのように役立たせるか、教育の論理を見失うことなく、学校を蘇らせることにまずは力を注ぎたい。

日本産業教育学会がテリトリーの中に含み入れている職業訓練、企業内教育、キャリア教育などについては、それ自体としてさらに研究を進める必要があるし、学校教育との連携策を検討することも重要である。そのためには肝腎の産業教育それ自体の学問研究をさらに深化することにより、その中核をなす学校教育を再生する必要がある。著者は、本書を産業教育学へのプレリュードとすることを念じつつ、筆を進めることにする。

2　歴史に潜む教育の論理

産業教育を「学」と称するからには、当然のことながら「産業とは何か」「教育とは何か」という概念を整理したうえで、両者を連繫させるための目的論、制度論、内容論、方法論などの視点から理論構築をしなければならない。日本産業教育学会の設立趣意書の中には、従来の「講壇教育学や評論教育学」を超克するという一文が含まれている。確かに日本の教育学は、外国、特にドイツの著名な教育学者の言説を難解な哲学的用語を使って紹介することを以て事とする時代が続いた。教育学が哲学の中から派生したこともその一因である。これが言うところの講壇教育学、思弁教育学である。戦後になると、特にアメリカの社会学的手法による研究が盛行し、実態解析や統計処理に基づいた現状の分析と批判がなされたが、その多くは改善の提言にまでは至らず言うところの評論教育学の域にとどまっている。しかし、日本産業教育学会の現状を見ると、それらに代わる新しい方法論がある訳ではなく、学会の初志を達成するのは、百年河清を待つの感は否めない。

同じ高嶺の月を見るためには、思い切って分け登る道を変えてみたいと思う。一言以てすれば、それは日本産業教育の「歴史」を辿り、その中の思想、政策、制度、実践などの「事実」を記述し、その歴史的事実の中に潜む「論理」を絞り出す作業を通して、「学」としての体系化を試みるという手法である。

その際、産業および産業教育に関係した人物の思想と実践の解析は特に重要である。とりわけ近代社会の国際競争の場裡の中で、世界と日本の現状と将来を見つめて、思索をし実践をした実業家や教育家には、それなりの教育の論理が秘められていたはずである。

哲学や文学などの世界ではいざ知らず、産業という人間の生存を直接左右する実世界を探索する場合は、観念やイデオロギーの空中戦ではなく、生業（なりわい）に密着した地上戦が有利である。そこでの理論は脳髄から湧出させるのではなく、これに供するに正確詳密な事実を以てすべきである。いかに談弁の術に長ずると言えども、拠るべきの考証なくして理論を架空することは、真の理論とはなりにくい。その拠るべき根拠の最大のものは日本人の生業の歴史の中にある事実である。著者がこの分野に足を踏み入れた際、歴史研究という道を選んだ理由はそこにある。

過去の事実は、解釈にちがいは生じても、事実そのものは変わらない。そこから現在を考え未来への展望を開くことができる。思弁や評論に勝る力のある理論をその中から紡ぎ出すことができると考える。もちろん、それをどこまで体系化し総合化して、普遍性や説得性や未来性に繋ぐことができるかは研究者の力量にかかっているけれども、本書は微力ながらもその高嶺を目ざしての歩みでありたい。

3 産業の領域

明治の早い時期に「産業」と題する二件の雑誌が刊行された。

その一は、横井時敬《ときよし》が一八九〇（明治二三）年に創刊した『産業時論』である。横井は、駒場農学校の第二回卒業生であって、この後日本の農業教育のトップリーダーとなる人物であるため、本書ではこれから再三その名が出てくる。彼は、農科大学教授に就任する前の一時期農商務省に勤務していた折、同省次官の前田正名《まさな》と意見の衝突を来して浪人生活に入ったころにこの雑誌を刊行し、その創刊の辞で次のように記した。

「茲《ここ》に産業時論を発行し、主《もっぱ》ら農事を本とし、延《ひい》て商工の事に渉り、其実業学理より以て法政、経済、教育、社交等に至るまで、苟《かりそめに》も此に関連するの事項は精疎細大漏す所なからんことを記す」（『産業時論』第一号、一八九〇年一一月）。

その二は、農政の方針をめぐり横井と対立した前田正名も陸奥宗光農相と意見が合わずに辞任、以後全国を行脚し「無冠の農相」「布衣の農相」の異名をとったころの一八九三（明治二六）年に創刊した『産業』である。彼はその趣旨の中で次のように記した。

「我実業界ノ幼稚ナル、農ニ工ニ商ニ其発達進歩ヲ図ルニ付キ為スベキノ事甚ダ多シ。余不肖自ラ揣《おしはか》ラズ事ニ茲ニ従フコト十有余年、朝ニ野ニ力ヲ致シ心ヲ尽シ大ニ計画スル所アリ」（『産業』第一号、一八九三年一〇月）。

前田は、さらに加えて、「曽テ余ノ創意ヲ以テ一誌ヲ某官衙《かんが》ヨリ発行」したが、「幾《いくばく》モナク廃刊」されたと記している。その一誌とは、彼が農商務省在職中の一八八五（明治一八）年に同省から刊行された『農商工公報』であろう。その公報では、農業、水産、工業、商業の四分類がなされている。

横井にしても前田にしても、当時の日本は未だ農業国であったため、農業を筆頭に挙げつつも、それに工業と商業を加えた三業を以て産業と称している。時代が下って、牧畜業、林業、水産業、鉱業、海運業、貿易業などへと分化が進むと、それらの多様な産業分野を第一次、第二次、第三次産業として区分する方法がとられた。例えば、アメリカのクラークのなした三分類は有名である。

第一次産業——農業、林業、水産業、牧畜業、狩猟業など。

第二次産業——鉱業、製造業、建設業、ガス・電力業など。

第三次産業——商業、金融、運輸通信、公務、家庭労務、サービス業などあらゆる非物質的用役を生産する一切の業務（木元富夫『産業化の歴史と景観』晃洋書房、二〇〇四年）。

もちろん時代の変化に伴って、産業の範囲は拡張し変化していく。一九四一（昭和一六）年に『職業社会学』を著してこの分野の開拓者となった尾高邦雄は、一九七〇（昭和四五）年の著書の中で、高度産業社会における職業構造の変化を推計していた。一九四〇（昭和一五）年の国勢調査では、農業、林業、漁業のような第一次産業の職業人口は四四％、第二次産業の工業人口は二七％、商業、サービス、公務、自由業など第三次産業の人口は二九％であったのに対して、一九六五（昭和四〇）年には、第一次が二五％に減り、第二次が三二％、第三次が四三％に増えた。この第三次には、専門、技術、管理、事務といった第四次産業と呼ぶにふさわしい人口が二二％を占め、この人口はさらに増加して、将来は第三・第四次産業人口は全体の過半数になるであろうと予想した（『職業の倫理』中央公論社、一九七〇年）。

さらに時代が進むと、産業の範囲は際限なく拡張していく。近年経済工学という新分野を提唱した野口悠紀雄によれば、鉄鋼、自動車、電気機械といった大量生産中心の製造業は生産拠点を海外に移しつつあるため、日本では従来の産業構造を変えて先端的な高付加価値産業を構築する必要に迫られていると言う。例えば、研究開発中心のハイテク産業や情報処理に関連したサービス産業である。介護サービスや進学塾の経営なども第四次産業として位置づける必要があると言う（『日本経済再生の戦略』中公新書、一九九九年）。

しかし、産業の領域がいかに拡張しようとも、農・工・商という人間の生存に必要な物資や財貨や流通を生み出す営みが根幹にあることに変化はないであろう。特に農と工が逆転して第一次産業が衰微していく現代であればこそその原点に立ち戻ることが求められる。人間と国家の将来を考えるとき、特に安全な食糧の自給は必須の要件である。日本人は有史以来第一次産業を中心にして農工商の営みを続けそれをもとに独自な文明を作り上げてきた。産業は形であり、文明はその影である。

4　学校の対応

明治維新後、西洋方式の学校教育を採用したとき、産業系の学校をその中に含み入れたことは、世界に例を見ない日本人の卓見であった。一八七二（明治五）年頒布《はんぷ》の初の近代教育法である「学制」では、中学校の一種として工業学校、農業学校、商業学校を含み入れていたし、翌年追加の「学制二編」では、諸芸学校、礦山学校、工業学校、農業学校、商業学校を専門学校として位置づけた。さらに注目すべきことは、一八八六（明治一九）年創立の帝国大学において、それまで工部省の所轄していた工部大学校を工科大学にし、それから四年後には農商務省所轄の山林学校を農科大学とし、文部省による一元的管理の下に置いた。神学、哲学、法学、医学から成り、産業系学部を含み入れない中世大学の伝統をもつヨーロッパでは考えにくいことであって、まさしく日本の大学の快挙と称すべきである。

日本の産業化に対して学校がどのように対応したかについては、本書では工・農・商の三業に分けて考察を進めるが、ここでは予めその対応の状況を次の三点について鳥瞰しておきたい。

(1)実業教育の法制――ヨーロッパの名だたる国々では中層・上層階級の進むエリート校と中層・下層階級の進む職業学校との間には壁があって、いわゆる複線型・二元型の学校体系をなしていた。日本はそれほど極端ではないものの、時代が進むにつれて二つの体系への分岐が始まった。明治の初年には同じ地平で起ち上った日本の学校教育にこの二極化を決定づけたのは井上毅文政期に端を発する実業教育の法制であった。すなわち、一八九九（明治三二）年の「実業学校令」では「工業農業商業等ノ実業ニ従事スル者ニ須要ナル教育」をなすものを実業学校と称し、中学校から切り離したし、一九〇三（明治三六）年に「専門学校令」が公布されると「実業学校令」も改正されて、「実業学校ニシテ高等ノ教育ヲ為スモノ」、すなわち高等の実業学校を実業専門学校と称することにした。

これによって、実業学校と実業専門学校は、中学校・高等学校・帝国大学と連続する「正系」学校体系に対して「傍系」的位置づけをされた。端的に言えば、それぞれが完結した学校であり、実業学校から上級学校への進学は極力抑制されて、最高位の帝国大学には到達しにくい仕組となった。しかし、実業教育の関係者は、上級学校進学を希望する生徒のためには諸種の便宜を講じた。例えば、実業専門学校では、中学校卒業者とともに実業学校卒業者を受け入れる特別学級を設けたり、実業系の大学・学部でも実業専門学校卒業生を受け入れる特例を設けたりした。袋小路の実業教育にも諸種の風穴があけられていた。

実業教育の法制の何よりも重要な意義は、日本の産業系教育機関が大きく拡張し、それぞれの教育目的を成功裡に達成したことである。拡張した学校数については、以下に中等と高等の二層に分けて概述するけれども、実業教育では正系の学校とはちがって各種各様の人材を養成して産業界の要請にこたえた。ちなみに、井上毅は前述のように三種の人材養成を目ざしていたし、井上の畏友であり日本の工業教育のトップリーダーとなる手島精一もまた軍隊の組織になぞらえて次のように発言した。

「学校系統に関しては、之を軍人にて例せば、即ち前述の徒弟学校・補習学校は卒を作る所なり。東京・大阪両工業学校及び府県立工業学校の如きは下士官乃至士官等を作るもの、工科大学は佐官以上の将校を作る所と云ふ振合《ふりあい》なりとす」(『工業雑誌』第八巻一四〇号、一八九八年一月)。

産業界、特に工業界では各層の人材が力を合わせて業務に専念することによって、効率を向上させることができるという手島の見解は現代でも通用する。そのためにはそれぞれの役割を果たし得る力量形成が必要であって、実業教育の充実は不可欠となる。実業の学校体系を不平等の名で断罪することは容易であるが、その教育の内実については立ち入って検討し、現代に生かせるものはないかを考えてみる価値はある。

(2)中等教育の対応――まずは、戦前期の中等産業教育機関の校数を一覧図にしてみる（図1）。文部省は一九一七（大正六）年から一九四二（昭和一七）年まで毎年『実業学校一覧』と題する冊子を刊行しているのでそれが参考になる。ただし敗戦までの三年間の記録は残していないので、著者は、現在国立公文書館に保管されているぼう大な量の「文部省簿書」を調査して、先に出版した産業教育発達史研究三部作の各巻の末尾に敗戦時における産業教育機関の一覧表を掲出した。敗戦時の校数は著者の調査したもので公式のものではないことを断っておく。

戦前期の中等産業教育機関は実業学校と総称され、「実業学校令」では、「工業学校、農業学校、商業学校、商船学校、実業補習学校」の五種が挙げられた。そのうち、工業学校の中には徒弟学校が、農業学校の中には蚕業学校、山林学校、獣医学校、水産学校が含み入れられた。このうち徒弟学校は一九二〇（大正九）年の「実業学校令」の改正によって廃止され、代わって職業学校が設けられた。男子の徒弟学校の多くは工業学校の乙種とされ、主に技芸的な女子徒弟学校が職業学校とされた。

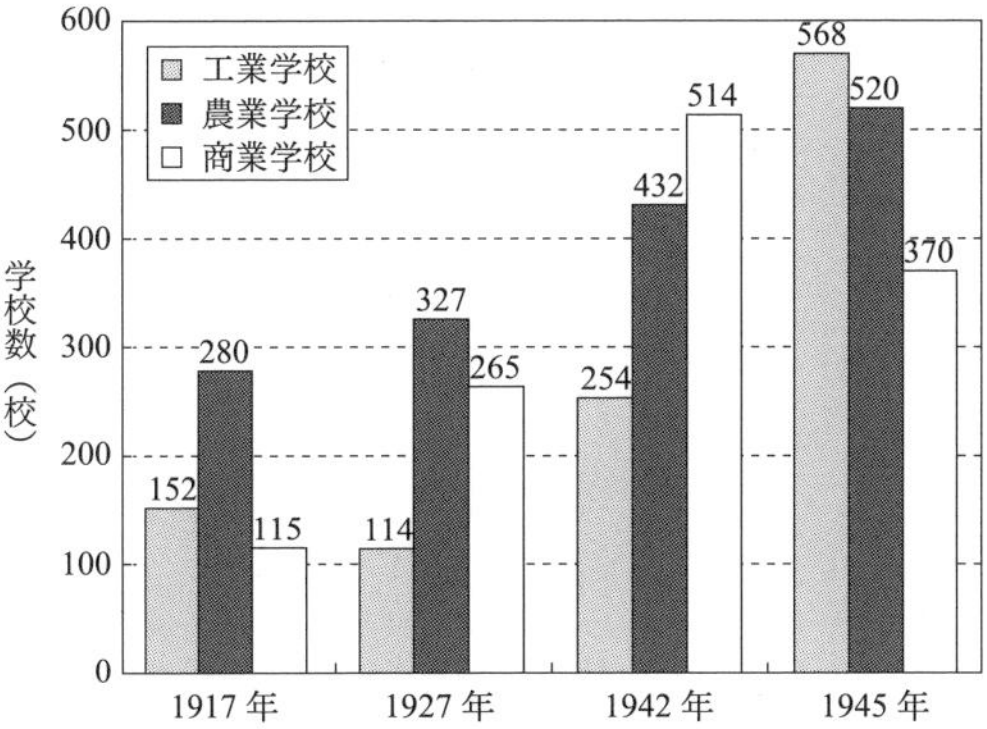

図1　中等産業教育機関の年度別推移

文部省の『実業学校一覧』では、工業学校、農業学校、商業学校、水産学校、職業学校の五分類がなされている。本図では、同一覧を集計した年度の水産学校は農業学校の中に含み入れ、裁縫、編物、刺繍などの職業学校は除外した。それらの産業系中等学校の年度別推移の概要を記してみる。ただし、分類上若干あいまいな学校もある。

明治期においては、日本はまだ農業国であったため、農業学校の学校数が第一位であり、徒弟学校を含めた工業学校がそれに次ぎ、商業学校の数は予想外に少ない。

大正期に入ると、徒弟学校が廃止されてその一部は工業学校とされたけれども、それまでは徒弟学校を含み入れていた工業学校の総数は減少に転じた。代わって農業学校数が若干伸び、商業学校数は大きく飛躍した。商業学校の増加は、第一次大戦後に金融や販売の活動が盛んになってその従業員が求められたこと、女子にも門戸が開かれていたこと、設備投資が少なくてすみ比較的多数の生徒を収容できたため経営面での私立学校の参入が活発であったことなどがその理由として挙げられる。

昭和期の一九四二年ごろまでには、中等産業教育は三業ともバランスよく発達し、質量ともに隆盛期を迎えた。特に注目すべきは工業学校と商業学校が拡張したことである。工業学校は徒弟学校からの転換校を含めて昭和初年の二・二倍、商業学校も昭和初年の一・九倍の伸びを示した。工業に比べれば、商業は私立校が多く、また同じ公立校でも工業は道府県立、商業は市町村立が多いのも特色である。

ところが、昭和期も大戦末期になると、国策に対応して工業と商業の大逆転が生じた。統制経済の下で重要性が減少した商業学校の代わりに軍事工業の強化に必要な工業学校が増設された。そのため商業学校の多くは工業学校へ転換することを強いられた。このことは高等教育よりも中等教育の分野においてより顕著な結果として現れた。これに比べれば農業教育は食糧生産という課題を背負っていたため、影響は比較的軽微であった。産業教育は、業界の需要や地域の実情などだけでなく、国家の施策に大きく左右される運命を背負っていたことになる。

(3)高等教育の対応——産業系の高等教育は大学と実業専門学校の両面から対応した。大学について見ると、明治初年に官立の工業や農業の学校が緒につき、それが一八八六（明治一九）年の「帝国大学令」によって法整備がなされ、その中に産業系学部が含み入れられたことについては前述した。その大学が大きく変貌するのは、一九一八（大正七）年の原敬内閣における実業界出身の中橋徳五郎文部大臣の進めた高等教育拡張政策であって、「大学令」の制定により産業系の単科大学や公私立大学の産業系学部が大増設された。その大学の下層には実業専門学校の堅固な体制が組まれ、私立大学の実業系専門部もその重要な一翼を担った。それらを含めて戦前期の高等産業教育機関の学校数の推移を一覧にしてみる（図2）。

概して、大正期は第一次世界大戦のもたらした好景気に後押しされる形で産業教育の大拡張が図られた。その結果、大正末年には明治末年に比べて二倍以上の増加を示した。

昭和期に入ると、大不況期を経て戦時体制へと移行していく中で、産業教育の三分野ともに拡張を見せた。文部省の最後の統計の出た一九四二年ごろを一応戦前期の到達点と見定めるとすれば、その時の学校数は明治末年の三・五倍に達していた。敗戦を前にした一九四三（昭和一八）年に日本の産業教育に劇的変化が生じたのは、中等教育と同じであった。商業教育は徹底的に縮小され工業教育への転換が強制された。その結果、敗戦時までに工業系教育機関は大幅に伸びて、農工商の三業に不均衡が生じた。

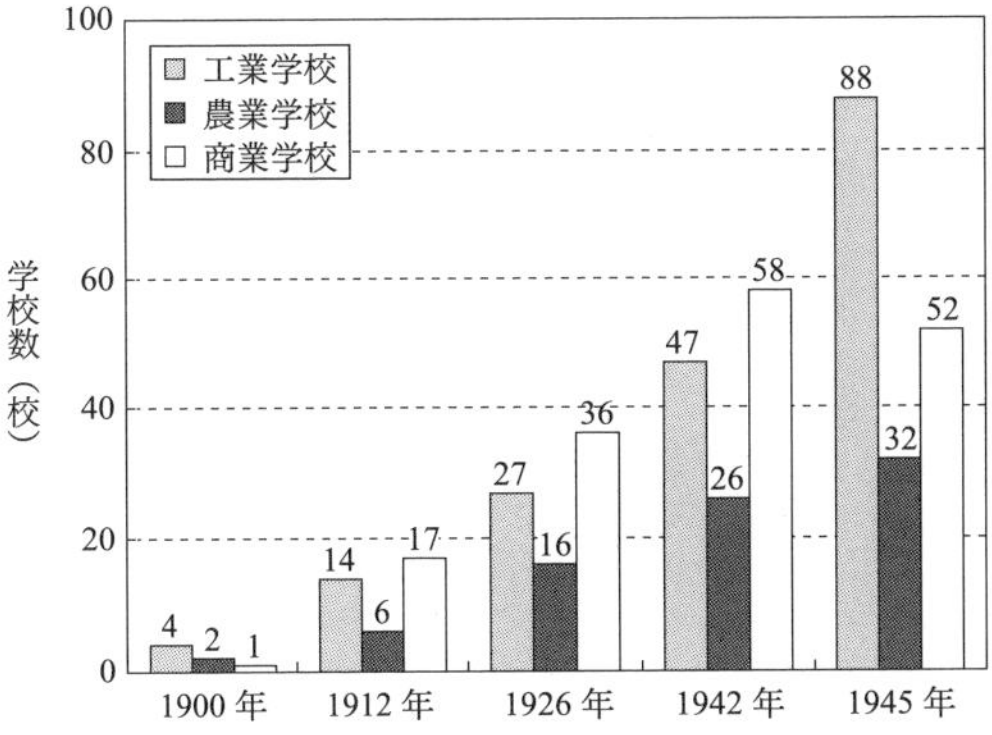

図 2　高等産業教育機関の年度別推移

なお、ここに挙げた三業の教育機関の範囲については、工業の中に工芸、鉱山、造船を、農業の中に蚕糸、園芸、水産、獣医畜産を含み入れているのに対して、商業の中に経済は含まれない。経済学と商業学は近接した関係にあるけれども、両者の境界を見定めることは難しく厳密な区画を設けることはできないためであって、もし経済を含めれば商業分野は大幅に拡張する。要するに、近代の日本では産業社会の必要性に呼応して、高等の産業教育機関もまた対応したという点では、中等のそれと同様である。国際比較の正確な数値は挙げにくいけれども、その対応の力は世界に例を見ない強さであったと思われる。

5　学校への期待（その一）――学理と実地の結合

なぜ学校がこれほどまで積極的に対応したのか、その理由は、学校の果たす役割に対する官民こぞっての期待があったからだと答えるしかない。学校への期待は大きく見て二点にまとめられる。その一は、学校であれば、学理を教え、かつ実習を課すことによって学理と実地を統一した人間形成がなされるという期待であり、その二は、日本の学校では道徳教育を重視してきたという実績を生かして産業界に出る人材の道徳と品性を養えるのではないかという期待である。明治の早い時期からこの二つの期待が関係者の語録として残っている。以下に、まずは学理と実地の結合に関係する語録の若干例を抜抄してみる。

⑴工業分野の語録――産業教育における学理と実地の結合は、すでに早く工部大学校において実験されていた。ダイアーの立案した学則では、六年間の修業年限を二年ごとに区切り予課学、専門学に続き最後の二年間を実地学と称して工部省所轄の事業について実習させた。その考え方はダイアー門下の工業教育家に引き継がれた。第一回卒業生でダイアーの母校グラスゴー大学に留学、帝国大学工科大学教授となる志田林三郎は一八八七（明治二〇）年に工学会で「工業ノ進歩ハ理論ト実験トノ親和ニ因ル」と題する講演をなし、その中で次のように述べた。

「本邦ニ於テハ曩《さき》ニ工部大学校ヲ設置セラレ、学理ノ応用ヲ教授シ、理論実験ヲ研究シタル而已《のみ》ナラズ、学生卒業ノ後ハ鉄道、電信、造船、採鉱等ノ実業ニ従事セシメ、世人ヲシテ理論ト実験トハ大ニ相関係スルモノナリトノ思想ヲ惹起《ひきおこ》サシメ、随ツテ日本全国ニ於テ工業ノ面目ヲ一新シタルハ実ニ其成蹟顕然《けんぜん》タルモノナリ」（『工学会誌』第六七号、一八八七年七月）。

工部省の工部大学校よりも下級の東京職工学校は一八八一（明治一四）年に文部省の手によって設けられ、のち高等工業学校、工業大学に昇格して日本の工業教育の最高学府となる。一八九〇（明治二三）年、その校長に世界の教育事情に精通した手島精一が就任し、一九一六（大正五）年まで在職した。その間多数の工業教育論を開陳し、一貫して学理と実地の一致を主張した。初期と後期の二件の語録を引用してみる。

まず一八九〇（明治二三）年の学則改正において、手島は、「生徒卒業ノ後尚一ヶ年以上現業練習トシテ本校ノ監督ヲ受ケ製造所又ハ実業者ニ就キ職工ノ業ヲ操《と》ラシムルモノトス」と定めたが、その趣意を次のように説明した。

「曩ニ当校規則改正ノ際、実修ヲ嫌厭《けんえん》スルノ傾キアルモノハ退学ヲ命ズトノ条項ヲ追加シ、又卒業生ハ一年以上現業練習ニ従事スベシト為シタルハ、当校生徒ハ他日工業界ニ出テ、他ノ模範トナリテ率先能ク労働ニモ堪ヘ得、進デ工業ノ振興ヲ計図《けいと》スベキ地位ヲ占ムベキモノナレバ、工業上ニ於ケル当世ノ弊風ヲ矯正《きょうせい》スルモ亦諸子ノ責務ナリト云フベシ」（『大日本教育会雑誌』第一一八号、一八九二年七月）。

卒業後一年間の現業練習は、卒業生の需要が切迫すると生徒への強制は困難となったが、すでに高等工業学校へ昇格していた時代の卒業生に対しても彼は自己の見解を変えることはなかった。

「本校の教育は皆実地の活用を期するに在れば、学理と実際とを問はず皆根本より了解するに非れば教育の効果あることなし。而して工業の根本たるものは科学の原則に在れば、其学理実際共に科学上の原則伏在するを以て、先づ科学の原則を明にするの要あり……尚工場実修は製造の順序方法を知らしめ、以て工業者に最大の要件たる手と頭とを練習せしむるに在れば、工場実習を嫌厭する輩の如きは工業者たるの最大要件を欠如したるものと言ふ」（『蔵前工業会誌』第六三号、一九〇八年一〇月）。

文中、「手と頭」とあるのは、ダイアーがグラスゴー大学に入学する以前の徒弟奉公時代に学んだアンダーソンズ・カレッジ（今日のストラスクライド大学）の初期の紋章《アームズ》にあるラテン語の頭と手（Mente et Manu）と同じ言葉であって、その紋章ではこの二語が天秤で均衡を保つような図柄となっている。

(2)農業分野の語録——工業に比べれば、農業の教育では学理と実地の一致は一段とむずかしい問題であった。工業では西洋伝来の学理と実地は最初から結び合っていたのに対して、農業では江戸期の農書に示されるようにコメつくりを中核とする在来技術は、老農と呼ばれる篤農家が思索し実践して高度の域にまで到達していた。そこに西洋の学理を入れ込んでも水と油の状態になった。その端的な事例ははじめ内務省、のち農商務省に引き継がれた駒場農学校の教育方針をめぐる混乱であった。同校では当初イギリスのサイレンセスター農業カレッジを経由して五名の教師を雇い入れたが、彼らの教える西洋農学は日本農業との間に乖離が大きかった。これに加えて日本政府のなしたイギリス人教師の人事に不手際があって、教師の不満が生じ結束を欠いたことなどが重なったため、結果的にはイギリス人教師はドイツ人教師と交代を余儀なくされた。

駒場農学校ではその間窮余の一策として著名な老農船津伝次平を現業教師として雇い入れた。彼は西洋の学理の意義を認めつつも、伝統農法の改良を図ることに腐心し、次のような言辞を残した。

「老農諸君の実地に就き熟練たるは感ずに余りあると雖《いえども》、思ふに十中の八は手加減心覚に熟練せし者ならん。是を以て農事改良を計る事難かるべし。故に実業を理に照し、理を索《もとめ》て以て改良を計らざるべからず」(『滋賀県農事問答』一八八四年)。

船津は西洋農学の導入を一定の範囲で受け入れ東西の折衷を試みたが、この時期には、より極端な賛成派と反対派の対立があったので、その例を挙げてみる。賛成派としては、慶応義塾に学び一八八〇(明治一三)年創立という古い歴史を誇る岐阜県農学校に就職した志賀雷山に注目したい。志賀は得意の英語力を生かして早くから西洋農書を訳出紹介していた。その中の一書の序文に次のように記した。

「熟《つらつら》欧米両洲ノ農業ニ係ル情勢ヲ視察スルニ、現時極メテ開進ノ域ニ在リト謂《い》ハザルヲ得ズ。而シテ其今日ヲ現出セシ所以ノ者ヲ察スルニ、彼ニ在リテハ此業恒《つね》ニ学問上ノ扶助ヲ受クルヲ以テ実験漸ク其歩度ヲ高メ、学説従ヒテ其蘊奥《うんのう》ヲ極メ、新法為ニ説明セラレ、旧式為ニ改良セラレタルニ職由スルナリ」（『栽培精理』有隣堂、一八八二年）。

これに反して、福岡県を中心にして活躍していた老農林遠里は、駒場農学校を卒業して福岡県農学校の教頭となった横井時敬が一八八八（明治二一）年に著書『稲作改良法』で学理を応用した塩水選種法を提唱したことに厳しく対決した。ちなみに、林は一八七七（明治一〇）年の著書『勧農新書』で自ら考案した種籾水浸・土囲法と称する選種法で全国にその名を知られていた。林の信奉者の著した林の伝記には次のように記されている。「然るに此際、翁の前路に横たはれる一大障礙物あり。之を称して学理派と曰《い》ふ。専門の学士多く此派に属す……然りと雖ども、要するに是れ揣摩《しま》の臆説、座上の空論、争でか論より証拠の実勢に敵するを得ん」（『論より証拠――一名老農林遠里之事跡』福岡天真堂、一八九二年）。

⑶**商業分野の語録**――商業分野には農業分野に比べてさらに困難な問題があった。江戸期までの日本商人は井原西鶴の言う「知恵才覚」を生かした商業活動をなしてきたため、近代になって西洋の学理を適用することには消極的であった。しかも、西洋には商業の拠るべき学理は工業や農業に比べればなお未発達であった。そのため、近代の商業教育は、学理よりも西洋に範を求めた実地の実践という技術的性格の強いものとなった。簿記と商法がそれである。

明治の初年には西洋の簿記法が歓迎された。福沢諭吉がアメリカで民間に流布していたブック・キーピングを『帳合之法《ちょうあいのほう》』と題して訳出したのは一八七三（明治六）年のことである。その後、簿記法、簿記術などと題する著訳書が汗牛充棟の状を呈した。江戸期の日本でも、例えば近江商人の中井家のごときは複雑な帳簿法を案出していたけれども、それに代わってイタリアに端を発する単式・複式の西洋簿記術が紹介され、啓蒙書としてだけでなく学校の教科の中にも取り入れられた。

　明治期に使われ始める商法という言葉も、法律用語としての商法だけでなく、さらに幅の広い技術的性格を有していた。日本最初の商業学校は森有礼らによって一八七五（明治八）年に設けられた東京商法講習所であって、その後高等商業学校、商科大学と、日本の商業教育の最高学府へと発展する。商法講習所時代の一八七九（明治一二）年に矢野二郎所長の定めた改正学則の中には次のような一文がある。

「欧米ノ商ハ則《すなわち》然ラズ。商法建テテ以テ一科ノ学術トナシ、一切商務ノ浩繁《こうはん》ナル、之ヲ処スルニ道ヲ以テシテ、秩序紊《みだ》レザラシメ、簿冊ノ記載票券ノ交換皆其宜《よろしき》ヲ得、地理物産風俗人情等苟《いやしく》モ商業ニ関スル所ノ者ハ収メテ其中ニ在ラザル所ナシ」（『一橋大学学制史資料』第一巻、一九八三年）。

　一八八七（明治二〇）年に松永道一の商業概説書が刊行され、商業においても学理と実地の一致が説かれた。

「商業家ガ要スル智識ハ事実上ノ者ト学術的ノ者トノ二種ノ智識ナリ……商業家タル者ハ事実的ノ智識ヲ要ス。然レドモ学術的ノ智識ナクンバ不可ナリ。又商業家タル者ハ学術的智識アルモ然モ事実的ノ智識ナキトキハ不完全ノ商估《しょうこ》タルヲ免レズ」（『商業汎論』有隣堂、一八八七年）。

　商業教育機関では、商業実践が教育内容の重要な一部を占めた。東京商法講習所では、アメリカのビジネス・カレッジでのケース・メソードにならって模擬商業実践を導入し、一八八〇（明治一三）年の学則を見れば修業年限三か年を半年ずつ六期に分け、最初の三期は講理、次の四・五期は講理と実践、最後の六期は専ら実践にあてた。この実践重視の教育方針は高等商業学校に昇格した後も変わらず、ヨーロッパの商科大学に注目する一派から「前垂方式」との批判を受けて、同校の発展に寄与してきた矢野二郎校長は辞職に追い込まれた。

　矢野は、「幽玄の理想に憧憬する学者にあらずして、活社会に活動する人物」（島田三郎『矢野二郎伝』実業之日本社、一九一三年）を育てることを公言した教育目標としていて、この思想そのものは、その後の中等・高等の商業教育に引き継がれた。矢野を支援した実業界の重鎮渋沢栄一の次の語録のごときはその例証となる。「事物ヲ成スニ付テ必要ナル道理ト云フ者ガアル。此道理ト云フ者ガ即チ実業ト学問トノ関係ノ湧《わ》イテ来ル原素デアラウト考ヘル。其道理ト云フ者ヲ種々昔シカラ経験シ、若クハ書物上ノ分析カラ段々磨《みがき》上《あ》ゲテ行クノハ即チ学問デ、其学問ヲ実業ニ応用シテ始メテ天下ノ事成就セザルナシ」（『龍門雑誌』第四四号、一八九二年一月）。

6　学校への期待（その二）——産業と道徳の結合

学問の実用化を説いた渋沢栄一は、同時に産業の倫理化の提唱者でもあった。彼によれば、「総じて商工業と云ふものは殖利生産的のもの」であるがゆえに、「業体そのものの有つて居る一の病」として、「悪くすると勢ひ不道徳に趨《はし》り易い」ものである（同上、第二七六号、一九一一年五月）。この状況を超克するため、渋沢は、私利公益論や論語算盤《そろばん》論など独自な論法で商業道徳の向上に力を尽くした。彼は多くの語録を残しているが、その中の初期の一例を紹介してみる。

「商売人の心掛は、能く信用を厚うし志操を極く堅実にし、且つ高遠の気性を以て学問を進め、公利と私利とを弁別するやうにと望むならば、どうしても此の徳義を重んずると云ふ心をば養成する、即ち徳育といふことをもう一層商工業者に於ては勉めねばならぬと思ふのです」（同上、第一一三号、一八九七年一〇月）。

文部官僚も産業教育における道徳教育の重要性を認識していた。例えば、一九〇六（明治三九）年の全国実業学校長会議における牧野伸顕文部大臣の訓示の中には次のような語録が含まれる。商業だけでなく工業や農業の学校長の集まった席でのことである。

「茲に深く諸君の考慮を煩《わずら》はさざる可からざるは、生徒品性の陶冶、徳器の養成は実業教育にとりて極めて切要なることなり。本邦商業道徳の幼稚にして輸出品中不正不信の形跡あるは一再に止まらず。為めに某国海軍々艦長をして、日本国は軍事に於て術数詐計《じゅつすうさけい》を以て露国に勝ちしが如く、貿易に於ても術数詐計を以てすと嘲罵《ちょうば》せしめしが如き、我国民の大に反省すべき所にして、実業教育者の軽視すべからざる所なり」(『教育時論』第七七四号、一九〇六年一〇月)。

渋沢は、彼の商業道徳論を裏うちするため、『論語』、中でも陽明学派の学説を持ち出した。東京商法講習所の出身者で、市立下関商業学校の名校長とうたわれた斎藤軍八郎も渋沢にあやかって『論語』を拠り所とした修身講話をした。彼は智徳体兼備という教育方針を打ち出した。中でも、「先以《まず》て鞏固《きょうこ》なる徳育の基礎を定め、其上に体智の柱を建てるのです」と述べている(『馬関毎日新聞』一九〇九年一月二八日)。

東京商法講習所の昇格した東京商科大学の初代学長となった佐野善作は、「商業教育と青淵先生」と題する論説を出し、日本商業教育の二大運動、即ち商業教育の学校化運動と倫理化運動において、青淵こと渋沢の果たした著大な役割を評価した(『龍門雑誌』第四八一号、一九二八年一〇月)。特に倫理化運動に対する渋沢の貢献は刮目に値する。

論語主義だけでなく、キリスト教系私学の中からも商業道徳の向上に寄与する動きが出てきた。例えば、アメリカのメソジスト教会の設けた関西学院大学は、その前身の専門学校時代から商業教育に乗り出していて、一九三五(昭和一〇)年には関西学院高等商業学校を付設し、その学科目の中に経済倫理を入れた。文部省に提出した申請書には注目すべき一文がある。

「従来一般ノ商業学校ニ於イテ授ケラルル、〝商業道徳〟ハ固ヨリ有用ナリト雖モ、斯学ハ之ト類ヲ同ジクスルモ、尚詳《つまびら》カニイヘバ、商業道徳ガ個人的倫理学ヲ基礎トシ綜合的社会的考察ヲ施スニ十分ナラズ、自ラ経済学ノ全般ニ対シテ照応セザルノ嫌アリ。経済活動全般ニオケル倫理的憑據《ひょうきょ》ヲ尽サザルノ憾《うら》ミアルニ対シテ之ヲ拡充セントスルモノナリ」（『文部省簿書』「学則・規則許認可文書関西学院高等商業学校」）。

道徳教育の重要性は特に商業教育において強調されたけれども、その他の産業分野でも同じように重要視された。

工業分野では、一八九九（明治三二）年から東京高等工業学校は学科目中に倫理を加えた。手島精一の「学校長報告」では、「倫理ヲ新設シタルハ、技術者トシテ多数工人ノ上ニ立テ之ヲ指導スルニ於テ、其言行ハ他ノ好模範タラザルベカラズ。故ニ在学中徳器及品性ノ修養ニ力ヲ効《いた》サントスルニ在リ」と説明され（『東京高等工業学校一覧』明治三二年度）、さらに一九一一（明治四四）年に倫理を修身と変え、隔週授業を毎週に改めた際の手島校長の説明には次のように記された。

「本校ハ固《も》ト倫理ノ学理ヲ授クルヨリハ寧ロ実践道徳ヲ説キ、其ノ授業時数ヲ多カラシメ、以テ日常處世上ニ有効ナラシメントスルニ在リ。是レ本校ハ多数工人ノ上ニ立チ、又ハ生徒ヲ教フル職ヲ執ルベキモノヲ養成スルニアレバ、是等人士ノ品性ニシテ範ヲ他ニ示スニ足ルニアラザレバ、我工業界及教育界ノ進善ヲ望ムベカラザルヲ以テナリ」（同上、明治四四年度）。

ダイアーの工部大学校においては、生徒を青年紳士として取り扱い、品性の教育に力を入れたことは有名であって、彼の愛弟子たちも師の教えを引き継いだ。例えば、熊本高等工業学校の初代校長となった中原淳蔵は、一九〇七（明治四〇）年の入学式の訓示の中で、「それ諸子は既に中等教育を卒へしなれば、我が校は諸子を青年紳士として待遇するものなり」と述べた（『熊本高等工業学校沿革誌』一九三八年）。

中原が九州帝国大学工科大学長に転出したあと、第二代校長となった川口虎雄はダイアーの孫弟子にあたるが、熊本では中原の方針を受け継ぎ、その後広島高等工業学校の初代校長に就任してからも、修身教育を重んじ「品性ノ備ラザルモノハ進級セシメザル」の方針を打ち出した（『広島大学二十五年史包括校史』一九七七年）。

農業分野でも品性の教育は重視された。その代表例は玉利喜造である。駒場農学校の第一期生として母校の教授となり、盛岡にできた本邦最初の高等農林学校、その次にできた鹿児島の高等農林学校の初代校長として創業に寄与した人物である。彼は一九〇九（明治四二）年にそれまでの思索と実践を一書にまとめ、その序文に次のように記した。

「倫理は実践的ならざるべからず。余は余が理想的の訓育大要は該校（三好注、盛岡高等農林学校）に於て試みたり。其効果容易に現はれざるも亦聊か徴《きざ》すべきものなきにあらざるべし。世の有志教育家、是等諸施設と其実際の成績とに就て更らに研究する處あらば幸甚旃《こ》れに加へん」（『実用倫理』弘道館、一九〇九年）。

修身と言えば、一八九〇（明治二三）年に発布された「教育勅語」をもとにして国家主義のイデオロギーを注入する教科という印象が強いけれども、産業教育の世界では、理想的な産業人を育成するという発想から独自な実践倫理観が生まれ、その教育が学校に対して期待されたという事実に注目したいと思う。

第1章　伝統社会における人間と産業

1　恒産恒心の思想

日本の近代化は多くの面で西洋に範を取っていたので、近代化はおおむね西洋化と言い換えることができるけれども、それ以前の日本には長い歴史があり、日本人は独自な産業社会に即応した独自の精神文化を築き上げていた。本格的な西洋化の始まる明治維新以前の特に江戸期の近世社会を仮に伝統社会と呼ぶことにして、近代社会との連続と非連続の関係を考えてみることは重要である。本章では特に連続の側面に焦点を当ててみる。たとえ明治維新を経由しようとも生活実態から見れば日本人が日本人であることに変化はないからである。

まず注目したいのは、伝統社会の日本人が大きな影響を受けたのは、古代中国の春秋末期から戦国時代にかけて生まれた思想であった。特に孔子やその弟子孟子などによって構築された儒教は、人倫の道や経世の要を説くものとして日本人に受け入れられた。日本人の中には、この儒教を徳教としてだけでなく人間の生産活動にも適用しようとする人々が現れた。特に『孟子』の中に出る恒産恒心論に心を惹かれた人は多い。「則無恒産、因無恒心」の言葉がそれであって、「則《すなわ》ち恒産無ければ、因《よ》って恒心無し」と読み、恒産は「一定の生業による生産収入」、恒心は「常に道を守って変わらない心」と釈す（内野熊一郎『孟子』明治書院、一九六二年）。

江戸時代に農業に関与した二人の儒学者の所説を紹介しよう。そのひとりは筑前福岡藩士の貝原益軒であって、日本最初の農書と称される宮崎安貞の『農業全書』（一六九七年）に寄せた叙の一節である。

「聖人の政は教養の二者にあるのみ。而して其の序を論ずれば、則ち養を先となし教を後となす。是れ富ましめて後、之に教ふる也。何となれば、則ち食は惟《こ》れ民の天、農は政の本となす。民の道たるや、恒産無き者は恒心無し。故に衣食足て後礼儀興るべく、教化行はるべし」（『日本農書全集』第一二巻）。

もうひとりは、備前岡山藩の儒者武元立平であって『勧農策』を著した中で益軒の思想を引き継ぎ次のように記した。

「民富《たみとみ》、国豊カニ相成候上教化ヲ施シ不レ申テハ不レ叶義ト奉レ存候……孔子モ是ヲ富マシ後ニ是ヲ教ント有、又食ヲ足シ兵ヲ足シ、民是ヲ信ズト宣《の》ブ。孟子ニモ、恒ノ産アル者ハ恒ノ心アリ、恒産ナキモノハ恒ノ心ナシト言ヒ、管子モ衣食足リテ礼節ヲ知リ、食廩《しょくりん》実《み》チテ栄辱ヲシルト申候」（『日本経済叢書』第二〇巻）。

ここに掲出した二例は、江戸時代の中心産業であった農業の振興論の中から出たものであって、その考え方は西洋化をすすめた明治の農業教育家にも形を変えて引き継がれた。例えば、学農社の創設者津田仙は、彼の傾倒したアメリカを例に出しつつ、「蓋《けだ》し衣食足らずんば礼節を知る能はず。礼節知らずんば真正の富貴を得べからず。二者相関の要を吾は合衆国に於て見る矣」と記した（『農業雑誌』第二〇三号、一八八四年二月）。津田の第一の門弟で広島に農学校を設けることに寄与した十文字信介が西洋農書の編訳書を出したとき、ドイツ系官僚の品川弥二郎は序文を寄せ、その中に次のように記した。津田、十文字、品川に至る洋学者は、『孟子』の恒産恒心論を換骨奪胎して、農業の近代化の論拠にしたことに注目したい。「原漢文」と記したものは三好の読み下し文である。

「凡そ人の世に居るや、三日食無ければ則ち餓《う》う。一日衣無ければ則ち寒《こご》ゆ。寒餓身に逼《せま》れば父も以て慈なる能はず。子も以て孝なる能はず。善政良法有りと雖も、教化行はれざれば風俗淳《あつ》からず。管子曰く、倉廩実つれば則ち礼節を知り、衣食足れば則ち栄辱を知る、と」（原漢文、十文字信介編・岡田松生抄訳『諸学階梯農業化学』神谷斎、一八八一年）。

ここで注目したいのは、『孟子』だけでなく『管子』の養教論が引き合いに出されていることである。戦国時代の斉の名将管仲は道徳より経済を優先させて殖産興業政策を推し進めた。その著『管子』は門人の筆も入れられたとされるが、すでに江戸期にこの書に注目した儒学者がいた。例えば、太宰春台は主著『経済録』（一七二七年）の中で管仲の言葉を引用して経世済民のための養教論を展開した。明治期になると管仲を引用する事例も出るが、厳密に思想の考察をした訳ではなく、人民の心や道徳を高めるためにはまず生業の安定が重要であることを主張するための論拠にしたという点では恒産恒心論と共通する。

主として農業分野で説かれてきたこの主張が明治期には農工商の全域にまで拡張した。その例として緒方（若山）儀一が挙げられる。緒方は幕末期から英学を修め岩倉使節団にも随行し、早くから多数の西洋原書を訳出した産業系の新知識であって、一八七〇（明治三）年の翻訳書の凡例では次のように記している。

「治国ノ実ハ必ズ財用ニ本《もとづ》ク。故に曰く、食を足ス。又曰ク、食廩実レバ即チ礼節ヲ知リ、衣食足レバ則チ栄辱ヲ知ルト……是ヲ以テ治国ノ君、経済ノ士、必ズ先ヅ其民ヲ富マス。民ヲ富スノ術如何。曰ク、食ヲ足スニ在リ、貨ヲ通ズルニ在リ。食ヲ足スノ要ハ本ヲ務メシムルニ在リ、貨ヲ通ズルノ要ハ末ヲ裕ニスルニ在リ」（フレッチェル著・緒方儀一訳『泰西農学』初編上、大学南校、一八七〇年）。

緒方は、田口卯吉の自由貿易主義に対して保護貿易主義を説く一方の旗頭となる。この緒言でも食と並べて貨を出し、商業啓蒙家の一人となる。商業分野では、渋沢栄一が陽明学の立場から『論語』を研究して独自な解釈を示して幕府の正学とされた朱子学を超克した。渋沢の主張の中には、農商だけでなく工業の分野も含まれていた。工業分野の恒産恒心論には興味深い事例がある。時代は大幅に下るが、一九二九（昭和四）年に武蔵高等工科学校（武蔵高等工業学校、武蔵工業大学の前身校）を設置する際の申請書の一節がそれであって、恒職恒心論に転じている。

「天産豊富ナラズ、人口過多ナル我ガ国ノ執ツテ以テ進ムベキ途ハ蓋シ工業的（産業的）発展ノ一路デアラネバナラヌ。我ガ国ガ現実ニ求メツツアルモノハ、実ニ此方面ニ於ケル有為堅実ナル人材ノ出現デアル。恒産ナキモノハ恒心ナシト曰フガ、恒業ナキモノ亦恒心ヲ持チ得ナイ。而シテ恒業ハ何時デモ工業的技術ヲ有スル人々ノ排他的優越デアル」（『武蔵工業大学五十年史』一九八〇年）。

伝統社会の精神生活の支柱となった儒教がサムライの守るべき道徳律とされた時代に、農民や町人など民衆の生活に引き寄せた解釈がなされ、近代社会にも引き継がれた。ただし、恒産恒心論には大きな落とし穴があった。端的に言えば、恒産ある者を社会の中核に据えるいわゆる中産階級論へと流れたことである。その代表が福沢諭吉であり横井時敬であった。

福沢は、資産と才能ある富裕平民層に「実学」を学ばせ、「ミッヅルカラッス」を創出することを目ざしていた。慶応義塾では、はじめは東京大学と同じように立志の願望に燃える士族青年を受け入れたが、明治一〇年代に入ると富農や富商の子弟が多くなっていく（天野郁夫『大学の誕生』中公新書、二〇〇九年）。横井の場合は、さらに徹底して中産地主に期待をかけた。サムライのいなくなった近代社会において武士道の後継者となるのは、自分の田畑を持ち、自ら耕作に従事する中産地主層を措いてはない、と次のように言う。一九〇一（明治三四）年の「農業教育論」の一節である。

「今日に於て我国武士道の相続者たり、国民の中堅者となりて、其風紀を維持し以て社会指導の任に当るべきものを求めざるべからず。恒産ある者は恒心あり。富は仁を貽す。然れども吾人は之を常に征利の巷《ちまた》に狂奔するの商工業者に求めずして、地方有志の地主に求めんとするもの、畢竟《ひっきょう》其心に清浄の念、潔白の情を有するものあればなり」（『農業教育』第三号、一九〇一年六月）。

2　一人前への願望

恒産恒心論が「上から」の治世の色合いを帯びたのに対して、その対象とされた民衆の間では一人前になることが人間としての願望となった。『広辞苑』には、「一人前」について「おとなとなること、またおとなとして扱われること」と「人並に技芸などを修得したこと」という語釈がつけられている。子どもも親もそれを目ざしたという意味では、「下から」の処世の色合いが強い。

歴史的に見れば、生産活動が人力に依存していた時代には、人間の作業能力をもって一人前の基準にした。共同労働を必要とした村落社会の一員に加わるためには、農耕では一日五畝（約五アール）以上の田打ちとか一俵（約六〇キロ）の背負いとか、大よその目安があった。女性はその六分程度、あるいは機織り一反を仕上げればその資格を認められた。

一人前の条件として年齢も重要であった。定めはなかったものの、男は大体一五歳ごろ、女は一三歳ごろとされ、村落社会では若衆宿とか娘宿とかに入り、伝統的な祭礼などの行事に参加するとともに共同体の構成員としての心構えを学んだ。これらの通過儀礼を終えれば結婚の資格も認められた。

子どもを一人前にすることは親のつとめとされた。下総国に生まれ、平田篤胤の門に入って国学を修めた宮負貞雄は、その著『民家要術』（一八三一年）において親のなすべき二つの課題を挙げた。まずは人倫の道であって、

「鳥は飛ぶ事を教へ猿は木のぼりを教ふるの道理なれば、人の子には人の道を教へずしては叶はぬ訳なり」と言い、加えて一人立ちする道を教えよと次のように説いた。後者の場合は教えることよりむしろ子どもに習わせることが大切だとしている。

「百姓の子には第一種芸をよく習はせ、稚き時より縄を綯《な》はせ、草履鞋を作り習はせ、凡農具の製方を教へ、十六七歳になっては何国へ押出しても農人一人前に通用するやうに習はせ、又商人の子は算術で帳面のしらべ商の掛引きを能く教ゆるが親たる者の持前なり」(『近世地方経済史料』第五巻)。

親が指導できない限界があるときは、奉公に出して熟練者に指導を委ねた。職人の徒弟奉公や商人の丁稚奉公などは慣習化した訓練制度であった。西洋では、ドイツのイヌングやイギリスのギルドなど中世からの徒弟制度があって、後述するように現代においても学校と並び、あるいは学校と連携して技術者養成に一役を果たしている。日本の場合、商家の丁稚奉公については多くの記録が残っている。いわゆる商家家訓および商家店則と称されるものに細かな規定がなされているからである。中でも、江戸期の成功的な商家である三井家や鴻池家などの家訓類は特に詳細である。家業の後継者となる子孫や嫡子の場合と丁稚と称される一般奉公人の場合とは規定の内容を異にしていたが、後者の場合、一般的には一〇歳すぎに子どもとして採用して、一五歳ごろに元服させ、力のある者は手代、番頭を経て、さらに力のある者は三〇歳ごろに暖簾分けして分店を持たせた。記帳、仕入れ、販売、接客などの技術は奉公期間中実地に修得して、手代になるころほぼマスターできたので、それをもって一人前とされた。

天秤棒一本の行商で「千両天秤」と呼ばれるほどの財をなした近江商人の場合は、三都をはじめ各地に出店を出し、そこでは地元から丁稚を雇い入れたが、後継者は近江の本店(本宅)に置いて、出店で働く父親に代わり母親が養育した。母親は、無慈悲とも受けとれかねない厳しさで我が子に商売のコツを自得させるように仕向けた。江頭恒治は近江の古老の話として次のようなエピソードを紹介している。

「この地方では店持《たなもち》の家の 倅《せがれ》には必ず修業の第一歩として近距離の行商をさせたということである……商品は鍋蓋ときまっていた。鍋蓋は一番売れない商品であることを承知の上で、敢てこれを売らせたのである。出かける際には金は一文も与えない。ばかりでなく、携帯の弁当も飯だけでおかずはつけない。おかずは儲けた金で買えといいつけてある」(『近江商人』至文堂、一九九五年)。

一人前と呼ばれるには、いくつかの必要な条件がある。まずは一人前になりたいという願望を持ち、次にそれに向けての努力を重ね、その結果として自分で生活する力を身につけ、さらに結婚して家族を養うことができるようになることである。福沢諭吉はそれを独立自尊と称した。「自分の口を養い家族の口を養う」ことが一身独立の基礎となり、一身が独立して一国が独立する。横井時敬はさらに単刀直入に自力で飯を食う力と言いかえた。彼は至るところでその言葉を発していて、一例だけ挙げてみる。

「若しも社会の人が人の厄介にならずに飯を食ふ事を計ったならば、之が黄金世界である。人の厄介にならずに自分自身で食ふて行ける様になつたら之が真の黄金時代である。之が即ち道徳である。飯を食ふといふ事が道徳の根本である」(『家庭之友』第七巻五号、一九〇七年五月)。

一人前は、「なりわい」「すぎわい」と重なり合う。人間の生活を可能とする生業の謂である。その生業を得るためには何らかの職業につく必要がある。職業社会学の開拓者尾高邦雄によれば、「職業」と称するからには三つの要素が欠かせない。その一は個性の発揮、その二は連帯の実現、その三は生計の維持であって、語源的に言えば、職業の「職」はその一とその二に関係する。外国語で Beruf や calling と呼ばれるものである。これに対して「業」がその三の生業である(『職業の倫理』中央公論社、一九七〇年)。真の一人前は、尾高の言う三要素を兼備した者であるが、若者にとってまず必要なことは生業であってそれを固めることが基礎となる。

近代になって学校が盛況を見せると、学校を卒業することが職業と直結してきたため、学校を出て就職することが一人前と見なされるようになってきた。ところが現今では、法律的な意味での成人＝大人に達する二〇歳の年齢層のおよそ七割は何らかの学校や大学に在籍している。成人式は催されるものの成人自身の一人前の自覚は乏しく、中には荒れた儀式さえある。未だ就職が決まっていないことも大きな原因であるし、学校を出てもニートとなる先輩もいるので見通しは暗い。

教育社会学者の苅谷剛彦は、「より多くの人びとがより長い間学校に行くようになればなるほど、学校を出ることと大人になることが結びつかなくなるという逆転現象」が生じると言う（『いまこの国で大人になるということ』紀伊国屋書店、二〇〇六年）。このパラドクスをどう解決するか、その考察は本書の最終章まで保留することにするが、一言以てすればこの肥大化し画一化した学校それ自体の中身を再考してみる、というのが本書の追究しようとする課題となる。

3　勤勉倹約のすすめ

経済学者の速水融《あきら》は、江戸期の日本では西洋の産業革命とちがって勤勉革命が生じた、という説を唱えた。太閤検地によって生み出された小農の場合には集約農業に徹して生産高を増すためには勤勉に働くことが必須の条件とされたからである（『近世日本の経済社会』麗沢大学出版会、二〇〇三年）。加賀藩の十村《とむら》と称する村役人土屋又三郎の著した『耕稼春秋』（一七〇七年）には次のような一文がある。

「農民は朝霧を払ふて出、夕に星を戴て帰る。遠山野山に居時は、少休時あれば疇《うね》を枕にするといへども、楽も又其内に有」「民は心気を砕き身を詰て、天の造化にしたがひ、勤る者は良農也」（『日本農書全集』第四巻）。相模国に生まれ、貧農から身を起こして報徳仕法を編み出し、農村復興と農民教化に功績のあった二宮尊徳は、至誠・勤労・分度・推譲の四徳目を提唱した。自己の力の及ぶ範囲を定め、勤労を尽くして最高水準の収穫物を得て、それを自己と他者に推譲することを含意する。ちなみに自譲とは、来年の為、吾身の為、子孫の為であり、他譲とは、人の為、村の為、国の為である。

商業の世界では、より直截に勤労と倹約を説いた教訓書や家訓などが多い。大阪に生まれ町人文学の大御所となった井原西鶴の代表作『日本永代蔵』（一六八八年）の中では「長者丸《がん》」と称する妙薬の処方箋として、朝起五両、家職二〇両、夜詰八両、始末一〇両、達者七両、計五〇両を朝夕呑込めと説いた（『日本古典文学大系48西鶴集下』）。家業に出精し倹約せよ、という教訓である。

町人として商人が台頭してきた元禄期から享保期にかけて、商人の道について深い思索をした思想家が現れた。石田梅岩がその人であって、丹波国に生まれ、京都の商家で奉公した。石田梅岩の研究家竹中靖一は、梅岩の思想は、「町人のために、町人の手によって、町人の体験から、町人の道を説いた実践哲学」と評した（『石門心学の経済思想』ミネルヴァ書房、一九六二年）。

石田梅岩は、商人に対して倹約の美徳を説いた。主著『都鄙問答』（一七三九年）の中で、「実《まこと》ノ商人ハ先モ立、我モ立ツコトヲ思フナリ」「商人ハ勘定委シクシテ今日ノ渡世ヲ致ス者ナレバ一銭軽シト云ベキニ非ズ。之ヲ重テ富ヲナスハ商人ノ道ナリ」「商人ノ買利モ天下御免《おんゆる》シノ禄ナリ」（『石田梅岩全集』上巻、石門心学会）、と商人の職分を肯定したうえで、晩年には『倹約斉家論』（一七四四年）を著し、「倹約といふは他の儀にあらず、生れながらの正直にかへし度《たき》為なり」と（同上）、倹約と正直を結び合わせた。言うところの「正路《しょうろ》の商い」である。

梅岩のもとには、彼を慕う多くの門人が集まり、彼の思想を通俗的・大衆的な著作物や道話として世に広めた。

いわゆる石門心学の一派であって江戸後期の民衆教化に多大の実績を残した。その研究者石川謙によれば、石門心学は、「人間生活の意味を探求して本性存養の道を講じた人生哲学であると共に、その道とする所を広く一般に推し及ぼさんとした社会教化の運動であった」（『石門心学史の研究』岩波書店、一九三八年）がゆえに、商人だけでなく他の業種の一般民衆にも影響を及ぼした。

農業の世界で石門心学に傾倒した人物として、大和国に生まれた中村直三がいる。彼は、実験的・比較的方法を用いて稲の品種改良に実績を収めた精農であって、その際心学社中の組織を通して各地の品種を集め、その中の優良品種を選び社中の農民に配った。彼はまた精神面において、心学を介して農事への出精と農業の生き甲斐の心を育てた。世益をあげるためには技術の改良が必要であることを自覚させ、有利な農術を相互に公開して出精させることに心学を役立たせたのである。彼は明治になっても三老農の一人として活躍した。

中村について論じた筑波常治は、農民が一揆的手段で問題解決をはかることを抑止し、社会矛盾を「節約」とか「勤労」とかいう農民倫理に還元することによって、領主と農民との「利害の妥協点を生かしていると同時に、両者の対立をぼやかす役目を果たした」と（『思想』第四〇七号、一九五八年五月）、厳しい評価をしている。

この評言は、ひとり中村に向けられたものではなく、石門心学全体、さらにはそれを歓迎した江戸期の思想界全体に妥当する。なぜならば、幕府や諸藩は民衆に対して勤倹の美徳を強制し、民衆はそれに従う精神状況を作り上げていたからである。幕府は、衣服などで町人の分を越えた生活に対しては闕所《けっしょ》と称する財産没収の処分を下したため、倹約を守ることは町人の自衛の手段でもあった。藩の施策として有名なものは、佐賀藩で執政鍋島安房の進めた天保改革での倹約令であって、そこで蓄えられた資金は鋳砲や造船などの軍事技術の開発にあてられたが、これについては後述する。

明治維新後になると、政府は形を変えて倹約を奨励した。その一策が貯金のすすめであって、これに関する啓蒙書が発刊されるとともに、学校貯金論のように学校の中にも取り込まれた。ここでは、その一例として一八八四（明治一七）年に農商務省の訳出したドイツ原書につけられた駅逓総官野村靖の序文を引用してみる。「一人の貧富は則ち一国の盛衰に繫《かか》る所なり。而して貧困は濫慢より生じ、豊富は勤倹に本づく。蓋し人各《ひとおのおの》其の業に勉めて其の産を営み、其の用を節して其の財に足らせば、即ち邦家の盛んならざらんと欲するも得べからざるなり」「然らば則ち勤倹は家を斉ふるの秘訣、国を活むるの要道なり。一家之を欠けば則ち離散し、一国之を欠けば則ち壊滅す」（原漢文、農商務省駅逓局訳『独逸貯金論』独逸学協会、一八八四年）。

この序文は、江戸期からの連続性を物語るけれども、幕末期には新しい思想も芽生えていたことを忘れてはならない。農業より商業を重視していた神田孝平は、すでに早くも一八六一（文久一）年に「農商弁」と題する稿本を作っている。出版は一八七九（明治一二）年のことであるが、その稿本で彼は次のように言う。「商を以て国を立つれば、其の国常に富み、農を以て国を立つれば、其の国常に貧し。東方諸国は農を以て国を立て、西洋諸国は商を以て国を立つ。故に東方諸国は常に貧しく西洋諸国は常に富めり」「倹約は高が知れたる者なり。百万石の物成は丸で残っても百万石なり。若し商法を用ふる時は、百万石を二百万石にも三百万石にも限りなく盛大になすことを得べし」（近世社会経済学説大系『神田孝平福沢諭吉集』誠文堂新光社、一九六三年）。

神田によって、農業立国では貧困から脱却できないと断定されたその農業を以て国を立てよという主張を続けていく横井時敬でさえも、西洋の農業経済学の意義を認識していて、例えば一八九九（明治三二）年の論説の中では次のように記した。

「嗚呼今日は徒に節倹貯蓄の消極的手段を之れ採るべきの時にあらざるなり」「農業経済の改良策、是に於てか講ぜざるべからざるなり」「今日の急は農業経済の主義を全く一変するにあり。保守の主義を去りて進取の主義に改むるにあり」（『横井博士全集』第八巻）。

しかし、欧米からの技術移転によって成長した大規模な近代産業の底辺には、在来産業の中で身につけた勤倹思想をもつ日本人労働者の厚い層が存在し、そのことが日本の産業革命の一大成功要因となった。外国人の目から見ても勤勉に働き節倹を重んじる日本人の生活態度は驚異であるとともに賞賛に値するものであった。今日では国家は国債発行によるぼう大な赤字をかかえているものの、日本人の個人貯蓄額はそれをはるかに上回る。

日本人にとって勤倹は美徳であったはずであるが、そこには主体性や創造性が乏しかったがゆえに、「勤勉の哲学」の限界も明らかになってきた（木元富夫『産業化の歴史と景観』晃洋書房、二〇〇四年）。今や時代は変わり、消費が美徳とされ、政府も景気浮揚のために消費拡張策を打ち出している。日本人は、「生産志向型人間」から「消費志向型人間」に変化させられつつある（間々田孝夫『消費社会論』有斐閣、二〇〇〇年）。現代の産業社会はどのように変わるのか、産業教育はどのように対応したらよいか、といった大きな課題がつきつけられているが、これもまた本書の最終章まで考え続けざるを得ない。

4　家業出精のすすめ

井原西鶴の売り出した長者丸では、五〇両のうち二〇両、つまり全体の四割の成分は「家職」となっている。家業を大切にせよという時代風潮を示すものと言えよう。

日本における「家（イへ）」の成立は古代の農耕社会にまでさかのぼる。時代が下ると、家は農業以外の各種の業種と結びつき、公家、武家、社家、寺家などが現れた。とりわけ重要なことは武家の成立であって、一家一族のみならず、家の子郎党としての家臣団を含めた、日本独自の家族制度の形態を生み出した。そこでは、「北条重時家訓」を先駆にした武家家訓が作られ、家構成員の共通の規範とされた。商家の成立は、武家よりおくれたが、多くの面で武家がモデルにされた。武家が家名や家禄の継承発展を志向したと同じように、商家の場合も、暖簾や財産を子孫に継承させようとする心理機制が働いた。

商人の世界は、田畑や家禄を基盤にする農民や武士の生活とちがって、浮沈がはげしく、絶えず家没落の危機に直面していた。伊勢国から出て江戸で「現銀掛値《げんきんかけね》なし」という新商法で財をなした三井家の三代目三井高房が番頭の中西宗助とはかって、父の話などをもとにまとめた『町人考見録』（稿本、享保年間）は、京都の富豪五〇家が大名貸や遊興などのため家を潰した没落の記録である。これは京都に限った事例であるが、その跋文によれば大坂でも近江でも、相場で当てたり、公儀の普請や山事で一攫千金を手にした者が、「あとかたなく成行《なりゆく》」例は多く、「川だちは河に果る」のがこの世の常であると書き加えている（『日本思想大系59近世町人思想』）。

商人がこの危険性を避けるために書かれた教訓書は多いし、また家ごとに家訓や店則が定められたことについては前述した。その教訓書の中の一例として、京都の素封家で石門心学者手島堵庵の父親上河宗義の著した『商人夜話草』（一七二二年）を見ると、その巻末に次のように記されている。

「貝原翁の家道訓俗訓、西川氏の町人ぶくろなどに、万民日用の教へに成事《なること》様様あれば、見合《みあわせ》て能事《よき》を取りて家を治る助とすべし」（『日本経済叢書』第七巻）。

上河の例示した二書のうち、貝原益軒の『家道訓』（一七一二年）は家業と道徳の関係を記したもので、先祖の家法を守って勤倹によって家職につとめるべきことを説いている（同上、第二巻）。『町人嚢《ぶくろ》』（稿本、一七一九年）は長崎の商家の西川如見が商人の存在意義を肯定したうえでその心得を説いたものである。この後、この二書につづく多数の商人教訓書が刊行されるけれども、石門心学者の著作物が多い。石田梅岩の勤倹思想についてはすでに述べたので、ここでは石門心学の家業思想について一例を紹介してみよう。讃岐国に生まれた河田正矩の『家業道徳論』（一七四〇年）の一節である。

「自ら家職を務行ひ、衣食ともに乏しからねば、他に貪る心なく、おのれと仁義礼智信の掟にも背かず、神道の正直伝法の慈悲にも、しらず量《はか》らずして漏《もる》る事なし。世人能々《よくよく》此理を会得し、道と云ものの家業に離れざることを悟り、仮にも我所作の外なる異端外道に走ることなかれ」（『通俗経済文庫』第九巻）。

これらの教訓書だけでなく、商家の家訓や店則も、当然のこととはいえ、家業の永続と繁栄を第一義とした。伊丹で清酒醸造に成功した後大坂に出てそれの江戸送りの廻船業や金融業で財をなした鴻池家では、始祖山中新六が一六一四（慶長一四）年に「子孫制詞条目」を定めて、「家業職分」に心を尽くすべきことを命じた。大坂で銅製煉業で財をなした住友家や、京都や近江などの名だたる商家には、例外なく家業の永続を期すための何らかの形の家法が定められた。

なぜ商家なのか、については理由がある。士農工商という身分社会の末端に置かれた商人は、武家本位に上から設けられた制度や規範に拘束される程度が弱かったため、より独自な判断で自らの家業を発展させることができた。日本商人は柔軟かつ大胆に状況に対処するという実績を築いたのであるが、その創業者にも後継者にも家の永続という共有の使命感が生まれた。その際の家はもはや家長の私的所有物ではなく半ば公的な性格を帯びたものに変わった。「一種の法人格をもった有機体」（竹中靖一・川上雅『日本商業史』ミネルヴァ書房、一九六五年）とさえ言えるものである。

従って、商家の跡取りは、息子や長男に限らず、経営者としての能力を見極めたうえで娘に有能な婿をとり、次代の家長夫婦にすることも稀ではなかった。明治民法では、例外は認めていたものの、原則としては「家＝家族制度」を確立するために、父系長男を相続者にしたのに比べれば、江戸期の商家での跡取り設定には柔軟性が認められる。

以上は商人の家業の概要であるが、農業の世界でも家業出精が奨励された。江戸期には農業の教訓書や啓蒙書など、多数のいわゆる江戸農書が執筆され、稿本のまま伝えられたり書肆によって板行されたりした。江戸農書を内容面から見ると、公的奨励型、啓蒙普及型、家業伝承型に三分類することができるが、ここで注目したいのは、家業としての農業を子孫に伝えてその継承と出精を期待する家業伝承型農書の存在である。三件の事例を挙げてみる。

・元禄年間に紀伊国の庄屋で地方役人をつとめた大畑才蔵の著した『才蔵記』は、「せめて子孫のために成共《なれども》と親の教を伝へ、身を立《たて》家を興す種ともなれかしと取集たる作業の品々を書集《かきあつめし》もの也」と結んでいる（『近世地方経済史料』第二巻）。

・加賀藩の十村、鹿野小四郎の書き残した『農事遺書』（一七〇九年）の自序には、「鍛錬を励し、縦に考へ横に試み、中《あた》れりと思ふ事粗《ほぼ》書付、主意を加へて断り、農事遺書と題号して吾儕《ともがら》に授く。人は譲るに金を以し、予は与るに此草稿を以す」とある（『日本農書全集』第四巻）。

・同じく加賀藩の地方役人宮永正運の著した『私家農業談』（一七八九年）の末尾には、齢七十八に達したいま、「一ツには我家族をして益農業にくわしからしめ、二ツにはなからん跡に子孫の形見にもなれかし」という思いを込めて、自己の体験をまとめ六巻にした、と記している（同上、第六巻）。

これら三例は、いずれも村役人層の著述したものであって、農業の直接の担い手である農民層、つまり土百姓と卑しめられた層から出たものではない。その点が農業と商業のちがいである。農民は五人組制度が物語るように村落共同体の倫理による厳しい規制下に置かれていて、村役人層の示す教訓に従って生きてきたため、仮に農書を執筆したとしても稿本が多く、家の外に出る可能性は低かった。後に述べる大蔵永常の農書のように、販売することを目的に書かれ、商品経済を取り込むような内容の農書は、むしろ例外的な事例である。

日本人が家業を継承するという思想は近代社会においても根強く残った。天野郁夫によれば、一九二九（昭和四）年に文部省が高等小学校卒業生の進路を調査したところ、家業または家事に従事する者は六割近くを占めたと言う（『教育改革のゆくえ』東京大学出版会、一九九五年）。しかし、第二次大戦後に職業選択の自由が保障された結果、若者の家業継承の意識は希薄になり、生涯に何度も職業を変えることも稀ではなくなった。特に農山漁村における後継者不足は深刻化している。宮原誠一は、この問題に対処する姿勢として次のように発言しているが、今日なお解決が待たれている。これもまた日本の産業教育の現代的課題である。

「もし農業が職業として近代化されるなら、農業もまた、職業選択の自由の原則にもとづいて、農家の子女とはいわず、すべての青年の前にその存在をしめし、これを志望する者たちによってえらびとられるものとならなければならない」（『青年期の教育』岩波新書、一九六六年）。

5　自修自得のすすめ

農工商の業種を問わず、一人前になるためには身につけておくべき事柄があった。簡潔に言えば、各業種に固有の「こころ」と「わざ」であって、いわゆる心技一体の職業能力である。

まずわざについて見れば、最も高度で多種多様なわざを求められたのは職人である。日本では中世から「人工」の達人を職人と呼ぶようになり、その職種は生活文化の進展に伴って多様化と専門化の度合を深めていった。繊維、製紙、製薬、製油、醸造、陶磁器、漆器、金属、建築など無数の分野に分化し、それぞれの分野に職人階層が成立した。例えば、近世の金工の場合、鍛冶師、包丁鍛冶師、刀鍛冶師、銀細工師、鋳物師、金彫師、錫師、象眼師、鎊師、金粉師、薄打・薄師、仏具師、鈴張師、刀研師、鏡磨師、砥師、針鉄師、焼継師・継物師などに専業化した。

これらの職人はおよそ七年間ぐらいの年季契約で親方に弟子入りをして各自の技術を習得した。やがて、「細工は流々仕上げを御覧《ごろう》じ」という域にまで到達していく。遠藤元男によれば、手工業が主要な生産手段であった時代において、彼ら職人は最もすぐれた技術者であって、近代のエンジニアと共通していたし、ある面では連続していた。後述する田中久重ことカラクリ儀右衛門のごときはこの連続の代表格であった。遠藤は次のように言う。「職人のもっている技術は、手工業技術である。道具を工夫し、また道具を使いこなす技術者なのである。機械を発明し、それを操作する近代的な科学に基づく技術者、つまりエンジニアーとはちがうが、技術の持ち主であるという点では同じである」（『日本の職人』人物往来社、一九六五年）。

職人に比べれば、農業の技術の幅は狭い。日本最初の本格的農書は、西南農業の中心地福岡において一六九七（元禄一〇）年に刊行された『農業全書』である。黒田藩に出仕する著者の宮崎安貞は、その凡例で「抑《そもそも》此書は本邦農書の権輿《けんよ》なり」と自認し、同郷の貝原益軒が叙を寄せてそのことを認めたように、その内容における水準は高く、その後の農書の先駆となった。

宮崎は、この書において、農業に「術」と「理」があると見た。「農業の術は人を養ふの本なり」「夫《それ》農人耕作の事、其理《ことわ》り至て深し」と言う（『日本農書全集』第一二巻）。宮崎自身は、この術と理を自分のものにするため種々の努力をした。例えば、中国農書、特に明の徐光啓の著した『農政全書』の翻訳とか、農業先進地である畿内の老農老圃の視察とか、貝原益軒の本草学の学習とか、あるいは自ら試みた農業技術の実験成果とかを、この書に盛り込んだ。注目したいことは、宮崎が農業の術と理を医療のそれに類比させる発想をしていることである。「此等の理をよくわきまへ、糞のさしひき、彼良医の薬を用る機転をよく合点して農業をつとめたらんは、目前に利潤を得ん事疑ひなかるべし」と言う（同上）。

農術は医術にならへ、という主張は、宮崎に続くその後の農書にも出てくるけれども、両者には基本的なちがいがあった。農業は、天候に支配され人為を越える幅が大きいこと、地域による差異が大きいこと、たとえ増収に成功してもその理由の説明がむずかしいことなどがその原因である。そうであれば、農業の術と理を窮めるには、試行錯誤的な努力の蓄積を必要とした。藩の俸禄を受ける宮崎のような立場にない農民は、自ら創意工夫をこらして考え、かつ実践するしかなかった。後述する大蔵永常はその代表的人物である。

農書の中には「自得」と題するものが多いこともその証拠である。例えば、下野国の名主田村吉茂の著した『農業自得』（一八四一年）はまさしくその名にふさわしい自得の記録であった。「著す所の農業自得は、実父の自得を受て、予若年より農業を好み、余念なく勤め、終に万穀諸草木にいたるまで、天地・陰陽・五行・自然の理あることを発明して、農業を勤め居《おり》ける」ことの成果であって、四七か条におよぶ「自得の大略」を書き記した（『日本思想大系62』岩波書店）。田畑一筆ごとの耕作帳をつけていて、その際比較考量の方法を用いている。

商人に求められた技術も農民のそれのように明確なものではなかった。井原西鶴は『日本永代蔵』で、「商売に油断なく、弁舌手だれ、知恵、才覚、算用たけて、わる銀《がね》つかまず」、いわば総合的な知恵才覚のある新興商人に注目した。さらにまた、「公家は敷嶋の道、武士は弓馬、町人は算用こまかに針口の違はぬやうに、手まめに当座帳つくべし」とも言う。

商家の技術としては、西鶴の言う当座帳の記述が重要であった。成功した商家はそれぞれに工夫をこらした帳《ちょう》合《あい》と称する日本固有の簿記法を編み出した。特に有名なものは、近江商人中井家の帳合であって、滋賀大学経済学部にはぼう大な量の簿冊が保管されている。これを研究した小倉栄一郎によれば、同家の決算報告書に相当する「店卸目録」には貸借対照表と損益計算書に該当する二部分の帳簿によって両者の計算結果を一致させる仕組になっている。簿記法としては、「多帳簿制複記複式決算簿記」と呼ぶことができるものだと言う（『江州中井家帖合の法』ミネルヴァ書房、一九六二年）。

一般的には、商家の帳簿は内容ごとに別冊になっていて、多い場合には、例えば繰綿や紙の問屋業として栄えた小津商店の「万歳帳」には「帳の扣《ひかえ》」として三九種の帳簿名が記されている（司法省『日本商事慣例類集』一九三二年）。大坂で使用された主要帳簿は概して七種、すなわち、大福帳、買帳、売帳、注文帳、金銀出入帳、金銀受取帳、荷物渡帳であったとされる（大阪商科大学経済研究所『大阪商業資料集成』第二輯、一九三五年）。それにしても数の多さに驚かされる。

商業技術といえば、この帳合を第一に挙げるべきであるが、商人のわざはそれにとどまらない。広く解釈すれば、商取引の技術、仕入れの技術、販売の技術、手形の技術などに加えて、奉公人教育や人事管理の技術も含まれる。一例を手形の技術について見れば、大坂では問屋商人を中核とする取引機構が整備され、流通を保証する信用力が増したため、商取引は手形を以てすませるようになり、為替手形、預り手形、振出手形、振差紙、大手形、約束手形、蔵預り切手など、各種の手形が使用されるようになった（同上）。

これらの技術は、基本的には奉公人システムを通して実地に習得された。丁稚、手代、番頭と年季を積んで奉公する間に、それらの技術は段階的に身につけられた。手代のころには基本的技術はほぼマスターされ、例えば中井家の帳合技術は手代衆によって担当された。

最も基礎的な学力である算（算盤）と筆（手習、手跡）も奉公人教育の中に取り込まれることが多い。夕食後の時間を利用して年長の者が年少の丁稚の学習を見守るべきことを明記した店則もある。あるいは丁稚が相互に学び合う場合もある。例えば、鴻池家の「定書」は師匠に頼まないことをわざわざ断わり、家内衆で教えることにしていた。三井家の家督相続者（同苗を含む）の家業入見習規定では、習学、勤学、修練などの言葉を使っている。商人の世界では、この種の基礎学力から高次の帳簿や手形の技術に至るまで、当人の自修自得の思想が重んじられ、それは近代にまで継承されることになる。

6 開物成務の施策

伝統社会における日本の民衆は、「生きる」ための知恵をしぼり、実践をしてきた。その「底力」によって、人口を増やし都市を発達させてきた。特に天下の台所と称された大坂のにぎわいの如きは、民衆の力による産業の発展を抜きにしては語れない。

時代は幕末期に移り、近代化への胎動が始まると、為政者の側から開物成務という思想が持ち出され、そのための人材教育が開始されることになる。もともと『易経』から出た言葉で、世の中の人知を開発して世の中の事業を遂行することを意味する。「開成」とか「開務」とかと同義語である。日本では、この思想は貝原益軒の『大和本草』（一七〇九年）の中にその姿を現し、佐藤信淵の『山相秘録』によって鉱工業の開発論にまで広げられた（『三枝博音著作集』第一〇巻、中央公論社、一九七三年）。

佐藤信淵は明治期になって評価の高まる思想家であって、その言によれば佐藤家の家学を集大成したと言う。彼の著作物の中で特に注目したいのは『経済要録』（一八二七年）であって、全一五巻のうち巻三から巻一三までは「開物論」となっていて、開物の意味を次のように言う。

「国土を経営し、物産を開発し、境内《きょうない》を富饒にして、人民を蓄食せしむるの業」「境内を審かに緯緯し、気候を考へ、土性を察し、山谷・池沢を開発し、平原・鉱野を新墾し、種々の貨物を出して、其製造を精妙にする」

「国家を領する者は、必ず経済の学を脩《おさ》めて国土を経緯するの術を精密にし、天工開物の法を講明して政事を勉強せずんばあるべからず」(『佐藤信淵家学全集』上巻、岩波書店、一九二七年)。

開物成務の範囲は広範にわたるが、佐藤信淵の場合は、特に農業論と学校論に注目したい。農業論としては、『草木六部耕種法』(一八三二年)その他の農書がある。一八七八(明治一一)年に内務省勧農局は最初の『農書要覧』を刊行した中で、本邦農書として小解を付した重要書二八件のうち一三件まで佐藤の農書を入れた。ちなみに第二位は後述する大蔵永常の五件であった。学校論としては『垂統秘録』(一八五七年)の中に小学校から大学校に至るまでの系統的な学校体系が提唱されている。ただし、その学校は官吏養成を目的とするものであって、産業の技術教育とのかかわりは弱い。

これに比べると、大島高任や橋本左内の開物成務論の中に含まれる学校論は、産業教育により近い色合いを帯びる。

大島高任は、南部盛岡藩医の家に生まれ、長崎で蘭学を修めた。藤田東湖に見出されて一時期水戸藩に出任したのち帰藩し藩政改革に携わった。一八六三(文久三)年にしたためた上申書では、「学校御建立之事」「商業を勧め産物を開候事」など四項目の意見を具申した。その中で、西洋各国を例に出して学校の必要性を論じた。「治国の要は、士民を教育すると、国家を警衛すると、財を理《おさ》めて国用を給するとに在り」と記し、西洋にはその学校の種類として、小学校、中等の学校、大学校のほかに、「兵法・航海・工作・鉱山・度数・医科等百般技芸各科専門の学校」のあることを紹介した。盛岡藩の学校設置計画の中には工作学校と坑山学校とを含み入れ、次のような学科を教えることにした。

「(工作学校では)百工利用の器械、百物製煉の良法、農具の便利等を考へ、農を勧め工を励して産物を興すの法より、山野を墾し、港を開き、水道を利し、橋梁を架し、道路を修め、家屋を造り、城塁を築くの法」「(坑山学校では）鉱石を試み、地脈を相して坑を開き、土石を捨てて鉱を取り、炉を築て有用の金属を分つの法」（大島信義編『大島高任行実』一九三八年）。

大島のこの専門学校構想は、維新後の新政府によって実現される学校教育を先取りする先見性を有していた。大島自身は、自藩の日新堂の中に製煉工作の学科を入れたり、幕府の命を受けて箱館に坑師学校を設けるなどした。維新後も鉱業教育の分野で活躍し、一九〇一（明治三四）年に病没するまで日本鉱業会会長の職にあった。

橋本左内は、福井藩医の家に生まれ蘭学を修めた。政治問題への関心を強めて藩政に参与するようになり、藩校明道館の改革を担当し洋書修学所を設置することに寄与した。これより先、彼は、安政二、三年の交、「外国貿易説」を発表し、「外国民は商律を守り信義を基と致し候故、本朝の商とは心術不同《おなじからず》候」と言い、西洋には日本とちがった商業の心術のあることを指摘した。さらに、「外国民と引合候上は、品物之交易のみならず、知慧の交易肝要に御座候。即製作使用之器械、経済実用之談論をも交易致し度奉存候」と、交易の幅を大きく拡大していた（景岳会編『橋本左内全集』一九〇八年）。

彼の設立した洋書修学所では、「西洋之言語文字」の基礎のうえに「銘々の所長を料《はか》り、窮理科、分析科、兵学科、製械科、開物科、暦算科、測量科、天文科、地学科等の一科に分配する」という、広範囲の学科を設ける予定であった。しかし、橋本は徳川慶紀を擁立する政治運動に深入りしたことを幕府にとがめられ、一八五九（安政六）年に二六歳という若さで刑死に処せられたため、彼の考えた革新的な学校計画は幻に終わった。

盛岡と福井の場合は構想は卓抜であったけれども、実現に届かないきらいがあった。ところが、幕末期になると、開成と銘打った学校が実際に設けられて機能を果たしたところがある。その代表的な事例として、幕府と、薩摩および土佐の両藩を挙げることができる。

幕府は、この方向の学校設立にいち早く着手した。外圧が厳しさを増してきた一八五六（安政三）年に蕃書調所を設け、一八六三（文久三）年にはそれを開成所と改称した。もともとは翻訳を目的としていたものを開物成務の方向に拡大するに際して、林大学頭《かみ》は次のように指示した。

「庶物考究之儀ハ、書上之研究計《ばかり》ニ而《て》ハ不相済、実事実物ニ当リ、験察之工夫尤《もっとも》其専務ニ可有之《これあるべし》。将又《はたまた》、当御場所内既ニ器械方精煉方物産方抔《など》名目開局ニ相成候儀ニ而、物理考究ハ申迄モ無之、有用ノ器械追々ニ製造之所趣意ニ候エバ、猶更数多《あまた》開局ニ相成、総而天文地理ヲ始メ、百工之技芸何レモ此場所ニ而総括ニ相成候儀ト奉存候」（大久保利謙『日本の大学』創元社、一九四三年）。

一八六四（元治一）年の開成所の規則によれば、蘭、英、仏、独、露の五か国の語学教授に加えて、専門学として、「天文学、地理学、窮理学、数学、物産学、化学、器械学、画学、活字」が挙げられている。幕府の開物成務は工業に大きく傾斜していて、農業と商業への広がりは見られない。当時教授役をしていた宇都宮三郎や辻新次らの回顧談によれば、実際には語学が中心であって、専門学には見るべき実績はなかったようであるが、これだけの専門学を構想していたことは注目に値する。

薩摩藩は、一八六四（元治一）年に開成所を開設した。それまでの薩摩藩は蘭学の研究におくれをとっていて、寺島宗則らの蘭学者は藩外への遊学によって学力を身につけていた。「蘭癖」大名とまで称された島津斉彬は集成館の建設などに力を注いだもののそれを教育と結びつけていない。開成所は、斉彬の跡を継いだ島津久光の時代になって実現したもので、多様な教育目的が取り込まれていた。ちなみに、藩の達《たっし》には以下の五科が並べられた。

「一、海軍礮《ほう》術、海軍操練、海軍兵法、陸軍礮術、陸軍操練、陸軍兵法、築城、二、天文、地理、数、測量、航海、三、器械、造船、四、物理、分析、五、医学」（『自文化三年至慶応三年藩達留』鹿児島県立図書館蔵）。

この開成所を設けると、藩当局はそれまでの藩外遊学方針を改めて藩士をそこに入学させた。教授陣は、藩外に人材を求めるという斉彬時代の方針を引き継ぎ、中浜万次郎、芳川顕正、前島密らが招かれた。英学者が多いこと、軍事、科学、機械、医学などの実学を総合的に教えることを目ざしたことなどが特徴である。しかし、幕末の政治状況が緊迫する中では、意図した実績を挙げるには至らなかった。軍事工業が前面に出て、農業や商業が含み入れられなかったことも限界である。その軍事工業も、新たに海軍所と陸軍所が開設されると、開成所そのものの役割は減少した。

土佐藩は、薩摩藩より二年おくれの一八六六（慶応二）年に開成館を開設した。土佐藩では、これより先、参政の吉田東洋を中心にして殖産興業や海外貿易の施策を進めてきた。一八六二（文久二）年に吉田が攘夷派に暗殺されたため一時停滞していたが、吉田派の後藤象二郎が藩政に登用されるに及び積極策に転じ、五反田の開成館の設置になった。後藤の伝記には次のような記事がある。

「開成とは〝開レ物成レ務〟の義也。貨殖、勧業、鉱山、捕鯨、海事等の科を分ち、局を置き、別に訳局を設け英仏両国の語学を教授し、又新に医局を置きて専ら洋医を奨励す。一藩の耳目、為に聳動《しょうどう》せり」（『伯爵後藤象二郎』冨山房、一九一四年）。

開成館の部局は、軍艦、貨殖、勧業、捕鯨、税課、鉱山、火薬、鋳造、原泉（貨幣鋳造）のほかに、医局（洋方）と訳局（洋書翻訳）から成り、藩の軍備、財政、産業、商業などすべての機関を結集させることになっていた。またのちには物産の統制や紙幣発行の権限まで付与された。人々はこれを称して、「五反田の商業館」と言い、また反対派は「五反田の阿房館」と罵った。

商業を含めて殖産興業の諸局を開成館にまとめたのは、窮極には、軍艦局を中心にして藩の軍事力を強化するための資金づくりという軍事目的のためであった。開成館が設けられると軍艦奉行の後藤が開成館奉行に就任した。後藤は中浜万次郎らを同行させて長崎に出かけて、開成館長崎出張所土佐商会を設けたし、坂本龍馬とも会見して坂本の率いる亀山社中の商船隊と提携することに成功した。

幕府、薩摩、土佐の開成所（館）は、その語源であった開物成務からかなりかけ離れて、軍事目的に傾斜していった。それは日本の近代化の過渡期における屈折であって、維新後において本来の意味を取り戻した。その代表例が幕府の開成所である。同所は一八六八（明治一）年に新政府の開成学校として復活し、その後、大学校分局、大学南校、南校、第一大学区第一番中学と目まぐるしく名称を変えたものの、一八七三（明治六）年に再び開成学校となり、一八七七（明治一〇）年には旧幕府の医学所を引き継いだ東京医学校と合体のうえ東京大学となった。

開物成務の思想と施策は、伝統社会から近代社会への架橋の役割を果たした。

第2章　近代産業教育の国際関係

1　産業教育成立の外交事情

旧幕時代の二五〇年間、対日貿易を独占していたオランダは、蘭学と称する西洋科学を日本に広めたり、長崎海軍伝習所において軍事技術を指導したりして種々の貢献をしたものの、その露骨な商業意図と技術水準の低さが分かり始めると、日本のオランダ離れが進行した。そこに登場して日本の開国を迫ったのはアメリカであるが、自国内での内乱（南北戦争）によって国際舞台から一時後退した時期に、日本に急接近したのはイギリスとフランスであり、やがてアメリカが巻き返し、ドイツ（当時はプロイセン）がこれに続いた。

しかし、日本は特定国の植民地支配を免れ、これら四か国を中心とする西洋列強が競合しつつ日本の近代化を支援するという幸運に恵まれた。各国は、日本産業の近代化とその人材養成を支援することになった。そこでまずはこれら四か国のこの面における外交関係を概述してみる。

イギリスとの関係では、日本の開国に強い関心を抱きながらも、中国市場の確保に専念していたイギリスは、世界の工場としての地力を発揮しつつ、徐々に日本との通商の主導権を掌握していった。一八五八（安政五）年の通商条約の締結後になると、まずイギリスの商社が進出してきた。なかでも、横浜英一番館と呼ばれたジャーディン・マセソン商会とそれと連携関係にあったグラバー商会はともに顕著な実績を収めた。ウィンチェスター（C. A. Winchester）やパークス（H. S. Parkes）など歴代駐日外交官は、日本人に教育の機会を与えることを対日外交政策の一環として重視した。一八六三（文久三）年には山尾庸三ら五名の長州藩士（いわゆる長州ファイブ）がジャーディン・マセソン商会の周旋で横浜を出帆し、一八六五（慶応一）年には森有礼ら一九名の薩摩藩士がグラバー商会の支援で鹿児島から出立した。一八六六（慶応二）年になるとパークスによる外交ルートを通して中村正直ら一二名の幕府留学生が送り出された。

日本側の最大の関心事は、イギリスの科学や技術を日本に導入することであったが、長州や薩摩の留学生の学んだのはロンドン大学ユニバーシティ・カレッジであって、宗教的制約の少ない「市民大学」であっても技術系の大学ではなかった。山尾庸三は、一旦はロンドン大学に登録するものの、グラスゴーに移り、徒弟奉公をしながらメカニックス・インスティチュートに起源をもつアンダーソンズ・カレッジの夜学に学んだ。イギリスの技術教育についてはは後述することにする。

維新後になると、日本からのイギリス留学生はその数を増し、また多数のイギリス人お雇い教師が来日して、日本の近代化に寄与した。工部大学校の創業者ダイアーもその一人である。

フランスとの関係では、当初フランスはイギリスに比べると対日貿易に消極的であったが、一八六四（元治一）年に新公使ロッシュ（L. Roches）が来日すると、イギリスの侵略政策を批判する反面フランスの勢威と善意の宣伝につとめ、幕府の中に親仏派を形成した。ロッシュはフランス人海軍技師ヴェルニー（F. L. Verny）に命じて横浜に製鉄所（造船所）を設けたり、フランス人士官による陸軍三兵伝習を実施したりした。さらに、一八六七（慶応三）年開催のパリ万国博には徳川昭武一行の派遣を斡旋した。このとき佐賀と薩摩の両藩からの参加も奨励した。

書記官カション（M. de Cachon）らの指導によって、日本人の中に仏語系人材が育成されたことも注目される。彼らは、維新後においても法曹、造船、軍事などの面で活躍することになる（飯田史也『近代日本における仏語系専門学術人材の研究』風間書房、一九九八年）。

フランス本国の産業教育の起源は、フランス革命期の一七九四年に設けられたエコール・ポリテクニク（理工科学校）であって、学校形式における技術教育において世界を先導するとともに、フランス教育の特色の一つであるグランゼコール（高度専門職学校）の原型となった。ヴェルニーはこのエコール・ポリテクニクの卒業生であった。フランスの大学は、中世大学の名残りで、法学、医学、神学を主体としていたため、技術教育はそれとは別系統の学校で行われていた。なお、エコール・ポリテクニクについては堀内達夫の研究がある（『フランス技術教育成立史の研究』多賀出版、一九九七年）。

アメリカとの関係について見れば、南北戦争によって工業化に対する新旧思想の対立に決着をつけたのちに日本に再び進出してきたが、すでにイギリスとフランスによって主要な権益を掌握されていた。幕府は、一八六〇（万延一）年に日米修好通商条約の批准書交換のため一七〇名もの使節団をアメリカに派遣したことによって正式に国交が始まったものの、アメリカ人宣教師のフルベッキ（G. F. Verbeck）やヘボンらによる英語教育の域を出ることはなかった。産業教育に対する本格的支援の始まったのは維新後のことであって、特に重要なことは、一八七〇（明治三）年に北海道開拓の援助を求めてアメリカに渡った黒田清隆を、グラント大統領をはじめ政府要人が歓迎したことである。連邦政府の農務長官ケプロン（H. Capron）は自ら顧問として来日を約束し、さらにマサチューセッツ農科大学の現役学長クラーク（W. S. Clark）の率いるアメリカ人教師団の来日の運びとなった。

マサチューセッツ農科大学は、マサチューセッツ工科大学と並んで、一八六二年制定のモリル法（Morill Act）によって設立されたアメリカの特色ある産業教育機関であった。この法律は農・工の教育を促進するために連邦政府が各州に対して土地を交付して学校建設の資金にすることを決めたもので、一八八二年までに四二校の土地交付大学を誕生させた。その後のアメリカの産業教育については後述する。

ドイツとの関係は、前記の三国とはおくれて始まる。ドイツ帝国の成立は一八七一（明治四）年のことであるが、一八六〇（万延一）年に幕府とプロイセンとの間に日普修好通商条約が結ばれた。一八五八（安政五）年の五か国条約には加わっていない。しかし、それまでにオランダ商館にはケンペルやシーボルトなどのドイツ人がいて、ドイツの科学や医術を日本にもたらしていた。特にオランダ人医師の指導した蘭方医学は、元はドイツ医学を参考にしたものが多く、維新後にはいち早くドイツ人医師とその役割を交代した。

ドイツ本国の産業教育は独自な特色をもっていた。西洋の有力国の例にもれず、ドイツ大学は哲学部を中心に、法・医・神の四学部から構成されていたが、そこにホッホシューレと称する工・農・商の単科大学が加わり、おくれたドイツの産業化に寄与してきた。それとともに自己の技術に自信をもつマイスターを育成する徒弟制度の果たした役割も大きい。新興国ドイツの科学や技術と、それを支える教育制度は、日本の国情に合致する点が多く、日本の近代化のモデル国となる。日本人為政者の中には親独派の人物が多数現れ、外交や文化などの面で日独の提携が進捗することになる。

2　イギリスモデルの受容

渋沢栄一は晩年になって、「新日本建設時代に於ける英国人の貢献――パークス氏及シャンド氏に就て」と題する論説を発表している。明治維新に際しては、「厚意に満ちた外国人の指導誘掖」が大いに役立ったが、「特に英国人は、一時的でなく継続的に、且最も深く、各種の世話をしてくれた」と謝意を表明した(『龍門雑誌』第四八七号、一九二九年四月)。パークスは駐日全権公使として維新後の対日外交を指揮し、シャンド(A. A. Shand)は大蔵省に雇われた銀行家であって銀行簿記を紹介するとともに銀行学局の設立と生徒の指導に貢献した。

商業の分野では、シャンドの著した『銀行簿記精法』(一八七三年)、『銀行大意』(一八七七年)のほかに、早くからイギリス原書が翻訳された。チェンバーズの百科全書の中の『商業編』(一八七四年)を皮切りにイーツの『大英商業史』(一八七九年)などの商業書が、また経済書ではペーリーの『経済原論』(一八六九〜七〇年)を手始めにローゼルスの『泰西経済新論』(一八七四〜七八年)など、明治初年から刊行が始まった。

イギリスに留学して経済人になった者も多い。例えば、一八七四(明治七)年には福沢諭吉にすすめられて慶応義塾から小泉信吉と中上川彦次郎が連れ立ってイギリスに出かけ、このうち福沢の甥にあたる中上川はのちに三井家の近代化の推進役として経済界で活躍した。

工業の分野では、後述するように長州ファイブ、なかでも山尾庸三の推進した工部大学校の教授陣はイギリスから雇われた。その教頭となったダイアーは、イギリスにモデルとなる学校がなかったため、イギリス人の実地重視の教育観をもって、大陸諸国に若干の先例のあった学校制度を摂取して実験的なエンジニア教育の創始に成功した。

工部省の推進した工業化政策は、産業革命の先進国イギリスから技術導入すれば効率的に実現できることは自明であったので、技術者や資材などはイギリスに支援を求めた。幕末期に長州藩に接近していたパークスは、開明派官僚に変身した旧長州藩士と結託した。渋沢はパークスの「厚意」と称したが、その実は鉄道事業に代表されるように莫大な利益を獲得できる支援であった。ちなみに、一八八五(明治一八)年の工部省廃省に至るまで同省の雇い入れた外国人は五八八名にのぼり、そのうち四五五名、率にして七七%はイギリス人であった。彼らには日本人に比べると格段に高額の給料が支払われた（『工部省沿革報告』一八八九年）。

農業の分野でも、はじめはイギリス人に指導を委ねた。主管省の内務省において、工部省の山尾庸三と同じような役割を果たしたのは岩山敬義である。薩摩藩士の子に生まれ、内務省の前身である民部省在勤中農学研究のためアメリカに差遣されたが、岩倉使節団の通訳をつとめたのが機縁でヨーロッパに随行してイギリスの農業教育事情について「英国サレンシストル農学校大意」と題する報告書を作成した（『公文録大使書類原本岩山敬義報告理事功程』明治八年四月）。内務省で農学校計画を樹てるに際して曲折はあったが、岩山のこの報告書をもとにサイレンセスター農業カレッジを経由して五名のイギリス人教師が雇われた。しかし、後述するように諸種の理由から、彼らは見るべき成果をあげることができずにドイツ人教師と交代させられた。

イギリスの産業教育の遅滞状況については、イギリス国内から反省の声が出ていた。一八五一年の世界最初のロンドン万国博では産業革命に成功して世界の工場、世界の銀行となったイギリスの繁栄が謳歌されたが、その後の、特に一八六七年のパリ万国博では大陸諸国の追い上げが目に見えて顕著になった。危機感を抱いたイギリスの有識者たちはその対策を訴え、大陸諸国の実情の調査と科学技術振興への行動を起こした。万国博に関係した造船技師ラッセルが一八六九年に著した『イギリス国民のための組織的技術教育』は一八八四（明治一七）年に菊池大麓によって『職業教育論』の書名で文部省から刊行されたし、一八八一年にヴィクトリア女王によって任命された王立技術教育委員会のまとめた全五巻の報告書も、それの刊行された翌年から、文部省によって、『技芸教育ニ係ル英国調査委員報告』と題して、全二〇冊に分けて四年がかりで刊行された（一八八六〜八九年）。

日本側もまたイギリスの動向を注意深く観察していたわけである。その結果、一九〇〇年代に入るとイギリスよりドイツが優位であるという評価が出てきて、新しいモデル国としてドイツへの傾斜が始まった。例えば、農業教育のトップリーダーとなる横井時敬のごときは声を極めてイギリスを批判した。食糧自給率の低さ、兵隊の弱さなどが原因でボーア戦争にあれだけの苦戦を強いられたと言う。農業を軽視するイギリスは衰退の一途を辿るであろうと予想した。

しかし、イギリスに対し敬意と好意を抱く人も大勢いた。例えば、本節冒頭に挙げた渋沢栄一は、一九一〇（明治四三）年に自ら編集した『明治商工史』の中で、「欽慕すべき英国風」という小見出しをつけて、「彼国は概して着実の風あり。精神修養も亦比較的深き所あり。一般に商業道徳の高きものあるを認めずんばあらず。此点に於ては日本は英国に模倣せざるべからず」と記した。またその翌年に静岡商業学校でなした講話では、イギリスの堅実さを「槻《つき》の木」「楠《くす》の木」にたとえた（『龍門雑誌』第二五〇号、一九〇九年三月）。

工業教育のトップリーダーとなる手島精一もまたイギリスの教育についてしばしば言及する中で、例えば、明治四十三年度の学校長報告で次のように記している。

「英国ハ其ノ教育上一般ニ学生生徒ノ品性陶冶ニ重キヲ置キ、国家ハ善良ナル国民ヲ要求スルノ事実ヲ教育上ニモ発揮セリ。同国民ノ品性他国ニ優ルモノアルハ同国教育ノ感化少カラザルヲ知ルニ足レリ」（『東京高等工業学校一覧』明治四三年度）。

3　フランスモデルの受容

学校制度としての産業教育が発達したフランスについて、日本人は早くから注目していた。初の近代教育法である一八七二（明治五）年の「学制」には河津祐之の訳出した『仏国学制』が参考にされたと言われている。幕末期にフランスが幕府に接近して造船や陸軍の技術指導をしたことは前述したが、維新後においてもフランスに好意を抱く日本人は少なからずいた。

京都の殖産興業を指揮した槙村正直もその一人であって、天皇東幸後の京都を建て直すために、語学校（欧学舎）や医学校（療病院）に加えて勧業場（牧畜場などの施設を含む）を設けた。多国籍にわたる多数の外国人を雇い入れた中にフランス人デュリー（L. Dury）が含まれていて、語学と産業の両面から槙村の期待にこたえた。特に産業面では、栗田焼の陶器の改良や西陣織の機械化などに功績を収めた。

デュリーはさらに日本人のフランス留学を斡旋した。はじめは、一八七二（明治五）年に三名の日本人を送り出し、その後東京開成学校に転じていた彼は一八七七（明治一〇）年に任期を終えて帰国するに際して八名の日本人を連れ立っていた。いずれも彼が京都においてフランス語を教えた生徒であった。八名の留学生は、彼の監督のもとで織物、鉱山、製麻、製糸、撚糸、染色、陶器、機械、美術など京都府の産業に欠かせない技術を習得した。そのうちの近藤徳太郎と今西直次郎の二人はリヨン織物学校に学び、帰国後は他の二人の留学生稲垣勝太郎と佐藤友太郎にも呼びかけ京都織物会社を設立した。

その中の近藤徳太郎は、その後工業教育家として活躍した。すなわち、京都市染織学校の講師を経て、一八九五（明治二八）年から栃木県立足利工業学校の初代校長に就任し、以後二二年間にわたり同校の発展に寄与した。

高等工業教育の分野でのフランス系教育家の代表格は古市公威である。彼は大学南校でフランス人教師からフランス語を学び、一八七五（明治八）年には官費留学生として渡仏した。パリのエコール・サントラルに学び、帰国後東京大学理学部講師、工科大学長となり、近代土木工学の最高権威、工学会の元老的存在として活躍した。その間土木行政のトップ官僚もつとめた。ただし後年にはドイツを評価するようになり、必ずしもフランス一辺倒の人物ではなかった。

フランスは工業国というより農業国であって農業教育が充実していた。ここに注目した最高のフランス通がいた。前田正名である。一八五〇（嘉永三）年薩摩藩士の子として生まれ、五代友厚の影響を受け開国進取の思想を有していた。一八六九（明治二）年に五代と親交のあった在日代理公使兼総領事モンブランの帰国に際して留学生としてフランスに渡り、七年間滞留、その間普仏戦争のパリ籠城組に身を置くなど西洋の現実を体験した。そこで確信したことは、日本の将来はイギリス的工業化ではなくして、「農工商の調和的発展」を国是としていたフランスの産業をモデルにすべきである、ということであった。

帰国後は大久保利通に見出され、一八七八（明治一一）年のパリ万国博の事務を管掌したり、内務省の三田育種場での農業の開新をしたりした。彼は在官中政府に対して多くの献策をなしたが、中でも一八八四（明治一七）年刊行の『興業意見』は有名である。和綴活字本二五冊の大作であって、多岐にわたって卓見を披瀝した。

本書に関連する意見としては、彼が農商務次官をつとめていたこともあって、特に農業と商業の振興に対する熱情を吐露している点が注目される。「駒場農学校ヲシテ漸次農業大学タラシムベキ事」「東京商業学校の規模ヲ大ニシ、更ニ大阪ニ官立商業学校ヲ設立スル事」など、注目すべき提言をなしている。一八九〇（明治二三）年官職を辞し、一野人として全国を巡歴しながら勧農策を説き、その南船北馬の活躍は「無冠の農相」と称された。一八九三（明治二六）年には自ら『産業』と題する雑誌を発刊したことについては前述した。

農業を軽視しているイギリスを厳しく批判した横井時敬もまたフランスを農業国として評価していた。「仏蘭西といふ国は農業の盛んな国であります。商業工業も相当に栄えて居るが、農業も亦栄えて居る。形から云ふと吾々の理想は仏蘭西であらうと私は思ふのであります」（『大日本農会報』第四四五号、一九一八年七月）。普仏戦争に敗れたフランスがドイツに対して多額の賠償金を払うことができたのは、農民の飼う鶏の卵を売った金があったからであると理解した。しかし、横井は、フランスを全面的に称賛したわけではない。「形から」と「内実から」には大きなギャップがあると考えたからである。フランスは内部から腐っている、と彼は言う。それは花の都パリの繁華の裏にある退廃であり、農村から出てきた醜業婦の堕落であった。彼はフランスからパリを除いたら農業国としてのフランスの健在が保たれる、とまで極言した。

4　アメリカモデルの受容

幕末期に三回もの西洋体験（うち二回はアメリカ）をもち得た幸運児福沢諭吉は、その著『西洋事情初編』（一八六六年）の扉に、「蒸汽済人電気電信」と記した。戊辰戦争の砲声を聞きながら、新銭座の塾で平然とアメリカ人ウェイランドの著した経済書を講義していたという逸話がある。同書は、その他の多数の洋書とともに、第一回の渡米のときに購入して持ち帰ったものである。

開国後の日本には、日本人の現地での見聞談を含めて、各方面のアメリカ情報が堰を切ったようにもたらされた。特に初等教育の教授法やその教師を養成する師範学校の情報の多いことが注目される。これについては橋本美保の研究がある（『明治初期におけるアメリカ教育情報受容の研究』風間書房、一九九八年）。

産業教育の面では、農業と商業に対するアメリカとの関係が深い。まず農業について見れば、先述したように開拓使の黒田清隆が渡米した際、グラント大統領と会見することができ、農務長官ケプロンが来日して指導するということ、期待をはるかに越える応待を受け、黒田は当初予定していたヨーロッパへの巡回を取り止め、すべてをアメリカに委ねることにして帰国した。その成果として札幌農学校が誕生した。

それとは別にアメリカの民間人の農業指導も見逃せない。白川（熊本）県洋学校のジェーンズ（L. L. Janes）は『生産初歩』を口述して生徒に訳出させたし、槇村正直の設けた京都府の牧畜場ではウィード（J. A. Weed）がアメリカから輸入した牛や羊の蕃殖法を指導するとともにアメリカ原書をもとにした同場での講義要旨『西洋農学日講随録』を勧業課の田代俊二に訳出させた。あるいは、アプ・ジョンズ（P. W. App-Jones、通称ジョンズ）はアメリカからの農畜産物の輸入斡旋を業としていたが、内務省雇いとなってからは下総牧羊場の指導を担当した。ジェーンズとウィードは府県雇いのお雇い外国人である。

商業は、農業よりもさらにアメリカとの関係が密接である。一八七〇（明治三）年に大蔵省は、伊藤博文を長として、福地源一郎、芳川顕正、吉田二郎ら合わせて二一名をアメリカに派遣して銀行業務などを創始するための調査をさせた。伊藤らは国立銀行条例と題する建議書を日本に送ってきたので、大蔵省改正掛長であった渋沢は、当時アメリカ式にするかイギリス式にするかという点で意見の分かれていたこの問題を、伊藤の提案に従ってアメリカ式の国立銀行を設けることに決した。これにより不換紙幣の償却と正貨兌換が進められた。

このときの派遣生の中の福地や芳川らは、あるいはこれとは別のルートで渡米した田尻稲次郎、佐藤百太郎、高木貞作、緒方（若山）儀一などは、日本の経済学の近代化のために啓蒙や教育の活動に従事することになる。中でも田尻は、アメリカ留学から帰国した気鋭の学者たちの協力を得て一八八〇（明治一三）年に専修学校を起こし経済学の講義を始めた。

日本最初の商業学校は、アメリカ駐箚《ちゅうさつ》の三人の外交官の手によって推進された。森有礼、富田鉄之助、矢野二郎の三人である。南北戦争終結後のアメリカにはビジネススクールと称する商業教育機関が盛況を見せていた。これを見た森と富田は一時帰国したとき福沢諭吉を動かし日本にビジネススクールの設立計画を樹てたが諸種の理由で官立とはならず、結局、一八七五（明治八）年の私立の商法講習所の設置になり、アメリカからホイットニー（W. C. Whitney）を雇い入れての開校となった。矢野はその校長として経営に力を尽くし、東京高等商業学校へ発展させる基礎を築いた。

森は、その後清国、さらにイギリス駐箚の外交官として活躍し、一八八四（明治一七）年に伊藤博文に呼び寄せられ、その翌年発足の伊藤内閣の初代の文部大臣に就任した。彼は再びアメリカの商業教育を評価するようになり、文部大臣就任前に大阪商業会議所でなした「商業学校を設くべきの理由」と題する演説の中で次のように述べている。

「英国を離れて渡航したる流民の集合は、互に食ふものもろくろく食はず、着るものもろくろく着ずして、先づ学校を建てたり。而して合衆国の基礎略々《ほぼ》成るに至るや、商業専門の学校をも設け、又一般の進歩を加ふるなど、事々勉強を以て造り出したる手際は、既に諸君も聞及べる所ならんか。天晴《あっぱ》れ感ずべき多しとするなり。今余は其商業学校の数を詳かにするの便を欠きたれども、其学校は実に全国に充満せり。否、啻に充満するのみならず、又頗《すこぶる》完備せり」（『大阪商科大学六十年史』一九四四年）。

商業教育のパトロンであった渋沢栄一は、もっと広い視座からアメリカとの連携の必要を説き、かつ行動した。中国市場をめぐって日本とアメリカの衝突は必至であることを見越していた彼は、自ら国民外交に乗り出した。一九〇二（明治三五）年の最初の訪米につづき、一九〇九（明治四二）年には総勢五一名の渡米実業団を組織してアメリカ各地を歴訪し親善の実をあげた。「米国の実業界は何処まで発展するか分からない」し、「一番米国が注目するのは東洋で、殊に日本を敵として商戦を挑んで来る」ことを予期していた（『実業之世界』第七巻二号、一九一〇年一月）。訪米時の彼は、すでにアメリカで排日運動が起きていたことを目の当たりにしていた。

しかし、渋沢は商業の戦略面だけからアメリカを見るのではなく、一面においては敬意を抱いていて、親日家のアメリカ人と親交を結んだ。例えば、ハーバード大学の総長エリオットとは、一度は日本で、もう一度はアメリカで会見し意気投合した。あるいは日本で布教活動をしたことのあるギューリックとは日米人形交換による親善を図った。生涯にわたって渋沢が最も尊敬した人物はカーネギーであって再三その名を挙げている。一例をあげてみる。東京高等商業学校卒業式での講話の一節である。

「カーネギーといふ人の如きは、或は生産殖利と仁義道徳を全く兼用して行つて居ると思ふ。斯の如き偉人は隣りから隣りと算へる訳には往かぬけれども、仁義道徳と生産殖利と一致するものといふことはカーネギー其人だけの行動に由つても茲に証拠立てられるから、私は決して空論でないと思ひます」(『龍門雑誌』第三一七号、一九一四年一〇月)。

農業および商業ほどではないけれども、工業でもまたアメリカの影響は見逃せない。工業教育のトップリーダー手島精一は、早くからアメリカにおける工業化の躍動を看取していた。彼は一八七〇(明治三)年に私費でアメリカに留学したのを手始めに、一八七六(明治九)年のフィラデルフィア万国博、一八九三(明治二六)年のシカゴ万国博、一九〇四(明治三七)年のセントルイス万国博などに出張し、アメリカの内情に通じていた。特にセントルイス万国博のときは、合衆国教育長官で教育学者としても著名なハリスと会見することができ、工業教育を振興させるためには普通教育としての理科教育と基礎教育としての理化学が重要であることを教えられた。

アメリカの工業の発達は、工学を専攻する学生数の急増が一因であるという情報を手島は早くから入手していて、万博においてそのことを実感していた。そこで彼は自校の教官や生徒に対してアメリカでの現業練習をせよ、と説いていた。日露戦争における日本の戦捷後、ドイツをはじめヨーロッパの一部の国では日本人の工場縦覧を拒絶する傾向が現れていたのに比して、自由な競争社会であるアメリカは事情を異にすることを次のように述べている。セントルイス万国博から帰国後のことである。

「凡ソ適材者タル者ハ其生国ノ何レヲ問ハズ人種モ亦意ニ介セザルガ如ク之ニ適当ノ位置ヲ付与シ相当ノ給料ヲ支給スルハ欧州諸国ニ異ナル所ナランカ」(『東京高等工業学校一覧』明治三八年度)。

「私は亜米利加に於て本校の出身者に多数出会ひましたが、是等の人々も概ね皆工場に居つて学んだ所の技術を外国の職工と共に修めて居ります。是等の人々は思想が強固にして且つ身体が強健で、単《ひと》り日本人の間に於て評判が好いのみならず、外国人も亦是等の人を甚だ賞賛を致して居るのであります」（『機械工芸会誌』第四四号、一九〇五年四月）。

5　ドイツモデルの受容

日本を含む世界各国が新興国ドイツの躍進に驚いたのは、一八七三（明治六）年開催のウィーン万国博においてであった。その背景にはドイツにおける教育制度の整備があることにも気づいた。ウィーン万国博の副総裁として諸事を取り仕切った佐野常民は、「各邦競テ修身斉家ノ道ヨリ学術工芸百科ノ教ヲ設ケ、大中小及専門学校ノ制甚ダ備リ、独逸ノ如キハ特ニソノ冠タルモノナリ」と報告している（『澳国博覧会参同記要』中篇、一八九七年）。

その後の日本では名うてのドイツ系官僚が産業教育政策を担当するようになる。品川弥二郎と井上毅はその双璧である。

品川弥二郎は、長州藩に生まれ松下村塾で学んだ尊攘派の志士であったが、一八七〇（明治三）年に普仏戦争視察のために派遣されたドイツにそのまま滞留し、一八七六（明治九）年に帰国した。彼は、ドイツ人経済学者のマイエットを木戸孝允に紹介してドイツ産業政策の導入を図るとともに、駒場農学校のイギリス人教師を全員ドイツ人教師に交代させるなど、農業教育のドイツ化に大きな貢献をした。彼はまた、内務省、次いで農商務省の官僚として水産や林産などの振興にも力を尽くし、農業教育の範囲を拡張した。

井上毅は、熊本藩士の出身で、維新前後にフランス語を学び、一八七二（明治五）年にフランスに留学、帰国後は司法省の官僚として帝国憲法や教育勅語の起草に従事した。一八九三（明治二六）年に第二次伊藤内閣の文部大臣となるや、一年半足らずの短期間の在職中、「実業教育費国庫補助法」「工業教員養成規程」「実業補習学校規程」「徒弟学校規程」など矢継ぎ早に実業教育法制を整備した。井上のもとで文部省参事官をつとめていた寺田勇吉の回顧談の中には、寺田が欧米視察の折に入手したドイツの実業教育の情報を井上に伝えたところ、井上は大いに心を動かし、「独逸国に於けるが如く、是非共実業教育を振興せねばならぬ」という決断を下したと言う（『実業教育五十年史』一九三四年）。

品川はドイツの農業教育に、井上はドイツの工業教育に関心を寄せたが、この両分野におけるドイツの隆盛に注目した日本人はほかにも多数いた。

まず農業分野について見ると、早い例として東京開成学校でドイツ語を修めた関澄蔵に注目したい。彼は新潟農事試験場の教師をつとめていたころドイツ農書をもとにして講義し、その後ドイツ農書を訳出した。平塚定二郎と共訳したロッシェルの『農業経済論』（一八八七年）は特に有名であって、品川弥二郎が序文を寄せた。その農事試験場は農学校へと発展した。

駒場農学校で専門教育を受けてのちに農科大学長となる古在由直の如きは、一八九〇（明治二三）年に発表した「日本農業改良ノ安全策」と題する論説で、ドイツ農業の発展はその教育制度に負うものであることを主張した。イエナ戦争後にメーグリンの農学校やライプチッヒの農科大学などが設けられ、「貧弱ナル昔日ノ普国ハ富強ナル今日ノ独逸トナリ漠々タル普国ノ沼沢ハ千里ノ沃野トナル、豈ニ偉ナラズヤ」と讃えた。同じ駒場出身の横井時敬やその弟子沢村真らはドイツ系の農業教育家として活躍するが、これについては後述する。

農業分野の教育は林学を包み込むようになるが、そのモデルはドイツである。ドイツでは森林学は官房学の一部として研究が進められ、日本の林学教育の指導者たちはドイツに留学した。その先駆者松野礀《はざま》はエーベルスワルデ山林学校に留学したのち、一八八二（明治一五）年に東京山林学校の創設に寄与した。同校はその後駒場農学校と合体し、東京農林学校となり、さらに帝国大学農科大学となった。その東京農林学校を卒業した本多静六はターラント高等山林学校に学び、農科大学林学科の重鎮教授となった。一九〇〇（明治三三）年創立の木曽山林学校の初代校長となる松田力熊は農科大学林学科の卒業である。

工業分野の教育でもドイツが参考にされた。井上毅の実業教育法制に協力した手島精一は、複眼的な視座から世界を見ていたが、ドイツの教育制度の中では、特に実業補習学校による工業教育の大衆化に関心を寄せた。

工業教育では鉱業教育が重要性を増していくけれども、そのモデルはドイツであった。そこに最初に注目したのは的場中《あたる》であって、工部大学校でイギリス人教師に学び帝国大学工科大学助教授をつとめていた一八九〇（明治二三）年に留学を命じられたときフライベルク鉱山大学を選んだ。彼は一九〇七（明治四〇）年創立の明治専門学校の初代校長となる。そのほかにもフライベルク鉱山大学に学んだ著名人がいる。工部大学校第一期生の小花冬吉ははじめイギリスに留学したが、途中からフライベルク鉱山大学に転じ、一九一〇（明治四三）年創立の秋田鉱山専門学校の初代校長となったし、渡辺渡は東京大学採鉱学科を卒業後に同鉱山大学に学び、のち工科大学学長となった。

ドイツの工業教育の中で、その後の日本人が特に注目したのは化学工業の発達であった。これについては多くの情報がもたらされたが、早い例として、東京高等工業学校教授守屋物四郎の「独逸の化学工業の発達」と題する論説の次の一節の如きは、その状況を的確に言い当てている。

「近年、独逸に於て化学工業の長足の進歩をなしたることは已に世人の識認せる所なるが、其の発達したる原因は種々あるべしと雖も、同国に於て大学及び高等工業学校を拡張し、又増設して設備を完成し、専ら純正化学と工業化学を実験的に研究せしめて、学理、技術兼通の化学者を造出したること、蓋し其の主因なるが如し」（『実業時論』第二巻一号、一九〇二年一月)。

以上は、農業教育と工業教育におけるドイツモデルの受容例であるが、商業教育もまたドイツとは無縁ではなかった。東京の商法講習所に端を発し商科大学にまで発展する一橋の場合は、はじめアメリカ、次いでベルギーから教師を雇った。しかし、明治二〇年代に入ると、その学術の低さが内部から批判され始めた。同校が高等商業学校と称されていたころ、その教員たちは相次いで西洋留学の機会に恵まれ、その中にはベルギーのアントワープ高等商業学校を選ぶ者もいたが、現地に見る商業教育の水準の高さはドイツの商科大学を最とすることに気づき始めた。

関一《はじめ》は、はじめアントワープ高等商業学校に入学したけれども、やがてベルリン大学に移ったし、福田徳三ははじめからミュンヘン大学に学び四年間学を修めた。一九〇一(明治三四)年になると、関や福田を中心に高等商業学校の卒業生や教授八名がドイツに集まりいわゆる「ベルリン宣言」を発表し、母校の大学昇格のアピールをした。

これを契機にして東京高商の大学昇格運動が盛り上がりを見せる。一九〇四(明治三七)年に農商務大臣清浦奎吾は、東京高等商業学校の卒業式に出席して講演した中で、普仏戦争後におけるドイツの飛躍的発展の原因の一つは同国の商業教育にあると述べた。すなわちドイツには普通商業学校三八一校、中等商業学校一三三校、高等商業学校一二校、商科大学二ないし三校が存在していて、商業と並んで発展していた工業の製品を世界各国に販売することを支えていると言うのである(『東京高等商業学校一覧』明治三七年度)。

6　採長補短の国選び

開国後の日本は、幕末期からの関係もあってイギリスとフランスを優先せざるをえない事情があったけれども、外国人を雇い入れるに際しては多額の給料を支払うかわりに管理はあくまで日本人が掌握するという姿勢に徹した。このときの日本人の主体性は、その後のお雇い教師の雇い入れや日本人留学生の海外派遣などに生かされた。その際に、西洋事情に通じた外国人アドバイザーの助言が効を奏した。特に重要なアドバイザーはフルベッキである。

オランダに生まれたフルベッキは、はじめは工学を修め、アメリカに渡ってオランダ改革派教会の宣教師となった。幕末期に日本での布教のため長崎に来着、日本ではキリスト教解禁以前であったため語学の教師として佐賀藩の大隈重信らに英語を教えた。維新後は大隈らの推挙によって大学南校の教頭となり、新政府に対して各種の献策をした。フルベッキの斡旋によって明治初年に来日した同じオランダ改革派教会の宣教師グリフィス（W. E. Griffis）はフルベッキの伝記を刊行していて、その副題を「無国籍の一市民（A Citizen of No Country）」としている。そのことは、フルベッキが特定国の利益にこだわらない国際人としての活動を可能にした。彼のつとめた大学南校はその後東京開成学校を経て東京大学となるが、そこの教授陣は、工部大学校や札幌農学校とはちがって多国籍の混成となった。

『三条実美文書』の中には、世界のトップレベルの学術を学ぶための留学生派遣に関する一覧表が含まれている。一八七〇（明治三）年ごろのものであり、フルベッキが関係したものであろうと想像されている。明治の早い時期に日本人はかなり的確に世界を評価していたことは驚きと言うしかない。

・英吉利――器械学、商法、地質金石学、製鉄法、建築学、造船学、牧畜学、済貧恤窮
・仏朗西――法律、交際学、利用厚生学、動植学、国勢学、星学、数学、格致学、化学、建築
・独乙――政治学、経済学、格致学、星学、地質金石学、化学、動植学、医科、薬製法、諸学校ノ法
・荷蘭――水利学、建築学、造船学、政治学、経済学、済貧恤窮
・米利堅――郵伝法、工芸法、農学、牧畜学、商法、鉱山学（『三条実美文書』「留学国々修学ノ科目ノ事」）。

近代化を急ぐ日本政府は、取りあえずはお雇い教師に頼ったけれども、いつまでも多額の給料を払い続けようとは考えなかった。日本人の人材によって自立化を図ることが得策であることは自明であるため、多数の官費留学生を海外に送り出し、彼らの帰国を待ってお雇い教師と交代させることを目ざした。その際の留学先は、日本の外交関係やフルベッキらの助言などに影響を受けたものの、おおむね日本人の主体的判断によって選択がなされた。

もともと日本人は外来文化を主体性をもって受容する能力にたけていて、大陸の文化を国風化することに成功したという歴史をもっている。維新後に国是とした近代化は西洋化とほぼ同義であったが、その際も日本の伝統文化の保守に対する配慮をなしていて、そこに採長補短という日本人の精神特性が発揮された。特に、生活や生業に関係する産業の分野においては、そのことが際立っていた。例えば、幕末に西洋体験をもち維新後に学農社を立ち上げた津田仙は、自ら創刊した『農事雑報』の序文に次のように記した。

「弊社にて雑誌を編輯し之を世上に頒布せんとするは、社友会同広く泰西の農書を講究し、普く本邦の農業を折衷し、新法を摘訳し良法を考案し世の農家の裨益を謀らんと欲すればなり」（『農事雑報』第一号、一八七六年一月）。

産業の教育家や産業教育の行政官たちも、日本の産業に必要と思われる制度や内容を摂取するに際してわが国情を配慮したうえで慎重で熟慮した国選びをした。三人のリーダーを例示してみよう。

工業教育の手島精一は、生涯に一〇回もの洋行をし、そのうちの七回までが万国博で見聞を広めたという世界通であって、彼の西洋モデル選びには卓越したバランス感覚が発揮された。はじめはフランスの技芸教育に注目し、イギリスに生じていた改革の気運に目を配り、アメリカの追い上げを評価し、最後は躍進するドイツを賛美した。彼は各国の長所を自家薬籠中のものとして日本の工業教育の舵取りをした。すでにダイアーの教育実験がヨーロッパ大陸の学校教育とイギリスの実地修業とを組み合わせた折衷的・国際的性格を有していて、それをサムライ青年の精神特性に合致させることによって成功したことを考えれば、手島はさらにその方向において日本の工業教育のシステムを構築したと言える。

商業教育の佐野善作もまた世界を直視していた。彼は一橋の高等商業学校を卒業したのち、母校に残り、卒業生としては初の校長、そして大学昇格後の初の学長として、一橋一筋に生きた人物である。同校は、はじめのころはアメリカ人が、次いでベルギー人が教師となり教育方針にゆらぎがあったことと、対帝国大学、対文部省との複雑な確執があり、内部の混乱が続いていた。そのさ中の一八九七（明治三〇）年に三か年の海外留学の機会を得た。そこで彼は、特定国の特定大学に学ぶことをせずに広く各国の状況を自分の目で確かめることにした。まずはニューヨークのイーストマン・ビジネスカレッジ、コロンビア大学で学び、次いでヨーロッパに渡って、ロンドン経済政治学校に入り、さらにフランス、ベルギー、ドイツの商業教育事情を視察した。その結果として、欧米の商業教育を大観し、その全般的な動向を把握することができた。彼の有名な言葉がある。

「商業教育の歴史は、洋の東西を問はず、何れの国に於ても、㈠啓蒙運動、㈡整備運動、及び㈢倫理化運動の三つの運動を以て其内容とする」（『如水会々報』「青淵先生追悼号」一九三一年一二月）。

産業教育行政の推進者真野文二もバランス感覚に秀でた文部官僚であった。彼はダイアーの門下生であり卒業後グラスゴー大学に留学、母校の教授をつとめていた一九〇一（明治三四）年に実業学務局長に就任した。一九一〇

（明治四三）年に日英博覧会に出席したのを機に欧米各国を歴訪し、六〇の大学と一〇〇の工場を視察した。帰国後の談話では、「各国互に特色ありて、一長一短あるを免れざるに似たり」と述べて、「独逸は実業専門学校、補習学校に就て整頓せる模範といふべく」、「英国は自由主義の祖訓によりギルド（組合）が主として技術家、経営家、職工を教育し、文部省は一部の補助を為すに過ぎず」、アメリカは「生ける大学に投資し、該大学が年と倶《とも》に発達し行くを楽しむ、流石《さすが》米人気質と云ふべし」と、各国の特色を見抜いた（『教育時論』第九二五号、一九一〇年一二月）。

7　東洋のイギリスから東洋のドイツへ

ダイアーは、一九〇四年に刊行した日本研究の名著『大日本』の副題に、「東洋のイギリス（The Britain of the East）」というサブタイトルをつけた。維新後の日本人は、同じ島国でありながら七つの海に出て世界の通商を主導しているイギリスに対する憧憬の念を抱いていたし、イギリスの対日政策も工業や海軍などへの支援の方針を採ったことなどから、ダイアーのその言葉に心地よさを感じたであろう。お雇い外国人の数はイギリスが断然他を圧していたし、日本人もまたイギリスへの留学や渡航を希望した。

日本人のイギリスへの関心の高さとして、例えば明治初期に日本で刊行された産業啓蒙書のうち、西洋原書の翻訳書や抄訳書の中の圧倒的多数はイギリス国籍のものであった。著者の調べた一八八五（明治一八）年までの国籍別一覧は表1のとおりである。この中にはイギリスで出版されたチェンバーズの百科全書の訳出書二九件（農業一二件、工業一三件、商業四件）は含まれない。イギリス原書の訳出書の中には、序文などで日本の商工業の参考にせ

表1　西洋原書翻訳書の国籍別一覧

件数／分野	イギリス	アメリカ	フランス	ドイツ	オランダ	その他	国籍不明	計
農業	18	16(1)	21(1)	10(1)	4	5	(11)	85(14)
工業	33(11)	15(4)	3(1)	6	3(1)	1	(25)	86(42)
商業	54(5)	27(1)	19(2)	5(1)	3(1)		(9)	117(19)
勧業	5(1)	3	2	1	1		(1)	13(2)
計	110(17)	61(6)	45(4)	22(2)	11(2)	6	(46)	301(77)

〔注〕(　) 内は著者不明図書の内数

よ、と説いたものが多い。例えば、一八七九（明治一二）年刊行の田口卯吉・藤田静訳『大英商業史』には訳者のつけた例言に、「外国通商ニ関スル政策ハ我国ノ未ダ実験セザルモノ多シ。英国ノ挙措《きょそ》以テ亀鑑《きかん》トナスベキナリ」とある。

ところがそのイギリスの産業に衰退の兆候が見え始めた。そのことに気づいたのはイギリス人自身であって、早くも一八五一年のロンドン万国博においてイギリス国民が自国の繁栄に酔い痴れていたとき、この博覧会の企画者の一人で化学者のプレイフェアのごときは大陸諸国の追い上げに気づき警鐘を鳴らし始めた。日本政府の参加した一八七三年のウィーン、一八七六年のフィラデルフィアの万国博になると、誰の目にもイギリスの凋落が明らかになった。そのことはイギリス政府の報告書となり、日本の文部省もすかさず訳出出版したことは先述した。

幕末の長州ファイブの一人として渡英し、維新後にはパークスと組んで工部省の事業を推進した伊藤博文は、明治十四年の政変でイギリス流議会の開設を主張していた大隈重信らを政界から追放したのち、プロイセンの欽定憲法の方向に舵を切り替えた。これを機に、日本はドイツの法体系だけでなく、軍事や産業や教育など広い範囲においてドイツに範を取るようになった。日本人の精神特性もドイツに近似するところがあり、日本のドイツ化は一挙に進捗することになる。この間の経緯は森川潤の一連の研究によって明らかにされた。ちなみに、明治期にドイツに留学した日本人は四四五名にのぼることも氏の現地調査から判明した（『井上毅のドイツ化構想』『ドイツ文化の移植基盤』『明治期のドイツ留学生』以上いずれも雄松堂書店)。

日本の産業教育の指導者の中からも、イギリスの批判とドイツの賛美の声が出るようになった。以下に六名の人物の言辞を引用することにより東洋のイギリスから東洋のドイツへの転向を証明してみたい。

その一。工部大学校の第一期生で同校の教授補に採用された中村貞吉は、一八八五(明治一八)年に滞英中、イギリス科学振興協会におけるプレイフェア会長の演説を聞いたときの感想を次のように記した。

「何事も新問題を持出して充分に実施せらるる迄に与論を引興す事は仲々容易なる事にあらず。蓋し自由言論の一小弊ならんか」(『工学会誌』第四九巻、一八八六年一月)。

その二。東京高等商業学校を卒業して母校の教授となり、社会政策学派の経済学者として著名な福田徳三は、母校の講師時代にドイツに留学し、ヨーロッパの商業教育事情を日本に伝えてきた。その中では、それまでの日本がモデルにしてきたベルギーから離脱してドイツにおける学問尊重の精神を見倣うべきだと主張した。ドイツでは、伝統的に、神学、法学、経済学、医学、哲学の五分科大学以外は大学と称してはいないけれども、その代わりに「Handelshochschule、即ち高等商業学校、商業実科大学とも訳す可きものを設くるに至れり」という状況にあることを認めたうえで、日本では商科大学を設けよ、と主張した(『高等商業学校同窓会々誌』第一四号、一九〇一年二月)。彼の主唱によって、東京高商からの留学生八名による「ベルリン宣言」が発せられて大学昇格運動に火をつけたのは、この直後の一九〇一(明治三四)年のことである。

その三。駒場農学校を出て農科大学教授、東京農業大学長をつとめた横井時敬は、ドイツ人教師フェスカ(M. Fesca)の影響を受け、一八九九(明治三二)年の留学先はドイツを選び、わずか一年半の滞在ではあったが、ドイツの農業教育事情を研究した。その後ドイツについて多くの発言をしているが、ここでは一例だけ、初期の言辞を引用してみる。

「我国の教育を進歩発達せしめるには、どうしても欧米の教育制度を参酌しなくてはなるまいが、それを充分に研究してからでなくては大に誤を来すことになるので、例へば哲学は独逸といふが、彼国今日の富強及教育の隆盛な方面は科学的教育実業教育にある」（『教育時論』第六七四号、一九〇三年一月）。

その四。フランスへの留学体験をもち、東京帝国大学工科大学長をつとめた古市公威はフランス系工学人材として有名であるが、一九一三（大正二）年の工手学校の卒業式における同校管理長としての訓示の中では、意外にもドイツを評価した。すなわち、イギリスは海軍による海上権、フランスは陸軍による陸上権をもつのに対して、ドイツは哲学による空中権をもつと、一種の皮肉の目で見られていたけれども、「あの哲学的の独逸が全く工業的の独逸になつて、三、五年も見ずに居れば其間に著しい工業上の進歩をなしつつある」と言う。ドイツの空中権とは「全くメタヒジック高等の哲学を好んで研究して其の学者が多い国であると云ふ意味」であって、「今は全く性質が変つて仕舞つた」と解釈した（『三十五年記念工手学校一覧』一九一三年）。

その五。先述したように、西洋事情に通じ、抜群のバランス感覚で西洋の国選びをしてきた手島精一でさえ、大正年間になるとイギリスからドイツへとシフトしていった。品性陶冶などイギリスに残る美風を評価しつつも、一九一四（大正三）年の論説では次のように言う。

「独人が曾て英人の手を藉《か》りて建造せし鉄道等、現今は英人以上の発明を為し、又化学工業に至りては、世人の知るが如く世界独歩の域に達したることを思ひ、我国は今日尚ほ未だ海外輸入を仰ぐこと多しと雖も、国民の発明能力は決して悲観すべきに非らざれば、奮励一番独国を追蹤《ついしょう》して速に其の域に達せんことを希図して止まざるなり」（『教育時論』第一〇三八号、一九一四年四月）。

その六。東京、九州の帝国大学総長をつとめた物理学者の山川健次郎は、明治初年のアメリカ留学生であるが、その後ドイツの理化学研究の成果に注目した。遅れて工業化に乗り出したドイツでは、化学を産業に応用する研究が進み、日本人だけでなく世界の耳目を集めた。山川は明治専門学校の創設を指導した際、理工系教員一〇名の安川奨学生のうち九名までをドイツに派遣した。その後のことであるが、一九一五（大正四）年の論説の中では次のようにドイツを評価した。

「独逸の工業が現今異数の発達を来せる所以は、種々の事情に基くかも知れないが、要するに理学の応用、イヤ理学の根本研究を積んで居るからである。欧洲各国に於ける理学の研究は却々盛な者で、独逸の如き理化学研究に関する諸機関の完備せる者が少くない。欧洲戦争に於ける独逸の位置は其結果に俟《ま》つ所が多い」（同上、第一〇八二号、一九一五年四月）。

8 日本の自立化へ

先進西洋をモデルにして近代化してきた日本の産業教育界が、日本人の特性とでもいうべき採長補短の精神を発揮して懸命に努力した結果として、自立化の徴候が現れ始めた。このことをいち早く感得したのはダイアーであって、彼は一九〇四年の『大日本』と一九〇九年の『世界政治の中の日本』の中でそのことを評価する言葉を発した。

日本の産業教育の指導者たちも明治の末年になると自信の念を抱き始めた。ダイアーが来日してから四〇年しか経過していないのに、日本人自身が自らの実績を実感し始めたのである。文部省の実業教育行政の衝にあたった真野文二は、一九一〇（明治四三）年の日英博覧会を視察したあと次のように述べた。

「当局者としては少しく憚《はばか》りあれども、個人として忌憚《きたん》なく言はしむれば、高等、普通、実業教育に渉り、其制度内容共に日本は欧米諸国のものに比して、決して遜色なきを確信したり。無論彼地には歴史ある学校、経費に頓着なくして設備を完全にしたる学校なきにあらずと雖も、全国に捗る教育の制度及其内容に於て、日本は決して欧米諸国に劣らずと言ふを得べきが如し」(『教育時論』第九二五号、一九一〇年一二月)。

文部省実業学務局長であった真野のこの自信を証拠立てるために、工業教育を例にとって明治末年までに設立された各層の教育機関数を挙げてみると以下のとおりである。

・帝国大学工学部――東京（一八八六年)、京都（一八九七年)、九州（一九一一年)。
・高等工業学校――東京・大阪（一九〇一年)、京都（一九〇二年)、名古屋（一九〇五年)、熊本（一九〇六年)、仙台・米沢・秋田（一九一〇年)。
・中等工業学校――三三校。
・徒弟学校その他低度工業学校――七四校。

この中で、日本の最大の特色は、大学の中に産業系学部を入れ込んだことであって、例えばドイツに傾倒していた福田徳三のごときは、この点を評価して日本はドイツを抜いたと見ている。

「我日本国は頗る新案に富み、英断を以て先づ工部大学校を工科大学となし、駒場農学校を農科大学となし、欧州先進諸国の敢てせざる所のものを決行せり。是れ我邦の国情誠に之れを然らしめたるものにして、余は甚其策の得たるものなるを称するに躊躇せざるなり。既に之れを称揚す。其更に同一の方針を以て百尺竿頭一歩を進め商科大学を置きて各科偏重偏軽を除かん事、又切に之を希望せざるを得ず」(『高等商業学校同窓会々誌』第一四号、一九〇一年二月)。

大正期に入ると、日本は西洋の模倣から脱却せよという主張がなされる。例えば、渋沢栄一は、一九一五（大正四）年に青年に向けた講演において次のような檄をとばした。

「従来の日本は兎角海外の模倣を事とし、政治の如きも議会なり予算の制度なりは決して日本固有のものではなく、根本より欧米のものを採り来つて我がものとしたのである。殊に商業は全然外国の模倣である。然し模倣のみを事とするのは甚だよくない。又それで立ち行くものでもないから、相当の時機に進めば独創に移つて行かなければならぬ。而して今日の日本は実にその時機が到来したのである」（『成功』第二九巻五号、一九一五年八月）。日本の産業教育史において、自立を果たした時期はいつなのかを見極めることはむずかしいが、少なくとも次の二つの時点を重要視することには誰しも異存はないと思われる。

第一の節目は、大正新教育の世界的趨勢の中でなされた大正中期の法改正である。第一次世界大戦が終局に向かい、各国とも戦後の復興のために教育改革への鎬《しのぎ》を削《けず》り始めた。日本はこの機に乗じてアジアへの侵略をねらい、そのための人材の確保が課題となった。

大正中期の産業教育法制の改革は多岐に及んだ。まずは一九一八（大正七）年の「大学令」の制定が重要である。これにより帝国大学以外の単科大学や公私立大学の設置が可能になり、その中には産業系の大学や学部も含まれた。一九二〇（大正九）年には「実業学校令」が改正され、併せてその翌年には「工業学校規程」「農業学校規程」「商業学校規程」が改正されるとともに、新たに「職業学校規程」が設けられた。産業系中等学校について見れば、それまでの「徒弟学校規程」が廃止されて男子の徒弟学校は工業学校の中に含み入れられ、女子の徒弟学校が新たに職業学校と称されるようになり、学校体系が整理された。

第二の節目は、一五年戦争下で日本の軍拡が強化され、アジア大陸に送り出す技術者の養成が課題となり始めた一九三四（昭和九）年に官民こぞって盛大に挙行された産業教育五〇周年の記念行事である。この時点になると自立化はもはや願望ではなくして自信に変わる。文部省の実業学務局長（のち次官）の菊池豊三郎が裏方となり記念式典を行うとともに『実業教育五十年史』およびその続編を刊行した。実業教育という概念はあいまいであり、その起点を一八八三（明治一六）年の「農学校通則」に求めたことには問題があるにしても、戦時体制の進展する中において期を画するねらいがあった。

この時機の日本の産業教育はもはや制度は確立し西洋をキャッチ・アップすることには成功していたので、あとはその中に魂を打ち込むことが求められていた。いわゆる日本精神、国体精神の鼓吹による日本の独自色を発揮させるという政治課題にこたえる必要があった。この記念行事を成功裡になし遂げた文部省は、さらに引き続きその課題解決に向けての行動をとった。その一つが、文部省の別働隊とでも称すべき全国実業教育会（のち実業教育振興中央会と改組）を結成させて、機関誌『産業と教育』（のち『産業教育』と改題）の刊行を開始したことである。その機関誌の中には日本が産業教育の自立化に成功したことを自賛する言辞が見受けられる。二件だけ例示してみる。

その一は、この記念事業を推進した菊池が『産業と教育』の創刊号に寄せた創刊祝詞の一節である。「明治以来、我国の産業は官民一致の協力の下に、欧米の先進諸国を模範とし目標として只管《ひたすら》精進の一途を辿って来たが、今や工業を始め産業の各部門に亘り、経営、組織、施設等あらゆる点に於て能く列国の壘を摩するに止まらず、中には遥かに之を凌駕するものさへ見ゆるに至つた」（『産業と教育』第一巻一号、一九三四年六月）。

その二は、神戸高等工業学校長古宇田実の論説であって、菊池のなした主張と符節を合している。彼は日本工業の躍進理由の一つとして欧米を凌ぐまでになった工業教育の発達を挙げた。

「この躍進は実に我国民の自力更生、或は緊縮政策に基く能率の増進、諸般の改良、労働賃銀の低廉等に基因することは勿論であるが、数十年来の我国工業教育の進展と真剣味も亦大なる素因であると云はねばならぬ。されば近時欧米に於ても識者は之を認め、他の手段を以て我工業品の進出を食止めようと苦心するに至つた。而して茲に興味深きことは、此工業及科学も元は皆手本を欧米に求め、或は機械を直接輸入し、又それと共に迎へた技術者を師とし、彼の技術、彼の制度等を範として学んでした結果で、しかも今は却てその弟子が師を凌駕し、逆に彼を恐れしめて居る有様になつたので、一面甚だ痛快であるとも云へる」（同上、第二巻一二号、一九三五年一二月）。

日本の産業教育の自立化についてのこのような自信は、特に工業教育の側から出されたものであるが、農業教育や商業教育の側にもこれに近い自信が生まれていた。学校の整備という外面から見れば、確かに日本は世界の水準に、あるいはそれを凌駕する域にまで到達した。しかし、その教育の内実については更に踏み込んで考えてみる必要がある。人間はなぜ産業と関係なしには生きられないのか、なぜそのための学校が必要なのか、といった思想的基盤に裏うちされなければ、制度そのものの脆弱さは免れない。もちろん、日本の産業教育の関係者も、国民も、それなりの思想をもって実践を重ねてきた。形の上での自立化は、どこまで心の中の自立化に支えられていたのか、以下の諸章の重要な課題となる。

第3章　産業国家の教育戦略

維新後の近代、そして戦後の現代における産業教育の思想と実践については、以下において個別課題に分けて記述を進めるが、それに先立って、国家の産業教育政策の全貌について概観しておく必要があると考える。この間の日本の歴史の中におけるトピカルな事件を取り上げて、国家戦略と産業教育との関連について概述してみる。

1　政治課題としての富国強兵

西欧諸国では市民革命の結果として近代国家が誕生したけれども、日本ではかつての支配階級であったサムライが中心になって明治新政府が生まれた。彼らは、それまでの幕府や領国への忠誠心を統一国家の建設に振り向けた。尊王派の思想的リーダーであった吉田松陰が「天下は天朝の天下」と称して日本のナショナリズムを方向づけたのを受けて、維新の志士たちは新政府の官僚となって新しい国づくりを始めた。

列強による植民地的支配の進んでいた中国の轍をさけ、日本に対する外圧の厳しさから逃れるために開明派官僚たちは、西洋の文明を貪欲に受け入れて日本の西洋化を進めた。その際の日本の進路は富国強兵の一語に集約された。富国強兵というとき、富国と強兵は基底において連結していたけれども、政治政策面では次元を異にしたアプローチを必要とするため、為政者はそのための先後の序列をつけて、富国を優先させた。財政の後だてがなければ強兵は実現しないからである。明治の末年新渡戸稲造は、「夫れ国家をして健全な発展を遂しめんには、富力、強兵、人口の繁殖、風俗の淳美と云ふ四要素を具備せしめざるべからず」と述べたが（『教育時論』第九二七号、一九一一年一月）、第一と第二の要素が、その順番に重視されたのである。

第一の要素である富国を達成するために、開明的思想として持ち出されたのは「利用厚生」という意外に古くからある論理であって、国民と政府に対する説得に効を奏した。明治初年の新政府に出された二件の上申書を引用してみる。

その一は、一八七〇（明治三）年に民部・大蔵省から太政官に出された「電信機蒸気車ヲ興造ス可キ建議」の一節であって、起草者は同省の租税正の職にあった渋沢栄一である。

「邦国ヲ経緯スル基本ハ衆庶ヲ富饒《ふじょう》ナラシムルニ在リ。衆庶ヲ富饒ナラシムルハ利用厚生ノ方ヲ謀ルニ在レバナリ。然リ而シテ利用厚生ノ方タル人力ノ労ヲ省クヨリ善キハ莫《な》ク、苟モ人力ノ労役ヲ省カント欲セバ則チ電機、汽車ヲ興作セザル可ラズ」（『大蔵省沿革誌』）。

その二は、一八七一（明治四）年四月に工部省から太政官に上申された工部学校建設の趣意書であって、当時工部権大丞（のち工部卿）であった山尾庸三の起草したものである。

「自古国家ノ文明盛大ヲ成サント欲スル者、皆ナ其上下ヲシテ知識ヲ備ヘ厚生利用ノ途ニ出シムルヲ要セザルナシ、御邦内ニ於テモ已ニ御開営被仰出候《おおせいだされ》当工部省所轄ノ事業ハ即チ其基礎ニシテ遄《すみやか》ニ功顕相顕《あらわれ》万国ト併立富強ヲ保チ候様致度、旦暮《たんぼ》不堪渇仰候」（『公文録工部省之部』辛未四月）。

利用厚生、厚生利用とは、その語源を『書経』に発し、人民の自立や繁栄を想望していた。北海道開拓の指導者となった黒田清隆もしばしばこの語を使用した。例えば、一八七三（明治六）年の開拓使の達によれば、利用厚生の道とは、「専ラ民政ノ利害得失ヲ審査シ、其議ヲ尽シ、其宜ヲ酌《くみ》、人民ヲシテ安堵繁殖ヲ得セシメントス」と説明している（『新北海道史』第三巻、一九七一年）。

利用厚生の提唱者たちは、その政策策定の方途においては大別して二派に分かれた。工業振興派と農業振興派である。

工業振興派の代表格は、山尾庸三を中心にして、彼を支えた伊藤博文や井上馨らのいわゆる開明派であって、一八六三（文久三）年に「生《いき》た器械」になりたいという置き手紙を残してイギリスに密出国したいわゆる長州ファイブの面々である。彼らは工部省を本拠にして多数のイギリス人技術者を雇い入れて国営工業政策を推し進めた。一八七一年の「工部省官制」では、工学、勧工、鉱山、鉄道、土木、灯台、造船、電信、製鉄、製作の一〇寮および測量司から構成される工業のあらゆる部門を所轄した。山尾は、一八七二（明治五）年にこのうちの鉱山開発について次のようにその必要を説いた。富国論への展開が読み取れる。

「夫皇国ハ富国ノ源タル鉱山野地森林ヲ饒有シ、人口如《かくのごとく》此繁庶ニシテ、而シテ人智日ヲ追ヒ開明ニ進ミ、衣食住亦将ニ其風趣ヲ新ニセントス。斯地ナリ、此人ナリ、此時ナリ、宜ク工業ヲ盛興シ工産ヲ繁富セシムルコト、最急最要ノ国務ト奉存候」（『公文録工部省之部』壬申正月）。

これに対する農業振興派は、薩摩藩閥の領袖大久保利通を中心にして内務省、次いで農商務省を動かした官僚群である。大久保は内務卿の時代から工部省の施策とは距離を保っていて、むしろ民業を育成すべきことを主張していた。当時の日本人の民業と言えば農業が主体であって、一八七五（明治八）年の「本省事業ノ目的ヲ定ムルノ議」と題する建議書では次のように記し、加えて緊急四務として挙げた四項の中の第一項では、「樹芸、牧畜、農工商ヲ奨励スルノ道ヲ開ク目的」を、また第二項では、「山林保存、樹木栽培ノ目的」を挙げた。

「内地人民百般ノ旧業漸ク曠廃《こうはい》ニ属セザルヲ得ズ。業既ニ曠廃ニ属ス。凋耗《ちょうもう》ノ害之ニ乗セザルヲ得ズ。故ニ旧業ヲ改ルヤ乃チ新業ヲ奨メ、斡旋ノ妙用ヲ尽シテ本根ノ実力ヲ養ヒ以テ之ニ応ジ、能ク外ヲ制シ乗除平均ノ術ヲ講ゼザルベカラズ。而シテ其実力ヲ養フ所以ノモノ他ナシ。専ラ殖産厚生ノ実務ニアル而已《のみ》」(『大久保利通伝』下巻、同文館、一九一一年)。

内務省は一八七三(明治六)年末に創置され、六寮を置いたその筆頭の勧業寮は、「農工商ノ業ヲ勧ムル法則ヲ施行スル事」を業務としていたため、一応は産業の全方位の振興を目的としていた。大久保自身は工商の重要性も認識していて、一八七四(明治七)年に欧米視察から帰国後の建議書では、「大凡国ノ強弱ハ人民ノ貧富ニ由リ、人民ノ貧富ハ物産ノ多寡ニ係ル。而テ物産ノ多寡ハ人民ノ工業ヲ勉励スルト否ザルトニ胚胎ス」と記し工業の重要性を認めているものの、工部省の進める施策では「勧業殖産ノ一事ニ至リテハ未ダ全ク其効験アルヲ見ズシテ民産国用日ニ減縮スルニ似タリ」と批判した(『大久保利通文書』第五巻)。同年、大久保が三条実美に出した上申では、「農業ヲ勧奨シ厚生ノ大本ヲ立ルハ国家富盛ヲ謀ルノ根基」であるとして、家畜医などの雇い入れを申し出ている(『公文録内務省之部』明治七年七月)。

工業にせよ農業にせよ、新政府の官僚が富国策を推進するに際して共有していた思想があった。それは国家が主導するという一点である。上に挙げた官僚たちの言辞の中にもそのことは現れるが、ここではその他の人物の言辞を例示してみる。

早い例としては、一八七〇(明治三)年に民部省租税権正前島密の鉄道建設についての上申書の中の次の言葉である。

「政府厳師トナリテコレガ方法ヲ授ケ、コレガ道理ヲ教へ、以テ衆ノ力ヲ合セ、至便至利ノ工ヲ興サシムベシ」(『日本国有鉄道百年史』第一巻、一九六九年)。

あるいは一八七五（明治八）年の大隈重信の次の言葉も重要である。当時の大隈は大蔵卿の役職にあった。「一国凡百ノ事業素ヨリ常ニ政府ノ保護監督ヲ要セザレバ則チ不可ナルハ舎《す》テ論ゼズ。国家人民ノ度位猶ホ未《いまだ》シキニ及ンデヤ、政府タルモノ又更ニ其責任ヲ拡張シ、遂ニ人民ニ代リ公益事業ヲ経営スルハ世界各国ノ通義、経世諸家ノ定論ナリ」（『大隈文書』第三巻、一九六〇年）。

工部省の山尾と内務省の大久保は、国家が主導する点では一致するものの、その主導の方策が、片や工部省の国営事業であり、片や民業育成に分かれた。国家財政をあずかる大隈の場合は、大久保に近く、早くから官営の事業を可能な限り民間に付託すべきことを主張していた。西南戦争後のインフレーションの昂進などで大隈財政が破綻し始めると一八八〇（明治一三）年には内務卿松方正義と大蔵卿大隈の間で「工場払下概則」が布達された。明治十四年の政変で大隈が下野させられたのちは松方が大蔵卿に就任し、民業育成政策を推進した。一八八五（明治一八）年の内閣制度の発足時に工部省は廃省とされた。

その間、一八八一（明治一四）年には、農商工の勧業行政を所管する農商務省が設けられた。その創省の趣意書は、大隈と松方が連署していて、それまでの内務、大蔵、工部の各省と開拓使の分掌となっていたものを、将来的には一元化するというねらいがあった。工部省所轄の事業は漸次民間に払い下げられていく中で、農商務省はとりあえず農林、商工行政を担当して、工部省廃止後は工作および鉱山の事務も所掌した。

以上に記した勧業行政は富国を目ざしたが、強兵を目ざす軍事技術の近代化はこれとは別の行政機関で進められた。まずは一八六九（明治二）年に兵部省が設けられ、大村益次郎が兵部大輔に就任したが、直後に死去したため、山県有朋が大村の遺志を引き継いだ。一八七二（明治五）年に兵部省は陸軍省と海軍省に分割され、陸軍は主として砲兵、工兵などの造兵事業へ、海軍は主として造船事業に力を注いだ。そのためには技術の近代化が不可欠であり、東京および大阪の砲兵工廠や横須賀海軍工廠などに多数の外国人教師が雇い入れられた。一八七三（明治六）年の「徴兵令」の制定以来、日本の軍制は強化拡張の一途を辿ることになると、その軍事費の支出は国家財政に新たな課題を背負わせることになった。ここにおいて富国策は強兵策と連結せざるを得なくなり、富国強兵という政治目標が打ち出されてきた。産業教育もまたその政治目標の中で推進されることになる。

2　学校の創設と学政の一元化

明治新政府の目ざした国家富強策のうち、本書が主題とするのは富国策である。強兵策については別の視座からの研究を必要とするので避けて通ることにする。維新後になると新政府の各省は競って外国人を雇い入れて、西洋の学術の摂取を図った。お雇い外国人の総数は三千人に達すると推定されている。その中には軍事関係者も含まれる。彼らの中には日本人官僚の数倍に達する給料を支払った者もいて、国家財政の上から大きな負担であったが、日本政府はあえてそれを実行した。

その裏には、日本人を教師とする学校計画の構想が秘められていて、一日も早い教師陣の自立化が目論まれていた。その学校もまた国家の手によって整備されるべきであるという点においては特段の抵抗はなかった。江戸期の日本には、藩校、私塾、寺子屋といった学校に類似した教育機関は存在していたが、西洋的な学校制度の樹立は未だしであった。しかも西洋では、国家が学校を設けることにはキリスト教会などとの調整を必要としていた。例えば、イギリスで公教育の端緒となったのは救貧法の適用を受ける貧困児童に対して国家が補助金を交付するという限定的な形であったし、あるいはアメリカの連邦政府は土地交付という間接的な形で州立大学の設置を促した。維新直後に木戸孝允が朝廷へ提出した建白書には、近代日本のトップリーダーが学校教育に対する期待を表明する次のような一文が含まれている。

「国之富強は人民之富強にして、一般之人民無識貧弱之境を不能離《はなれあたわざる》ときは、王政維新之美名も到底属空名、世界富強之各国に対峙する之目的も必失其実、付而《ついて》は一般人民之智識進渉を期し、文明各国之規則を取捨し、徐々全国に学校を振興し大に教育を被為布候儀、則《すなわち》今日之一大急務と奉存候」(『木戸孝允文書』第八巻、一九三一年)。

結果的には、近代日本の学校制度は政府の主導のもとで整備された。一八七一(明治四)年に創置された文部省は、翌年には「学制」を頒布し、さらにその翌年には「学制二編」を追加して、学校体系を確立した。一八七九(明治一二)年には「教育令」を発して「学制」の不備を修正し、その第二条に「学校ハ小学校中学校大学校師範学校専門学校其他各種ノ学校トス」と定めた。その専門学校の中に産業系の学校が含まれた。

ところが、明治の初年には、文部省だけでなく、その他の省も自省の管轄する事業に従事する人材養成のための学校を設けた。これを主務省管理と言う。近代日本では、政府各省使が総ぐるみで学校に期待をかけ、学校全盛の時代に突入したのである。その先駆を切ったのは工部省であって、早くも一八七一(明治四)年に山尾庸三によって工学寮(工部大学校)設置の件が太政官に上申された。その一節に次のように言う。

「方今、数多《あまた》ノ外国人ヲ使役、御創業ノ手順取継罷《まかりあり》在候次第、実ニ無余儀事ニテ、終始彼等ノ余力ヲ仮《か》リ功業漸ク相遂候ニテハ、一時開化ノ景況有之候トモ、万世富強ノ基本ハ迚《とて》モ相立申間敷戦競ノ至ニ候。此機ニ臨ミ人材教育ノ御方途不可欠場合ト被存候」(『公文録工部省之部』辛未四月)。

工部省の学校は、一八七三(明治六)年にダイアーを教頭とするイギリス人教師陣の来日を待って開校した。このののち、大蔵省は一八七四(明治七)年に銀行学局を設けてイギリス人シャンドに銀行簿記を教授させ、一八七六(明治九)年になると、内務省は農事修学場(翌年駒場農学校と改称)を設けて、はじめイギリス人教師陣を、のちドイツ人教師陣を雇い入れたし、同じ年に開拓使は札幌農学校を設けてクラークを教頭とするアメリカ人教師陣による授業を開始した。専門教育の学校は文部省の東京大学や陸海軍の学校を含めて、八甲田山や八ヶ岳にたとえられるような連山をなし、それぞれの省使が所轄した。この主務省管理の慣行はフランスやドイツにも先例があって珍しいことではなかった。

しかし国家的学校体系という点から見るとこの状況は不便が多く、これを統一したいという意見が出てきた。明治一〇年代に入り、一八八一（明治一四）年に農商務省が設けられるとにわかに農商務省と文部省が対決し政治問題となった。農商務卿の職制第二に、「官設農商工ノ諸学校（工部省所管ノ工部学校ヲ除ク）、農工業模範ノ建造物及ビ博物館（従前内務省所管ノ分ニ限ル）ヲ管理シ、民立農商工ノ諸学校ヲ監督ス」と定められたことが、農商務省側の姿勢を強くした。これに対して文部省は、「学制」で「全国ノ学政ハ之ヲ文部一省ニ統《す》ブ」とあり、また「教育令」では「全国ノ教育事務ハ文部卿之ヲ統摂ス」と定められていることを盾に取って農商務卿の職権移譲を要求した。

文部省側の主張は強硬かつ執拗であって、太政官に向けての上申は四回に及んだ。両省の抗争は学校の果たす役割や内容にまで広がった。農商務省からすれば、文部省の教育はややもすれば理論に傾き実業に迂遠であるため、産業の教育はそれを必要とする主務省が管理するのが効率的であると言うのに対して、文部卿福岡孝弟は、この主張は「其ノ一ヲ知テ其二ヲ知ラズ。例ニ泥《なず》ミ勢ヲ揣《はか》ラザルノ謬見」であると断じ、文部省の教育は理論実業の相即不離を目ざしている、と次のように記した。上申書の一節である。

「元来教育ハ何学ヲ問ハズ、理論ニ因テ学術ノ原則ヲ授ケ、実業ニ就テ其応用ヲ教ヘ、理論実業相俟テ然ル後其目的ヲ達スルモノニシテ、畢竟《ひっきょう》理論ト云ヒ実地ト云フモ全然相離ルベキニアラズ」（『公文録文部省之部』明治十五年自一月至六月）。

太政官の裁定は一八八二（明治一五）年に出され、農商務省にも多大の配慮をしつつも、「実業上ノ便利ノミニ着目シ処分スルガ如キコトアラバ一般教育上ノ権衡《けんこう》ヲ失ヒ其弊ヤ却テ教育全体ノ進歩ヲ妨グルノ患《うれい》ナシトセズ」と、玉虫色ながら文部省に軍配をあげた。しかし、この裁定にかかわらず、農商務省は、駒場農学校、商船学校、札幌農学校、東京商法講習所、東京山林学校を次々と管理下に置いた。

一八八五（明治一八）年末に内閣制度が発足し、初代文部大臣に森有礼が就任すると、国家的な教育制度確立を目ざして文部行政の強化を図り、農商務省所轄の産業系諸学校を順次文部省の管理下に移して、学政一元化を実現したが、その経緯は後述する。

日本最初の産業教育機関である工部大学校の創設に功労のあったダイアーは、帰国後に発刊した二冊の日本研究書および日本紹介の論説において、日本が近代産業国家として成長した原因として、この国家的学校制度を挙げた。ダイアーに続く、日本工業教育の最高指導者は手島精一である。手島は国家富強に果たすべき教育の役割を鋭く洞察し、東京高等工業学校を拠点にしてその実践をなした。彼は多くの語録を残しているが、ここでは一八九八（明治三一）年の論説の中から引用してみる。いささか長文にわたるが、本書で考究すべき課題が提示されているように思う。

「凡そ宇内に国を為すもの皆富国強兵を望まざるものなし。而して強兵の実を挙げんとせば主として富国に資せざるべからず。且《かつ》、夫《そ》れ富国に資するの途一ならずと雖も、国家の実業を振興し以て財源を豊富ならしむるに在り。蓋し現今の実業なるものは、其裏面には必ずや学理の伏在するものあるを以て、之に関する学理を講じ、兼て実験を重ぬるに非れば実業の発達得て望むべけんや。是を以て凡そ国家が務むべきは、普通教育を奨励普及ならしむると同時に、実業の教育も亦振興せざるべからず。現今文明国を以て任ずるものの学政上の施設皆爰《ここ》に出づる所以《ゆえん》のもの蓋し此趣旨に依るならん」（『教育実験界』第二巻二号、一八九八年八月）。

3　民業育成策と商業界の呼応

以上に述べたように、近代日本の産業教育は、国家の主導により国家が管理する学校教育によって開始された。しかし、国民はその政策にただ従順に従うだけではなかった。日本人は、生きるための生業となると、たとえ封建体制の中でも自分の頭で考え、自分の力で行動する実績を残してきた。近代の国家体制の中でもその伝統は消えず生きる術《すべ》を生かしていた。そのことは国家の重視した工業や農業の殖産活動の中よりも、その流通の役割を果たす商業活動の中により顕著に現れた。

明治のはじめ、先見の明ある知識人や為政者の中には、国民の中から生み出される自発性や自主性を尊重すべきだという主張をなす者がいた。知識人としては、例えば、福沢諭吉は一八七二（明治五）年から始めて足かけ五年かけて完結した全一七編の『学問のすゝめ』において、独立自尊の精神をもつ新しい中産階級の出現を想望していたし、中村正直は一八七一（明治四）年に訳出刊行したスマイルズの『西国立志編』で原著名のセルフ・ヘルプの精神を説いた。

松方財政の推進者松方正義は、内務省の勧農局長時代の一八七九（明治一二）年に「勧農要旨」と題する意見書を発表した中で、政府の「関与」や「保護」よりも人民の「独立ノ事業」や「自為ノ進歩」に期待をかけ、政府の役割を限定する次のような意見を記した。

「是故ニ政府勧農ノ務ハ先ヅ人民営生上ノ利害損益ニ関スル最モ大ナル事項ニ着眼スルヲ以テ緊要トナス。然ル後或ハ民智ノ未ダ及バザル所ヲ助ケテ其方向ヲ示シ、或ハ一時民力ノ当リ難キモノハ率先シテ之ガ端緒ヲ開クベキノミ」（大蔵省『明治前期財政経済史料集成』第一巻、改造社、一九三一年）。

内外の博覧会を指導し、日本の工業教育、中でも伝統的な工芸教育の近代化について指導したドイツ人ワグネル（G. Wagener）は、一八八一（明治一四）年の第二回内国勧業博覧会の報告書の中で、「民間ニアリテ事ヲ経営スルモノヲ鼓舞シ、独立独行ノ気概ヲ提撕《ていせい》スベシ」と民業保護の必要を説いた（土屋喬雄『明治前期経済史研究』日本評論社、一九四四年）。

日本人の自主性や自発性は、農工の分野よりも商業の分野においてより明瞭に発揮された。そのことは、日本政府の国家富強政策の中において、商業が一段と軽く見られたことの反作用でもあった。その早い事件が一八七二（明治五）年に発生した。

この年、文部省雇いのワグネルを、翌年開催のウィーン万国博に派遣するよう政府の決定が出た。これに対して文部省は、ワグネルを自省に引き止めるため、ワグネルが任を終えたのち商法学校を設置してその教師にするという計画を上申したが、大蔵省が横槍を入れた。「此釁舎抔《など》ハ尤《もっと》モ人民ノ共立ニヨリテ建創スベキモノニ有之、先《まず》以《もっ》テ不急ノ事務ト被存候」というのがその理由であって、商業の学校は人民の共立でよいというのである。この直後、アメリカから一時帰国した森有礼らがビジネススクールの設置計画を立てて政府に働きかけるもそれが認められず、止むなく森は私立の商法講習所を設けることになる。

農工は官、商は民という新政府の初期の基本方針の中で、民の側に立って生涯をかけてその啓発と実践をなした人物は渋沢栄一である。

一八四〇（天保一一）年に武蔵国の半農半商の家に生まれた渋沢は、偶然のことから幕臣となって徳川昭武のいわば金庫番として一八六七（慶応三）年のパリ万国博に出張し、帰国後は大隈重信による新しい国づくりのための「八百万神《やほよろずのかみ》」の一柱になれという名説法に動かされて大蔵省に入った。しかし、一八七三（明治六）年、意を決して辞職して、自称「商売人」となり、一九三一（昭和六）年に九一歳で死去するまで商業界と商業教育界に身を捧げ、「日本資本主義の最高指導者」（土屋喬雄）となった。

渋沢は大蔵省在官中の一八七一（明治四）年に畏友福地源一郎の著述した『会社弁』に長文の叙を寄せた中で、早くも日本商人に「自修自営」の道を説いた。彼は三度この言葉を使っているが、その一例を以下に引用してみる。

「読者能ク此理ヲ考究シ、此書ニ就テ其要務ヲ了得シ、真理ニ従ヒ実法ニ據《よ》リ、人タル所以ノ責ニ任ジ、以テ自修自営ノ道ヲ拡充セバ、嚮《さき》ノ障凝《しょうぎょう》スルモノ暢達《ちょうだつ》シ、壅塞《ようそく》スルモノ快通シ、交易ノ享利物産ノ蕃殖モ亦日ヲ数ヘテ待ツベシ」（『会社弁』大蔵省、一八七一年）。

渋沢は多数の著書や論説をものし、土屋喬雄の編集した『渋沢栄一伝記資料』は本巻五八巻、別巻一〇巻というぼう大なものである。その中で渋沢はしばしば日本商人の「自働的進歩」という言葉を使った。これも彼の作り出した名言である。二例だけ挙げてみる。

「我が実業界は斯の如く追々進歩し来れるも、微細に之を観察すれば、自働的進歩少なくして誘導的進歩に属するもの多きは実に遺憾とする所なり」（『中外商業新報』第三二五三号、一八九四年一月）。

「商工業者自身の自働力が確かであつたかと云ふと悲しいかな左様でない。悉く皆政事の力から誘導されたと言はなければならぬやうに思ひます」（『横浜経済会報告』第一三号、一八九九年一一月）。

政商として財をなした三菱の岩崎弥太郎と海運業をめぐって抗争したことはよく知られている。渋沢は、商業家は政治家の「奴隷臣僕」となるな、「政事の嬖臣《へいしん》」となるな、「不羈《ふき》独立」の気概を持て、と終生叫び続けた。

商人が自働的に活動するためには、商業教育も自働的でなければならない。渋沢は、日本の商工業が政治の主導のもとに進められたことを批判し反省したけれども、明治初年の日本の教育もまた政治の主導によるものであると認識していた。明治末年の講演では次のように言い放った。

「当時、今の大学を組織したのも政治上から来た命令教育である。多数の人民が己の智識を進めたいと言つて企つた教育でなくて政府の必要から組織したる教育である」（『龍門雑誌』第二七二号、一九一一年一月）。

渋沢自身は、日本の商業教育を自働的なものにするための努力をした。先に引用した「自修自営」の言葉は教育論にも適用した。そのほかにも「自立自営」とか「自主自立」とかの言葉も使い、そのような人士になるためには「勉強」せよ、と説いた。その勉強の意味は彼独自のものであって、立身出世とか有名校進学を目ざして試験のためにする勉強ではなくして、生涯にわたって「間断なく、根気よく、撓まずにやる」のが彼の言う真の勉強であった。

明治期の商業界には、渋沢ほどではないにせよ、それに近い思想をもった実業家たちがいた。さしあたり大倉喜八郎のごときはその一人である。ちなみに大倉は実業家として成功し、その資本を商業教育に投資して人材を育てた。結果的に見れば、日本の商業教育は、工業教育や農業教育とちがった特色を帯びることになる。その詳細は第7章において考察することにするが、ここでは予め次の四点の特色を挙げておきたい。民業育成の政策が商業界にどのように受けとめられ、日本の商業教育にどのような影響を与えたかを概観するためである。

第一点。私学の優位である。東京の商法講習所はのちに農商務省を経て文部省に移管されるけれども最初は私人立であった。その他私設の講習所から出発して商業学校となったものは多い。またのちに著名な私立大学に発展する専門教育機関の中にも早くから商業教育に取り組んだところは多い。

第二点。実力の重視である。東京の商法講習所が昇格して高等商業学校になるまで初代の所長・校長をつとめた矢野二郎の商業教育は実力の養成を主眼として、学校としての卒業証書を軽視していた。彼の直話では、「僕は久しい間、免状なんといふ立派なものはやらなくて、唯疎末な書付丈《だ》けやつておいた。卒業式は何時でも小言式であつた」と言う（島田三郎『矢野二郎伝』実業之日本社、一九一三年）。矢野が正式に第一回卒業式を催したのは一八八八九（明治二二）年であり、第二回はそれより三年後のことである。工業や農業の官立学校では、東京大学をまねて、厳しい試験の梯子段を組み立ててそれを昇りつめた者に卒業証書と学士号を与えるという学歴重視の方向に傾斜していくけれども、商業教育では実力重視の風潮が残った。在校生もこのくらいでよいと判断すれば躊躇なく中退した。

第三点。学校の開放である。私学が多いこともあって、実力を身につけたいと願う一般商人に対して学校の自由な判断で学習の機会を提供した。特に夜学校と通信教育は重要である。夜学校の例は多いが、例えば一八八〇（明治一三）年開校の専修学校はその後二五年間夜間授業の学校であって、昼間勤労する生徒を受け入れた。通信教育の事例としては東京専門学校の名称で一八八二（明治一五）年に開校した早稲田大学で、早くも四年後にその事業を開始している。明治末年に刊行された同校の紹介書の中では、「独学自習に適《かな》ふものとしては今日実に我国唯一である」と自負し、その意義を次のように記している。

「学問を研究するものの境遇を分つて二となし、之を学校に入るものと然らざるものとに区別し、後者は即ち独学自修とするものであるが、同じく独学自修といふ中にも全然研究の機関によらざる旧式の方法と通信教授の機関による研究法である」（『独学自習商業研究法』早稲田大学出版部、一九〇九年）。

第四点。大阪の特例である。官対民という図式から見ると、大阪は他に比べて民の色合いが強い。江戸期に町人の町として繁栄を誇った大阪は、維新後東京に取り残されて沈滞していた。そこに五代友厚が乗り込んできて商業の刷新に力を注ぐとともに、商業講習所の設立に寄与した。その講習所は一八八〇（明治一三）年に民間の出資で設けられ、五年後には市立商業学校となった。その後はさらに市立高等商業学校を経て、本邦初の市立商科大学へと発展した。大学昇格の募金趣意書には、「大阪市ニ必要ナル商科大学モ亦自ラ之ガ設立経営ノ任ニ当リ、以テソノ商業教育機関ノ完成ヲ期スルト共ニ、益々ソノ特色ヲ発揮セシメンコトヲ要ス」と記した（『大阪商科大学六十年史』一九四四年）。大阪町人の研究家宮本又次は次のように評価する。

「大阪の町人が維新以後暫く時勢に並行しなかったのは、その商売の道を知らざるがためではなく、却って大阪一流の教育、大阪特有の商人道を執拗に持ちつづけていたためである」（『大阪町人』弘文堂、一九五七年）。

4　第一次大戦後の対応策

戦争の勝敗には軍事技術の優劣が大きく影響するため、近代戦争は洋の東西を問わず、製鉄、造船、鋳砲、火薬などの技術を向上させる要因となった。日本でも日清、日露の戦争を契機にして産業革命が進展し、工業人材の需要が高まった。一八九四（明治二七）年に日清戦争が勃発した直後の『教育時論』には、「工学士は奮て戦争を研究すべし」と題する論説が出ている。

「学術未開の清国は数ふるに足らず。我日本の工学士は、戦闘軍艦の損所の縦覧を願ひ出で、奮て之を研究すべし。若し必要あらば従軍も願ひ出づべし。軍艦の便乗をも願ひ出づべし。身を犠牲に供して学問の為にするは今なり。日本をして世界の学問上に一新紀元を開かしむるも今なり。碌々《ろくろく》として欧米の学者の余瀝《よれき》を嘗《な》むることを是れ勉むるは陋なり」（『教育時論』第三四二号、一八九四年一〇月）。

日露戦争になると、この種の主張はさらに活発になり、戦後における産業界の躍進を期待する声が高まった。この機に乗じて全国各地に工業学校、とりわけ高等工業学校の開設の気運が生じ、官立高等工業学校の誘致運動が展開した。これについては第5章で述べることにするが、ここでは第一次世界大戦の及ぼした影響を概述してみる。

この大戦により、日本はそれまでの二つの戦争とちがった、より複雑でより世界規模の要因に左右されることになったからである。

一九一四年、ドイツ、オーストリア、イタリアの三国同盟と、イギリス、フランス、ロシアの三国協商との間に勃発した戦争は世界を巻き込んだ大戦となった。基本的にはドイツとイギリスとの争いであったが、日本は日英同盟の関係からイギリス側について、ドイツに対して宣戦布告をした。この戦争は日本に対して多くの教訓を与えたけれども、産業教育にとっては次の三点が重要であろうと思う。

第一点。ドイツの底力を認識したことである。敗れたとはいえドイツが四年余り持ちこたえた原因について、枢密顧問官で国産奨励会会長をつとめていた武井守正は次のように言う。

「抑々独逸が敵ながら今日まで四面に敵を受け、之を支へて足かけ五年間も戦つて居ると云ふのは何の力によるかと考へますると、全く独逸の国産奨励の結果に外ならぬと私は思ひます」(『国産奨励会主催比叡山講演集』一九一八年)。

第二点。国産奨励は、工業製品だけでなく農産物も重要な要素であることを認識したことである。特にこのことを力説したのは農業教育のリーダー横井時敬であって次のように言う。

「独逸の最近に於ける商工業の発達は之が従業者を増加し、随つて農業者の数は其の割合に於て著しく減少した。併し独逸国内には農民的精神が常に充満して居る。之が独逸の強い最大の原因であるやうに思はれる」(『農業教育』第一八九号、一九一七年三月)。

第三点。戦争が終わると世界各国が教育改革に動き出し、日本でもそのことの必要性を認識したことである。ドイツのワイマール憲法の教育条項やイギリスのフィッシャー教育法などでは、それまでの階級的学校体系を改めて統一学校の方針を規定した。平和を回復した戦後の競争は教育改革にかかっているという教訓が示された。

これらの教訓を受けとめて、日本でも第一次大戦後の産業教育には特に二つの大きな影響が生じた。

第一の影響は、教育改革を断行し、その中で産業教育の大幅な拡張を図ったことである。日本は大戦に参加したとはいえ、幸運にも直接の参戦は免れたことと、アジア諸国に対する欧米からの輸入が途絶えた結果として産業界が活況を呈し始めたことなどから、日本政府の戦後対策は迅速であった。教育についていては、早くも一九一七（大正六）年に臨時教育会議を設置し検討を開始し次々と答申を出させた。この間に、その答申を受けて法制化に功労のあったのは実業界出身の文部大臣中橋徳五郎である。彼は、一九一八（大正七）年には「帝国大学令」とは別個に「大学令」を制定し公私立の大学や単科の大学の設置を可能にするとともに農工商の専門教育機関の大拡張を図った。特に工業教育には特別の力を込めて、高等工業学校を八校から一八校に増やすことにした。在職中の一九二二（大正一一）年の全国工業学校長会議の訓示の中では次のように発言した。

「申ス迄モナク、今後世界ノ列強ガ其ノ国力ノ強大ヲ図ルニハ所謂経済戦ニ依ルノ他他ニ途ナク、此ノ経済戦ニ於テ優越ノ地位ヲ占ムルニハ各種工業ノ盛ンナコトガ其ノ主タル条件デアリマス。而シテ、工業ノ発達ニハ幾多ノ要件ガアリマスガ、工業教育ノ振興ガ其ノ基調デアルコトハ申ス迄モアリマセン」（『文部時報』第七五号、一九二二年五月）。

第二の影響は、農業教育の改革を迫られたことであって、これは第一の影響のような積極的対応ではなく、むしろ止むを得ぬ深刻な対応となった。事態が悪化したのは一九一八（大正七）年に始まる米価騰貴に反発する米騒動からであって、一九二一（大正一〇）年ごろからは小作料騰貴や農地転売に反対する小作争議へと発展した。さらに昭和期に入ると世界恐慌の影響を受けて農村の疲弊は極点に達した。これに対して横井時敬らの有力者の間から農村救済が叫ばれ始め、昭和初年になると農村匡救は国民世論となるとともに国家政策の重大課題となった。この時期には農業教育というより農村教育という言葉が使われ始め、学校教育を越えて社会教育への広がりを見せ、そのための新工夫の実践がなされた。札幌農学校を卒業後母校の教授となり、転じて文部省の政務次官となった東郷実は次のような発言をしている。

「農村の子弟をして、農業の国家にとつて貴重なる所以、農村が健実《ママ》なる国家発展の核心であるといふことをよく自覚せしめ、土を愛しその生産力を保護し極度に発展せしめることが農村民の重大なる使命であると云ふことを徹底的に自覚せしめ、そこに一種の新哲学を作り出すところまで農村教育が徹底せねばならぬ」(『帝国教育』第五八二号、一九三一年二月)。

5 アジア問題と産業教育施策

日清戦争後、日本は西洋列強と競合しつつ日本の植民地を拡張していった。一八九五(明治二八)年に台湾、一九〇五(明治三八)年に南樺太、一九一〇(明治四三)年に朝鮮を支配下に収め、一九一五(大正四)年には中国の関東州を永久租借地とした。第一次大戦で西洋列強のアジア貿易が手薄になった機にアジアにおける日本の侵略政策によって日本の地位は大きく変化した。すでに日本に併合していた朝鮮に対しては植民地支配を強化すればよかったが、問題は大国中国との関係であった。この問題に頭を悩ました一人の実業家がいた。渋沢栄一がその人であった。

大戦さ中の一九一五(大正四)年に大隈重信内閣は対華二一か条の要求をつきつけてそのうちの一六か条を承認させるという強硬策をとっていた。これに対して渋沢は早くから中国との共存共栄を説いていた。一九一三(大正二)年に来日した中国革命の父孫文とは六回も会見して、政治家となるよりも実業家になれと説き、日中提携の実業会社の設立を提案し、渋沢自身も中国を訪問した。その計画は孫文の事情によって実現しなかったけれども、渋沢は終生、中国とは「忠恕の心、有愛の情」をもって接せよと主張した。日中関係の中にはアメリカが介在していたため、渋沢はアジアでアメリカと衝突することを極力避けるための努力も惜しまなかった。大正末年の渋沢は日中関係について次のような言葉を残しているが、歴史の歯車はそれを裏切るように逆転していった。

「今の様に、術数、威力、恩恵等の手段を以て対しゐれば、どうしても両国睨み合ひの状態になるから深い交際は出来るものではない。政治界や経済界の人達は是非此ことを念として共存同営の心掛で支那に対して貰ひたいと思つてゐる」（『龍門雑誌』第四三五号、一九二四年一二月）。

アジアにおいて一頭地を抜いた日本は、こと産業教育については次の四点の政策を遂行した。

第一点。植民地として支配した韓国や台湾において学校を設けたことである。日本は一九一一（明治四四）年に「朝鮮教育令」を、一九一九（大正八）年に「台湾教育令」を発し、現地に日本語の学校を設けて、日本人移住者だけでなく現地人の入学を可能にした。その中には産業系の学校も多く含まれ、例えば朝鮮では一九二二（大正一一）年に京城高等工業、水原高等農林、京城高等商業の三校が、台湾では一九一九（大正八）年に台北高等商業、一九二八（昭和三）年に台北帝国大学附属農林専門部、一九三一（昭和六）年に台南高等工業を設けた。一九四二（昭和一七）年の文部省の『実業学校一覧』を見ると、実業専門学校は朝鮮に六校、台湾に三校あり、中等の工業学校は朝鮮に一〇校、台湾に五校、農業学校は朝鮮に四九校（ほかに水産学校三校）、台湾に七校、商業学校は朝鮮に三二校、台湾に八校存在していた。

第二点。日本人の学卒人材の活躍の場をアジア諸国に求めたことである。この発想は日本の教育家の中にも早くから芽生えていた。例えば、一八九七（明治三〇）年に京都帝国大学が創設されると、木下広次総長はその理工科大学の入学宣誓式の訓示の中で次のような注目すべき発言をしている。

「日本内国工芸百般の事業は諸君を待てり。今一歩を進めて之を言へば、亜細亜の大陸は諸君の奮励を待つこと茲に久し。支那大陸に鉄道其他諸製造業の起すべきもの夥し。而して未だ日本人にして支那中原鉄道の技師となり、亜比利亜《シベリア》鉄道の設計者たりしを聞かず。今や東洋の覇権を握り先進国を以て自任する日本人は、支那の製造、鉄道事業を以て他人の手中に委ぬべからず。諸君他日大学を出て手腕を振ふの余地亦大なりと云ふべし」(『京都大学工学部八十年史』一九八〇年)。

京都帝大だけではなく、その後に設けられた実業専門学校でも、アジアへの進出を奨励したところは多い。その中でも、一九〇五(明治三八)年創立の山口と長崎の両高等商業学校は、一衣帯水という地理的有利さを生かして、そのための教育に熱心であった。山口高商の場合、創立に際して久保田譲文部大臣から言い渡された四か条の教育方針の中に、「卒業生ハ成ルベク満韓地方ノ実業ニ従事セシムル目的ヲ以テ教育スルコト」という一項が含まれていた(『山口高等商業学校沿革略』一九三五年)。同校では、その後大正期に入ると中国も視野に入れ、一九一六(大正五)年には支那貿易講習科(のち支那貿易科と改称)を設け、本科卒業生に特別の教育を施した。長崎高商もまた同じような取り組みをして多数の卒業生を大陸に送り出した。ちなみに、一九四二(昭和一七)年現在、山口高商卒業生の海外居留者は比率にして三四%、その居住地は満州国六九〇名、朝鮮三一七名、中華民国二三六名、その他となっていた(『山口高等商業学校一覧』昭和一七年度)。

第三点。アジア諸国、特に中国からの留学生を受け入れたことである。植民地となった朝鮮や台湾からの留学生はすでに日本語を習得した者が多く、日本の学校教育に比較的すんなりと入り込むことができたが、日本側が留学生教育として本格的に取り組んだのは中国人留学生であった。この面において最も熱心な実践者の一人は、東京高等工業学校の育ての親であった手島精一である。彼は自校の卒業生の目を西洋だけではなくアジアにも向けさせた。彼の教育方針は福沢諭吉の説く脱亜論ではなくして入欧入亜論であった。

東京高等工業学校では、一八九六(明治二九)年に韓国人六名を受け入れたことを皮切りに留学生受け入れ体制の強化につとめ、一九〇一（明治三四）年には清末政治改革派の張之洞の求めに応じて中国人六名を入学させた。明治末年には中国からの留学生数は一八〇名を越えて、断然他の官立学校を圧していた。手島は、一九一六（大正五）年に二五年間に及ぶ学校長の職を辞する際に「回顧五十年」の論説を出したが、その中で留学生教育について次のように述べている。

「支那人を第一として、比律賓《ヒリピン》人、暹羅《シャム》人、印度人と云ふやうに、殆んど各国人が来て学ぶ学校となりましたが、一時は吾々当局者は、工業を他国人に授けてやつたならば、敵に糧《かて》を与へるやうなものであるからどうであらうか、と云ふ考へを持つたこともある。併しそれは尚ほ深く考へて見ると、さう云ふ雅量の狭いことでは教育の首脳となつて行くことは出来ない。日本は益々進んで行けば宜いのである。又他の東洋の国民を教育してやれば従つて東洋が開けて来る。是に於て東洋が西洋に対抗することも出来るやうになるのである……今では支那人の留学生が百五十人ばかり居ります」（『工業生活』第二巻一号、一九一六年一一月）。

一九〇七（明治四〇）年、日本政府は中国政府との間に「五校特約」の協定を結んだ。その五校の中に産業系専門学校としては東京高等工業学校のほかに山口高等商業学校が含まれていた。山口高商は特設予科を設けるなど積極的に対応し、一時は九九名もの中国人留学生が在籍していた。しかし一九一一（明治四四）年になると、修学旅行先をめぐって学校側と留学生側との間に確執が生じ、多くの留学生は明治大学などに転校してしまった。なぜ官立特約校から私立の明治大学なのか、については同学の百年史では、明治大学の経営する経緯学堂の出身者がその中に含まれていたこと、神田には清国人留学生会館があったこと、学費が他の私立大学より低廉であったこと、同学には商科の受け皿があったこと、中国人留学生が多数いて自治活動が盛んであったことなどをその理由としている（『明治大学百年史』第三巻通史編Ⅰ、一九九二年）。

一九一八（大正七）年開催の官立実業専門学校長会議の席上、時の岡田良平文部大臣は、「日支親善は我邦の国是なるを以て各学校共支那の留学生の教育に十分の注意を加へ懇切なるべし」と訓示している（『教育時論』第一一九一号、一九一八年五月）。この国策にこたえて、官公私立の実業専門学校はそれぞれに対策を講じた。例えば、長崎高等商業学校は山口高商より先に留学生受け入れのための予備教育の規程を定めていたし、官立に移管される前の私立明治専門学校は特別入学規則を定めて予科から本科への入学を容易にしたし、私立大学の中にも積極的な対応をしたところが多い。

しかし、中国からの留学生受け入れは、中国側の事情もあって紆余曲折があった。その一例が一九一一（明治四四）年の辛亥革命によって多くの留学生が一時の帰国を余儀なくされたことである。またアメリカが明治末年から門戸開放策を打ち出したため、日本よりアメリカに留学して学位を取得し、帰国後に高い地位を得たいと考える若者が増えたことにより、日本における中国人留学生数は減少の一途を辿った。さらに昭和期に入って日中関係が悪化するにつれて、日本への留学生は途絶えた。最後まで健在ぶりを誇った東京高等工業学校も例外ではなくなった。

第四点。昭和期に入って、満蒙移民のための拓殖教育を開始したことである。一九三一（昭和六）年になると、日本は中国東北部と内蒙古東部への侵略を開始し、翌年には満州国を建国した。外面は独立国であったが、事実上は日本の植民地であった。当時の日本は世界不況のあおりを受けて農村疲弊が深刻さを増す中で、政府は一九三二（昭和七）年に「自立更生」のスローガンを掲げ、その政策の一環として農村移民を奨励した。農民の中には「王道楽土の建設」を夢みて続々と大陸に渡る者もいた。ここに満蒙移民の拓殖教育が国家的課題となってきた。

拓殖教育という思想は必ずしも目新しいものではなく、例えば、新渡戸稲造は一九一三（大正二）年の全国農業学校長会議において「農業学校に於ける拓殖思想の涵養」と題する講演をなし、日本の版図が台湾、朝鮮、樺太にまで拡張した現実の中では、せめて科外講義としてでもよいから拓殖思想を養成する必要を訴えていた（『教育時論』第一〇二五号、一九一三年一〇月)。

しかし、満蒙移民の拓殖教育は、国策としての緊要性を帯びてきたし、農業教育の当事者も真剣にこれに呼応してきた。早くも一九三二(昭和七)年の全国農業学校長会議では、文部大臣に対する建議七項目の第一項に、「農業学校卒業生ヲ満蒙ニ進出セシメル為左ノ方法ヲ講ゼラレ度」として、五項目の要請をした。その中には、「全国農業学校卒業生ヨリ満蒙移住希望者ヲ選ビ、之ヲ教育スル為メ適当ナル地方ニ特別教育機関ヲ設クルコト」という一項を入れた(『日本農業教育史』一九四一年)。

この国策にいち早く対応したのは、農業教育の先進県である長野県であった。同県では信濃海外協会が結成され、一九三二(昭和七)年には県会議員や市町村の代表者が集まり農業移民の基本方針をまとめた。それによれば爾後一〇年間に四千家族二万人を移住させて満州に信州村を建設することにして、そのための拓殖教育などの対策を講じるという雄大な構想であった。また、一九三四(昭和九)年に開催された実業教育五十周年長野記念大会では、一〇項目の「宣言決議」を出した中で、「移植《ママ》民教育ノ徹底ヲ期シ以テ農家子弟ニ活動ノ新天地ヲ付与スルコト」という一項を入れた。その具体的取り組みは第9章で記すことにする。この長野県記念大会で記念講演をした京都帝国大学農学部長橋本伝左衛門は次のように激励した。

「満州移民ハ国策トシテ一日モ早クドンドン送ルト云フ事ニスル必要ガアル。国策トシテヤレバ必ズ成功スル」(『実業教育五十周年長野県記念会誌』一九三五年)。

極寒の荒無の地満州を開墾するには、体力と精神力をもった青年とその伴侶となる移民花嫁の教育が必要となる。日中戦争が起こったころから、官民こぞってこの課題への本格的な取り組みが始まった。政府は、一九三八(昭和一三)年に満州開拓青少年義勇軍を発足させ、加藤完治を茨城県内原村に設けていた内原訓練所の所長に任命して、三か月間の訓練を施したのち満蒙に送り出すことにした。加藤は、これより先一九二六(大正一五)年にその内原訓練所の初代所長として、独自な日本農本主義の理論をもって農民指導の先頭に立っていた。彼の開始した農民道場は全国各地における塾風教育のモデルとなり、一九三四（昭和九）年からは農林省が財政支援に乗り出していた。

満蒙に日本人を送り出すだけでなく、現地人を日本に留学させて指導者として育成する政策も進められた。そのため官民一致の団体が活動した。その代表例が一九三四（昭和九）年に設立された善隣協会であって、その翌年には善隣協会専門学校（のち善隣高等商業学校と改称）を設けて、蒙古留学生のための予科を特設した。また、日満鉱工技術員協会が設けられて、その事業の一環として立命館大学に依頼し、満州国政府委託生の教育に乗り出し、一九三九（昭和一四）年には立命館日満高等工科学校が設立された。これら二つの協会の、前者は陸軍中将井上璞が、後者は陸軍中将石原莞爾が主導していて、陸軍が関与していたことも注目される。

6　第二次大戦下の緊急施策

満州事変、日中戦争を経て太平洋戦争へと、十五年戦争は日本によるアジア大陸の支配をめぐって拡張の一途を辿った。当初は満蒙の開拓が最大目的であったが、中国での反日戦争が拡大するにつれて、日本は中国との全面戦争に突入し、国内の臨戦体制を強化する必要に迫られた。そのため、日本政府は、一九三八（昭和一三）年には「国家総動員法」を公布し、人的・物的資源の統制運用を議会の承認なしで勅令で決定できるようにした。日本の経済は統制経済に入り、配給・切符制度が導入されるなど、価格・賃金・生産の統制が強化されるとともに、「国民徴用令」によって人間も人的資本として物的資本と同様の扱いをするようになった。このような一連の施策は産業教育に対しても甚大な影響を及ぼすことになった。

　産業教育の国家主義的再編は、前述したように、実業教育五十周年の記念行事のころからその兆候が現れていた。文部省は『実業教育五十年史』とその続編を刊行し、日本の産業教育の歴史に対する賛歌と戦時体制に対する新たな決意を表明していた。両書の緒言の中からそれぞれの一節を引用してみる。

「吾人が本書を編纂し五十周年を記念する所以のものは、一は以て前人苦闘の跡を偲んで感激の念を新にすると共に、更に之に依つて将来に対する吾人の覚悟を鞏固にし、邦家の発展に貢献せんがための微意に他ならない」（『実業教育五十年史』一九三四年）。

「時勢は駸々として進転し、国家の隆替を賭《か》けて我国の産業は世界に軛《くびき》を争はんとする時に際会し、国策遂行の機関として大なる経綸《けいりん》を教育に要望せざるを得ざるに至り、その最直接の関係に立つ産業界が先づ実業教育に大なる期待と要請を示し来つたものと解するを至当とするであらう。我々は此事実を直視し、実業教育が国家の経綸に如何に偉大なる使命を帯ぶるものであるかを思ひ、その発達に更に数段の努力を重ね、その興隆を期することを念願せざるを得ない」（同上続編、一九三五年）。

　これを機会に、はじめ全国実業教育会が結成され、さらに実業教育振興中央会へと改組されたが、後者の設立趣意の中には、「実業界と教育界とを合従連衡《がっしょうれんこう》し、相倚《よ》り相俟《ま》つて実業教育の振興に貢献し、産業発達の基本を培ひ、進んで国力の伸張に寄与せんことを期す」という決意が表明されていた（『産業と教育』第六巻三号、一九三九年三月）。機関誌も『産業と教育』から『産業教育』と改題されて、戦時体制下ならではの産業教育の新しい啓発をなした。

　一九三七（昭和一二）年に日中戦争が勃発すると、産業界でも教育界でも厳しい統制が進んだ。同年には内閣直属の教育審議会が設けられ、高度国防国家建設の必要性や勤労青年を対象とした男子青年学校の義務化などが答申された。その翌年には、「国家総動員法」が発令され、経済界も統制経済へと移行を余儀なくされた。すなわち、「綿糸配給統制規則」による最初の切符制が導入され、その後「食糧管理法」など各種の統制法令が相次いで発令された。

このような経済状況のもとでは、商人が自由意志による商取引をなすことは困難になり、従来の卸業者としての問屋は存在理由が薄まり、小売業者は兼務転換か整理統合かの道を選ばざるを得なくなった。その影響は商業教育を直撃し、名門校である第一神戸商業学校長の大村信一は、当時の変化の状況を次のように記している。

「過去に於ける商業教育が、自由主義的個人主義的営利を以て商業活動の究極目標であるとする考方の前提の下に為されて来た結果として産み出されたる商業人の物の考方が、総て営利的に、然も個人主義的になされる様になつて来たことは争はれない事実である……然し乍ら時世の推移は、商業人の斯かる利己的打算に立脚して行動する特性を根本的に打破しなければならぬ時になつて来た。奉仕精神に基く、国家を基調とする商業活動が要求せられる時代となつて来た」(『実業教育』第二巻六号、一九四〇年六月)。

一九四一(昭和一六)年になると、文部省は実業教育振興中央会を動かして高等商業学校教授要綱調査委員会を発足させた。委員の中には、上原専禄、中山伊知郎、藤本幸太郎、堀経夫、石橋湛山といった戦後の商業教育界を動かす著名人が含まれていた。委員会によってまとめられた答申の中には、「商業教育ノ目標ハ、配給、産業経営、貿易ノ三分野トス」という、商業教育の新しい方針が示された(同上、第三巻七号、一九四一年七月)。

商業教育の方針転換と縮小は、軍需工業の拡張に伴う工業教育の強化と表裏の関係にあった。この課題にこたえる政府の対応は敏速であった。早くも一九三九(昭和一四)年には一挙に七校もの官立高等工業学校を新設するという、かつて先例のない政策を断行した。これに呼応するかのように、この年には三四校の中等工業学校も増設された。

一九四三（昭和一八）年になると時局の緊迫に伴い、日本のそれまでの産業教育史の徹底的な改編となる二つの重要政策がとられた。

その一は、学校教育全般に関する法令の改正であって、同年一月、「中等学校令」が公布されて、それまでの「中学校令」「高等女学校令」「実業学校令」が廃止され、中等教育法制の一元化がなされた。また「大学令」「高等学校令」が改正されて修業年限が三年から二年に短縮され、さらに「専門学校令」の改正によってそれまでの実業専門学校が専門学校に統一された。

その二は、同年一〇月に「教育ニ関スル戦時非常措置方策」の閣議決定がなされたことであって、産業教育に対する劇的な改編を迫る深刻な内容を含んでいた。特に工業教育、商業教育、女子教育に対する影響は甚大であった。以下に関係する部分を引用してみる。

「昭和十九年度ニ於ケル中学校及高等女学校ノ入学定員ハ、全国ヲ通シ概ネ前年度ノ入学定員ヲ越エシメズ、工業学校、農業学校、女子商業学校ハ之ヲ拡充ス」「男子商業学校ニ就テハ昭和十九年度ニ於テ工業学校、農業学校、女子商業学校ニ転換スルモノヲ除キ、之ヲ整理縮少《ママ》ス」「理科系大学及専門学校ハ之ヲ整備拡充スルト共ニ、文科系大学及専門学校ノ理科系ヘノ転換ヲ図ル」（『近代日本教育制度史料』第七巻、講談社、一九五六年）。

この非常措置で中心眼目となるのは、中等の商業学校を工業学校に転換させるという強硬策であって、その閣議決定のなされた翌年には、著者の調査した限りでは、一挙に二八三校の工業学校が新設され、その中の少なくとも二四五校は商業学校からの転換校であった。

高等の商業学校も相次いで工業専門学校に転換した。特に私立高等商業学校の中に国策に迎合する動きが出たことが注目される。その際、私立専門学校の経営陣がどのような論理をもってこの転換に踏み切ったか、その一例を福知山高等商業学校に見てみよう。同校は一九四一（昭和一六）年創立という若い高等商業学校であるが、一九四四（昭和一九）年に工業専門学校に転換する際の申請書に次のように記している。

「今ヤ我国ハ総力ヲ傾注シテ大東亜戦争ノ必勝ト大東亜新秩序共栄圏ノ建設ニ邁進シツツアルノ秋、コノ大原動力タル生産戦線ニ送ルベキ各種工業技術者ノ養成コソ実ニ喫緊不可欠ノコトニ属ス……更ニ諸設備ノ新設ヲ計リ完備セル高等工業専門学校ヲ設立シテ、心身ノ頑健ノ皇謨挺身ノ学術ヲ養成シ、以テ優秀ナル技術者ヲ育成シテ聊カ国家ノ要請ニ応へ、以テ工業報国ノ一路ニ邁進セントスルモノナリ」（『文部省簿書』「設置・廃止許認可文書福知山工業専門学校」）。

明治初年に国家富強を目ざして日本産業の近代化政策が緒についたが、そこには経世済民とか利用厚生とか自修自営とかの、人間尊重の論理が組み込まれていた。しかし第二次大戦末期になると、国家や国体の論理が前面に出て、人間はそのために一身を捧げるという滅私報国の思想が支配するようになった。そこにはもはや産業教育の論理は存在しなくなる。

しかしながら、戦争という忌むべき事態が、産業教育の性格を変更させたという歴史的事実もまた見逃してはならない。それは戦争を容認することとは別次元の問題であって、戦争によって生じた事実を事実として認識することにすぎない。それらの事実は、本書の以下の諸章でさらに詳しく証明することにして、ここでは第二次大戦末期に生じた三つの変化を指摘するにとどめたい。

第一の変化は、工業を中心にして工農商の三分野間の連携が生じたことである。このうち特に重要なことは工商の連携である。例えば大戦末期には高等商業学校は工業経営や産業経営の方向に大きく舵を切ったし、日本商業教育の最高学府である東京商科大学は東京産業大学と名を変え、附属工業経営専門部が設けられた。また神戸商業大学は神戸経済大学と名称変更するとともに経営計録講習所を付設した。その初定の学則では、「本所ハ経営及経理ノ機械化ニ関スル学術ヲ授ケ機械計録ノ技術及運用ヲ修得セシムルヲ以テ目的トス」と定められた。ちなみに、日本においてこの商工連携を早くから提唱していたのは手島精一であるが、手島の提言とは乖離した方向で商工連携が進行した。手島の見解は次の一文のとおりで、「平和の戦争」を想定していた。

「夫れ貿易上に於ける商業家は、往々軍隊に於ける斥候の如く商機を工業家に伝令し、工業家は其旨を受け物品を製造するに在るを以て、相互の意志貫通し同情を表し得るの智識あらずんば、焉《いずくん》ぞ能く激烈の商戦に於て勝利を制するを得べけんや」(『商業世界』第一巻三号、一八九九年一月)。

第二の変化は、学校令の改正によって、普通教育と実業教育の二分岐状況の改善が図られたことである。新定の「中等学校令」では中学校、高等女学校、実業学校が同じ傘の中に入れられたこと、「専門学校令」の改正によって実業専門学校も専門学校の中に取り込まれたこと、の二点は特に重要である。実業と名のつく学校が、一般の学校とちがってそれより下位の学校と見なされてきた社会風潮を是正する方向に動き出したことになる。

第三の変化は、女性の役割が男性のそれに接近して、両者の懸隔が縮まったことである。男性が戦場に動員され、国内の軍需工場の人手不足を補なうため女性の学徒が動員されたこと、男子の商業学校が工業学校に転換した代わりに女子の商業学校がその穴埋めのために大増設されたことなど目に見えた変化が生じた。戦争が女性を変えるということは世界に共通する現象であるけれども、日本の場合は、それまで男女差別が大きかっただけに、この新しい動きは重要である。

7　アメリカの占領教育政策

一九四五(昭和二〇)年八月、日本はポツダム宣言を受諾して敗戦になり、アメリカ軍を中心とする兵力約四〇万人が日本占領のために進駐してきた。一〇月には占領のための管理機構としてＧＨＱ（連合国軍総司令部）が設けられ最高司令官マッカーサーの指揮下に置かれた。ＧＨＱの基本方針は日本の非軍事化と民主化にあって、産業面では軍需産業を民需産業に転換させた。その間、財閥解体、農地改革、労働改革の三大経済改革が断行された。ＧＨＱのもとで教育改革を担当したのはＣＩＥ（民間情報教育局）であって、文部省に対して矢継早に改革の指令を発した。

日本政府もまた敗戦後の緊急事態への対応に乗り出した。学校再開や引揚青少年の受け入れは特に急務であった。産業教育で特に課題となったことは、大戦末期に工業学校に転換し実質的には教育停止の状態に陥っていた旧商業学校を復元することであって、文部省は一〇月の通牒でそのことを容認した。

日本政府にとってさらに大きな課題は、戦後教育の基本方針を定めることであって、早くも九月一五日には、「新日本建設ノ教育方針」を定めたが、ＣＩＥはそれよりさらに徹底した民主化を求め、アメリカから著名な教育専門家を呼び寄せて新教育体制について提言をまとめさせた。それが敗戦の翌年三月末にマッカーサーに提出された『米国教育使節団報告書』である。わずか一か月足らずの滞日で成案に達したのは、アメリカ側の自信とこれに協力し賛同した日本側の著名な教育家二九名の存在があったからだとされている。日本側の教育家はこののち教育刷新委員会（のち教育刷新審議会に改組）を構成して戦後改革の具体策を検討することになる。

アメリカ教育使節団の報告書は、当時アメリカが世界に誇っていた六・三制の推奨という一語に尽きる。六・三制の三に相当するジュニア・ハイスクールは、エリオットやデューイなどアメリカの進歩主義教育学者の学説に支えられたもので、単線型学校体系の基底をなすものである。市村尚久によれば、この学説は、一九一八年の「中等教育改造審議会報告」にまで遡ることができるもので、アメリカで実験が重ねられてきた。その報告書の中には次のような一文が含まれる。

「ジュニア・ハイスクールは、シニア・ハイスクールに適用される政策がどのようなものであろうが、総合制の様式を踏むべきである。その理由は、ジュニア・ハイスクールの本来的（第一義的）な目的の一つとして、生徒が広範かつ多様な交際と経験によって、自己の教育的ならびに職業的経歴を知的に選定するため、基礎的力量を獲得するのを援助すべきである、ということがあげられるからである」（『アメリカ六・三制の成立過程』早稲田大学出版部、一九八七年）。

日本の戦前の教育では、六年間の小学校を卒業すれば、中学校、高等女学校、実業学校、高等小学校へと分かれていったのに対して、ジュニア・ハイスクールを基礎課程にした三年間の義務教育年限延長が実現することになった。

産業教育にとって問題となるのは、それから先の教育である。特にシニア・ハイスクールは、アメリカでも、専門化と統一化をめぐる議論が交わされ、できるだけ統一化と共通化を基本原則としつつも、個人の選択によって、教養的コースと職業的コースに分化することを容認してきた。その場合も総合的ハイスクールの中で、職業的カリキュラムが、大学進学準備のカリキュラムと矛盾なく併存できることを理想としてきた。

教育使節団の報告書ではシニア段階のハイスクールについては深入りせず抽象的な勧告に終わっていたが、CIEの側ではいわゆる高校三原則（総合制・学区制・男女共学制）の方針を固めていた。都道府県別に設けられた地方軍政部においては、担当官の見解に強弱の差はあったものの、この三原則を適用する方向に動いていった。これを産業教育に即して見ると、総合化と共学化の二点が重要になってきた。

まず総合化について見れば、愛知県のように全県で施行された例もあれば、石川県のように伝統のある実業学校の単独制を存続させた例もある。ちなみに石川県では、一八八七（明治二〇）年に納富介次郎の創始した工芸系の金沢工業学校が敗戦時に石川県立工業学校となっていた。石川県軍政部は普通科高校との総合化を要求したけれども、同窓会の要請が効を奏して、全県下の地域産業を振興させる工芸学校であるという理由をもって単独制を継続させた（国立教育研究所『日本近代教育百年史10産業教育2』一九七四年）。

石川県の事例には二つの意味があった。その一は、特に工業や農業のように施設設備に特別の配慮を必要とする産業系の学科は、総合化によってその教育水準が低下し、それまでの実積を保持できなくなることであり、その二は、CIEのもう一つの方針であった学区制になじまなかったことである。小さな学区ごとに産業系学科を設けることは生徒募集に困難を伴うことになった。石川県の工業学校は県境を越えて希望する生徒に門戸を開いていたが、少なくとも全県一区という点で歯止めにしたいという願望が支配していた。

日本政府もこの総合化の方針が戦後復興の遅滞要因になる、という事の重要さを認識するようになり、一九四九（昭和二四）年には『新制高等学校の教科課題の解説』を刊行し、その中で次のように記した。

「総合高等学校を設置することが、職業教育を量においても質においても縮小する結果になっては断じてならない。われわれおよびわが国の青年たちにとって、今後のあらゆる努力と活動の目標は、窮極するところ自立する日本をつくり上げることにある。自立する日本は、まず生産する日本でなければならない。ハンマーを握り、鋤・鍬を振う人々と、公務や専門的職業分野に働く人々との努力の結合を通じて、生産する日本が生まれる」。

教育刷新委員会の改組した教育刷新審議会もまた一九四九（昭和二四）年の第一回総会で「職業教育振興方策」の建議を行い、新制高校の画一化を避けて単独校を設けることを提言した。一九五一（昭和二六）年の「産業教育振興法」および同年の米国対日工業教育顧問団の報告などを契機に、中等産業教育分野から総合制とそれに併せて小学区制の方針は崩壊を始めることになる。ちなみに、アメリカの工業教育顧問団は、産業界と大学との連携や大学の工学教育の振興についても勧告した。

次に共学化については、戦前において中学校と高等女学校との間に存在していた厚い壁は予想より順調に崩壊していった。ところが戦前にすでに実践例の存在していた共学制の実業学校では共学化が難渋するという予期せぬ事態が生じた。戦前期の実業学校では、特に農業学校では、それに次いで若干校ながら商業学校でも共学化が進んでいた。例えば、広島県の県立農業学校一三校のうち九校までが共学校であった。男子部と女子部に分けられ、女子部のカリキュラムには裁縫や家事など家政関係科目が含み入れられていたため、厳密な意味での男女共学とは言い切れなかったものの、特に農村部にただ一校しか存在しない農業学校や実業学校は、地域における中等学校進学希望者の受け皿の役割を果したため、男女平等に入学の機会を与えた。それが戦後に総合制の共学校に転化することにはさほどの抵抗はなかった。

問題が生じたのは都市部に多く設けられた商業学校であった。共学商業学校の第一号は一九〇二（明治三五）年創立の岡山市立商業学校であったが、一九三五（昭和一〇）年には男女が分離された。そのときの申請書には「狭少ナル校舎及運動場ニ多数ノ青春男女生徒ヲ共学セシムルコトノ訓育上支障尠カラザルハ論ナク」云々とある（『文部省簿書』「設置・廃止許認可文書商業学校岡山県」）。この考え方は当時の一般的な常識であってあえて異とするところではないが、大戦末期の事態の急迫の中では、例えば名門商業学校として名をなしていた市立下関商業学校は、工業学校への転換を回避する最後の手段として女子を受け入れて共学校とした。しかし、敗戦後は旧に復することを求めて下関市長は女子部の廃止を申請している。

「抑モ従来男子生徒ノミヲ収容セル商業学校タリシ同校ガ昭和十九年度ヨリ女子生徒ヲ収容シ男女共学ノ学校トナリ全国的ニモ其類稀ナル学校ニ改組セラレタル所以ヲ按ズルニ、大東亜戦勃発以来急速ニ経済界ニ男子ノ不足ヲ来シ、之ニ代フルニ女子ヲ以テ充当セントスル応急臨時措置トシテ已ムヲ得ズ実現セラレタルモノニシテ、戦争終結セル今日依然トシテ男子生徒ニ配シ女子生徒ヲ入学セシムベキヤ否ヤハ頗ル考慮ヲ要スル問題トナルニ至レリ」（『下商七十年史』一九五五年）。

商業学校の共学に関してもう一つの大きな問題は、大戦末期に男子商業学校が工業学校に転換し、その穴埋めに女子商業学校が増設されたことである。一旦男子を排除した商業学校に再度男子を呼び戻すには諸種の難問が生じた。結果的には、共学となっても女子の優位は変わらず、中等の商業学校は女子の学校であるというイメージが定着することになった。このことは産業教育の全体的なバランスから見ても問題点とされた。

以上の総合化と共学化は主として中等の産業教育の改革動向であって、高等の産業教育はこれに加えてもう一つの改革方針が打ち出された。教育使節団の報告書は民主主義、平等主義の思想に基づいて従来の複線型の学校体系を単線型に改革するために六・三・三・四のラダーシステムを勧告した。戦前期の実業学校では、実業専門学校への進学の途は開かれていたけれども、七つの帝国大学は中学校、高等学校という正系のコースの頂点に立っていたし、単科や公私立の大学もそれに準じていた。

戦後の学制改革に際しては、特に実業専門学校の位置づけが問題となったが、結果的には平等主義の原則にのっとり、すべては新制大学の中に取り込まれることになり、実業専門学校は工、農、商（経済）などの専門学部に昇格されて廃止となった。旧制大学にもそれらの学部は存在していたので、施設設備や教授陣容などの面で実質的な格差は残したままであった。一県一大学という総合化の方針も打ち出されたため、秋田鉱山、仙台工専、上田蚕糸など伝統のある産業系専門学校は単科大学への移行を希望したが叶わなかった。

新制大学では旧制高等学校の果たしていた一般教育を教養部として温存させたため、専門教育の相対的比重が低下したこと、また大学入試は一般教育科目を中心にしたため総合制高等学校の職業系学科の卒業生の入学は戦前期にまして困難となったことなど、全体的には産業教育の凋落現象が生じた。文部省の『学制八十年史』はこの状況を次のように評価している。

「戦後の混乱窮迫の時においては、産業の復興と経済の安定なくして、民主的社会の建設も民主的人間の育成もあり得ないことは、当時何人も容認せざるを得ないところであった……このような事情にありながら教育改革実施の過程においては、かえって民主的人間育成の一般原理として、普通教育・一般教養の尊重が強く唱えられ、それと同時にあるいはその内容として尊重されるべき産業教育ないし職業教育に関する関心は著しく希薄であった」（『学制八十年史』一九五四年）。

第4章　近代産業の啓蒙と教育

1　産業啓蒙の時代

西洋の一七世紀末から一八世紀に現れた啓蒙（Enlightenment, Aufkräung）の思想は、既存の宗教的・世俗的権威を否定して、人間の理性や人間の尊厳を目ざしていた。これに対して、日本の啓蒙思想は、幕末・維新期における西洋資本主義列強の外圧のもとで、国家富強の担い手となる国民を創出するために人民の意識改革を促すとともに、西洋をモデルにして文明開化を図ることを主たる目的にしていた。明六社に結集した面々、とりわけ福沢諭吉はその代表的思想家である。

福沢の著述した『学問のすゝめ』は「偉大な啓蒙書」（飯田鼎『福沢諭吉』中央公論社、一九八四年）であることに誰しも異存はないであろう。しかし、日本の特異な歴史的状況の中で生まれた日本的啓蒙思想の特質については、福沢の脱亜論を含めて批判も出されているし、政治史を中心にすれば明治十年台に台頭する自由民権運動との間に一線が画される。彼の著述した『文明論之概略』は、彼の「啓蒙主義の頂点であるとともに凋落の序曲」であるという解釈もなされている（ひろたまさき『福沢諭吉研究』東京大学出版会、一九七五年）。

西洋と異なる日本の啓蒙時代と言えば、著者は、産業啓蒙に着目すべきであると思う。維新後にその時代を証明する確かな証拠としてぼう大な量の産業啓蒙書が残されているからである。出版、講演、集談その他の旺盛な実践活動が展開し、それらの記録が活版、木版の印刷物として残っていて、世界に類例のない歴史的事象と言えよう。

日本の産業啓蒙時代の始期は明治維新と見てさしつかえないが、その終期は明確ではない。著者はそれを確認する手がかりとして明治初期の啓蒙的著作物の刊行状況を調べてみた。その結果、一応明治一八（一八八五）年を一区切りとすることができると考えた。このころに啓蒙書より専門書または教科書が増加傾向に転ずるからである。加えて、殖産興業政策を担当する政府組織も、過渡的段階（一八六八〜七〇年）、工部省段階（一八七〇〜七三年）、内務省段階（一八七三〜八〇年）、農商務省段階（一八八〇〜八三年）と変化し、一八八五年の内閣制度の発足を迎えることにより、教育を含めて国家の諸制度が整備され、人智も開けて啓蒙というより今日流の「啓発」の時代に入ることもその理由になる。

著者は、拙著『近代日本産業啓蒙書の研究』で一八八五年までに出版された一二七一件の刊行物について解題をなしてその内容を分析してみた。そのほか、解題を加えずに類書として列挙したものが一五八件ある。今日のようにコンピューターの使用ができなかった時代であったので、主要図書館の蔵書目録や件名カードを使っての作業であったため、不十分のそしりは免れない。正確に調査したらその数はもっと増加するはずであるが、本章ではこの一二七一件をもとにして以下に考察を進めることにする。

また、続いて著者は、『近代日本産業啓蒙家の研究』を公刊し、人物の側面から産業啓蒙時代にアプローチしてみた。産業啓蒙書の執筆者・訳出者を中心に代表的人物五四名（農業分野一六名、工業分野一二名、商業分野一三名、一般勧業分野一三名）を選び出し評伝を記した。その中には五名のお雇い外国人も含まれる。五四名のうち特に重要な役割を果たした人物として、民間啓蒙家橋爪貫一、地域勧業家十文字信介、商業啓蒙家渋沢栄一、工業啓蒙家手島精一、農業啓蒙家横井時敬の五名については事例研究として特別の考察をした。ただし、啓蒙家の場合は時代を区切るわけにはいかないので、当該人物の生涯にわたる啓蒙活動について記述をした。なお、五名のうち手島精一と横井時敬の二人は教育家としての功績も著大であるため、本書の第5章と第6章で考察を加えることにする。

五人の中でとりわけ重要な人物は渋沢栄一である。本書の中ではしばしばその名が出てくるが、あらかじめ近代日本の最高の産業啓蒙家としての渋沢について若干の言及をしておきたい。前述したように渋沢は、幕臣としてパリ万国博に出張し、維新後は大蔵官僚となったが、一八七三（明治六）年に意を決して自称「商売人」となり、一九三一（昭和六）年に没するまで、総計すれば一〇〇〇を越える企業経営や社会事業に関係するとともに、若者の育成や教育に力を尽くした。特に日本商人の自働的進歩を説いたことは有名である。著者が、渋沢を最高の啓蒙家と見なす理由は大きく見て四点あり、いみじくもその四点が近代日本の産業啓蒙の特色となっている。

第一点。商売人となった渋沢は多くの企業の創立に寄与したが、その最初に手がけたのは製紙業であって、出版文化のもつ民衆の啓蒙効果にいち早く気づいていた。王子製紙の創社がそれであって、同社の二〇周年祝賀会で、「花の魁《さきがけ》は梅花」であり、製紙は「百花中の梅花」であるという名言を残した（『龍門雑誌』第七八号、一八九四年一一月）。

第二点。渋沢は自他ともに許す講話の名手であって、自己の経歴や見解を低い姿勢からユーモアを交えて人々に語りかけて啓蒙につとめた。それは、講話集として、あるいは単行本として出版されたし、新聞雑誌にも掲載された。江戸期の石門心学者たちの「道話」をほうふつさせる。

第三点。彼の周辺に集った若い商工業者を中心にして龍門社をつくり、そこで所見を披瀝するとともに『龍門雑誌』を刊行して世に広めた。渋沢の没後のことではあるが、龍門社の手によって『渋沢栄一伝記資料』としてまとめられたが、全六八巻という大部なものとなった。彼はまた蓮沼門三の修養団を支援し機関誌『向上』に論説を寄せるなど、青年の啓発にも力を貸した。

第四点。人材を育成するための学校教育を支援した。特に商業教育への思い入れは強く、東京商法講習所に端を発して高等商業学校を経て商科大学に昇格するまでの苦難の歴史を支え続け、その一橋の歴史は渋沢なくしては語れない。その他彼の支援した学校は多く、学校教育の果たす役割に期待を寄せた。

以上の四点のほかにも啓蒙家としての渋沢の功績は多岐にわたる。福沢を「文明」の啓蒙家と称するならば、渋沢はまぎれもなく「産業」の啓蒙家であった。

産業啓蒙書から見ても、産業啓蒙家から見ても、日本の産業啓蒙の根底には強靭な論理が秘められていた。啓蒙書の著者、訳者、推薦者などの言辞、啓蒙家の著書の中の言辞などからその意図を読み取ってみよう。特に目につくのは中国の古語にちなんだ四字熟語が多用されていることであって、例えば次のような言葉が出てくる。

文明開化、西洋文明、西洋学芸、学術技芸、開化日新、旧套打破、蒸気世界、利器精術、国家富強、国家富饒、国家殖産、興産起業、隆産富強、物産繁殖、海外交際、互市交易、通商貿易、経世済民、治国安民、利用厚生、経国済世、四民殖産、四民授産、人民恒産、百工勧奨、開知自勉、民衆啓蒙、童蒙誘掖、初学誘掖、学問奨励、官民協力、協同戮力、会同協戮

これら多種多様の熟語の中から、当時の啓蒙思想を代表するものを抜き出してみると、西洋学芸、国家富強、利用厚生、初学誘掖の四語が重要ではないかと思う。

西洋学芸について見れば、産業啓蒙書の多くは西洋の学術と技芸に注目していた。例えば、一八七一（明治四）年刊の『西洋百工新書』の刊者の跋文の中には、「夫《それ》泰西の学たるや、一も浮文浮華の事なく皆世道に裨益ある事論を待ず」と記されている。西洋学芸に近づくには、西洋原書の翻訳、実地の西洋体験、外国教師の教示などの手段が考えられたが、特に西洋原書の抄訳や紹介が捷径であったため、いささかの西洋語学に通じた者たちが先頭に

立った。過剰なまでの西洋礼讃の言葉が溢れることになる。

国家富強について見れば、すでに述べたようにそのことは新国家の最大の政治課題であったため、多くの啓蒙書にこの言葉が現れる。例えば、一八七二（明治五）年刊の『万国物産集』の著者高橋琢也の序には、「富有は国の本也。物産は又富有の本なり。方今万国理化を講じ器工を競ふ。皆富有の本たる物産を増殖するに非ざるはなし」とあり、一八七三（明治六）年刊の『経済新説』の著者室田充美の序には、「各人一己ヨリ国家一政府ニ至ルマデ此経済ニ本ヅキ事ヲ処スレバ則チ富盛ナリ」とある。

利用厚生について見れば、国家富強と表裏の関係にあることは前述した。産業啓蒙は一方においては国家富強を目ざしつつ、他方において人民の自立や繁栄を想望していたからである。例えば、一八七二（明治五）年刊大阪開成学校訳『金銀精分』の序では、「ハラタマ氏務メテ生徒ノ厚生利用ノ道ニ敏ナランコトヲ欲シ」て該書を著したと言う。

初学誘掖について見れば、啓蒙書は専門書とちがって、童蒙や初学者を主たる対象としていた。従って内容も表現も平易通俗を期したと断っているものが多い。例えば、一八七二（明治五）年刊『解図機械事始』に寄せた秋田蛙迂の序には、「其文タルヤ務メテ鄙言ヲ用ヒ童蒙ヲシテ能ク之ヲ解得セシム、宜ナル哉」とあり、一八七三（明治六）年刊『養蚕事実』に寄せた吾彦庄吾の附言には、「此書文ヲ飾リ言ヲ巧ミニスルコトヲ要セズ。専ラ俗言偶語ヲ交ヘタルハ村家ノ童男童女ト雖モ読ムニ倦《う》マズ解スルニ易《やす》カラムコトヲ欲スレバナリ」とある。

ここに挙げた四つのキーワードは、相互に背離するのではなく、むしろ緊密に関連していた。産業啓蒙家の中にはこれら四つの動機を全部挙げた者もいる。大きく見れば、国家富強と利用厚生が中心的動機であり、それを達成するためには、西洋学芸の導入と初学誘掖が必要となる。前二者が目的動機であり、後二者が方法動機であって、それらは構造的な関連を保っていた。

2　産業啓蒙書の出版状況

著者は、一八八五（明治一八）年までに刊行された産業啓蒙書のうち一二七一件を選んで解題をした。仮にこれを「解題書」と略称して、その出版状況を概述してみよう。

解題書を内容別に分類してみると大きくは工業、農業、商業に三大別することができる。そのほか、工・農・商の全般に関係するものや、政府や府県などの報告書とか民間雑誌などの中にはこれら三分野に分類できないものも出てくるので、それらを一般勧業書（勧業書）としてまとめると、全体を四分野に分けることができる。まず解題書の出版年度別の一覧を作成してみると表2のとおりである。出版件数では、農業と商業がともに三七四件の同数であり、勧業二八八件、工業二三五件がこれに続く。農業と商業の多いのは、江戸期からの継続である往来物形式の啓蒙書の数が多いことも一因となっている。

これに比べると工業分野の啓蒙書の数は少ないけれども年度別に見れば早い年度からの出版が始まっている。ちなみに、明治一〇年までの工業関係書は一〇四件で工業全体の四四%を占め、農業や商業よりも比率は高い。

解題書を、著書（報告書・雑誌を含む）と訳書に分けてみると表3のとおりであって、著書九七〇件、訳書三〇一件となる。ただし、この

表2　刊行年別出版件数

刊年＼件数	農業	工業	商業	勧業	計
明治 1	1		2		3
2	3	4	8	2	17
3	13	6	7	2	28
4	6	9	5	2	22
5	5	13	9	6	33
6	32	19	27	13	91
7	32	10	11	5	58
8	18	12	8	8	46
9	19	14	15	13	61
10	17	17	23	27	84
11	28	10	34	16	88
12	39	16	40	21	116
13	20	22	34	28	104
14	29	18	29	41	117
15	34	23	19	33	109
16	21	12	31	22	86
17	31	13	27	19	90
18	21	10	36	29	96
不　詳	5	7	9	1	22
計	374	235	374	288	1271

表3　著訳書別出版件数

件数／刊年	農業		工業		商業		勧業		計	
	著書	訳書	著書	訳書	著書	訳書	著書	訳書	著書	訳書
明治 1	1				2				3	
2	1	2(1)	2	2(2)	5	3(2)	1	1	9	8(5)
3	11	2	1	5(5)	5	2(1)	2		19	9(6)
4	5	1	4	5(4)	3	2(1)	2		14	8(5)
5	4	1	9	4	5	4	5	1(1)	23	10(1)
6	26	6(2)	11	8(3)	21	6(2)	13		71	20(7)
7	21	11(1)	4	6(2)	3	8(2)	3	2	31	27(5)
8	9	9(1)	8	4(1)	3	5	8		28	18(2)
9	10	9(3)	11	3(1)	9	6(1)	13		43	18(5)
10	13	4	10	7(2)	11	12(1)	25	2	59	25(3)
11	20	8(1)	6	4(4)	22	12(1)	15	1(1)	63	25(7)
12	35	4	9	7(5)	35	5	20	1	99	17(5)
13	20		15	7(1)	26	8(1)	28		89	15(2)
14	22	7(1)	14	4(2)	23	6(2)	39	2	98	19(5)
15	30	4(2)	14	9(3)	13	6(1)	32	1	89	20(6)
16	15	6(1)	10	2(2)	20	11(2)	22		67	19(5)
17	23	8(1)	9	4(1)	18	9(2)	18	1	68	22(4)
18	18	3	9	1	26	10	28	1	81	15
不　詳	5		3	4(4)	7	2	1		16	6(4)
計	289	85(14)	149	86(42)	257	117(19)	275	13(2)	970	301(77)

〔注〕訳書欄の（　）内は原著者名・原書名不明図書の内数

区分は必ずしも明確ではなく、特に西洋の科学や技術の導入に熱中していたこの時期の訳書には、翻訳書、意訳書、抄訳書、紹介書など多様なものが含まれる。訳書欄の（）内は、原著者や原書名が明記されていないものであって、明治の初年ほどその数は多い。このことは厳密な意味での翻訳書ではなくして、訳者の判断で必要な事項を取捨選択する抄訳書に類するものが多いことを示している。訳書の占める比率は、工業が最も高く三七％、次いで商業の三一％、農業の二三％の順になる。工業では西洋の新しい技術が注目され、商業も簿記法や経済学が導入されたのに対して、農業は日本の伝統技術の蓄積があったことがその原因である。

　解題書の刊行者について見ると、政府およびその所轄機関（官立学校を含む）から出版されたものを官版、府県およびその所轄機関（公立学校を含む）から出版されたものを公版、民間人、民間出版社、私立学校などから出版されたものを民版、に三分類してそれらの年度別出版件数を一覧にしてみると表4のとおりである。

官版本では、官庁から依頼されて民間の出版したもの二三件を含めると合計二六四件となり、全体の二一％を占める。明治初期の産業啓蒙においては政府の主導性が強かったことを物語っている。政府諸省の中では、勧業行政を管掌した省のものが多い。一八八一（明治一四）年創置の農商務省が五七件、同省創置以前に勧業業務を分掌していた内務省が三七件、大蔵省が三六件ある。その中には内務・大蔵両省の合著五件も含まれる。次いで多いのは陸・海軍両省関係の三八件である。文部省の刊行物三五件もこれに匹敵する。ただし文部省刊行のチェンバーズの百科全書は入れていない。開拓使が二〇件出版していることも注目される。北海道開拓の啓蒙活動が活況を呈していたことのあかしである。その他では、司法省七件、太政官六件であり、国営工業の中心となった工部省は四件と少ない。工部省では、図書による啓蒙よりも設計書を作り新しい工業事業を起すことを重視していたからである。その他、政府の中に特設された万国および内国の博覧会や政府主催の共進会など博覧会関係部局の出版物が二四件を数えることも、啓蒙とい

表4　刊行者別出版件数

刊年＼件数	官版	公版	民版 東京	民版 地方	刊者不詳	計
明治 1			2	1		3
2	3		9	4	1	17
3	7		14	5	2	28
4	9	2	11			22
5	7		18	5	3	33
6	14	7	48	18	4	91
7	15	1	31	10	1	58
8	11	1	22(1)	9	3	46
9	14	1	32(3)	14		61
10	31	3	40	10		84
11	21	5	41	17	4	88
12	11	7	62(1)	34	2	116
13	10	4	49(1)	39	2	104
14	28	13	51(3)	22	3	117
15	12	12	65(4)	20		109
16	7	10	48(10)	20	1	86
17	13	7	50(3)	19	1	90
18	25	8	44	15	4	96
不　詳	3	1	13	1	4	22
計	241	82	650(26)	263	35	1271
			913			

〔注〕民版欄の（　）内は官・公の蔵版の内数

う点から注目される。

公版本では、民間出版社の代行した三件を含めて八五件ある。明治一〇年代に入って府県の勧業課による刊行が盛んになった。勧業の報告書や雑誌などがその中心になる。この関係の早い例としては、廃藩置県前の彦根藩の刊行した『蚕桑図解』と『製茶図解』の二書がある。啓蒙がピークを迎える一八七三(明治六)年には、白川県洋学校の出した『生産初歩』、京都府勧業場の出した『工作提要』など七件を数える。一八年間を通じて刊行件数の多い府県は、東京府八件、岐阜県六件、京都府と根室県の各五件その他の順になる。

民版本では、江戸期から名のある書肆で明治期に入っても出版を続けた例として、東京の雁金屋清吉(青山堂)や大阪の柳原喜兵衛(積玉圃)などがある。また著者個人の出版物もあり、その際適当な名称の出版所名を記している場合がある。明治一〇年ごろになると、東京に有隣堂、金港堂、博文堂、中近堂、丸善といった大手の出版社が現れ、売れ筋のよい産業啓蒙書の出版も手がけるようになった。民版本で出版地の明記されたものを見ると、地方が二六三件あり、残る六五〇件の多くは東京と思われるが、明らかに地方と分かるもの以外をここに含み入れたので、すべてがそうであるとは限らない。しかし、江戸期は、江戸、大坂、京都の三都が競い合っていたのに比べれば、東京への集中が始まっていることに間違いない。地方出版が明確なものに限って見れば、大阪九一件、京都三二件、愛知一二件、岡山一〇件の順になり、あとは一〇件未満である。今日に比べれば地方の出版物の比率はなお高いと思われるが、それは大衆サイドの啓蒙書が多かったことと関係がありそうである。

3　工業分野の啓蒙

工業、農業、商業、勧業の四分野の解題書の内実を次の三つの視点から少し細かに分析してみる。その一は、産業啓蒙書の内容であり、その二は、産業啓蒙に従事した人物名であり、その三は、産業啓蒙の意図や動機である。なお、その二の啓蒙家としては、解題書の執筆者ではなくとも他の方法で啓蒙活動をした人物名も挙げてみる。

まずその一の啓蒙書の内容について見れば、表5のとおりである。特徴的なことを四点挙げてみよう。

第一点。航海、測量、機械、製図といった、西洋に範をとった技術的な内容のものが多いことである。黒船来航によって日本の開国が一挙に促進されたことからも分かるように、造船や航海に対する関心は幕末期から高まりを見せ、維新後になると海軍兵学寮（兵学校）が中心になってその出版活動を進めた。日本の海軍軍制はイギリスを範としたため、全般的に見ればイギリス原書の訳出や抄訳が多い。製図については二四件を取り上げて解題をしたけれども幾何学や画学などを含めればその数は大幅に増える。ここでは、用器画法や幾何画法に関係すると思われるものだけを拾い上げた。

第二点。醸造や建築などは、伝統技術の継承または改良が見られる。特にこの時期の建築書の多くは、伝統的な大工技術の雛形書であって、解題書として取り上げなかったものを含めるとその数は多い。

第三点。お雇い外国人の著作物の多いのも工業分野の特色である。特に鉱業では、大阪開成学校のオランダ人ハラタマ（K. W. Garatama）の金属製法、東京大学のドイツ人ネットー（C. A. Netto）の冶金および鉱山、開拓使のアメリカ人ライマン（B. S. Lyman）の油田および炭田の訳書が出た。

第四点。後述する農業および商業と比較すれば( )内に入れた教科書系啓蒙書の数が少ない。特に往来物はわずか

表5　工業関係書内容別出版件数

件数／刊年	航海	測量	機械	製図	工業	醸造	鉱業	建築	織物染色	土木	工学	砲術	電気電信	鉄道	計
明治 2	2		2												4
3							1	1		1		3			6
4	2	1			1					3		2			9
5	1	4	4		1		2(1)	1							13(1)
6	3(3)	3	3(1)	2	3	1	1		1			1(1)	1		19(5)
7	1	3	2(1)		2								1	1	10(1)
8	2	2	2	1(1)	1			1			3				12(1)
9	3			5	1(1)		1	2	1	1					14(1)
10	2	5	1(1)		2	1	2		2	2					17(1)
11	1	2	1	2(2)				1	1		1		1		10(2)
12	6		1	5(5)			2(1)		1	1					16(6)
13	4	2	2	4(3)	2	2	2	2		1			1		22(3)
14	2(2)	2	3		3	4	1(1)			1	2				18(3)
15	2	1	2	5(3)	3(3)	1	2	2	1	1	1			2	23(6)
16	3	1	1		1	3	1		2						12
17	4(1)	2			1	3	1(1)		1				1		13(2)
18	3		1		2	4									10
不　詳			1				1	2(2)	1		2				7(2)
計	41(6)	28	26(3)	24(14)	23(4)	19	17(4)	12(2)	11	11	9	6(1)	5	3	235(34)

〔注〕(　) 内は教科書系の内数

三件である。それに代わって専門的な教科書や講義録などが多いのは、工業分野の専門化がいち早く進んだことを物語る。

次にその二の工業啓蒙の人物名について見ると、解題書二三五件の著者、訳者、推薦者の中から選ぶとすれば次の三五名が注目される。該書の出版年順に列挙してみる。

小幡篤次郎、小幡甚三郎、柳楢悦、緒方（若山）儀一、古川正雄、宮崎柳条、ハラタマ、三崎嘯輔、爪生寅、広瀬元周、槙村正直、西村茂樹、ジョルダン、長嶺譲、近藤真琴、宮里正静、岡道亮、五代友厚、荒井郁之助、甲斐織衛、山田昌邦、是洞能凡類、ネットー、コルシェルト、下山順一郎、吉井亨、大島圭介、多賀章人、アトキンソン、片山平三郎、フォンタネージ、中村喜一郎、爾（平野）師応、大井才太郎、コイー

この中には、工業分野以外で名の出る啓蒙家も含まれている。また、啓蒙書は著述しなくとも、明治初期において工業の啓蒙と教育の活動に顕著な実績を収め

た者もいる。そこで拙著では、それらの点を総合的に判断して、次の一〇名を代表的工業啓蒙家と見なし、拙著において評伝を記し、特に手島精一は事例研究の人物として詳論した。傍線を付したのは追加した六名である。

平賀義美、ワグネル、山尾庸三、宮崎柳条、大島圭介、近藤真琴、藤岡市助、田辺朔郎、アトキンソン（R. W. Atkinson)、手島精一

その三として、以上の啓蒙書および啓蒙家の啓蒙の意図や動機を探るために、次の六件の啓蒙書を例示してみる。

①明治五年刊『図解機械事始』田代義矩著、万巻楼刊、和綴二冊（一九、一八丁）。

巻之一では、序（桜処伸）と叙につづき、第一機械総論ほかを論じているが、秋井蛙生の記した叙には次のような一文がある。

「此頃田代某機械事始ヲ著ス。其書タルヤ始ニ機械ノ基本ヲ記シ、中、之ガ諸件ヲ説キ、終ニ汽機ノ端緒ヲ挙グ。其文タルヤ務メテ鄙言ヲ用ヒ童蒙ヲシテ能ク之ヲ解得セシム。宜《むべ》ナル哉、書名ヲ事始ト題スルヤ。嗚呼、実ニ此学ニ登竜セント欲スル者ノ好梯ト云フベキノミ」（叙）。

②明治五年刊『化学器械図説』三崎嘯輔著、観光塾刊、和綴（一六丁）。

著者の序例につづき、試管并其台から天秤并珐瑪まで二〇項について記す。三崎はこれより先、明治二年には大阪開成学校におけるハラタマの講義録を翻訳して『理化新説』を著している。三崎の序例には次のような一文がある。

「皇国未だ化学試験の書を訳述する者なし。故に人徒に化学書を読過すと雖ども其試験の術最も精切にして世に実効あるを識らず。是れ予自ら菲才を揣《はか》らず奉職の暇之を訳して世に公にせんと欲する所以なり。然れども僻境に住み或は洋書を播ざる輩は其器械を識らざるもの亦た少からず。故に今初学必要の機械を図説し、其用法を約

訳して化学器械図説と名け、先づ之を梓に上すれども、其意素《も》と普く世人をして其大要を知らしむるに在り。賢者其浅俗を笑ふこと勿《なか》らば幸甚し」(序例)。

③明治六年刊『工作提要』広瀬元周訳、京都府勧業場刊、和綴三冊（二六、二一、二二丁）。

序（槙村正直）と弁言（広瀬）から始まり初篇三巻から成る。槙村は当時京都府参事として勧業施策を推進したが、彼の設けた勧業場は多数の外国人教師を雇い農商工各般の開明的事業を開始した。槙村の記した序の中には次のような一文がある。

「物、人工を経ずして能く其の効を奏する者は鮮《すくな》し。人、物に資《よ》らざれば則ち生活する能はず。物の用は工作を待ちて始めて成る。工作の用大なるかな……頃、広瀬元周をして、西人の著す所の百工技術の書に就きて、其の要を抄訳せしめ、名づけて工作提要と曰ふ。人能く此の書に就きて、益其の理を窮め、其の蘊を探れば、則ち天地の化育を賛け、国家の富強を裨益するに庶幾《ちか》からんか」(序、原漢文)。

④明治七年刊『百工機械新書』宮崎柳条著、清風閣刊、和綴二冊（ともに三七丁）。

巻之一は、例言につづき助力器総論などを記す。著者の宮崎は早くから独学で理化二学を学び、明治初年に清風閣主人牧野善右衛門の支援を得て、明治四年刊『西洋百工新書』、明治一〇年刊『百工製作新書』、明治一三年刊『百科工業新書』などを次々と刊行した。工業啓蒙書著者の筆頭に挙げ得る人物である。ここでは明治七年刊本の著者の例言の一部を引用する。

「今ヤ国家隆盛凡百技芸具備セザル無シ。随テ訳書ノ如キモ諸家各《おのおの》其長ズル所ヲ修メ百科亦闕如ナシト雖モ、惟リ器械書ノ如キ未ダ我ニ訳ヲ得ルモノ鮮シ。恒ニ以テ遺憾トス。識者曰ク、富強ノ策ハ理化器三学ニ在ト。依テ自ラ揣ラズ英国人ホウヱール氏ノ源著ニテ同国人カイゼヨセフ氏支那上海ニ於テ口訳セシ重学ト名ル書ヲ本トシ、其他数部ノ書ニ就テ切近有用ノ者ヲ纂輯シ、題シテ百工機械新書ト名ケ以テ初学ニ便セント欲ス。然シテ余固リ浅学寡聞其任ニ堪ズト雖モ、庶《こいねがわく》幾ハ初学此書ニ就テ大意ヲ悟リ、夷《やすき》ヨリ険ニ入ラバ開知ノ為ニ小補アラン歟《か》」（例言）。

⑤明治八年刊『機学要語』麻生武平著、海軍兵学寮刊、和綴活字本（三一丁）。

著者は当時海軍兵学寮中教授の職にあり、緒言から始まりアルファベット順に機学に関係する英語とその語義を記している。麻生の記した緒言の中には次の一文がある。

「先哲機関学士ヂェイムス・ウァット氏曰。機関ノ学ニ於ケル一両（オンス）ノ坐学ト十五両ノ実業ヲ以テ一斤（パウンド）ノ学術トナシ、斯ニ最巧機関士ヲ鋳出ス可シト。大学士チンドル氏又曰。先哲ウァット氏の言未ダ以テ尽セリトセズ。一斤ノ坐学ト二千二百三十九斤ノ実業ヲ以テ一頓（トン）トナス。コレ機関学ニ於ケル至要ノ量ナリ。我コレヲ確証スト云ヘリ。是レ此学ニ従事スル者ノタメニ紳ニ書スベキ金言ナリ。然ルニ本邦ノ人多クハ坐学ヲ尊トミ実業ヲ卑ムノ弊アリ」（緒言）。

⑥明治一三年刊『図法一班』多賀章人著、西宮松之助刊、和綴五冊（合わせて一一七丁）。

第一編は、序文から始まり第一法から第四法までを記す。多賀は明治六年に工部省灯台局からイギリスに派遣され、キングス・カレッジで学び得たものをまとめて出版した。第四編は明治十五年刊。序文には次の一文がある。

「今ヤ我邦罫画ノ法行ハレ子弟ノ之ニ志ス者日一日多キヲ加フト雖モ、独リ其書ニ至テハ二三ノ世ニ公ニセル者無キニ非ザレドモ、概ネ闕略ニ失シテ能ク要ヲ得ルモノ希レナリ。余《わ》レ之レヲ慨スルコト久シ……初学ノ士之ニ由テ進マバ車行其指針ヲ得テ還《ま》タ岐《みち》ニ迷フノ歎無カル可キナリ」（序文）。

4　農業分野の啓蒙

前節に準じて、農業分野の啓蒙書、啓蒙家、啓蒙動機の三方向から考察を進める。

まず啓蒙書の内容について見れば、解題書三七四件の内容別一覧は表6のとおりである。特徴的なことを四点挙げてみよう。

第一点。農業として一括した解題書が一五〇件に達する。農業分野の学問や技術がなお未分化であったため、他の項目に入れにくいものをまとめたこと、往来物を中心とする教科書系がそのうちの半数以上を占めたことなどがその理由である。

第二点。重要な輸出品である養蚕関係が六〇件を占め、その中には伝統的技術に改良を加えたものが多い。西洋や中国からも技術導入がなされている。

第三点。園芸、畜産、山林などでは西洋農書の訳出が盛んであった。また農学や肥料などでは、特に西洋の農芸化学への関心が高まっていた。

第四点。長い歴史の中で創り上げられた日本の農業技術に対して新風が吹き込まれたけれども、工業のように西洋から輸入した新しい技術が伝統技術の肩代わりすることには限界があった。

次に啓蒙家の人物名について見れば、解題書に関係する人物を、該書の刊行年順に挙げてみると次の三二名が注目される。

緒方儀一、杉山親、志賀雷山、島邨泰、船津伝次平、佐伯義門、柏原学而、橘慎一郎、津田仙、岡田好樹、ウィード、田代俊二、田中芳男、織田完之、林遠里、河原田盛美、佐田介石、鶴田真容、尾崎行雄、塚原苔園、

表6　農業関係書内容別出版件数

刊年＼件数	農業	養蚕	農政	園芸	畜産	山林	農学	製茶	水産	肥料	計
明治 1	1										1
2		2			1						3
3	4(1)	3	3(1)				1			2	13(2)
4		3	1		1			1			6
5		1		1	2					1	5
6	10(7)	7(1)	6(6)	2	3		1	2		1	32(14)
7	15(10)	3	4(4)		4(1)		2	3	1		32(15)
8	6(1)	5	1	3			3(1)				18(2)
9	7(2)	2	1	4	3(1)				1	1	19(3)
10	2	4	2	5		1		2		1	17
11	13(6)	2	2	2	4	3		2			28(6)
12	23(18)	4(2)	1(1)	2	5	2	1(1)	1			39(22)
13	15(11)	1	2			1	1(1)				20(12)
14	16(8)			3	1	6(2)	1(1)				29(11)
15	14(6)	4	2	6	1	2	3(1)		2(1)		34(8)
16	8(3)	3	2	1	4	1			2		21(3)
17	8(2)	10	2	3	2	1	4		2		31(2)
18	8(1)	3	2	1	2	2			1	2	21(1)
不　詳	1(1)	2	2(2)						1		5(3)
計	150(77)	60(3)	33(14)	33	33(2)	19(2)	17(5)	11	10(1)	8	374(104)

〔注〕(　) 内は教科書系の内数

坪井仙次郎、恒藤規隆、小田行蔵、爾(平野)師応、十文字信介、松野磵、関澄蔵、片山平三郎、玉利喜造、練木喜三、佐々木長淳、武井守正

工業分野と同じように、行政面から支援したり、教育を含めた啓蒙の活動に従事したりした著名人を総合的に選び出して、拙著では次の一五名についての評伝を書き、そのうちの横井時敬については事例研究として特別の記述をした。追加した人物は傍線を付している。

津田仙、船津伝次平、林遠里、石川理紀之助、織田完之、岩山敬義、河原田盛美、佐々木長淳、爾師応、佐伯義門、志賀雷山、関澄蔵、ウィード、ダン(E. Dun)、横井時敬

啓蒙の意図や動機については、多くの興味ある言辞が見られるが、次の六件の啓蒙書についてそれを例示してみる。

①明治三年刊『泰西農学』フレッチェル著、緒方儀一訳、大学南校刊、和綴八冊（合わせて三一七丁）。

初編上に大蔵種樹の序につづき、訳者の緒言と凡例がある。原著はイギリスの農芸化学者の著書であり、訳者緒方（若山）儀一は大学中助教である。緒方は英語に堪能であって、これより先明治二年には『経済原論』、明治三年には『西洋開拓新説』を、またこれより後の明治四年には『西洋水利新説』を訳出するなど精力的な翻訳活動を続け、それらは『若山儀一全集』（上・下二巻）の中に収められている。彼は、田口卯吉の自由貿易論に対抗する保護貿易論の論客としても有名である。その彼が早い時期から農業や開拓や水利などに関心を寄せていることが注目される。初編に記した緒方の緒言や凡例は啓蒙意図の強いものであり、凡例については前述したが、ここでは第三編下に寄せられた元福井藩主松平春嶽の跋文から引用してみる。

「古人云ふ。民は国の本なりと。本とは何ぞや。農に励むに在り。然らば則ち農学を明らかにし其資養を詳らかにするは、実に国家の急務と為すなり。我が邦及び漢土の此の学此の法におけるや、未だ準則有らず……頃、緒方儀一は泰西農学を翻す。余之を視るに、其の学其の法は試み験すること確実なり……其の国家を利すること豈に測るべけんや。余、欣躍の余り聊か数言を巻尾に題す」（叙、原漢文）。

②明治六年刊『太陽暦耕作一覧』船津伝次平著、熊谷県刊、折たたみ一枚。

船津は、明治の三老農と称された中の一人であって、横井時敬によればその中の最高の老農であった。戦前の国定教科書にも取り上げられ、地元の教育界から伝記も出されている。著書六件のほか、全国各地で巡回教師として講話した際の筆記録も二〇件余り出版された。本書は折たたみ一枚刷りであるが彼の最も初期の啓蒙書であるので、熊谷県勧業課の記した附言を引用してみよう。

「此太陽暦耕作一覧は本県管下上州搴多郡原ノ郷村船津伝次平の多年耕耘《こううん》を自ら実際上に注意し、種芸培養の方法を試験し、其季節を当時に参考し、近隣の童蒙婦女改暦上に馴知せざるものの為に丁寧記載せられたるを、更に上梓して写字の労なからしめんと欲す。然れ共、其地形土質に依り素より差違ある事なれば敢て此書に拘はる事なかれと云」（附言）。

③明治七年刊『西説実験養蚕理解』ベンムル述、原田道義編、青藜閣刊、和綴三冊（合わせて七九丁）。

編者原田の序、題言、凡例から始まる。その序によれば、原田の先師猪俣如蘭が長崎においてオランダ人ベンムルに聞き書きした養蚕の術を自ら実験して一書にまとめたものである。その序には次のような一文がある。

「客有り、来りて問ひて曰く。方今海外の各国に於るや、機巧は苟《まこと》に日に新たなり。発明日々に新たにして、利を興すこと又日に新たなり。然れども、吾が邦人の他に及ばざるものは何ぞやと。答へて曰く。是れ彼の賢なるに非ずして、亦た我の愚なるに非ず。只知を開くと開かざるとに在るのみ。横目縦鼻も亦た是れ人なり。子、盍《な》んぞ之を悟らざるかと……時に斯の書の再稿成る。因りて此の一語を記し、日新開知の古言を引きて以て序辞に換ふと云ふ」（序、原漢文）。

④明治七年刊『農学新論』ヨング著、菊野七郎訳、横山精編、鼓岳舎刊、和綴二冊（二八、三六丁）。

巻之一は、横山の序、菊野の緒言があり総論から始まる。フランス人ヨングの原著の訳出である。緒言には次のような一文がある。

「夫レ農工商ハ共ニ相待テ益其業ヲ大成ス可キ者ナリト雖ドモ、三業ノ中殊ニ農ヲ以テ最要ノ者トス。其故ハ先ヅ農業起ラザレバ必ズ工商起ル可ラザルヲ以テ也。然リ而シテ方今欧米ノ美事ヲ讃称スル者、専ラ工及商ニ属《しょく》目《もく》シテ、農ハ是レ富国ノ大本、工商ハ是レ農ヲ勧奨スル一術ナルニ着目スル者少《ま》レナリ……余深ク此ニ感慨アル」（緒言）。

⑤明治八年刊『斯氏農書』ステファン著、岡田好樹訳、内務省勧業寮刊、和綴（巻一～巻四九）。

イギリス人ステファン原著の翻訳。巻一～四九が岡田訳、明治一五～一七年にその続きの巻五〇～六四が明石春作訳。農商務省刊。合わせて三三五六丁という大作で、国家的事業として進められた。巻一には内務卿大久保利通の序、訳者の凡例がある。序の中には次の一文がある。

「天祖、瑞穂を以て蒸庶《じょうしょ》に恵み、而して我が神州は農を以て国を為《おさ》む……方今の世際、文明百科は並びに進み、而して農は尤も急たり。此の書の民に裨益すること蓋し少小に非ず。抑農事は至難なり。斯氏亦た曰く。農を学ぶ者は忍耐着実に非ざれば以て業を終ふべからずと。学者此に従事し忍耐着実以て大成を期し、天祖の嘉貺《かきょう》に酬ひ、明時の民為《た》るに負《そむ》かざらんことを庶幾ふなり」(序、原漢文)。

⑥明治十二年刊『小学農課書』尾崎行雄著、慶応義塾出版社刊、和綴二冊(四七、四六丁)。

「憲政の神様」と讃えられる尾崎は、若い時代には産業に関心を寄せていた。明治七年に慶応義塾に入学、のち工部大学校に転じたが間もなく中退し、明治一二年福沢のすすめで『新潟新聞』の主筆となると、新潟興商会の設立を呼びかけ、同会に付属する商業学校の設置を誘いかけた。彼の父親は代々の家業である農業に出精し、明治一〇年には、尾崎行正著、尾崎行雄校の『山蚕或問』を刊行している。尾崎の記した緒言の中には次のような一文がある。書名の「小学」は「初学」の謂である。

「抑モ本邦ノ長ズル所ノ者ハ何ゾ。土地膏腴《こうゆ》ニシテ物産豊盛、気候温和ニシテ諸穀能ク登ル。古来農ヲ以テ国ヲ立テ歴朝之ヲ勧ムル、茲ニ二千有余年……耘耕肥培頗ル其宜ヲ得ルト雖ドモ、徒ラニ父祖ノ古法ヲ墨守シテ其大源本理ニ通ゼズ。力ヲ無用ノ地ニ役スルコト蓋シ少ナシトセズ。之ニ反シテ泰西諸邦ノ如キハ之ヲ本邦ニ比スレバ国家新創ニ係ルト雖ドモ、実学疾ク開ケ一事一物皆ナ其本源ニ遡テ其理由ヲ推究シ、農学亦数歩ヲ本邦ノ上ニ駕スルニ至レリ。今此書ハ米国ノ農学博士ノルトン、ジョンストン諸氏ノ農業書ニ原《もとづ》キ、傍ラ内外古今ノ書籍ヲ参酌シテ、植物動物地質ヨリ其種殖畜養肥培法ニ至ル迄農課ノ要旨ヲ記述シ、童蒙初学ノ階梯ト為ス」(緒言)。

5　商業分野の啓蒙

商業分野の解題書三七四件の内容を分類してみれば、表7のとおりである。特徴的な点を三点挙げてみよう。

第一点。農業分野ほどではないけれども、広義の商業として一括せざるを得ないものが一一二件の多数に上る。そのうち八二件は教科書系であって農業分野よりも多い。しかもその中には、江戸期から盛んに板行された商売往来系のものが七二件を占める。教科書系以外の一般商業書は残る三〇件にすぎない。

第二点。商業分野では、学問的基礎としての経済学と、技術的基礎としての簿記術が重視され、前者は六一件、後者は五七件という多数の啓蒙書が出た。商業が学としての自立性を確立する以前には、経済学がそれを先導し、また簿記術が工業分野における図学と同じように技術面の下支えをした。それらに続いて商法というこの時期特有の概念が登場する。今日言うところの法律としての商法よりさらに広く商業慣習や商業取引なども含み込んでいた。また、金融として分類したものの多くは西洋に範を取った銀行業である。

第三点。商業分野では、早くから西洋原書の翻訳が盛んであった。それも官版書を含めて本格的な翻訳事業が進められ、中には数年間をかけて完成したものもある。例えば、ペーリーの『経済原論』は緒方儀一と箕作麟祥によって、明治二年と三年の二年間に大学南校・開成学校から刊行された和綴全七冊本である。明治四年から小幡篤次郎によって訳出が始められたウェイランドの『英氏経済論』は明治九年まで続き和綴九冊本となった。明治八年から林董と鈴木重孝によって着手されたミルの『弥児経済論』は明治一九年に完結していて和綴二九冊の大部なものとなった。多くはイギリスの著名な経済書であって、このの後明治一七年から二一年にかけてアダム・スミスの『国富論』も訳出された。

表 7　商業関係書内容別出版件数

件数＼刊年	商業	経済	簿記	商法	金融	貿易	貨幣	租税	取引	財政	会計	保険	計
明治 1						1	1						2
2	2(1)	1		1	1	2				1			8(1)
3	4(4)	2		1									7(4)
4	1(1)	1			2		1						5(1)
5	3(3)	3			1	1		1					9(3)
6	13(13)	2	3(1)	2(1)	2(1)	2(1)		1	2(1)				27(18)
7	2(1)	4		1	1						3		11(1)
8	3(2)	2	1	2									8(2)
9	5(3)	2(1)	2	1	1	1	1		1	1			15(4)
10	7(4)	6	2	3	1	1	2	1					23(4)
11	7(4)	5	9(5)	2	3	1	1	2		1	2	1	34(9)
12	17(14)	4(2)	13(2)	1			1	1	1(1)		1	1	40(19)
13	12(10)	3(1)	6(3)	2	2	1	1	1	1	4		1	34(14)
14	9(6)	6(3)	3(1)	2(1)	1	4		2		1	1(1)		29(12)
15	5(3)	7(4)	3(1)	1	2					1			19(8)
16	6(4)	1	3(2)	4(2)	3(3)	1	1	2	8(1)	2			31(12)
17	4(2)	7(4)	5(2)	5(1)	1		2(1)	2		1(1)			27(11)
18	9(4)	5(1)	7(1)	2(2)	2	5(1)	2	1		1		2	36(9)
不　詳	3(3)			2	1	1	1		1				9(3)
計	112(82)	61(16)	57(18)	32(7)	24(4)	21(2)	14(1)	14	14(3)	13(1)	7(1)	5	374(135)

〔注〕(　) 内は教科書系の内数

次に啓蒙家の人物名を解題書の出版順に挙げてみると次の四〇名が浮かび出る。

瓜生寅、加藤祐一、加藤弘蔵（弘之）、神田孝平、橋爪貫一、小幡篤次郎（＊）、緒方儀一、福地源一郎、渋沢栄一、林正明、福沢諭吉、シャンド、黒田行元、松川半山、岡田芳樹、箕作麟祥、島邨泰、林董、小林儀秀（＊）、永田健助（＊）、牧山耕平、加藤政之助、田口卯吉、山田（戸田）十畝（＊）、森下岩楠（＊）、森島修太郎（＊）、甲斐織衛（＊）、駒井重格、田尻稲次郎（＊）、塚原苔園、前田正名、山本達雄（＊）、竹田等（＊）、片山平三郎、馬場辰猪（＊）、佐田介石、犬養毅（＊）、石川暎作（＊）、尾崎行雄、河上謹一

この中では商業以外の分野でも名前の出てくる人が多い。例えば、小幡篤次郎、緒方、片山は工業分野で、緒方、片山、尾崎は農業分野で名前を出したし、また、瓜生、黒田、松川、島邨、林董、前田、片山、橋爪は次節の一般勧業家として、特に橋爪はその中の事例研究の対象として取り上げた。また＊

印をつけた人物は福沢諭吉の門下生であって、慶応コネクションの商業分野の啓蒙に果たした役割の大きさを物語っている。ただし福沢自身の啓蒙書は商業分野では三件にすぎない。拙著で評伝を記したのは、この中の次の一二名であって、渋沢は特に事例研究の対象にした。ただし傍線の富田は追加した人物である。

福沢諭吉、神田孝平、加藤祐一、富田鉄之助、福地源一郎、小幡篤次郎、シャンド、永田健助、甲斐織衛、田口卯吉、緒方儀一、渋沢栄一

啓蒙動機については、先例にならって六件の啓蒙書を取り上げてみる。

①明治四年刊『立会略則』渋沢栄一著、大蔵省刊、和綴（三四丁）。

渋沢が産業啓蒙の第一人者であることはしばしば述べてきた。本書は幕末期のパリ万国博に出張した折の見聞をもとに、通商および為替の会社の設立方法を平易に書き下ろしたものである。なお渋沢はこの年畏友の福地源一郎が著した『会社弁』に叙文を書いているが、このときの会社は銀行の謂である。『立会略則』につけた渋沢の序文の中には次のような一文がある。万世とは福地源一郎である。

「此書ハ余曽テ泰西ニ官遊ノ時、目撃耳聞ニ任セテ漫録セシヲ抄出シタルモノナリ。余東帰ノ後漸ク世間通商ノ利ヲ唱フルモノ多ク、其間立会結社ニ心アル者アリト雖モ、咸《み》ナ管見臆測ニテ其要領ヲ得ズ。故ニ其万一ニ裨補アランカト謭劣ヲ顧ミズ蕪陋ヲ厭ハズ刻シテ之ヲ世ニ公問セントシテ未ダ果サザリシガ偶《たまたま》客冬官府ヨリ福地万世ニ命ジテ会社弁ヲ訳セシメ刊行シテ以テ世ニ公セントスルニ当リ、或ハ遺漏アリテ看者尚隔靴掻痒ノ患アランコトヲ恐レ、校訂ノ間旁ラ実際親見ノ旧草ヲ抄録シ、更ニ今日実用ニ就テ聊カ参酌折衷ヲ加ヘ、名テ立会略則トシテ以テ会社弁ヲ読ム者ノ資用ニ供セントス」（序文）。

②明治六年刊『帳合之法』ブライアント、ストラットン著、福沢諭吉訳、慶応義塾出版社刊、和綴二冊（五九、六二丁）。

初編二巻は略式（単式）を、明治九年に二編二巻から成る本式（複式）が刊行された。アメリカのビジネススクールで使用されていたテキストの翻訳であって、原書名のブック・キーピングに帳合の訳語をあてている。巻の一にある福沢の長文の凡例の中には次のような一文がある。

「古来日本国中ニ於テ学者ハ必ズ貧乏ナリ、金持ハ必ズ無学ナリ。故ニ学者ノ議論ハ高クシテ口ニハヨク天下ヲモ治ルト云ヘドモ、一身ノ借金ヲバ払フコトヲ知ラズ。金持ノ金ハ沢山ニシテ或ハコレヲ瓶ニ納テ地ニ埋ルコトアレドモ天下ノ経済ヲ学デ商売ノ法ヲ遠大ニスルコトヲ知ラズ。蓋シ其由縁ヲ尋ルニ学者ハ自カラ高ブリテ以為《いえ》ラク、商売ハ士君子ノ業ニ非ズト。金持ハ自カラ賤シメテ以為《おもえ》ラク、商売ニ学問ハ不要ナリトテ知ル可キヲ知ラズ、学ブ可キヲ学バズシテ、遂ニ此弊ニ陥リタルナリ。何レモ皆商売ヲ軽蔑シテコレヲ学問ト思ハザリシ罪ト云フ可シ」（凡例）。

③明治七年刊『経済便覧《けいざいべんらん》世渡の杖後編』ウェイランド著、何礼之訳、盈科斎刊、和綴二冊（六〇、五四丁）。

原書は、アメリカの経済学者ウェイランドの経済書であって、明治五年に『世渡之杖一名経済便蒙』と題して何の門人藤井宣が何の許しを得てその梗概部分を訳出刊行したものを、岩倉使節団に随行していた何が帰国後に本格的に訳し直したものである。何の緒言の中には次の一文がある。

「世渡の道は経済より先なるは無し。人能く此道を悟る時は家富身豊にして心情亦従て安静なり。智識の開明風俗の淳美より国の殷富強盛職として之に由らざるなし。今我国駸々として富強の域に進み、人々其道を履み行わんとするに当りて道しるべなかるべからず」（緒言）。

④明治八年刊『弥児経済論』ミル著、林董訳、英蘭堂刊、和綴。

初篇一と二が明治八年、初篇三と四が明治九年、初篇五が明治一〇年に刊行されて一旦中断、明治一五年から鈴木重孝訳として続刊されて明治一九年まで続く。全部で二九冊が残っている。初篇一に棋華学人の序、林の序、原序があり、林の序の中には次のような一文が含まれる。なお、林は幕府派遣イギリス留学生であり、のち駐英大使として日英同盟の締結に功労のあった人物である。

「予、曽て英国に遊べるの日、弥児氏の経済書を得て読むに、其意深遠にして遽《にわか》に其淵源を究むる能はず。反覆熟読漸く其大旨を得るに至れり。蓋し其論を立るに公正にして説を設る、着実頗る貴重すべきを覚ふ。斯書一たび出しより以来欧州数国の経済法を一変せしこと豈不宜哉……然れども予の不文なる安《いずく》んぞ原文の微妙を発揮するに足ん」（序）。

⑤明治九年刊『銀行実験録』克蘭著、宇佐川秀次郎ほか訳、大蔵省紙幣寮刊、洋装（四二六頁）。

紙幣頭得能《とくのう》良介の序、三輪信次郎の凡例から始まる。バンク・オブ・イングランドの前支配人コクランの原著を大蔵省で訳出したものであって、得能の序の中には次のような一文がある。なお得能は銀行学局の創立者である。

「人身の衰弱は気血の壅滞《ようたい》に在り。而して国家の富強は貨財の流通に由れり……世幸にして此の書に因りて銀行の趨舎《すうしゃ》を審らかにし、相戒め相勧め、末を去りて本に就き、皆務めて以て公益を興さば、即ち唯だに資を銀行に仰ぐ者のみならず、銀行の事も亦た之と並びて進まん」（序、原漢文）。

⑥明治一〇年刊『経済要説』ジョフラ著、古沢滋・土山盛有訳、大蔵省刊、洋装二冊（九六、一一四頁）。

フランス人でプロイセンの大臣となった経済学者ジョフラの著した経済入門書の訳出。巻之一には大隈重信の序、土山の序、原序などがある。大隈はこの時期大蔵卿として財政政策の舵取りをしていて、彼の命を受けて大蔵省に勤めていたシーボルトがまずフランス語原書を英訳したものを古沢と土山が邦訳した。大隈の序の中には次のような一文がある。

「経済の道、其の方を得れば則ち民力殖えて国用足る。苟も其の方を失へば、則ち止《ただ》に民力の困敝《こんへい》するのみならず、国用も亦た因りて以て匱乏《きぼう》す。甚だしいかな、経済の以て講ぜざるべからざるや……則ち此の書は、瑣瑣《ささ》たる小冊子なりと雖も、亦た安んぞ惓惓《けんけん》たらざるを得んや。抑も約弗拉氏は普国内務大臣為り。想ふに当《まさ》に其の説は実践より出で、世の架空臆談なる者と夐《はる》かに其の撰を異にするなるべし。蓋し善く読む者は之を知るならん」(序、原漢文)。

6 一般勧業分野の啓蒙

勧業論や内外の物産書、勧業に関する報告書や雑誌など、工業、農業、商業に特定できないものを勧業書と称して、二八八件を取り上げて解題をしてみた。そのうち報告書や雑誌は手に取って確認することのできた創刊号（第一号）に限ったため、全国を調査すればさらにその数は増えるであろうし、また第一号は散逸していても次号以下が残っているものも多いであろう。

解題書の内容分類をしてみると、表8のとおりである。その特色を三点挙げてみる。

第一点。工農商のいずれにも入れにくいものや、それらのいずれにも関係する単行本を広義の勧業として数えたものが四四件ある。勧業は明治期以前からの政策課題であったため、新旧思想が入り混じり、例えば、明治六年刊『富国捷径』は二宮尊徳の報徳思想を継承し、明治七年刊『富国論』はアメリカ原書の翻訳書である。

続いて三〇件を数える物産の書も、新旧の混淆であって、江戸期から引き継いだものと西洋の物産品を紹介したものとがある。この勧業と物産の両書には( )内に内数を記した教科書系、特に往来物系の刊行物の数も多い。

第二点。博覧会や共進会など物産品の公開展示が活発に行われた結果、その報告書や案内書が刊行された。博覧会は、万国博、内国博、地方博に三分類される。万国博は明治六年のウィーン万国博、内国博は明治一〇年の第一

表８　一般勧業書内容別出版件数

刊年＼件数	勧業	物産	内外博覧会			共進会・集談会			勧業報告			勧業雑誌			計
			外国	内国	地方	官	公	民	官	公	民	官	公	民	
明治 2	1(1)													1	2(1)
3	1								1						2
4	2														2
5		5							1						6
6	2	6(5)	4											1	13(5)
7	2	1(1)							2						5(1)
8	2	4	1											1	8
9	2	3(2)	3						2			2		1	13(2)
10	2	5(2)		11	2			1					1	5	27(2)
11		2(2)	4		1		1	1	2	3				2	16(2)
12	1(1)		1		4	3		1	3	2		1	1	4	21(1)
13	8(5)	1(1)	1	1	1	7		3					2	4	28(6)
14	4(1)	2		13		2	1	2	3	7	1		1	5	41(1)
15	6(2)					6	4	2	2	6	2			5	33(2)
16	5(1)			5		1	4	1		3			1	2	22(1)
17	3		1			2	3		1	3	2			4	19
18	3		2			12	2	1	3	4				2	29
不　詳		1(1)													1(1)
計	44(11)	30(14)	17	30	8	33	15	12	20	28	5	3	6	37	288(25)
			55			60			53			46			

〔注〕（　）内は教科書系の内数

回内国博が重要である。明治一〇年代に入ると、官、公、民の主催する共進会が開かれ、併せて集談会も催されてその報告書が刊行された。見て、話して、読むことによって産業への意識を向上させることに役立った。

第三点。継続的な出版物として、勧業報告書や勧業雑誌などの刊行が始まったのもこの時期の特徴である。前者の報告書は、例えば明治七年の内務省勧業寮の『勧業報告』第一号のような政府の担当部局からのものと、明治一〇年の『東京府勧業課雑誌』第一号や明治一一年の『宮城県勧業報告』第一号のような府県の担当部局からの出版物に分けられる。概して官・公の出版物が多いのに対して、勧業雑誌になると民間からの出版が多数を占める。勧業報告も勧業雑誌もその内容から見ると、工・農・商のいずれかに傾斜したものと、勧業全般を視野に入れたものとに分かれるが、後者の中に注目すべきものが多い。

勧業分野の解題書に関係した啓蒙家の中から目

ぼしい人物を出版物の刊行年に即して列挙してみると、次の二六名が浮かび上がる。ハラタマ、備後喜六、橋爪貫一、伊藤圭介、福住正兄、永峯秀樹、島邨泰、東野新三郎、大井憲太郎、ワグネル、福地源一郎、ケプロン、田口卯吉、爾師応、甲斐織衛、坂根達郎、犬養毅、津田仙、弾舜平、永田健助、宮崎柳条、石川理紀之助、前田正名、高峰譲吉、大島貞益、高松豊吉

このうち、ワグネルと宮崎は工業啓蒙家として、爾、津田、石川は農業啓蒙家として、福地、田口、甲斐、永田は商業啓蒙家として評伝の対象とした。ここに挙げた一般勧業家のかなりの者は、いずれかの特定分野の代表的啓蒙家でもある。

従って一般勧業分野の代表的啓蒙家は、さらに幅を広げて広く勧業に功労のあった人物の中から選んで評伝を記すことにした。次の一一名を重要人物と見なし、さらにその中の橋爪貫一と十文字信介については特別に事例研究の対象にした。区画した一般勧業書の範囲は広くかつ不特定の要素が多いため、特にこの分野の啓蒙書に関係ある人物は前田正名と橋爪貫一のただ二人である。

田中芳男、松川半山、黒田行元、林董、品川弥二郎、前田正名、瓜生寅、片山平三郎、坪井仙次郎、橋爪貫一、十文字信介

勧業啓蒙書の勧業の意図や動機についてては先例どおりに六件の勧業書を例示してみる。

①明治五年刊『澳国博覧会規則区別目録』博覧会事務局編刊、和綴（二八丁）。

日本政府が初めての国家的事業として参加した明治六年のウィーン万国博への出品を呼びかける前文につづき、出品規則書を公示している。その前文には、「博覧会事務取扱御用掛人員――参議大隈重信、外務大輔寺島宗則、大蔵大輔井上馨」と、三名の新政府高官の名前のもとに、次のような一文が含まれている。

「来酉《とり》年澳地利国維納府ニ於テ博覧会ヲ催シ、同年四月開場同八月終局相成、凡ソ同盟各国ニ於テモ此会ニ加入

シ、其国ノ天産人造品トモ差出シ、学術工芸ノ進歩理世経済ノ要旨ヲ著シ、人生互相交易資益スル通義ヲ拡メテ、益利用厚生之道ヲ尽スヲ主トス。故ニ此会ニ出セル物品ノ品位ハ宇内各国ノ公評ヲ受ケ方法ヲ著セル諸説ハ衆学之討論ニ供ス……サレバ御国民能ク此趣旨ヲ躰シ各物品并其説ヲ著シ、名聞ヲ弘メテ国益ヲ計ル事ニ注意スベシ」（前文）。

②明治七年刊『勧業報告』第一号、内務省勧業寮編刊、和綴（二二丁）。

勧業寮の序文につづき、産業に関して全国の府県から政府に提出された伺書や届書を集成して、広く一般の参考に供している。序文に示した本書刊行の目的の中に次のような一文がある。

「夫勧業ノ務タルヤ全国物産ノ盛衰ニ相関シ、一日不可忽ノ要件ニシテ、宜シク試験ノ方法ヲ設ケ、内外獣畜穀菜ノ良種、諸器械ノ功用、発明ノ諸説其佗《た》物価ノ高低、商業ノ得失ヲモ弁明シ、広ク人民ト協力互ニ経験ヲ尽シ、利益ヲ興シ、損害ヲ除キ、以テ国家富饒ノ基ヲ開ク可キ儀ニ候処、全国ノ広キ能ク戸《いえ》ゴトニ説キ人ゴトニ喩ス可キニ非ズ。仍《よっ》テ本寮事務ノ中諸業ニ切要ナル事件ヲ輯録シ、月次刊行、之ヲ勧業報告ト号シ、自今地方庁ニ頒布スルヲ以テ例規トセン……一般ノ人民ニ於テモ此報告ノ旨趣ニ対シ現場得失ノ実験アルガ如キハ其顚末ヲ詳記シテ之ヲ本寮ニ申報シ、官民協同以テ全国ノ利益ヲ興サンコトヲ是望ム」（序文）。

③明治一〇年刊『東京府勧業課雑誌』第一号、東京府編刊、洋装（二八頁）。

東京府が他府県に先がけて勧業雑誌を発刊したことが注目される。冒頭に凡例二項があって、内外諸書からの情報を提供することと管下人民の発明を紹介することの二点を目的とする旨を次のように記している。

「此雑誌ハ首トシテ広ク欧米各国百物ノ製造、動物ノ畜養、植物ノ培養ノ方法並ニ之ニ干渉スル器械ノ発明及其効用等ノ詳説ヲ英文ヨリ抄訳シ、以テ我人民現今実際挙行スルトコロノ方法ニ比較考察シテ、以テ長ヲ採リ短ヲ棄ルハ其人ノ撰取スルトコロニ任セ、人ヲシテ益々其製造品産出物ヲ盛大ニスルコトヲ鋭意尽力セシメ、又商業ノ興廃農事ノ盛衰ニ関スル論及百工ヲ誘導勧奨スルノ説等ヲ内外諸書ヨリ訳出援引ス」「当管下人民ノ器械及製造品等ヲ新ニ発明スル者アレバ、其製造法功用及発明人ノ名氏等ヲ略掲シ、加之総テ人民ニ便益ト認識スルモノハ随テ聞見シ随テ記載シ以テ之ヲ広告ス」（凡例）。

④明治一〇年刊『内国勧業博覧会場案内』内国勧業博覧会事務局編刊、洋装（五三頁）。

内国博は、明治一〇年の第一回を皮切りに、一四年に第二回、二三年に第三回が開かれ、三六年の第五回まで続いた。ウィーン万国博に参加した政府が、国内の産業や貿易の発展を期して開催したもので、冒頭に観者注意として内国博の意義を平易に説いている。

「内国勧業博覧会の本旨たる、工芸の進歩を助け、物産貿易の利源を開かしむるにあり。徒に戯玩の場を設けて游覧の具となすにあらざるなり。博覧会の効益を約言せば、人々跋渉《ばっしょう》の労なく、輙《たやす》く一場に就て全国の万品を周覧し、以て其優劣異同を判別すべく、又各人工芸上の実験と其妙処とを併せて一時に領収する是なり」（観者注意）。

⑤明治一一年刊『宮城県勧業報告』第一号、宮城県内務部編刊、和綴活字本（一九丁）。

東京府に続いて、翌明治一一年には、宮城県、福島県で、一二年には、山梨県、兵庫県で、一三年には、広島県、愛媛県で同種の雑誌（報告、年報）が創刊された。宮城県のそれには、冒頭に長文の「勧業報告の主意」が載せられていて、府県における勧業の方針と雑誌による情報伝達の意義に関する勧業課員の意識が表明されている。その中の一文を引用してみる。

「今より各区通信者が報じ来る所の実況は勿論、勧農局の報告及本課に於て試験を遂げたる動植物の状態より、各地物産の状況、物価の高低、各港貿易の景況其他人民が見聞実施して其利害得失に係る建白類及各新聞紙雑誌等に散見する所の件に至る迄、苟も物産上の智識を伝へ、発明工夫の精神を発起するに足るべきものは、細大を択ばず悉く之を蒐輯して小冊となし、之を勧業報告と称なへ、毎月一、二回宛刊行して其職を掌るの各員に頒ち、以て大に物産の蕃殖に裨益する所あらしめんと欲す」（勧業報告の主意）。

⑥明治一二年刊『開物類纂』第壱号、開拓使編刊、洋装（二八頁）。

明治新政府は、北辺警固と北方開拓のために政府の官庁として開拓使を置き、ケプロンをはじめとするアメリカ人顧問団の指導を求めて勧業事業を推進した。他の府県並みの北海道庁の設置は明治一九年のことである。本書は、開拓使時代の出版物であって、水産や農産など各種の新しい技術が紹介されている。巻首には緒言があり、次のような発刊の意図が記されている。

「北海道ハ山ヲ負ヒ海ヲ環《めぐ》ラシ物産ノ夥シキ固ヨリ言フヲ俟《ま》タズ。本使建置以来撫循《ぶじゅん》勧誘専ラ殖産ヲ以テ専務ト為シ、遠ク海外ヨリ農工諸科ノ学師数名ヲ聘シ、又動植ノ良種及ビ機械ヲ購ヒ、耕種牧畜採壙製造等凡開産ノ事業随テ伝習之ヲ現術ニ施シ、全道駿《しゅん》々乎トシテ将ニ殷富ノ基ヲ成サントス。爰ニ各事項ノ既ニ結果スルモノ或ハ試験中或ハ前途施行ス可キ報文衆説等公文中ニ散見スルモノヲ抄録シ、名《なづ》ケテ開物類纂ト曰フ。今ヤ逐次鐫刻《せんこく》シテ勧業ノ景況ヲ示サントス。冀《ねがわ》クハ全道ノ衆庶一層奮励シ、土地益闢ケ物産益殖シ将来ノ富饒果テ本使ノ望ニ負《そむ》カザランコトヲ」（緒言）。

7　お雇い外国人による啓蒙

維新前において、幕府は、軍事、医学、工業などの分野で外国人を雇い入れていたけれども、新政府になると西洋先進諸国から先進文明を導入するために、その雇い入れ政策の規模を大拡張した。梅渓昇の研究によれば、かくして雇われた外国人の総数は未だ不明ではあるが、明治六年から八年ごろにかけてのピーク時には五〇〇人を数える官傭の外国人がいて、明治年間の総数は三〇〇〇人に達すると推定されている（『お雇い外国人・概説』鹿島出版会、一九六八年）。これは政府雇いの外国人であって、公傭、私傭の外国人を加えればその数はさらに大幅に増加する。

その中には、産業分野に関係するお雇い外国人も多数含まれていて、専門教育の教師としての教育活動や、著述活動による日本人の啓蒙や、実地における技術指導活動などに活躍した。当時の日本人にとっては法外と思われるほどの給料を支払ったこともあり、熱心に指導をし、日本産業の近代化のヘルパーとしての役割を果たした。また、学校関係の教師として活躍したいわゆる教壇人は、軍事学校を含めれば、ゆうに一〇〇名を越え、その中の主要人物については拙著『日本教育の開国——外国教師と近代日本』において概説した。

本書の主題に即して見れば、産業に関係したお雇い外国人のうち、産業啓蒙書を著述した人物に注目してみるのが順当であろう。各分野別に代表的人物を拾い上げてみる。

工業分野では、大阪舎密局の理化学教師のオランダ人ハラタマ、東京大学の、採鉱冶金学教師のドイツ人ネットー、医学教師のドイツ人コルシェルト（O. Korschelt）、化学教師のイギリス人アトキンソン、工部美術学校の美術教師のイタリア人フォンタネージ（A. Fontanesi）らが著作物を残した。

ハラタマは明治二年刊『理化新説』、明治五年刊『金銀精分』を口授、ネットーは明治一二年刊『日本鉱山編』、コルシェルトはザルチール酸を用いた防腐法の普及につとめて明治一三年刊『酒類防腐新説』、明治一四年刊『酒類防腐新説問答』、明治一七年刊『酒類防腐説』を講述し、加えて明治一五年には『工業化学』を著した。アトキンソンは明治一四年刊『東京府下用水試験説』と『日本醸酒編』を著し、フォンタネージは明治一五年刊『学校用用器画法一名画図入門』を口授した。その他陸海軍雇いの教師たちによる著作物も多い。

農業分野では、白川県洋学校教師のアメリカ人ジェーンズ、京都府の牧畜場の農牧教師であったアメリカ人ウィード、工部省製糸場首長のフランス人コイー（A. Coye）、盛岡で牧畜の指導をしたイギリス人マキノン（A. Mckinnon）、海軍省に雇われたフランス人デュポン（E. Dupont）などが著作物を残した。

ジェーンズは明治六年刊『生産初歩』を、ウィードは明治八年刊『西洋農学日講随録』と明治九年刊『農業会記』を口述し、コイーは明治一〇年刊『養蚕適要』と明治一七年刊『製糸家必携』を著した。デュポンの『山林新説』も明治一〇年に刊行された。同じ明治一〇年には内務省に雇われた清国人の胡秉枢の伝えた製茶法が『茶務僉載』の書名で訳出刊行された。中国からの技術移入の事例として注目される。マキノンの指導は、明治一二年刊『開牧五年紀事』としてまとめられた。そのほか兵部省や豊津県（小倉県）で語学教師として雇い継がれたオランダ人ファン・カステール（A. T. van Casteel）はドイツ語原書を自ら邦訳して『独逸農事図解』と題して明治八年に刊行しているが、外国教師の著作物はすべて日本人の手によって邦訳されたのに対して、この一件は異例である。

商業分野では、司法省に雇われたフランス人ブスケ（G. H. Bousquet）、ボアソナード（G. E. Boissonade）、アペール（G. Appert）などが活躍した。大蔵省雇いのイギリス人シャンドの影響も大きい。東京商法講習所の教師となった民雇のホイットニーも門下生の指導をした。

ブスケの講義録は、明治八年と一一年に同一書名の『仏国商法講義』として訳出出版され、ボアソナードは明治九年刊『経済学講義』の、アペールは明治一九年刊『理財学講義』の原著者である。なお同じ司法省雇いのドイツ人ロエスレル（K. F. Roesler）の起草した『商法草案』と『商社法』も邦訳されたが刊年は不詳である。シャンドは、前述したように大蔵省の銀行学局で銀行や簿記の指導をし、明治六年刊『銀行簿記精法』と明治一〇年刊『銀行大意』を著した。ホイットニーに簿記法の指導を受けた者は、その教授要旨を明治一二年に二冊の簿記書にまとめて出版している。『銀行簿記教授本』と『簿記法大意問答』である。

一般勧業の分野では、開拓使雇いのケプロンをはじめとするアメリカ人教師陣の報告書と、慶応四年に来日し、明治二五年に日本で病没するまで各界の需めに応じて日本の近代化のヘルパーとして貢献したドイツ人ワグネルの特に内外の博覧会に関する報告書が注目される。ワグネルについては後述する。

以上においてお雇い外国人の中で出版物を通して産業啓蒙に功労のあった代表的人物を列挙した。そこで、外国人教師がなぜ日本産業の近代化に寄与したか、その動機を探るために六件の啓蒙書における彼らの語録を例示してみる。

①明治六年刊『生産初歩』ジェーンズ著、白川県洋学校生徒訳、白川県洋学校刊、和綴（二六丁）。

白川県（熊本県）洋学校のアメリカ人教師ジェーンズが演習用に使ったテキストであって、養蚕、茶説、糞説、米説などを展開していて、その自序の中に人民の開知を促す次のような一文がある。

「余此書ヲ著スハ肥後人民耕作ノ進歩ニ良全ノ教導ヲ示シ、傍ラ国人許多《あまた》ノ疑問ニ答フルニアリ。今国人一般希望スル処耕作ノ進歩ト学問トニ在リ。斯ノ如クナルトキハ進歩接続疑フベカラズ。凡ソ耕作ハ労働ノ精力ニテ成ル物ナレバ軽卒ニシテ之ヲ始メ許多ノ空耗ヲ生ジ勢力ヲ失フトキハ終ニ新知ヲ抵抗スルニ至ルベシ。斯ル弊害ヲ防ギ教導スルコト素ヨリ余ガ願ナリ。余思フ此弊害ヲ生ゼザルハ農民其職業ノ要旨ヲ熟考スルニ如クハナシ」（自序）。

②明治一〇年刊『銀行大意』シャンド著、藤田静・田中元三郎訳、大蔵省刊、洋装（八二頁）。

訳者の凡例には、「此書ハ英人阿爾嗹暹度氏旧紙幣寮御傭中初学ノ為メ銀行ノ大要ヲ述ルモノニシテ、英語オン・バンキングと題セリ」とある。著者の緒言には執筆の意図が次のように記されている。訳文は平易な振り仮名つき文である。

「這書《このしょ》ノ主旨《むね》トスル所ハ、最初ニ銀行ノ本業ハカクアルベキコトヲ示シ、次ニ銀行ノ事務ハ真正《ただし》キ理《すじ》ニ據《よ》リテ取扱フベシ。然ルトキ夫ヨリ生ズル便益ハ必ズ国中ニ及ブ可シト云フコトヲ最簡略《いとてずくな》ニ説明《ときあか》サントスルナリ……予ガ這書ニ望ム所ハ、銀行ノ仕方、真正キ理ニ據ルトキハ限リナキ便益ヲ生ズベケン。若シ之ニ反《そむ》キテ其取扱ヒ方苟《かりそめ》ニモ粗忽《ゆるがせ》ニ渉《わた》ル所アランニハ商法上ニ酸鼻《から》キ禍ヒヲ起スハ踵《くびす》ヲ回ラザルベキヲ初学輩ニ瞭然《あきら》カナラシメント欲ス」（緒言、振り仮名は原文のまま）。

③明治一〇年刊『茶務僉載』胡秉枢著、竹添光鴻訳、内務省勧農局刊、和綴（五二丁）。

江戸期の農学者佐藤信淵の著作物の復刻をはじめとして、日本の農業史の再評価に寄与し、自らも多数の啓蒙書を著述した織田完之が緒言を執筆していて、本書出版のいきさつが説明されている。

「官夙ニ此ニ見ルアリ。嘗テ支那人呉新林・凌長富等ヲ傭テ四国九州ニ遣リ自生茶ヲ摘取シテ紅緑各色ヲ試製セシム。而シテ其品位未ダ欧米ノ需用ニ適スルコト能ハズ。頃ロ嶺南人秉枢《（ママ）》胡氏自著ノ茶務僉載ヲ携帯シ来リ官ニ稟シテ曰ク。貴国茶質ノ佳美ナル、実ニ敝邦ノ及ブ所ニアラズ。而シテ欧人ノ嗜好ニ適セザルモノハ其製法ノ未ダ備ハラザルヲ以テナリ。願クバ貴邦ノ為ニ其製法ヲ伝ヘント。官其言ヲ納シ胡氏ヲシテ試製セシム。果シテ精良品ヲ得タリ」（緒言）。

④明治一〇年刊『養蚕適要』コイー著、永井保興訳、玉海堂刊、和綴三冊（三八、三二、四四丁）。

訳者の記した凡例によって、本書刊行の経緯と意図が分かる。その中に次の一文がある。

「予嘗テ養蚕製糸ノ両業ヲ学ント欲スルヤ上州富岡製糸場ニ抵《うつ》リ通弁ヲ職トスルコト久シ。故ニ傍ラ養蚕製糸ノ両業ニ就ントス。然リト雖ドモ其素志ヲ遂ル能ハズ。手ヲ空フシテ帰ル。予幸然茲ニ在工部省製糸場首長仏人コイー氏ニ会シ、予ガ多年企望スルトコロノ養蚕製糸ノ両業ヲ受ク。然リ而テ同氏ノ教育醇々懇欵《こんかん》ナルヲ以テ、大ニ該事業ニ関知スルトコロアリ。故ニ同氏ノ補助ニヨリ養蚕ノ諸術ヨリ欧洲ニ於テ製糸スル所ノ諸方法及ビ機械其他本邦ノ蚕類ニ適当ナル製糸ノ方法及ビ機械等ノ詳説ニ至ル迄、務テ簡約ニ綴続《ていぞく》シ、名ヲ養蚕適要ト称シ、初学ノ読者ニ会得シ易キヲ主トシ、泛《あまね》ク同好ノ諸君ニ伝布セントス」（訳者凡例）。
⑤明治一二年刊『日本鉱山編』ネットー著、今井巌・安藤清人訳、東京大学刊、洋装（一〇〇頁）。
ネットーは、明治六年に工部省鉱山寮に雇われ小坂銀山の技術指導をしていたが、明治一〇年東京大学理学部に転傭となり、明治一八年まで在職した。大学での講義録をまとめた明治一七年刊『涅氏冶金学』（洋装二冊九五〇頁）は長らく冶金学の教科書として使用された。本書はその前編と称すべきもので、東京大学の教授連によって日本語と英語に訳出された。ネットーの緒言の中には次のような一文がある。

「余が本編に載する所の日本鉱山に関する諸論は、特に其概要を示すのみ。固より完全大成のものにあらざることいまだ自ら知る所なり。抑々吾の曩に日本に来航し採鉱冶金場の務に従事するやここに久く、其間或は公務を負ひ或は私用に因り内地を旅行するの機会を得て、自ら見聞する所亦少からざれども、之を全国夥多の鉱山に比すれば固より十中の一、二に過ぎず。故に一般鉱山に論及するも此れ多くは他人の伝聞より得る所のみ。若し夫れ自ら謭劣を揣《はか》らず勉めて得失を挙げ所見を吐露して敢て諱《い》まざるものは日本鉱山将来の旺盛を期せんと欲するには誠に然らざるを得ず」（緒言）。
⑥明治一四年刊『東京府下用水試験説』アトキンソン著、久米躬弦・宮崎道正訳、出版者不記、洋装（二三頁）。
著者は、明治七年に東京開成学校の化学教師として雇われ、明治一四年まで東京大学につとめた。帰国直前に、本書と『日本醸酒編』の二件を刊行し、化学分析の方法を日本人に示した。本書は分析表から構成されているが、その前文に化学分析の重要性を記した次の一文がある。

「夫レ大都府ノ用水ニ於ケル人々ノ健康福祉ヲ全ウスルニ、一大最要タルハ一般公衆ノ認ムル所ニシテ、方今衛生ノ責任ニ居ル者ハ勿論、其他ノ人民ニ在テモ孜々注意スル所ナリ……抑々水中新ニ混化セル有機体ノ比較量ヲ定ムルニハ化学上ノ分析ニ原カザルヲ得ズ。蓋シ是レ必要欠ク可カラザルノ事トス。他ナシ之ニ因テ汚物ノ水中ニ混入セル源因ヲ究ムルヲ得レバナリ」(前文)。

8　産業啓蒙と学校教育の相乗効果

啓蒙といえば、その中に教化や教導といった教育的意図が込められているが、著者が解題した一二七一件の産業啓蒙書の中には、厳密な区別は困難であるにしても、教科書系と思われるものが二九八件含まれている。この教科書系啓蒙書をさらに形態別に分類してみると、第一に産業系往来本、第二に小学(初学)啓蒙書、第三に学校刊行書に三大別できるように思う。このうち、第一と第二の形態は啓蒙書と称してさしつかえないであろうが、第三の学校刊行書は教科書に近いものである。これをあえて啓蒙書の中に加えたのは、その著者や刊者が近代学校に関係をもっていること、その刊行物が西洋原書の翻訳や紹介などを通して広く産業界の人々に購読を求めていること、その著者である知識人たちが広義の啓蒙的意義を感じて執筆に携わっていることなどの理由からである。一言を以てすれば、学校の校門の外に出た学校教科書である。ただし、それを内容面から見れば、発信する学校の種別や程度が反映されていて、かなり専門的なものからかなり通俗的なものまでの幅がある。

これらの事情を勘案して三形態の教科書系啓蒙書二九八件を、農業、工業、商業、一般勧業の四分野に分類してみると、表9のとおりである。これら四分野のそれぞれの刊行件数はすでに掲出した表5から表8までの一覧表中の( )内にその内数を記したものである。以下に三形態の概要を記してみる。

(1)**産業系往来本**——解題を施した二九八件のうちのおよそ半数の一四九件は往来本である。すでに、江戸期において、元禄時代の『商売往来』を起点にして、なりわいに関係する往来本が多数刊行されていて、明治期の産業啓

表9　教科書系啓蒙書の分野別一覧

	産業系往来本	小学啓蒙書	学校刊行書	計	比率
農業	53	43	8	104	27.8%
工業	3	18	13	34	14.5
商業	78	25	32	135	36.1
勧業	15	9	1	25	8.7
計	149	95	54	298	23.4

〔注〕比率は，当該分野の出版総数に対する教科書系啓蒙書の占める率

表10　産業系往来本の変容形態

分類＼件数	農業	工業	商業	勧業	計
江戸期往来本の再刻	2		6		8
江戸期往来本の増補	11	2	12		25
新内容の産業系往来本	30	1	53	10	94
往来本形式の産業手引書	10		7	5	22
計	53	3	78	15	149

蒙家たちは、長い間民衆に慣れ親しまれてきた往来本の形態を引き継ぎながら、その中に新しい知識を取り込むことにより啓蒙の効果を高めようとしたことがその理由である。産業の分野では、商業分野が七八件と多数を占め、農業分野がこれに次いで五三件である。工業分野は江戸期に実績が少ないためかわずか三件である。一般勧業分野が一五件を占めるのは、『諸職往来』とか『物産往来』をその中に含めたためである。

往来本の原型は江戸期にあるが、明治期に入ると種々の工夫がこらされて変容している。その変容は大きく分けて次の四タイプになる。表10がそれである。最も多いのは、語彙を集成して読みやすく、かつ習字手本として役立たせるという往来本の原型を保持しつつ、その内容を新しい時代の用語に置きかえ、加えて頭書欄などに新しい知識を書き記して、習字と読本の二つの役割を併せもつように工夫をしたものであって、商業分野の五三件、農業分野の三〇件がそれに相当する。

往来本の著作者の中には、橋爪貫一、橋慎一郎、松川半山、巻菱潭、鶴田真容、加藤祐一のように一人で何冊もの著述をしている者も多い。彼らはこの種の往来本を卑俗の書と自認し、いささかのためらいを感じつつも、それが童蒙の学習に役立つことを期待して執筆した。産業系往来本の出版件数を年度別に分類してみると、明治六年ごろと一二年ごろに大きな山がある。啓蒙活動の盛り上がった時代と言えよう。執筆者の啓蒙意図に

ついては、以下に三件の事例をあげてみよう。

①明治四年刊『世界商売往来』橋爪貫一著、雁金屋青山清吉刊、和綴（二八丁）。旧旗本で洋学の知識を身につけていた橋爪は、明治二年刊『開知新編』で一躍有名になり、八五件というぼう大な量の著作物で明治を代表する啓蒙家となった。明治四年の『世界商売往来』は明治五年にその続編が、明治六年に続々編、補遺編、追加編を加えて合わせて五冊本となり、往来本の内容を一新させた。最初に記した序文の中には次のような一文がある。

「洋船交易以来、世間通行の書簡文章、頗る漢訳西語に雑ゆ。童蒙児女子には往々読み難き者有り。余、是れが為めに小冊子を著し、名づけて世界商売往来と曰ふ。蓋し欧羅巴諸洲の国名、地名、軍艦、商船等より諸種の器械、物什に至るまで、或いは其の図を出だし、或いは其の形を写し、読者をして一目瞭然たらしむ。余、固より短才浅学、大方の君子の賢覧に備ふに足らずと雖も、冀くは市井の婦人小子、之を熟観すれば則ち漢訳西語に通達して、日用書簡の事に於て未だ必ずしも小補無きにあらずと云ふのみ」（序、原漢文）。

②明治六年刊『万国新商売往来』松川半山著、赤志忠雅堂（大阪）刊、和綴（三七丁）。江戸期において、大蔵永常の農書に挿絵を書くなど画家として頭角を現した松川半山は、明治期に入ると往来本や初学者用の啓蒙書の画家兼作家として活躍し、東京の橋爪に対して大阪の松川として有名になった。本書は松川の著した最初の往来本であって、その例言の中で次のように言う。

「之に昔時より商売往来とて幼童に習はしむる事世に久し。此書俗間に於るや頗る便利なれ共御一新の目今に至り世上の称号も一変し、耳慣ざる唱へ多し。故に商人など日用取引の文通甚だ不便なり。今其文言を改正し活計の便利に備へんと欲す。其上西洋の諸品を取扱ふ時世なる故、又聞も及ぬ音訓ありて何《いか》なる事の解せざる物儘《まま》少なからず。夫等を洩さず之に輯録し、本文の左に片仮名にて註を加へ専ら童蒙の諭し易きを趣《むね》とす」（例言）。

③明治一三年刊『農商往来』安倍喜平著、松浦文蔵・松村久兵衛刊、和綴（二三丁）。

この年に、農と商を合体した往来本四件が刊行された中の一件である。版元も東京ではなく、兵庫の松浦と大阪の松村の二書肆による合梓である。著者の安倍はその緒言の中で次のように記している。

「該書ヤ、農商両業ニ就テ最モ田舎ニ至要ナル件々ヲ蒐集シ、用字ノ雅俗ハ旧来ノ慣行ニ任セ、五七ノ口調ニ編綴シテ兄誦弟唱、習字ノ間暗々数件ノ物名ヲモ知得セシメンガ為、挿入ノ文字ハ各傍訓ヲ付シタリ。切ニ望ム、之ヲ以テ児童ニ授ケントスルノ諸彦《げん》、習字ハ素ヨリ大字而已《のみ》ヲ用ユルト雖ドモ、素読暗誦ノ如キハ可成《なるべく》丈《だ》ケ細字ヲ加エテ一様ニ読下サシメナバ、句調自ヅカラ円融ニシテ大ニ記臆ノ便ヲ助クルニ至ランカ」（緒言）。

⑵小学啓蒙書——小学校の教科書は、明治五年の「学制」を契機にして西洋をモデルにした活字洋装本が作られ始めるが、文部省による教科書編纂が本格的に緒につくのは明治一〇年代に入ってからである。産業系の教科書について見れば、「学制」の中では記簿法と画学とが随意増設科目として挙げられた程度であり、工業、農業、商業が教科として姿をあらわすのは明治一四年の「小学校教則綱領」を待たねばならなかった。この綱領においても、小学校高等科に「経済ノ初歩」が加わり、また土地の状況や男女の区別などによって増減することのできる随意科目の中に工業、農業、商業が含み入れられたにすぎない。

法規面の規定はこのように消極的なものであったが、民衆の生活にとっては、産業系の知識は必要不可欠であった。その根強い需要に対しては、当初は産業系往来本が対応していたが、それでは大きな限界があった。そこで民間人の中では、文部省の作ろうとする近代教科書の代替となる、「小学」と銘打った啓蒙的な教科書の刊行が始まった。習字手本としてではない形で、往来本で包み切れない量の新しい知識の読解と理解を助ける啓蒙的教科書が誕生することになる。明治一九年に文部大臣による検定制度が発足するまでは、文部省と東京師範学校の作製する正規の小学教科書と小学啓蒙書との明確な区別はつけにくいけれども、序文などで小学生徒や初学者を対象とするとうたい、かつ従来の往来本とタイプを異にするものをここでは小学啓蒙書と総称することとする。

教科書系の啓蒙書の中で小学啓蒙書と目されるものは二九八件中九五件である。分野別に見れば、商業分野では産業系往来本が圧倒的に多数を占めたのに対して、農業分野では往来本とこの小学啓蒙書の数は接近する。先に引用した明治一二年刊の尾崎行雄著『小学農課書』のごときは「童蒙初学ノ階梯」として書かれたその代表例である。農業分野では四三件のうち、山林二件、養蚕と水産の各一件を除けば他はすべて小学農業書に包み込むことができる。商業分野では二五件のうち、第一位は小学簿記書の一二件であり、小学商業書は七件、小学経済書は六件の順になる。

工業分野は、その学問と技術の関係からか往来本はわずか三件で、小学啓蒙書が一八件と往来本と逆転するが、その中の一五件は小学図学書である。明治一一年に山田昌邦がアメリカ原書を抄訳して「初学ノ輩」に向けた『小学幾何画法』はその小学図学書の代表例である。また勧業分野では、物産書に人気があり、物産往来と小学物産書とがともに七件ずつ刊行されている。

これらの小学啓蒙書も産業系往来本と同じように、序文などで童蒙初学者の学習に役立たせたいという意図を表明したものが多い。以下に三例だけ挙げてみる。

①明治一三年刊『小学商業書』塚原苔園著、博文堂刊、和綴（三三丁）。

塚原は、明治一二年に『小学農業書』を出版して、「農家の小学生徒に耕作の大概」を知らしめ、翌一三年になるとその補遺編とも称すべき『小学農業書字引』を刊行した。それとともに、商業分野についても同じような企図をして本書を著述し、これらをいずれも博文堂から刊行した。本書の凡例には刊行の意図について記した次のような一文がある。

「世に商業の書多しと雖も、其論或は高尚に過て鄙近に適せず。又は欧西の商情を専にして我国の事態に疎く、然ざれば帳簿用に偏して商業の大本を遺せるものなり。余これを憾むこと久し。仍て四、五の老商と謀り商家の子弟の為に普通日用の心得より政府の規則、売買の進退定規等を蒐輯して一編とす。名て小学商業書と云ふ。夫既に名るに小学を以てす」(凡例)。

②明治一四年刊『小学読本農学啓蒙』十文字信介著、広島似文社刊、和綴二冊(二七、二六丁)。

津田仙の学農社を出て広島県勧業課長となり、農事講習所(農学校)の創設に寄与した十文字は多数の啓蒙的論説を世に問うた。学農社の『農業雑誌』や『広島県勧業雑報』をはじめ、後年になって自から創刊した『農事雑報』などに掲載した論説はゆうに二〇〇件を越える。単行本として本書と、明治一四年刊行の『初学階梯農業化学』が有名であるが、特に前編二巻から成る本書は、明治一五年の後編巻之一と一六年の後編巻之二と合わせて四冊本となった、彼の主著である。本書には、広島県大書記官平山靖彦が序文を書いて、「此書世ニ公ニシテ始テ農学ヲ講習スルノ階梯ヲ得タリト謂フベシ」と讃え、十文字自身はその凡例の中で次のように記した。

「此書刊行の主意は、農家の子弟をして文字と共に農業の大要を知らしめんとするに在れば、勉めて文辞を平易にし、且世人の未だ熟知せざる事物の如きは特に其図解を加へ読者をして了解し易からしめん事を旨とせり」(凡例)。

③明治一六年刊『小学職業予習』西村義民著、文求堂(京都)刊、和綴三冊(五一、五八、二四丁)。

三冊から成り、第一冊農業之部は、凡例、総論につづき、農具ノ種類及ビ用法から山林ノ養成まで二一項、第二冊工作之部は、総論につづき、器械ノ功能から鍛工まで一三項、第三冊商業之部は、簿記から物価昇降ノ定則まで一四項を記す。凡例には、小学校における職業指導の必要性について次のように記している。

「問者アリ、曰ク職業予習トハ何ゾ。曰ク小学生徒ノ他日職業ニ従事スルノ端緒ヲ予ジメ開クナリ……余ガ此書ニ是ノ名ヲ命ズルハ抑モ説アリ。夫レ小学教科ノ如キハ之ヲ概論スルニ脩身科以下悉皆職業予習ニアラザルモノナク、何職何業ヲ論ゼズ之ヲ学習セザル可カラザルモノタルハ言ヲ待タズ。而シテ此書ニ記載セルモノノ如キハ甲職ニ於テ要務トスル所ノモノモ乙職ニ於テ必要トセザル所ノモノアリ。丙業ノ欠ク可カラズトスル所ノモノモ丁業ハ捨テテ顧ミザル所ノモノノ如キモノ往々ニシテ之アリ。是レ此書ニ特ニ職業予習ノ名ヲ命ズル所以ナリ」（凡例）。

(3)**学校刊行書**――先述したように、五四件のこの学校刊行書は、第一の産業系往来本と第二の小学啓蒙書とちがって、啓蒙書とは称しにくい講義録や教科書も含んでいるし、もはや啓蒙書ではなくして専門学術書に近いものもある。しかし、ここでは誕生したばかりの近代学校の出版物が校門の外に出ることによって果たした啓蒙的役割に注目して、あえて学校刊行書を教科書系啓蒙書の中に含み入れた。工・農・商の近代学校の成立については、以下の三章で順次考察を進めるが、明治初期の産業に関係ある主要な教育機関の産業系刊行物の代表的な事例を摘記してみる。

東京大学――幕府の創始した医学や語学の学校が明治期に入ると名称を変えつつ、明治一〇年に東京大学となって、その間関係者の著作物を刊行した。早くも明治二年に、大学南校は緒方儀一と箕作麟祥の共訳書『経済原論』を、明治三年に、緒方儀一訳『泰西農学』と内田正雄著『海外国勢便覧』を刊行している。東京大学となってからも、前述したネットーの『日本鉱山編』（今井巌ほか訳）やアトキンソンの『日本醸酒編』（中沢岩太ほか訳）などを出版した。概して工業分野の出版物は専門的内容のものが多い。

陸海軍学校――西洋の軍事技術の導入は喫緊の課題であったため、明治の早い時期からそのための翻訳や抄訳がなされた。解題書の中には海軍兵学寮（校）からの一五件、陸軍兵学寮（校）からの三件の刊行物を挙げ、それに陸軍文庫と称したもの九件を加えて、併せて二七件を陸海軍学校の出版物とした。ほかに海軍の水路局の測量書九件もこれに加えて解題した。その最初は明治二年刊『蒸気機械書』であって海軍兵学寮の編刊である。同寮からは、明治六年に『船用汽機教授書』『端艇運用教授書』『運用教授書』『砲術教授書』『船具教授書』が出版された。書名から分かるように兵学寮の教授書であって、専門書の域に近い。これらの多くはイギリス人士官の指導によるものであるが、明治七年に陸軍文庫として刊行され始めたバロン著『養馬新論』、ジョルダン著『兵器図彙筌』はフランス人士官による陸軍兵学寮の講義録である。海軍はイギリス、陸軍はフランス（のちドイツ）と国選びがなされていた。

慶応義塾――福沢諭吉の実学思想の影響を受けてその門下生が多数の産業啓蒙書を著述したことについては前述した。その多くは民間出版社から刊行されたが、少数ながらも慶応義塾からの出版物も含まれる。福沢自身の『帳合之法初編』と『民間経済録』、甲斐織衛ほかの『市街読本商業入門』などである。

専修学校――明治一三年にアメリカから帰国した駒井重格や田尻稲次郎らがまず夜学として設け、その後昼間制へと移行して専修大学の母体となった学校であって、特に経済書の出版に実績を残した。明治一三年に駒井は英書を、田尻は仏書を翻訳出版しているが、明治一四年からは同校の経済講義録の刊行が始まり、その後も駒井や田尻らの翻訳教科書や講義録が毎年のように出版された。その後のことになるが、明治二二年から刊行開始された『理財学講義』は二八年までの七年間で一六六冊に上った。

三菱商船学校――政府は、明治八年に岩崎弥太郎の三菱会社に商船学校の設置を命じ、それを明治一五年に官立に変えて東京商船学校と改称した。同校からは明治一〇年刊『大圏航法』を皮切りに、一三年刊『商船海員必携』、一四年刊『商船船具運用全書』など航海術の手引書が刊行された。

師範学校――明治五年の「学制」は小学校教育に力を注いだため、その教科書づくりは文部省と東京の官立師範学校によって精力的に進められたけれども、産業系の教科書はその中には含まれなかった。しかし地方の小学校児童にとっては、将来の生業と結びつく産業系の知識を求める希望が多く出ていたため、当面は往来本がそれにこたえた。官立師範学校の編纂する近代教科書に類するものは、地域の公立師範学校や府県の学務課によって手がけられた。

例えば、農業では、明治一一年に静岡師範学校が甲田鑑三著『農学初歩』を刊行したし、明治一四年には長崎師範学校が『農業往来読本』を刊行しているので、新旧二型態の教科書が混在していた。同じことは商業でも見られ、明治一一年の山梨師範学校刊の遠藤宗義著『小学記簿法』と並んで明治一四年には長崎師範学校の『商売往来読本』が刊行されている。ただし同じ往来本であっても「読本」と称しているように近代教科書に近づけている。

農業学校――京都府の牧畜場では、明治八年に農牧教師ウィードの講述した『西洋農学日講随録』を刊行するなどの先例があるし、正規の農業学校としては、明治一三年に岐阜県農学校の出版した『農学日記蔬菜篇』とその翌年刊行の続編『農学日記栽培篇』がある。両書は、農業啓蒙家であり教育家であって多数の著訳書をもつ志賀雷山の同校における講義録を小田行蔵が編集したものである。

商業学校――明治八年に東京を先駆にして各地に、のちに商業学校へと発展する商業講習所が設けられた。東京の場合、お雇い教師ホイットニーの教えを受けた者たちが簿記の啓蒙書を出版した。これに対して神戸商業講習所は慶応義塾出身の教師陣による著述活動が活発であり、早くも明治一一年には藤井清の『略式帳合附録』が同所の教授書として刊行された。その後『新編簿記例題』が同所長三原国一郎の緒言をつけて、明治一六年から一八年までに全五冊本として、加えて明治一八年には『新編銀行簿記例題』が同所から出版された。

以上は近代学校から直接出版された啓蒙書の事例である。明治の初期においては、学校教育と産業啓蒙が内的な構造関連をもっていて、教育と啓蒙とが相乗効果を生み出し、日本産業の近代化のテンポを一段と早めた、と言えるであろう。著者が、近代日本の産業啓蒙家と産業啓蒙書に注目して、産業啓蒙時代と称するゆえんである。

第5章 戦前期工業教育の思想と実践

1 幕末期佐賀藩の先駆的企図

日本では、中世ごろから人工の達人を職人と呼ぶようになり、彼らの技術は、「細工は流々仕上げをご覧《ろう》じ」と自負できるまでの高い水準に到達していた。戦国末期の有力武将は西洋伝来の鉄砲に強い関心を寄せ職人を動員したが、戦乱がおさまると旧の職人に戻した。ところが幕末期の外圧は、日本が植民地化されるという危機をはらんでいたため、再び軍事力の強化の道へと導いた。特に、砲と艦の洋式化が急がれたため、幕府は、長崎におけるオランダ軍人の指揮下での海軍伝習と、横須賀におけるフランス軍人の指導による造船事業など、対策を急いだ。

有力諸藩もまたこの方面の対策に乗り出したが、中でも佐賀藩はその先駆的役割を果たした。特に工業化のための技術人材の育成に力を注ぎ、その成果に見るべきものがあった。同藩における工業化と教育の関係を年表にしてみると表11のとおりである。この年表の中から、佐賀藩に特徴的な点を挙げてみると次の四点が重要であろうと思う。

第一点。蘭学教育が波及効果を示したことである。同藩には、藩主鍋島直正や執政鍋島安房をはじめとして蘭学に熱意をもつ為政者がいたこと、儒学本位の伝統的教学からの抵抗が少なかったこと、オランダ商館付医師シーボルト（P. F. von Siebold）の門下生の活躍が顕著であったことなどによって佐賀蘭学が発達した。特にシーボルトの影響は大きく、シーボルトに随行して江戸に出た伊東玄朴は江戸に象先堂を設けて門人を育て、その塾頭をつとめたことのある佐野常民は佐賀に戻り教育改革の中心人物となった。

蘭学の発達によって多数の蘭書が邦訳され、藩の技術開発に役立てられた。特に伊東玄朴の門人杉谷雍助はその翻訳作業の中心人物であるとともに、その知識をもとに反射炉築造の指導など技術者としても力量を発揮した。蘭学は火術や砲術や造船など幅広く応用されたことに佐賀蘭学の特色がある。藩校弘道館の儒者古賀穀堂（昌平黌儒官古賀精里の長子）は「蘭学は和蘭の学にあらず、世界の事を窮むるなり」と道破した（『佐賀県教育五拾年史』上篇、一九二七年）。

第二点。長崎に隣接しているという地の利が役立ったことである。佐賀藩は福岡藩と一年交代で幕府に代わり長崎の警固を任されていて、長崎への出入りが自由であり、オランダ商館を通して西洋の情報を得ることができた。時代が下ってからのことであるが、長崎に滞留していたフルベッキとの接触が始まり藩の英学校致遠館が設けられて、大隈重信らに英学と西洋事情を教えた。フルベッキは維新後に新政府に雇われ、各種の貴重なアドバイスをしたことについては先述した。

長崎との関係でさらに重要なことは、一八五五（安政二）年から始まり五年間続いた長崎海軍伝習に多数の藩士を派遣して実地の技術訓練の機会を得たことである。この伝習は幕府の主管ではあったが、希望する藩にも門戸を開放したため、佐賀藩は他藩に比べて圧倒的多数の四八名を送り出した。火術方や精煉方の技術者を総動員したこと、蘭学寮生も多数含み入れたこと、長期にわたって長崎に滞留させ実質的成果を得たことなど、佐賀藩はこの好機を最大限に利用した。伝習期間が終わると藩は独自に海軍所を設けた。その推進者は佐野常民であり、伝習帰り

工業化と教育の関係年表

日本年号	西暦	月	関係事項	関係人物（技術者）
天保一	一八三〇	二	鍋島直正襲封	
三	一八三二		◑高島秋帆（長崎）からオランダ式製砲技術を学ぶ	平山醇左衛門、鍋島十左衛門
五	一八三四	七	○八幡小路に医学館を試設	島本良順、他
十一	一八四〇	六	○儒学奨励のため、弘道館の拡張工事を完成	
十三	一八四二		●オランダ式青銅砲製造のため、石火矢製造所を設置	平山醇左衛門、田中作左衛門、秀島大七、他
弘化一	一八四四	五	◑火術方を設け、火器の研究、鉄砲の製造、教練などを開始	本島藤太夫、羽室平之允、志波左転太、他
		九	◑直正はじめてオランダ蒸気船を見学	
二	一八四五	六	●火術方で火薬製造を開始	
嘉永三	一八五〇	三	◑江川英竜（韮山）から砲台築造技術を学ぶ	本島藤太夫
		六	●築地に反射炉の位置を定め、掛り役員を任命（十一月に第一炉完成、十二月に試験操業）	本島藤太夫、杉谷雍助、田中虎六郎、川浪儀六、橋本新左衛門、谷口弥右衛門、馬場栄作、有吉惣三郎
		八	○文武課業法を制定	
四	一八五一	三	○八幡小路に医学寮および蘭学寮を設置	大庭雪斎、他
五	一八五二	十一	◑精煉方を設け、化学その他の試験研究を開始	佐野常民、石黒寛次、中村奇輔、田中近江・儀右衛門、福谷啓吉、他
六	一八五三	三	●長崎伊王島、神ノ島の砲台工事完成	
		八	●幕府献納のための大砲鋳造開始	
		八	◑ロシア軍艦にて蒸気罐を見学	本島藤太夫、中村奇輔、他
		十	●多布施において反射炉築造開始	鍋島志摩、他
安政一	一八五四	六	○蘭学寮と蘭書翻訳局を併せ、火術方に所属させる	
		七	◑オランダ蒸気船に乗り、造船技術を学ぶ	本島藤太夫、中村奇輔、杉谷雍助、他
		九	○弘道館の学生を奨励して、蘭学寮に入学させる	江藤新平、小出千之助、他

表11　佐賀藩における

二	一八五五	十二	●三重津に造船所を設け、蒸気船製造を開始	
		五	○直正蘭学寮に臨場し、蘭学を奨励する	
		六	○長崎においてオランダ人から海軍諸術を学ぶ（安政六年まで）	佐野常民、中牟田倉之助、真木長義、田中近江・儀右衛門、他
		八	◑精煉方において汽船・汽車の雛型製作開始	中村奇輔、他
三	一八五六	三	●幕府献上鉄製百五十ポンド砲の製作開始	
四	一八五七	二	◑韮山反射炉へ援助者派遣	田代孫三郎、他
		七	●手銃（雷管銃）の製造方を設置	
		九	◑海軍取調役を置く	本島藤太夫、他
		十二	◑海軍伝習のため藩士三十一人に蘭学寮詰を命ず	秀島清治、他
五	一八五八	十二	○医学寮を片田江深堀に移転し、好生館と改称	大庭雪斎、大石良英、他
六	一八五九	一	●精煉方で火薬（焔硝）製造	
		四	○海軍研究のため藩士五十名に蘭学寮詰を命ず	
		八	○海軍所を開設	佐野常民、中牟田倉之助、真木長義、他
万延一	一八六〇	一	◑幕府遣米使節に藩士五名を随行させる	本島喜八郎、島内栄之助、小出千之助、秀島藤之助、福谷啓吉
文久一	一八六一	二	○英学修業のため藩士三名を長崎に派遣	石丸安世（虎五郎）、中牟田倉之助、秀島藤之助
三	一八六三	三	●イギリス式アームストロング野砲製造開始	
		六	◑イギリス軍艦にて砲術を学ぶ	秀島成績、岡喜智（鹿之助）、他
元治一	一八六四	八	○フルベッキを佐賀に招待、長崎で英学講習を開始	大隈重信、副島種臣、他
慶応一	一八六五		●本邦最初の蒸気船凌風丸竣工	
二	一八六六	二	○藩士二名をイギリスに留学させる	石丸安世、馬渡俊邁（八郎）
三	一八六七		◑パリ万国博に派遣	佐野常民、小出千之助、他
		九	○長崎に蕃学稽古所（致遠館）を開設	

〔注〕●工業関係事項　○教育関係事項　◑中間（関連）事項

の実力者が教官となった。日本海軍創設の父と称される中牟田倉之助はその一人である。

第三点。財政面から鋳砲や造船など藩営事業を遂行することができたことである。特に天保改革の成功が効を奏した。鍋島安房を中心にして、勤検令、均田制、開墾（干拓）奨励などの施策を進めた結果、公称三五万石が実禄九五万石に達したと言う。

第四点。人材面からこれらの藩営事業を担当することができたことである。蘭学寮、海軍所など藩の教育機関で育てられた藩内人材に加えて藩外からも人材が集められた。佐野が一八五二（嘉永五）年に藩命で帰郷したときには、藩外の四人の人士を連れ帰り藩主に推薦した。その一人が江戸期最高のカラクリ細工師と称された田中久重（近江、カラクリ儀右衛門）であって、精煉方の技術陣に加わった。

このように佐賀藩は当時において幕府や諸藩よりも抜きんでて軍事工業の技術開発に先進性を発揮したけれども、そこには越え難い限界があった。例えば、佐賀藩の技術者が総動員されて製造された外輪蒸気船凌風丸にしても藩主の坐乗用に役立つ以上の力はなく、西洋の蒸気船との懸隔は歴然としていた。蘭書をもとにして設計したとしても模倣の域を出ることはできなかった。基礎科学に裏うちされた専門的な技術や知識が欠落していたことの限界であって、その後の佐賀藩は買船主義への転換を余儀なくされた。

2　ダイアーのエンジニア教育論とその人脈

藩内の政争のため藩の事業としての工業化におくれをとっていた長州藩では、若い下級武士などがその回復を目ざして動き出した。一八六三（文久三）年、いわゆる「長州ファイブ」と称される五人組がイギリスのジャーディン・マセソン商会を頼って、当時の国禁を犯してイギリスに密出国した。彼らが出国前に藩の重役に宛てた弁解の書状には「生た器械」になりたいという決意表明がなされていた。その中の一人、山尾庸三は、ロンドン大学からグラスゴーのネピア造船所に移り、徒弟奉公としての訓練を積んで明治初年に帰国し、先に帰国していた伊藤博文や井上馨らの支援を得て、国営工業の拠点となる工部省の設置に成功した。その工部省では、工業人材養成のための学校教育が必要であると、山尾は訴えた。一八七一（明治四）年四月に提出した有名な上申書では、山尾の国際感覚と教育観が格調高く披瀝された。その冒頭部分の国家富強のための厚生利用論の部分は先に引用したが（本書78頁）、それに続いて次のように言う。

「然ル処、其事業ニ於ケル大小トナク技術上ニ相渉リ、皇朝未曽有ノ要務候ヘバ、実学知識ノ徒ニ非ズ候デハ誰カ能施行可致得理無之候。惜哉、御邦内ノ人物其一科ヲ了得候者未ダ見当リ不申。依テ方今数多《あまた》ノ外国人ヲ使役、御創業ノ手順取継罷在候次第実ニ無余儀事ニテ、終始彼等ノ余力ヲ仮リ功業漸ク相逐候様ニテハ、一時開化ノ景況有之候トモ、万世富強ノ基本ハ迚《とて》モ相立申間敷戦競ノ至ニ候。此機ニ臨ミ人材教育ノ御方途不可欠場合ト被存候」（『公文録工部省之部』辛未四月）。

新設の学校教師陣はイギリスから雇い入れることにして、岩倉使節団の副使の一人となった伊藤博文にその人選を委ねた。伊藤はかつて世話になったマセソンを介してグラスゴー大学のランキン教授の愛弟子ダイアーの承諾を取りつけた。ほかに八名の教師陣も揃い一八七三（明治六）年に二班に分かれて来日した。第一陣のダイアーら三名には、旧幕府派遣イギリス留学生であり、のちに駐英大使となる林董が同行して日本の状況を説明した。

来日の船中で、ダイアーは、未知の極東における夢の大学計画を練り上げ、その計画案を山尾に提出した。これを受け取った山尾は特に修正を加えることなく、直ちに「工学寮入学式並学課略則」を布達した。工学寮はのちに工部大学校と改称されるが、ダイアーの言によればその教育は当時の世界に類例のない「教育実験」であった。一八七四（明治七）年二月に定められた正規の学則では、六年間の修業年限のうち、「初四年間ハ毎年六ケ月間寮中ニ於テ修学シ、六ケ月間ハ実地ニ就テ各志願ノ工術ヲ修業セシメ、後二年ハ全ク実地ニ就テ執業セシム」となっていた。

工学寮は一八七七（明治一〇）年に工部大学校と改称された。ダイアーはその後も経営にあたり、一八八二（明治一五）年に大役を果たして帰国したが、それに先立ち彼の教育実験を *The Education of Engineers* の書名で公表した。それは「専門職業教育」と「非専門職業教育」という、工部大学校第一回卒業生に対してなした二つの演説から構成されている。

ダイアーの教育実験については、著者はこれまで著書や論説を発表してきたし、イギリス本国からも *Henry Dyer : Pioneer of Engineering Education in Japan* を刊行したので、ここで多くを述べることを省略する。この英文書の書名どおり彼はエンジニア教育のパイオニアである。その教育はフランスやスイスなどに実例のある学校における学理の教育とイギリスに伝統的な実地での訓練を組み合わせ、加えて上記の二件の演説内容に見られるように専門職教育と非専門職教育（教養教育）を両立させようとしたもので、世界に先例を見ない独創的なものであった。

工部大学校には優秀なサムライ青年たちが入学し、ダイアーの教育方針どおり、学識と教養のある専門職としてのエンジニアが育っていった。タカジアスターゼを創製した高峰譲吉、東京駅を設計した辰野金吾、琵琶湖疏水事業を指揮した田辺朔郎、下瀬火薬の発明者下瀬雅允など、明治の工業界の第一線に立つ人材を輩出した。卒業生の中には工業教育家として活躍する人物も多数いた。工部大学校は一八八六（明治一九）年に帝国大学工科大学となり、その教授陣の中には工部大学校卒業生が多数含まれていた。ここでは、ダイアーの門下生の中で特にエンジニア教育に功績のあった二人の教育家を取り上げてみよう。

(1) 真野文二――工部大学校の機械科第三回卒業生である。旧幕臣の子として江戸に生まれ、工部大学校に学び、卒業後同校教授補に任用され、一八八六（明治一九）年にダイアーの母校であるグラスゴー大学に留学して、ダイアーの恩師トムソン教授から賞賛されるほどの成績をあげた。蒸気暖房装置の考案者として工科大学などの暖房設計を担当した。工科大学教授のとき、一九〇一（明治三四）年から一二年間工科大学教授を兼職のまま文部省実業学務局長の職に就任して産業教育行政の舵取り役を果たした。一九一一（明治四四）年に九州帝国大学が設けられると、真野はその初代工科大学長となり、一九一三（大正二）年に初代総長山川健次郎が転出したあと、第二代総長に就任し、大学行政にも力量を発揮した。

真野の最大の業績は、文部官僚としての在官中に日本の高等産業教育を方向づけることに寄与したことである。例えば、産業教育を工業にとどめず農業や商業をも含む総合的なものとしたこと、官立であろうと公立であろうと産業教育機関の設置を政争の具にさせることを避けてできるだけ適正な地域配置をしたこと、学校設置に際して彼の最初の留学国であるイギリスのモデルに執着することなくドイツやアメリカにも目を向け国際的な視野からモデル選択をしたこと、工業教育を大学水準以下の高等や中等の教育水準にまで下降させることに意を用いたこと、この点の提唱者であり実践者であった手島精一の工業教育思想を支持し支援したこと、その他多々挙げることができる。

(2)中原淳蔵——真野の一年後輩で同じ機械科の卒業である。熊本県山鹿の鋳物製作の家に生まれ、卒業後は郷里で機械灌漑事業を始めたが失敗し、一八八八（明治二一）年に第五高等学校の開校時に志願して教諭に採用された。その後、手島精一に見出されて東京工業学校に転じ、一九〇六（明治三九）年に熊本高等工業学校が創立されるとその初代校長に就任した。さらに真野が九州帝国大学総長に就任したあとを受けて、同学の第二代工科大学長となった。生涯を教育職一筋に生きた人物である。

中原は、真野以上にダイアーの薫陶に忠実な門弟であった。特に重要なことは、工部大学校における理論と実地の統一という精神を継承したことである。彼の著書『応用力学』（一九〇一年）の叙言では、「真理を了得する最良法は、躬《みずか》ら研究し躬ら実験するに在り」と記した。実験実習は九州帝大に移ったのちも変わることなく、ためにドイツ流の学問体系に憧れを抱く若手研究者からの反発を招いた。中原はまた、ダイアーの目ざした人格の教育方針を継承した。熊本高等工業の入学試験に本人確認のための写真提出を中止させたというエピソードがある。「我が校は諸子を青年紳士として待遇するものなり」と、しばしば発言していた（『熊本高等工業学校沿革誌』一九三八年）。

3　ワグネルの工芸教育論とその人脈

日本の産業教育の近代化に貢献したお雇い外国人としてダイアーと並び称せられるべきはドイツ人ワグネルである。ゲッチンゲン大学で博士号を取得した学究であったが、諸種の理由が重なり合って身も心も疲れ果てて、明治維新の年に友人のさそいを受けて長崎に来着した。たまたま佐賀の有力藩士と接触したのを機に有田で日本最初の石炭窯の築造を指導したことから、維新後は佐賀藩出身官僚に招かれて東京に出た。有能な彼は、まさに水を得た魚のように、当時の日本側に必要とされた課題を次々と解決していった。ダイアーよりも来日が早く、しかも二五年後に日本で病没するまでの長い期間にわたり広汎な領域のヘルパーとして活躍した。いまは産業教育に限ってみても次の五点の功績は大きい。

・佐野常民を補佐してウィーンに渡り、万国博終了後、佐野の企図した現地における日本人の技術伝習の斡旋と指導をした。納富介次郎との交流が始まったのもこの時である。

・ウィーンから帰着後、彼のために文部省の設立した東京開成学校製作学教場で製煉と工作の二科を教えた。
・一八七八（明治一一）年に槙村正直に求められて京都府雇いとなり、理化学を教授するとともに、舎密局で七宝その他の伝統工芸の改良について指導した。
・一八八一（明治一四）年に東京大学理学部の製造化学の教師となり、化学科出身者との交流が始まった。中沢岩太もその一人である。
・一八八四（明治一七）年に東京職工学校の陶器玻璃工科（のち窯業科と改称）の担当となり、手島精一らとの交流の糸口をつかんだ。

これらの教育歴から分かるように、ワグネルは、ダイアーのように西洋の最先端の工学を教えるのではなくして、日本の伝統工芸に学理を入れ込んでその近代化を進めるという姿勢のちがいを見せた。彼を日本の近代工芸教育の開祖と見なすゆえんである。ダイアーと同じように、ワグネルにも多くの門弟がいた。特に工芸教育に関係する次の二人の人物は重要である。

(1)納富介次郎――中等工芸教育の先駆者である。佐賀小城藩の神道家の子として生まれ、佐賀藩士の養子となった。画才に秀でていたが、早くから勤王の志士と交わり政治や貿易にも関心を寄せた。横浜で貿易商をしていたとき佐野常民に見出され、一八七三（明治六）年のウィーン万国博に審査官として出張、ワグネルの世話で西洋の窯業地での伝習員としての見聞を広めた。さらに一八七六（明治九）年のフィラデルフィア万国博でも審査官をつとめ、帰国後は日本の伝統工芸の改革者として活躍した。

納富の最大の功績は、四つの県立工芸学校を起こしたことである。一八八七（明治二〇）年の金沢を皮切りに、一八九四（明治二七）年に高岡、一八九八（明治三一）年に高松に工芸の学校を創設してその初代校長となり、さらに一九〇一（明治三四）年に郷里の佐賀県立工業学校長に就任してから、同校の有田分校を独立させて窯業系の有田工業学校にした。地場産業としての工芸方面の伝統技術の蓄積のある四つの町に学校を建て、学理と実地を体系的に教え、機械化と量産化による輸出産業に育てることを目ざしていた。

納富は、ワグネルに多くのことを学び師弟の関係にあった。しかし、陶磁工芸の研究者塩田力蔵によれば、両人の間には微妙なちがいも見られると言う。

「ワグネル氏が科学の力で芸術を培養しようとしたのに対して、納富介次郎氏は又自ら芸術の側から出て、それに科学の力を借りようとした人である。この両氏の立場は毎に似通つてゐて、何時でも雁行して往つた形ちである」(『陶磁工芸の研究』アルス、一九二七年)。

(2) 中沢岩太——高等工芸教育の先駆者である。越前国福井に生まれ、大学南校に入学、一八七九(明治一二)年に東京大学理学部化学科を卒業して母校の助教時代にワグネルと出会い、伝統産業に科学の光を当てることに関心を寄せた。一八八三(明治一六)年から四年間ベルリン大学に留学し、併せてドイツの工科大学や鉱山大学にも学んだ。この留学計画ではワグネルからの助言も得た。帰国後は帝国大学工科大学教授となり、一時ワグネルが賜暇帰国したときには東京職工学校でワグネルの代役をつとめた。一八九七(明治三〇)年に京都帝国大学が創設されると、初代の理工科大学長に任命された。

中沢が彼独自の世界を作り出すのは、一九〇二(明治三五)年に創設された京都高等工芸学校の初代校長に就任してからである。彼は一八年間の長きにわたり校長職にあって、高等工芸教育の範例づくりに寄与した。京都は、日本の伝統工芸の中心地であり、高い水準の工芸品を産出していたが、それを産業と結びつけるには科学の接ぎ木を必要としていた。化学畑の中沢は、美術畑の浅井忠を教頭に迎えた。浅井は工部美術学校でイタリア人絵画教師フォンタネージの指導を受けた日本最初の洋画家であって、中沢が一九〇〇(明治三三)年のパリ万国博の帰途、船中で当時東京美術学校の教授であった浅井と意気投合したと言われる。

中沢は、納富とちがって著書や論説をものしていて、京都高等工芸学校の授業開始式での演説が記録に残っているので、その中の一文を引用してみよう。

「欧米ニ於テハ美術工芸ノ発達日ニ駸々《しんしん》タルノ趨勢ヲ兆スルニ係ラズ、我国ニ於テハ只古法ニナヅミ進取ノ智能ニ乏シク、因循《いんじゅん》尚ホ且ツ漸ク斯業沈静ノ状ヲ顕ハシ、曽テ我ガ特色トシテ珍宝セラレタルモノ漸ク減ジテ彼ニ一歩ヲ譲ルノトキ将ニ来ラントス。豈忽《あにゆるが》セニスルノ時ナランヤ」(『京都高等工芸学校初十年成績報告附録』一九一二年)。

4　手島精一の工業教育論

ダイアーのエンジニア教育とワグネルの工芸教育の二つの系譜を取り込みながら、日本における工業教育という思想を作り上げ実践に移した卓抜した指導者は手島精一である。「日本工業教育の最高指導者」と称してさしつかえない。手島は多数の論説(講演記録を含む)を残しているので、その工業教育思想を探るのには都合がよい。著者の調べた限りでも、その論説の数はゆうに三五〇件を越える。

沼津藩士の子に生まれ、一八七〇(明治三)年に養父の秩禄を抵当に入れての借金でアメリカに私費留学し、岩倉使節団の通訳をつとめた際に見出され、そのままヨーロッパに随行した。帰国後東京開成学校の監事となっていたとき、フィラデルフィア万国博への出張を命じられ、以後主要な万国博の事務責任者となり、「万国博男」の異名をとった。そのため、生涯にわたる洋行体験は一〇回に達し、最高の西洋通と称せられた。

世界の工業事情を熟知していた手島は、工業競争の熾烈さを実感していた。彼はそれを「平時の戦争」とか「無形の戦争」とか称し、「有形の戦争」よりも厳しいものであると、警告を発し続けた。この無形の戦争に勝利するためには、工業を国是とし、工業立国の政策を遂行すべきであると訴えた。例えば一八九六（明治二九）年の論説で次のように言う。

「凡そ事物の競争上最も恐るべきものは、蓋し工業に勝るものはあらじ。夫の国と国との戦争の如きは、素《も》と有形の戦争にして其惨状実に見聞に堪へざるもの多しと雖、其時限は比較的長からざるに反し、工業上の競争に至りては国の遠近なく昼夜間断なく継続し亦窮巳《きわみ》あるなし……されば宇内列国の競争場裡に於て工業上の勝算を制するは実に国家の長計なりと云ふべし」（『工談雑誌』第八〇号、一八九六年二月）。

工業立国を実現するためには、それをになう人材の育成が不可欠である。その際、西洋の先進諸国の教育モデルが参考になるが、西洋事情に通じていた彼は、複眼的な視座からその選択をした。はじめはフランスの技芸教育に着目し、技術学校は遅滞しているけれども人格や品性を重視するイギリスに敬意を表し、自由競争を重んじるアメリカの追い上げを評価し、新興工業国としての躍進をするドイツを賛美した。

手島は、日本の工業化を進めるためにはドイツのような三層の技術者を育てる必要があると考えた。その三層とは軍隊にたとえれば将校、士官、兵卒に相応する。すでに早く初期の講話の中では次のように述べている。なお後年になると、三層を技術者と職工の二層に分ける発言もしている。

「技術家ト、私ガ此処デ云フノハ、工場ノ全体ヲ指揮監督スル所ノ技師、又一部分ヲ指揮監督スル所ノ技手又ハ職工長、並ニ直接製造ニ従事スル職工ヲ総称シテ技術者ト申シタノデアル」（『大日本教育会雑誌』第一五六号、一八九四年一〇月）。

これら三層の工業人材を養成するためには三種の学校を整備しなければならない。ドイツでは、高等工業学校、中等工業学校、職工または補習学校が発達していた。日本では、すでに工科大学が設けられ、彼がしばしば口にする工業軍にたとえれば将校が養成されていた。手島は、自己に経営を委ねられた高等工業学校において士官を育て、併せてそれより下位の学校における兵卒の教育にも関与することを使命と考えた。ダイアーのエンジニア教育の理想が、学術の蘊奥を研究することを目的とする帝国大学の中で、徐々にその姿を変えつつあった時代に、彼の東京高等工業学校こそが工業教育の中枢の地歩を固めることになる。

手島は、ダイアーの理想が帝国大学の中で弱められるのに危機感を覚え、学理と実地の統合とか品性の教育とかを自己の学校の中に蘇生する試みをした。あるいは、ワグネルの工芸教育の理想の継承もまた彼の課題であった。手島が東京高等工業学校（当初は東京職工学校）の校長に就任したのは一八九〇（明治二三）年三月であって、ワグネルはそれより先一八八四（明治一七）年から同校の外国人教師として陶器玻璃工科（のち窯業科と改称）の指導をしていた。ワグネルの没後、手島はワグネルの門下生平野耕輔をその後任にして窯業科の発展を期した。

蔵前の高等工業は、「日本工業軍の本営」である、と手島は言い放った（『機械工芸会誌』第九号、一八九七年一二月）。その本営の本陣はもちろん高等工業の本校であって、その外陣に工業教員養成所、職工徒弟学校、工業補習学校を配置した。これら四校は、いずれも日本工業教育の範例づくりを使命とし、手島校長の指揮のもとでそれぞれの目的を遂行した。

まず本校について見れば、一八八一（明治一四）年に東京職工学校の名で開校し、手島が校長を退く一九一六（大正五）年までに東京工業学校、東京高等工業学校と名を変え、手島没後の一九二九（昭和四）年に東京工業大学に昇格した。その間全国各地に高等工業学校が、また大阪には工業大学が設けられたが、その先導役を果たしたのは手島の本校である。そこでは、帝国大学の工学教育とはちがう範例づくりがなされた。蔵前の校風を、手島は、実務主義、穏健主義、温情主義、人格主義などの言葉を用いて自賛した。

附属する工業教員養成所については次節で述べるが、同所の附属実習校として一八九九（明治三二）年に開校したのが工業補習学校である。手島はドイツの義務補習教育の賛美者であって、後年になるほどその語調は熱気を帯びてくる。また、同校には職工徒弟学校が付設されていた。この学校はフランスにモデルがあって、手島の校長就任以前から同校の所属となっていたものでその歴史は古い。手島はこの学校を職工教育の模範校にすることに力を尽くし、従来の年季奉公に代わるものにすることを目ざした。一八九四（明治二七）年に文部省の定めた「徒弟学校規程」にも影響を与えた。一九〇四（明治三七）年度の『東京高等工業学校一覧』では、同校は、「善良ノ職工タルベキモノヲ養成シ兼テ職工教育ノ方法ヲ研究スル所トス」とあり、職工教育の研究校であった。手島が、蔵前の高等工業学校において、職工および補習の教育にまで下降させたことの功績は大きい。一九〇五（明治三八）年の「学校長報告」には次のような言辞がある。

「官立姉妹学校トハ年所ニ於テ先輩ニシテ、尚ホ是等学校ト異ナルハ、工業技術者養成ニ加フル工業教員、将来職工タラントスル職工徒弟及補習夜学校生タル現職工等、工業上ノ各階級ニ対シテ教育ヲ施スヲ以テ、本校教育ノ工業界ニ影響スルノ範囲ハ広大ニシテ、若シ夫レ本校教育ノ効果如何ヲ求ムレバ、工業ノ各方面ニ向テ施設シタルモノノ発揮シタルニ在ル」（『東京高等工業学校一覧』明治三八年度）。

5　蔵前系譜の工業教育家

蔵前の高等工業学校は、東京職工学校として創立された当初から、「職工学校ノ師範」の養成を目的の一つにしていた。手島校長時代の一八九四（明治二七）年には文部省の「工業学校教員養成規程」によって同校内に工業教員養成所が付設された。その後一八九九（明治三二）年の「実業学校教員養成規程」により商業は東京高等商業学校に、農業は東京帝国大学農科大学に教員養成所が付設されたが、蔵前の工業教員養成所はその先駆をなした。手島はその推進者であった。

この工業教員養成所は、手島が「工業の師範学校」と称したように、推薦入学、給費制度、就職義務、附属学校での教育実習その他、一般の師範学校の持つ諸特性を備えていた。養成所の卒業生は、工業の専門学も修めていたため、工業学校の教員として重宝がられただけでなく、工業界の技術者としても歓迎された。そのため、養成所の卒業者の中には一定期間の服務義務を完了すると、教員よりも給料の高い民間会社に転職する者も出た。

それとは逆に本科の卒業生の中には教育界に入ることを希望する者も年ごとに増加した。その現象は養成所が設けられる前から継続していて、手島にとっては、教育界に優秀な人材を送り出して工業教育の質を高めたいという願望と一致していた。かくして蔵前は日本の工業学校教師養成の本拠となった。一九〇八（明治四一）年の「学校長報告」では次のように記している。

「此数年間ニ於ケル在学者ノ意向ハ殆ンド一変シテ、工業教育ヲ以テ終生ノ業務ト為サントシテ、専門技術ノ外ニ教育上ノ研究ニ興味ヲ自得シテ、或ハ附属職工徒弟学校ノ授業法ノ批評会ニ於テ熱誠ニ相互ノ批評ヲ試ミ長短相補フガ如キ、或ハ競ウテ教育ニ関スル書籍ヲ愛読スル等、生徒各自ガ将来ノ職務ヲ予想シテ研磨スルノ志望厚クシテ、他日出デテ工業教員タルノ資格ニ遺憾ナカランコトヲ期スルニ至リタルハ、洵ニ慶スベキコトナリトス」（『東京高等工業学校一覧』明治四一年度）。

具体的な数字を挙げてみよう。手島の退職時の統計によれば、中等程度の工業学校三五校中、学校長は三校を除いて残りすべては蔵前の卒業生であった。また教職従事者は、本校の本科卒業生一一一名、同選科修了者一八名、工業教員養成所卒業生二五六名、同速成科修了者三四名を数えた。大正末年の『一覧』によれば、本科卒業生六千三三五名（死亡者を含む）のうち三一九名、率にして五％、工業教員養成所卒業生八七六名のうち三五六名、率にして四〇％が学校教員として分類されている（『東京高等工業学校四〇年史』一九二二年）。

蔵前からこれだけ多数の教員が輩出されると、その中には著名な教育家が含まれる。彼らの中には工業教育の理論家もいれば、実践家もいる。それらについて多くを語ることはできないので、ここでは、蔵前系譜の代表的教育家と蔵前系譜の教育家による学校経営の事例校を挙げてみたい。

代表的教育家としては手島の工業教育論の忠実な継承者として今《こん》景彦を挙げたい。彼は学校経営者としてもすぐれた実績を残した。

今は、秋田県尋常師範学校を卒業したのち小学校の教員となったが、その後東京工業学校機械工芸部特別科を卒業し同校の助教授に就任していたとき、手島の推薦により岩手県実業学校の初代校長に任命された。創業の大役を果たしていた一年後の一八九九（明治三二）年には、その力量を買われ、東京で初の府立校である東京府立職工学校の経営を委ねられた。さらに一九〇六（明治三九）年には東京府立工芸学校の創立に携わることになり、さらに一九一一（明治四四）年には南満州鉄道会社の設けた南満州工業学校の初代校長となった。四つの工業学校を創立するという点では先述の納富介次郎とよく似ている。

納富と同じように、今は教育について明確な思想を有していて、それを学校経営の上に生かした。特に、東京における二校の府立校においてそれを証明することができる。

東京府立職工学校において、今は、「適材教育」なるものを実行した。これは東京商業会議所会頭の中野武営の要請を受けて手島が考案し、今が実行したものである。同校の発表した「職工の適材教育」と題する報告文が残っていてその方法は次のように説明されている。なおこの企画に参加したのは、芝浦製作所、石川島造船所、東京瓦斯などの企業である。

「各工場主が自己工場の発達の上より必要なりと認めたる有為の職工、即ち職工中の適材を選抜して、当該工場の経費を以て一定期間其技術に関係ある学科と修身上に関する教育を課し、修了の上は其技能を適所に発揮せしめ、之れによりて起る所の効果を当該工場の事業に収めんとするものなり」（『教育時論』第八五六号、一九〇九年一月）。

東京府立工芸学校では、今はそれまでの工業教育の目的である「適良ナル職工ノ養成」とはちがって、「金工業木工業ニ必要ナル知識技能」を授けることを課題とした。この工芸学校は納富介次郎が金沢、高岡、高松、有田に創始した工芸学校とは異なった方針で経営された。納富の場合は、美術学校への傾斜を強めたのに対して、今は、手島の指導を受けながら工業教育としての工芸学校を創立することに力を注いだ。彼は学校長就任が決まるとアメリカを視察して、そこからヒントを得て、欧米のデザインと理論に裏打ちされた新技術を採用した工業的工芸品の製作を目ざした。同校の教師陣は蔵前の出身者が中心となり、同じ工芸でも納富のそれとはちがいを見せた。

手島の育てた工業教育家は、全国の工業教育界で活躍した。その一つの事例は、今が最初に校長に就任した岩手県実業学校に見て取れる。同校は三年後の一九〇一（明治三四）年には岩手県立工業学校と名を変えた。今はわずか一年で東京に戻ったが、歴代校長の座は蔵前出身の教育家によって継承された。すなわち、第二代矢口玉五郎、第三代秋保安治、第四代島邦生、第五代橋本竹之助、第六代松原常吉、第七代斉藤恒吉、第八代西村仁治までは蔵前出身者であり、第九代高橋清章になって東北帝国大学工学専門部出身者となるものの、第一〇代貫名基になると再度元に戻り、敗戦後まで校長をつとめた第一一代増田清家もまた蔵前出身であった。

ここに挙げた岩手県立工業学校だけが例外的事例ではなく、全国各地の工業学校でも同じような事例が多い。例えば、一九〇一（明治三四）年創立の奈良県立工業学校（のち奈良県立御所工業学校と改称）は、はじめは染色講習所としてスタートしたが、講習所の所長であった杉山良俊がそのまま工業学校の初代校長となった。続く第二代校長高田吉親、第三代校長吉田佐次郎、第四代校長下山又次郎、第五代校長金子常治は、いずれも蔵前の本科の染工科（染織科）の出身である。

その翌年に創立された徳島県立工業学校では、その創立に寄与した高井利五郎、初代校長吉田佐次郎、第二代校長高田吉親、第三代校長本田佑武、第四代校長老田他鹿鉄、第五代校長木村翠、第六代校長大久保惣太郎はいずれも蔵前の出身であり、このうち高井、老田、木村、大久保は工業教員養成所、吉田と高田は本科、本田は速成科の卒業であった。奈良は本科、徳島は工業教員養成所の出身者が多いというちがいはあったにせよ、いずれも蔵前系譜の人脈であることに変わりはない。

この二校の校長の中には吉田佐次郎と高田吉親の二人の名前が現れる。そのことは蔵前系譜の工業教育家は全国を渡り歩いていたことの証拠になる。いわゆる「渡り校長」として各地の学校の創立や経営に指導的役割を果したのである。校長以外に教諭の中にも蔵前出身者が多数いたことは言うまでもない。彼らは蔵前モデルの「移植者」「運び屋」として日本の中等工業教育の発達に寄与したことになる。手島は、晩年に記した「回顧五十年」の中で、「各府県の工業学校の設立には大抵私の所に相談に来たものであります。是は私が工業教育に深く心を寄せてゐると云ふことを府県で知つて居りましたから来たのです」と記している（『工業生活』第二巻一号、一九一六年一一月）。

6　工業教育機関の発達

高等段階と中等段階の工・農・商の学校数の推移については、前出の図1と図2（本書11、13頁）に図示した。学校数のうえから言えば、高等教育では工業は商業に次いではいるもののほぼそれに匹敵する数で発達した。中等教育では農業、商業に次いでいる。

これを年代順に辿ってみると、工業教育は国策にそって工部大学校から帝国大学工科大学への軸を中心に動き出した。官立の上層の学校の整備から始まったのである。一八八一（明治一四）年になるとそれを一段下降させた官立の東京職工学校が設けられ、明治二〇年代に入って手島が校長になったころから、工業教育の諸領域を包み込む教育システムの拠点となった。これとは別に、明治一〇年代の末には、足利、京都、八王子などに地元業者の要望によってさらに程度の低い私立の染織業系の講習所が設けられ、のちに公立校として発展したことも新しい芽生えであった。以下においては、明治二〇年代以降の工業教育の発達を、高等と中等の二段階に分けて概説してみたい。

まず、高等工業教育について見れば、東京から始まった帝国大学工科大学が地方に拡張し、明治末年までに、京都と九州の、大正末年までに東北と北海道の、そして昭和に入り大阪と名古屋の帝国大学に工科大学（大正八年から工学部と改称）が設けられ、戦前期の七帝国大学すべてに工学部が出揃った。農、商には見られない現象である。一八一八（大正七）年の「大学令」によって従来の帝国大学とは別に単科の大学や公私立の大学などが大学として認められたため、一九二九（昭和四）年に東京と大阪の両高等工業学校は工業大学に昇格した。ただし、大阪の場合は帝国大学との複雑な絡み合いがあるため後述する。東京工業大学は帝大工学部とちがった独自な存在感を発揮した。またこの「大学令」によって昇格を認められた私立大学では、早稲田大学理工学部につづき日本大学工学部が設けられた。

官立の高等工業学校は、東京職工学校に起源をもつ東京高等工業学校をモデルにして急速に全国に広がった。明治年間には、大阪高工、京都高等工芸、名古屋高工、熊本高工、仙台高工、米沢高工、秋田鉱山の合わせて八校の官立校が設けられた。私立校としては、明治末年までに明治専門学校と早稲田大学理工科が設けられたが、官立先行は否めない。このうち明治専門学校は北九州の炭鉱王安川敬一郎が三三〇万円という巨額の私費を投じて開校した学校であって、のちに官立に移管された。

その後の官立高等工業学校の発展には二つの大きな山がある。その一は、大正中期の原敬内閣の文部大臣をつとめた中橋徳五郎の大拡張政策によって、一挙に一〇校もの増設を見たことである。横浜、広島、金沢、神戸、浜松、徳島、長岡、福井、山梨の高等工業と東京の高等工芸である。その二は、日中戦争が泥沼化して軍需産業の必要性が高まりを見せ始めた一九三九（昭和一四）年に、七校もの高等工業が増設された。室蘭、盛岡、多賀、大阪、宇部、新居浜、久留米の高等工業である。

商業分野では、私立大学の商学部、私立大学の専門部商業科、私立専門学校の商業科などが簇生するのに比べると、工業分野では私立大学や私立専門学校の参入はごくわずかである。ところが大戦末期になると事情は一変し、公立、私立の工業専門学校が相次いで設けられた。敗戦に至るわずか三年足らずの間に公立校一一校、私立校二一校の大増設という異常事態が生じたが、これについては後述する。

次に、中等工業教育について見れば、高等教育では国家の主導によって早くから緒についたのに比べると中等段階の教育は農が先行し商がこれに続き、工がおくれた。法制上は一八九四（明治二七）年の「徒弟学校規程」に始まり、一八九九（明治三二）年の「実業学校令」により徒弟学校は「工業学校ノ種類」とされ、改めて「工業学校規程」が定められた。徒弟学校の名称はそのまま残っていたが、一九二一（大正一〇）年に「工業学校規程」が改正されると徒弟学校は廃止され、それまでの徒弟学校のうち主として男子校は工業学校の乙種に、技芸主体の女子校は新定の「職業学校規程」に準拠するようになったため、法規上は工業学校の名称に統一された。しかし、工業学校の成立は、先に染織系講習所について言及したように、地域の産業界からの要請を受け、その出資や経営の方法など多様であったため、法規上は工業学校に分類されても学校名称や学科編成などには多様性が残った。

学校数は、明治末年には工業学校三六校に対して徒弟学校は一〇七校を数えた。徒弟学校数が多いのは、低度の施設設備で地域の需要にこたえ得たこと、女子の技芸系学校もその中に含み入れられたことなどの理由による。文部省が最初の『実業学校一覧』を刊行したのは一九一七（大正六）年のことであって、それによれば、工業学校三七校、徒弟学校一一五校が挙げられていて、明治末年と大差はない。徒弟学校が廃止された一九二一（大正一〇）年以降は、工業学校に一本化され、修業年限のちがいなどから甲種と乙種に分けられた。徒弟学校廃止後の工業学校数の推移を文部省の『産業教育七十年史』の統計をもとに一覧にしてみると表12のとおりである。前出の図1の数字と若干の食い違いのあるのは統計の取り方に原因がある。昭和期に入り戦時体制が強化されるにつれて学校数が増加していること、年々甲種校が増加していること、公立が多く私立が少ないことなどが特色である。大戦末期の大変動については後述する。

表12　徒弟学校廃止後の工業学校数

年度	甲種		乙種		計
	公立	私立	公立	私立	
1922（大正11）	63	4	29	4	100
1924（大正13）	74	4	24	4	106
1926（大正15）	79	6	27	6	118
1928（昭和 3）	82	6	23	4	115
1930（昭和 5）	84	8	22	4	118
1932（昭和 7）	84	9	24	4	121
1934（昭和 9）	89	10	23	4	126
1936（昭和11）	101	9	34	4	148
1938（昭和13）	119	11	42	4	176
1940（昭和15）	161	19	35	6	221
1942（昭和17）	185	26	24	5	240

工業学校の学科編成も多様である。一校に数科が設けられるのが通例であって、その学科名称について、例えば一九三五（昭和一〇）年の『実業学校一覧』をもとにして集計した論説によれば、機械工業系九八、建築業系五一、木工業系四五、染織工業系四二、電気工業系四〇、化学工業系二四、土木工業系二三（以下略）の順になる。明治の早い時期に起源をもつ染織系の講習所のほとんどは工業学校に名を変えているものの、染織、色染、機織、紡織などの学科名は残っている。工芸系の学校の中にも窯業科と図案科は各一一校存在する（『産業と教育』第二巻八号、一九三五年八月）。

7 特色ある学校事例

工業教育を大学教育、専門教育、中等教育の三種に分けて、特色ある学校を二校ずつ選んで紹介する。

まず、大学教育について見れば、七つの帝国大学工学部、東京工業大学のほかに三校の私立大学工学部が存在した。このうち東京帝国大学工学部はダイアーの工部大学校に端を発しているし、東京工業大学は手島精一の学校経営によって発展したものであって、すでに言及をすませた。残る大学教育の特色校としては、前身校との関係にも注目して京都帝国大学と大阪帝国大学の工学部を取り上げてみる。

(1)京都帝国大学工学部——一八九四(明治二七)年、井上毅文政期に発せられた「高等学校令」では、高等学校は帝国大学の予備教育機関であると同時に専門教育機関でもあって、第一から第五高等学校までに医学部、第三と第五の高等学校に工学部が設けられた。一八九七(明治三〇)年創立の京都帝国大学は当初理工科大学のみでスタートしたが、その理由は、第三高等学校工学部の土地建物を利用することができたことと、すでに土木工学と機械工学の二科が設けられていたことによる。二年後には法科大学と医科大学が加えられ、さらに一九一四(大正三)年になって理工科大学は理科大学と工科大学に分離された。

京都帝大は東京帝大とちがった独自色を打ち出すことが期待されていたため、そのための努力の一つが理工科大学であった。二つの学部を作るよりも経費面での節約になるという理由もあったであろうが、大学としては純正科学の理論的研究と応用科学の実地研究の連携ができるという展望を抱いたであろう。学位審査などに不便を生じたためのちに二学部に分離したけれども、理学に強い工学という特色発揮ができた。ちなみに、理工学部という名称は、早稲田大学や名古屋帝国大学などにその事例はあるものの、この二大学の場合は、理工と称しつつも実質的には工学系の学科で構成されていた。東京帝大と京都帝大のちがいはほかにもあった。例えば、東大の学年制に対して京大では科目制を採用して落第の不名誉を緩めたこと、在学年限を三年以上六年以内として就学に遅速の差を認めたこと、三学期ではなく二学期制にしたことなどである。東大のように軍との連携を強めなかったことにも注目したい。

⑵**大阪帝国大学工学部**――関西の商工業の中核都市大阪に官立の商業学校と並んで工業学校を設けたいという願望は、地元の産業界から湧き上がった。手島精一も、すでに早く一八九一（明治二四）年には『教育時論』と『教育報知』の誌上で大阪に工業学校を設置せよという檄文を発表してこれを支援した。朝野の要望は実を結び、一八九六（明治二九）年には東京につぐ第二の官立工業学校が設けられ、その後東京と同時に、一九〇一（明治三四）年に高等工業学校へ、一九二九（昭和四）年に工業大学へと昇格した。

ところが、一九三三（昭和八）年になると、文部省はこの工業大学を大阪帝国大学工学部に転換させることを決めた。それより二年前に開設された大阪帝国大学は医学部（大阪府立医科大学の移管）と理学部の二学部から成っていたものに、工学部を加えたのである。

高等工業が帝国大学に昇格するのはこれが最初の企図であり、このことによって大阪には官立の工業専門学校が失われる結果となった。このことを遺憾とした在阪の実業家が中心となって、官立大阪高等工業学校期成同盟会を結成して、大阪府から一〇〇万円、堺市から三〇万円、南海電鉄から七〇万円その他の寄付金を出すことを条件にして、一九三九（昭和一四）年に大阪高等工業学校が再置された。興味あることに、戦後の教育改革において同校は大阪府立大学の工学部となり、国立大阪大学工学部とは別の道を歩むことになった。官立の高等工業学校が公立大学に移管された唯一の例である。

なお、高等工業との関係で複雑な動きを見せたのは、東北帝国大学も同様である。一九〇七（明治四〇）年創立の同学は、札幌に農科大学、仙台に理科大学という名前だけの総合大学であったが、一九一二（明治四五）年に仙台に医学専門部と工学専門部を加設することにし、工学専門部には一九〇六（明治三九）年に設置されていた仙台高等工業を充てた。一九一九（昭和四）年にこれを工学部にすることにしたため、工学専門部の廃止を憂いた関係者の努力によって仙台高等工業が復活することになり、仙台には帝大工学部と高等工業学校の二校が併置され、棲み分けがなされた。

次に、専門教育について見れば、多数の官立の高等工業学校が設けられ、それぞれに特色を発揮した。例えば、熊本高等工業は中原淳蔵によってダイアーの教育精神が生かされたし、名古屋高等工業は地域産業と緊密に連携したし、米沢高等工業は東北振興のため機業地の要望にこたえ、横浜高等工業は鈴木達治による自由啓発教育を実践し、広島高等工業は人格修養に力を入れた。以下に特色ある専門学校を二校だけ選んでみる。

(3)**秋田鉱山専門学校**――秋田県の鉱工業の歴史は古く、すでに幕政時代から主要な財源となっていた。日露戦争後は、鉱業振興が急がれ、国家の戦略として重視された。一九〇五（明治三八）年、この地を訪れた実業学務局長真野文二は、そのための人材養成の必要を説いた（『秋田県教育史』第五巻通史編一、一九八五年）。小坂鉱山の所有者である藤田家をはじめ、岩崎家や古河家など同地に鉱山をもつ実業家が資金を提供し、秋田県が二万坪の土地を提供するなどして、一九一〇（明治四三）年に開校の運びとなった。

初代校長には小花冬吉が就任した。小花は工部大学校冶金科の第一期生であり、卒業と同時にイギリスに留学、さらにフライベルク鉱山大学に移って業を終えた。帰国後は、秋田鉱山監督所長や八幡製鉄所製鉄部長などの現場経験の持ち主でもあった。彼は開校式の式辞の中で、「本校は我国唯一の鉱山専門学校なるのみならず実に東洋唯一の鉱山専門学校にして、本校教育の影響は其及ぶ所真に重大なるものあるを知るべきなり」と述べた（岩谷東七郎『小花冬吉伝』北光会、一九三三年）。

この学校の設立を真野局長にすすめて支援したのは、わが国鉱業界の大御所和田維《つな》四郎と渡辺渡であって、二人はドイツの鉱山学校の一覧を真野に手渡したとされている。小花はその助言どおり、フライベルク鉱山大学をモデルにした学校づくりに成功した。小花の言うとおり東洋で唯一の鉱山大学であっただけに、同校には多数のアジア諸国、特に満州国および中華民国からの留学生が学んだ。

(4)明治専門学校――秋田鉱山専門学校が国家主導で国家的事業として成立したのに対して、民間主導の私立学校が北九州の鉱工業地帯に誕生した。筑豊で鉱山業を経営する安川敬一郎と令息松本健次郎は、「国家の恩恵により得た利益を国家有用の事業に使う」ことに意を決して、私財三三〇万円と敷地を醵出し、その使途を山川健次郎に一任して、一九〇七（明治四〇）年に私立明治専門学校を創設した。同じ鉱山業の古河家が東北と九州の両帝国大学創立に寄付した一〇六万円に比べるといかに大胆な投資であったかが分かる。委任された山川は、会津藩の出身で維新後アメリカに留学、のち東京と九州の両帝国大学総長をつとめた学界の重鎮である。

初代校長には、山川の推挙によって工部大学校第四期生の的場中が就任した。的場は前述の小花冬吉の後輩であって、小花のあとにフライベルク鉱山大学に留学し、工科大学教授をつとめていた。的場は山川の指導を受けながら、「技術に通じる士君子」の養成に新機軸を編み出した。同校の学校経営の特色を列挙してみると次の五点が重要である。

その一は、ドイツの学問に傾倒したことである。開校に備えて海外に留学させ帰国後教員に採用した一〇名のうち九名までは留学先をドイツにした。生徒に対してもドイツ語を随意科目から必修科目に変えた。その二は、当時の高等工業の修学年限三年に一年プラスして四年制にして学力の向上を期したことである。その三は、訓育を重視し、山川の策定した「徳目八か条」を守らせたことである。その四は、生徒を学寮に収容するとともに、構内に職員宿舎を設けて師弟の交誼を厚くしたことである。その五は、外国人の「特別入学規程」を定めてアジアからの留学生を積極的に受け入れたことである。

創業者の安川は、一九二一（大正一〇）年に同校を国家に献納し、官立の明治専門学校に変更したが、教育方針は創業時と変わることはなく、「明専」の愛称で名門校としての実績を残した。

最後に、中等教育について見れば、地場産業の育成を目ざして地域においてさまざまな取り組みがなされ、さまざまな形の工業学校が設けられた。その中には、特色ある学校経営で成果を挙げた学校も少なくない。以下にその中の二例だけ挙げてみる。なお中等工業教育の場合、学校名称が時代に応じて改称されることが多いため、以下では、一九四二（昭和一七）年に文部省の刊行した最後の『実業学校一覧』の名称で統一することにする。

(5)栃木県立足利工業学校――日本の工業近代化は繊維産業から緒につき、そのための学校教育が創始された。一八八五（明治一八）年の足利織物講習所、翌八六年の京都染工講習所、翌々八七年の八王子織物染色講習所などは早い事例であって、その後、栃木県立足利工業学校、京都市立第一工業学校、東京府立八王子工業学校と名を変えて発展した。いずれも繊維産業の中心地における地元業界の要望によって設けられたものである。

足利の場合は、足利工商会が中心になって染織改良の運動を盛り上げ、斯界の専門家たちがそれに呼応した。創業時には西洋染色術の権威である山岡次郎が指導役を果たした。山岡は、山岡鉄州の子息で福井藩からアメリカに派遣された留学生であって、『初学染色法』の著書もある西洋通であった。山岡のあとは東京職工学校出身の柴田才一郎が教頭をつとめた。柴田はその後愛知県立工業学校の初代校長となる実力教育家である。

足利工商会はその後内部分裂をして足利機業組合と名を変え、財政難のため講習所を県に寄託、一八九五（明治二八）年にそれを母体に栃木県工業学校が発足した。初代校長に就任した近藤徳太郎は、これより先京都の槇村正直に見出されて、同地の欧学舎でデュリーの指導を受け、京都府派遣フランス留学生の一人としてリヨンで染織法を学んだ技術者である。帰国後は槇村の設けた京都府織殿において技術指導に携わった。足利の校長となった近藤は、二二年間の長きにわたってその職にあって同校の発展に寄与した。退職の翌年には地元の当業者によって寿像が建立されてその功労が讃えられている。ダイアーのイギリス系、ワグネルのドイツ系に対して、デュリーのフランス系工業技術者の存在にも注目しておきたい。

(6)佐賀県立有田工業学校――ワグネルの提唱した伝統産業の近代化のための中等学校創設に納富介次郎が活躍したことについては前述した。ワグネルの言う伝統産業の第一に考えられたのは陶磁業であって、瀬戸と有田の窯業地にそのための学校がほぼ同時に開校した。

まず瀬戸について見れば、早くから当業者たちの研究会が開かれていたが、一八九五（明治二八）年になって、徒弟学校としての町立の瀬戸陶器学校が開設され、初代校長にはワグネルが教師をつとめた東京工業学校窯業科出身の北村弥一郎が就任した。北村は一年半後に他に転じ、中に一人置いて、第三代校長に黒田政憲が就任した。北村と黒田は窯業の研究家として著名であり、著書も出版している。特に北村は蔵前出身で工学博士を取得した第一号であって、「黒い石炭で白い瀬戸物を焼く」ことを目ざして石炭窯の製陶に成功した。

これに対して有田では、ワグネルが明治初年に佐賀藩の雇いとなって新しい技術の指導をした。彼は程なく東京に出たが、ワグネルに私淑する納富はウィーン万国博終了後有田の陶工の指導をした。一八八一（明治一四）年になると有田の陶芸家江越礼太が中心となって勉脩学舎と称する陶芸学校が設けられた。この学校は自然消滅の形となったけれども、その基盤の上に一八九五（明治二八）年になると有田徒弟学校が設けられ、一九〇〇（明治三三）年に佐賀県立工業学校の有田分校となり、一九〇三（明治三六）年に独立して佐賀県立有田工業学校となった。

この分校独立の推進者は、当時佐賀県立工業学校長をつとめていた納富であって、彼は金沢、高岡、高松に続く第四の工芸学校を有田の地に設けたのである。その初代校長には、納富に私淑する寺内信一をあてた。寺内は明治の初年に納富に弟子入りすることを希望して納富宅を訪れたものの納富が不在であったため、工部美術学校に入学してイタリア人教師ラグーザ（V. Ragusa）の指導を受けたといういきさつの持ち主である。納富は、一九〇〇（明治三三）年のパリ万国博に際して有田の出品協会から技師長を委嘱されたとき、瀬戸陶器学校につとめていた寺内を呼び寄せたことから有田との関係が生まれた。有田工業は、名は工業であっても純然たる陶芸の学校であり、寺内の後任には瀬戸陶器学校長の黒田政憲が迎えられて校勢の発展に寄与した。瀬戸が町立の徒弟学校から最終的に県立の窯業学校になるのは一九二〇（大正九）年のことであって、有田はそれより一七年前には県立学校の地歩を確立していた。

8 第二次大戦末期の大拡張

第二次大戦末期の緊急施策については、第3章第六節で概述した。特に一九四三（昭和一八）年の閣議決定「教育ニ関スル戦時非常措置方策」とそれにつづく一連の指令により、工業教育が大拡張をした。学校数のうえから見ると、一九四二（昭和一七）年に比べて敗戦直前までの増加は、大学工学部および工業大学は一一校から一三校へ、大学附属工業専門学校は四校から六校へ、官立工業専門学校は二五校から二九校へ、公立工業専門学校は三校から一四校へ、私立工業専門学校は五校から二六校へと拡張した。公立と私立の専門学校の増加が顕著である。中等工業学校については、敗戦時の正確な実態は不明であるが、先に掲出した著者の調べたリスト（図1）によれば二五四校が五六八校となっている。二倍以上の大幅な拡張である。

なぜこのような大拡張が生じたのか、当事者たちの思惑は何であったかが問われるであろう。専門学校、特に公私立校の場合は、設置申請書にその理由が記されている。しかし、中等学校の場合は、そのような理由抜きで、いわば上意下達の形での設置や転換がなされた。特に商業学校から工業学校への転換は、商業学校側の意向を問うことなく半ば強制的に断行されたため、その理由に関する当事者の文書は残されていない。ここでは公私立の専門学校から文部省に提出された設置申請の文書の中から、その冒頭の文言を引用してみると、いかに戦時体制下とは言え、よくぞここまで共通した理由づけがなされたものかと驚かされる。いずれも『文部省簿書』の中の設置認可申請書からの引用である。一九四四（昭和一九）年に提出して認可を受けている。

・兵庫県立高等工業学校──「大東亜戦争完遂ノ歴史的使命達成ニ当リ、科学技術ノ全面的昂揚ト工業教育ノ飛躍的拡充トハ刻下ノ急務ナリト云フベシ。近時此種施設ノ量的充実ニハ見ルベキモノアリト雖モ、質的方面ヨリスレバ将来斯界ノ第一線指導者タルベキ高級工業技術者並ニ科学者ノ充成ニ関シテハ一層充実ノ要アリ」（兵庫県知事）。

・東京明治工業専門学校──「大東亜戦争ハ戦局ノ発展ト共ニ愈々悽愴苛烈ノ度ヲ極メ益々科学技術戦タルノ様相ヲ濃化シ来レル現段階ニ対処シ、科学技術要員ノ迅速且ツ多量ナル充足ハ戦争遂行上ノ絶対要件タルノミナラズ、広大ナル大東亜諸地域ニ於テ我ガ指導的立場ヲ確保シ大東亜建設ヲ完遂スルタメ正ニ刻下最緊要ノ事務ナリト信ズ」（明治大学総長）。

・同志社工業専門学校──「現時戦局ノ重大ナル進展ニ鑑ミ、決戦科学体制ヲ整備拡充スルノ緊急ヲ要スル事ハ既ニ明カナル所ナレバ、カカル現下ノ決戦的段階ニ即応スル為、本社ニ於テモ理工科学ニ関スル教授機関ヲ整ヘ明晰ナル科学的頭脳ト卓越セル技術的能力ヲ以テ国家焦眉ノ要請ニ応フベキ有為ノ人材ヲ養成シ、以テ大東亜共栄圏確立ノ至高ナル使命完遂ノ為ノ一翼タラム事ヲ期スルモノナリ」（同志社総長）。

・青山学院工業専門学校──「皇国史上未曽有ノ偉業タル大東亜戦ノ途上ニ在リ我国民一億ハ敵米英撃滅ノタメ前線銃後ヲ問ハズ協力一致総力ヲ挙ゲテ聖戦完遂ニ邁進ノ態勢ニ在リ。我青山学院モ亦国家ノ要請ニ応ヘテ青少年学徒ノ心身ノ錬磨ニ学業ノ研鑽ニ努力シ相当ノ成果ヲ挙ゲ来リシガ、今般更ニ青山学院工業専門学校ヲ創設シ、現時局下国家最大ノ急務ナル航空機ノ増産及建設工業ニ従事スベキ技術戦士並ニ工業ノ基礎研究ニ従事セントスル者ノ育成ニ微力ヲ致サントス」（青山学院院長）。

戦時非常措置の閣議決定を受けて、高等段階の工業教育の主要な変更点を挙げてみると、その一は、高等工業、高等工芸、明治専門は、秋田鉱山を除いてすべて工業専門学校と改称されたこと、その二は、彦根、和歌山、高岡の高等商業が工業専門学校に転換させられたこと、その三は、校名から見ても学科名称から見ても工芸が工業に切り替えられたこと、その四は、存続を認められた商科大学や高等商業も名称変更とともに工業経営の方向に軌道変更させられたこと、その五は、公立一一校、私立二一校もの工業専門学校が増設されたこと、などである。

中等の工業学校の場合は、これだけ多数の増設校が生まれたのは国策に従っただけのことであって、自発的な増設や転換に関する当事者の文書は少ない。閣議決定がなされる以前において実業補習学校およびそれの改組された青年学校が工業学校に転換したり、複数の実業系学科を含む実業学校が工業学校に特化する事例などは見られたが、閣議決定後は粛々と増設や転換が推し進められた。その際、戦時体制下で需要の高い分野で、かつ施設設備が軽微ですむ工業系学科が選ばれた。困難を極めたのは商業学校からの転換であって、教員と実習工場の確保を果たさねばならなかった。多くの場合、軍需関連工場が実習場とされ、その工場の技術者が教員として指導に携わった。実質的には工業学校への転換は実習を名目にした労働力の提供であった。いずれは破綻が目に見えていたものの、商業学校の側からは抵抗のすべはなかった。その事例として広島県立尾道工業学校を取り上げてみよう。

同校は、広島県の最初の県立商業学校であったが、閣議決定を受けて広島県に一校だけ商業学校として残すことになったとき、一年後に県立校となった広島商業学校とその座をめぐって争ったものの、それに敗れた。一九四四（昭和一九）年二月、広島県知事から、「広島県立尾道工業学校ヲ設置シ広島県立尾道商業学校生徒募集ヲ中止致度」との申請が出された。尾道としてはこのことが不本意であったため、戦争が終わると直ちに復元の申請を出した。その「事由」として、第一に、造船科と航空機科の二科から成る「設置科ノ不適当」が、第二に、「既設々備ノ不備」が、第三に、「在校生徒保護者及地元ノ意向」が、第四に、「商業学校トシテノ設備及職員組織ノ完備」を挙げて縷々説明を加えた（『文部省簿書』「設置・廃止許認可文書工業学校広島県」）。

全般的に見ると、大戦末期における工業教育の大拡張は、戦後日本の産業教育に大きな影響を及ぼすことになる。歴史的には、日本の産業教育政策は、農・工・商三業の均衡を保つ方針で進められてきたが、実態としては工業立国の論理が上位に立っていたことはまぎれもないことであった。その論理の中から工商連携とか工農連携とかの主張や実践もなされた。例えば、手島精一が工商併進論を展開したことについては先述した。第二次大戦末期に商業学校から工業学校へ転換した場合も、戦後は旧に復して商業学校となったところも多いけれども、中には将来の地域産業の振興を考えて、そのまま工業学校として存続させたり、商工学校に改組するところも現れた。大戦によって期せずして工業教育が脚光を浴びたことになる。

第6章　戦前期農業教育の思想と実践

1　大蔵永常の農書に見る江戸期農業の到達点

江戸期には、農業の技術や心得について記した多数の農書が出版されたり稿本として伝えられたりした。筑前国黒田藩に出仕していた宮崎安貞が一六九七（元禄一〇）年に出板した『農業全書』は江戸期農書の権輿であり、その終尾を飾ったのは豊後国日田の人大蔵永常の一連の農書であった。最近『大分県先哲叢書』の中に「大蔵永常」全四巻が含み入れられ、彼の著作物がほぼ網羅して復刻された。著者もまた同郷の先覚ということもあって早くから大蔵に注目してきたし、拙著『日本農業教育成立史の研究』の増補版には、補論として「大蔵永常論」を書き加えてみた。江戸期の最後にして最高の農業ジャーナリストとして評価したい人物である。

著者の調査した大蔵の著作物は二九件六九冊にのぼる。彼の著作物は流浪と遍歴の生涯の所産である。幼少のころは学文（漢学）に憧れたけれども、百姓の子には学問は不要であるという父親の反対に遭ったため、蠟問屋の丁稚として働いた。二〇歳のころ、期するところあって日田を出奔し九州各地を遍歴、櫨《はぜ》や甘蔗《かんしょ》の栽培とそれを蠟と砂糖に加工する技術を自得したのち、大坂に出て苗木などの販売で生計をたてつつ、農書の執筆を開始した。櫨の栽培法を記した処女作『農家益』を出板したのは一八〇二（享和二）年、大蔵三四歳のときであり、九三歳で死没する前年の一八五九（安政六）年に彼の農書の集大成である『広益国産考』を板行した。その間、大坂と江戸に住居を構え、また田原藩と浜松藩に召しかかえられ、微禄ながらサムライ身分となったこともある。

彼の著作物は、その幅の広いことでも注目される。著者が分類してみたところでは、純然たる農書は、主穀作物七件、特用作物一〇件（うち一件は重複）であって、その他は生活書（薬方書、食物書など）六件、道徳書（教訓書、奇談書）四件、国語辞典三件となる。なぜこれだけ多種多様な著作をしたのかは分からないが、恐らくは生計に窮した彼が売れる本づくりをしたのであろう。残された書簡には、板元と交わした金銭に関するものが多い。当時の印税は低廉であったためか、前借りの書簡も含まれている。

ここで問題とすべきは、彼の農書の内容とその水準である。大きく見て五点の特色を挙げることができると思う。

第一点。各地の老農に問い聞きしながら、主穀作物の収穫量の増加を図ったことである。天明の二度に及ぶ飢饉を体験していた大蔵は、主穀の生産量を高めるために稲の掛干しをすすめる『豊稼録』や害虫駆除に鯨油を用いる『除蝗録』『製油録』や二期作をすすめる『再種方』や肥料の改良を説く『農稼肥培論』などを出板した。しかし、コメつくりの改良は当時にあっては全国各地の老農がわざを競った課題であったので、この面における大蔵の突出性はそれほどではない。

第二点。特用作物を奨励したことである。これこそが大蔵の大蔵たるゆえんと言える。動機は二つある。一つは、飢饉のときに命をつなぐため、例えば葛《くず》とか蕨《わらび》などを野山で採取して食用に供する方法を記した『製葛録』や『救荒必覧』などを出板したことであり、また一つには、農民に換金作物を栽培する方法を示して、飢饉の年など必要なときに値上りしたコメを購入することのできる資金を持たせるようにしたことである。大蔵の農書には六

○種に余る換金作物が登場し、彼は商品農業の旗手となるのである。山峡《やまあい》の百姓に生まれた大蔵は、「利」にさといという百姓の本性を見抜いていて、彼は農書によって農民を「利」に誘導した。

第三点。技術面の先進性である。彼は当時におけるトップレベルの技術を伝えることに意を用いた。九州の蠟や砂糖の技術から始まり、畿内の綿の技術など、彼は全国を遍歴しながら、人に聞き目で見たものを自己の農書に取り込んだ。その最たるものが『農具便利論』であって、全国各地で使用されている省力のための農具を図解して寸尺まで入れて製作に役立たせた。千歯扱《せんばこき》などもその中に含まれている。百姓は、星をいただいて家を出て星をいただいて家に帰るという勤勉至上主義の時代風潮の中で、大蔵はできるだけ時間と労力を節約して、余力を換金作物の栽培に振り向けよとすすめた。彼は蘭学者の説にも注意を怠らず、自ら顕微鏡を使って稲穂には雌雄の別があるというそれまでの考えを否定したり、オランダ製のブラントスポイルと称する水揚げ器を紹介したりした。

第四点。技術において進歩的であった大蔵は道徳において保守的であったことである。この二律背反は、大蔵の特徴であるとともに限界でもある。大蔵は農書のほかに道徳書を著したが、その内容は勧善懲悪の教訓書や奇談書であった。各地で聞き取った多くの奇談が盛り込まれていて、孝行、正直、貞節といった当時の通俗的な徳目が説かれている。封建体制の中に身を置いていた彼は、その体制批判をすることはなかった。田原藩に彼を召し抱えた渡辺崋山が「蕃社の獄」で失脚（自刃）し、彼の妻女の縁者である大塩平八郎の乱が鎮定されるなど、権力のもつ恐しさを知悉していたことも影響していたであろう。

第五点。これも大蔵の限界と言えることであるが、彼には「人づくり」という発想が希薄であったことである。農民に農業の利を説き、自主的に商品作物の栽培に取り組むようにすすめた大蔵は、農民自身に学問をすすめたわけではない。幕藩体制下の支配層である地頭やその下にある村長《むらおさ》、あるいは農事にくわしい老農による農民指導を重視した。彼の言う広益国産は、これらの指導層によって各地の産物が奨励されて、それによって下民の生活が賑わい、結果として一国が利益するという発想であった。彼の父親は、百姓に学問は不要だと言い放ったが、その学問は漢学であって、大蔵もまたその考えを引き継いだ。ただし、農民が字を学び本を読むこととは別の話であって、彼は平易な農書を書き続けてそれを広めた。彼の文章は振り仮名つきで平易であり、具体的事例をとり込み、加えて挿絵を入れて、全般的には農民が興味をもち好んで読むように工夫をこらしていた。しかし、彼の技術論は技術教育論にまで展開することはなかった。まして学校教育というような発想はどこにも見当らない。

2　農業の人づくり政策

幕末期からの胎動もあって工業教育が先行したけれども、農業教育もまた国家富強という国策にとっては不可欠の要件であることを、早くから為政者は認識していた。早くも一八七一（明治四）年二月の民部省の建策の中には、外国人を雇い「農業学校」を起し「農学ヲ奨励スル」という文言が出ている。山尾庸三が工部学校の設立計画を上申する二か月前のことであるが、実際にはこの計画は実現せず、一八七四（明治七）年七月になって民部省の後をついだ内務省によって農業教育計画は本格化する。大久保利通の出した上申書には、「農事ヲ勧奨シ厚生ノ大本ヲ立ルハ国家富強ヲ謀ルノ根基ニシテ安寧保護ノ大主眼ニ有之」という有名な文言が含まれる（『公文録内務省之部』明治八年二月）。この建議がもとになって、一八七七（明治一〇）年の駒場農学校が創立の運びとなる。

一方、ロシアの南下政策に備えるとともに未開の大地を開拓するため、一八六九（明治二）年に開拓使が設けられて、黒田清隆が開拓施策を取り仕切った。一八七〇（明治三）年にアメリカに渡った黒田は、現職の農務長官ケプロンの雇い入れに成功した。その翌年の一一月、ケプロンは黒田に報告書を提出し、その中に「各般ノ農業ヲ教ユル学校ヲ起スベシ」と記した（『開拓使顧問ホラシ・ケプロン報文』一八七九年）。これを受けて、黒田は一八七二（明治五）年、当面の策として東京に「農業工業諸課」を教える仮学校を開き、一八七五（明治八）年にそれを札幌に移し、ケプロンの推薦するクラークの来日を待って一八七六（明治九）年に札幌農学校を開校した。クラークはマサチューセッツ農科大学の現職学長であって、兼職という関係上わずか九か月の滞日ではあったが、自校をモデルにした学校づくりをなし、教師にはすべてアメリカ人をあてた。

官立学校から緒につくという点では、農業教育は工業教育と軌を一にしていたが、両者のちがいが出たのは、農業では私立と公立の学校の創立が早かったことである。

私立では、津田仙の設けた学農社がある。津田は幕末期から明治期にかけての二度の西洋体験によって農業の重要性を認識していた。一八七五（明治八）年に学農社を起こし、彼自身の回顧録「農業実歴譚」では、「是れ実に我国農学校の嚆矢にして札幌農学校に先つ一年なりき」と自負している（『農業雑誌』第一〇二〇号、一九〇八年五月）。この学農社から多くの農業教育家が育っていった。駒場農学校に進学した玉利喜造は後述する。津田の股肱の友として協力した十文字信介は広島で農学校を開いたし、石川県の農学校を創業した渡辺譲三郎、鳥取県の農学校を創業した滝七蔵などは津田の門下生である。

公立では、京都府の取り組みが早い。槇村正直は木戸孝允と連携して天皇東幸後の京都の振興策を打ち出す中でアメリカ人ウィードを雇って牧畜場を設け、一八七四（明治七）年から府民に開放する農学講義を開始し、二年後に農牧学校にした。京都府につづき石川県では一八七七（明治一〇）年に農事講習所（のちの石川県立松任農学校）を設け、岩手県では一八七九（明治一二）年に獣医学舎（のちの岩手県立盛岡農学校）を設け、宮城県では一八八一（明治一四）年に農事講習場（のちの宮城県農学校）を設けている。岐阜県や広島県などのように途中で中断したものを含めるとその数は多い。

農業の人づくりという視点からすれば、新政府官僚の設けた駒場と札幌の二つの農学校の果たした役割は大きい。以下に両校の創立と発展の経緯を概述してみる。

(1)駒場農学校（東京帝国大学農学部）——内務省が早くから手がけていた内藤新宿での農事修学場が一八七七（明治一〇）年に駒場野に移されて駒場農学校と改称された。前述したようにはじめサイレンセスター農業カレッジを介して五名のイギリス人教師を雇い入れたが、内務省の不手際もあって五名が結束を欠き混乱した。最大の原因は教頭に相当する人物が得られず、獣医教師マクブライド（J. A. McBride）の不満が生じたことと、イギリス人教師が日本のコメつくりを中心とする伝統技術に理解が乏しかったことの二点にある。彼らが相次いで帰国したのちは、ドイツ系官僚品川弥二郎の判断によりドイツから四名の教師を雇い入れると、ドイツ農学を日本に定着させることに力が注がれた。中でもリービッヒの農芸化学の方法論とテーヤの合理的農業経営の方法とを持ち来ったケルネル（O. Kellner）とフェスカの功績は顕著であった。

いっぽう、ドイツ留学から帰国した松野礀らの要請を受けて一八八二（明治一五）年には東京山林学校が設けられ、一八八六（明治一九）年に駒場農学校と合併のうえ東京農林学校となった。内務省から分置されて農政の担当省となっていた農商務省の所轄であったこの学校は、一八九〇（明治二三）年に文部省に移管され、文部省の実力官僚（当時は専門学務局長）浜尾新らによって帝国大学農科大学とされた。

総合大学に農学が入り込むことは、世界にも先例のないことであって、賛否の意見が渦巻いた。反対論の骨子は、「農学は純正科学にあらずして応用科学なるに、之を大学の学理の蘊奥を究むる場所に入るるは不都合なり」と言うのに対して、容認派は、「工学も医学も亦農学と其性質を同ふするものなり。然らば農学を大学に入れ農業物の理学を講究する何の不都合か之あらん」と言うのである（『教育時論』第一八九号、一八九〇年六月）。

農科大学の学科は、創設時には、農学科、林学科、獣医学科の三科から成り、農学科は第一部と第二部に分かれていた。一八九三（明治二六）年に農学科第二部は農芸化学科となり四学科体制となった。この四学科が新たな拡張を見せるのは、一九一〇（明治四三）年の水産学科、一九二五（大正一四）年の農業経済学科、一九三五（昭和一〇）年の農業土木学科の増設であって、この七学科をもって敗戦に至る。このほか、駒場農学校創業時からの試業科は、以後速成科、簡易科、別科、乙科を経て実科として残っていたが、一九三五（昭和一〇）年に東京高等農林学校に昇格したし、一八九九（明治三二）年に同学に併置（のち付属）された農業教員養成所は一九三七（昭和一二）年に東京農業教育専門学校に昇格した。

(2)**札幌農学校**（北海道帝国大学農学部）――一九一八（大正七）年に北海道帝国大学が設置された年の同学の『一覧』には、詳細な「沿革略」がつけられていて、その一節には創設の経緯が次のように記されている。

「札幌農学校ハ明治五年四月開拓使ノ設立ニ係ル」「明治八年八月仮学校ヲ北海道ニ移シ札幌学校ト称ス」「明治九年七月米国マサチューセッツ州農学校ノ規模ニ則リ大ニ改正ヲ加ヘ農学及之ニ関スル必要ノ諸学課ヲ教授シ、学則ヲ四箇年トシ卒業生ニ農学士ノ学位ヲ授与スルノ制ヲ定メラレ、予備科（修業年限三箇年）ヲ創設シ本科ニ入ルノ階梯トナシ、八月札幌農学校ト改称ス」（『北海道帝国大学一覧』大正七年度）。

札幌農学校はその前身が古いこと、その名称になった年も駒場農学校より一年早いこと、学士号を授与したこと、予科を設けたことなど、学校としての体制が整っていた。従って、札幌をもって日本最初の高等農業教育機関であるという自負は、特に当事者の間に根強いものがある。しかし、黒田をはじめとする為政者の意図が奈辺にあったかは疑問なしとしない。その証拠に同校の第二回卒業生である新渡戸稲造は、「黒田長官も其学校を以て農学者を作らんとしたのではなかった。故に札幌農学校は柘植《（ママ）》学校若しくは高等専門学校とでも称したならば事実と相適ふ。乃ち北海道拓殖に就て有為の人物を作らんとするのが其目的であった」と回顧している（『太陽』第一巻一号、一九〇七年一一月）。ちなみに、新渡戸は英文学志望であったと言う。

この新渡戸の回顧は、札幌農学校創立の原点に遡ってみればある程度納得がいく。黒田は渡米したとき、ケプロンと同時にジョージタウンカレッジ医学部の化学教師アンチセル（T. Antisell）を高給をもって雇い入れている。アンチセルは来日後黒田に対して東京に仮の「耕作学校」を設け、ついで北海道に「術科学校」を設けることを提案した。将来的には農工両全の人材養成のための大学校を作るという先見性の高い計画であり、黒田の意図に叶うものであったが、ケプロンとアンチセルとの間に確執が生じ、ケプロンはマサチューセッツ農科大学モデルに固執した。高齢で自信家のケプロンの強引な勧誘に黒田も屈して、アンチセルを解雇（大蔵省に転傭）するとともにクラーク一行を迎えることになった。

このアンチセル解雇事件は札幌農学校の進路を方向づけることになる。ちなみにマサチューセッツ州では、農科大学と工科大学はモリル法によって生まれた一卵性双生児であって農工は相補関係にあったが、札幌ではその一方だけがモデル校とされた。このことは駒場と札幌のちがいを生み出す原因となった。駒場の場合は、工科大学があり、それに対応する形で農科大学が総合大学としての帝国大学に入り込むことができたが、札幌は農科の単科大学となり得ても総合大学への展望は開けなかった。札幌では明治三〇年ごろから佐藤昌介校長を中心とする学内から、また地元から大学昇格の運動が起こるけれども、帝国大学は総合大学であるべきだという法制面の壁の前に、如何ともなし得ない状況に陥り、駒場に大きくおくれを取ることになった。

そこで文部省は苦肉の策として、仙台に理科大学、札幌に農科大学を設け、二校併せて東北帝国大学にするといういびつな形の総合大学を一九〇七（明治四〇）年に実現した。しかし、札幌側はこれに満足できるものではないため、その後も運動を続け、ようやく一九一八（大正七）年になって北海道帝国大学として独立した。駒場におくれをとること二八年である。アンチセルの計画した農工の術科大学として出発していたら、あるいは事情はちがっていたかも知れない。

北海道開拓という政策の中から生まれた北海道帝国大学は、各種の要請にこたえざるを得ないため複雑な構成になった。ちなみに東北帝国大学の農科大学となる直前の『一覧』を見ると、修業年限四年の本科、二年の予科はすでに大学水準に達していたし、これに専門学校水準（三年）の土木工学科、林学科、水産学科、中等学校水準（三年）の農芸科が設けられていた。北海道帝国大学として独立してからは、農学部に加えて医学部と工学部が設けられ、三学部体制となり総合大学としての体を整えたが、それまでの経緯もあって土木専門部と水産専門部を付属させた。そのうち水産専門部は、一九三五（昭和一〇）年に函館高等水産学校として独立した。

3　横井時敬の農業教育論

工業教育家手島精一と双璧をなす農業教育家は横井時敬である。駒場農学校の第二期生で、母校の教授に就任した農学者であるが、それよりも農業の啓蒙家であり教育家である、という多才の人物である。著者の調べた限りでも八八件の著書と六六四件の論説を発表している。加えて、農学会や大日本農会で各種の建策をまとめた農政家である。著者がここで注目したいのは、農業教育の理論と実践において卓越していた農業教育家としての横井時敬である。

一九〇五（明治三八）年に著述した『農業時論』の緒言の中で、横井は自分自身の生活信条について次のように記している。

「余や不肖今や則ち腕の人にあらず。口の人なり、筆の人なるが故に、或は演説に或は新聞に或は雑誌に、卑見を公表して世に問へるも亦た少なしとせず。是れ竊《ひそか》に以て世の為め人の為めにする余が職分なりと信ずるが故に然るなり」。

彼はこの言葉のとおりに生きた。歯に衣を着せない直言をもって反対論者を次々に論破して当るところ敵なしという猛者ぶりに、世の人は圧倒された。その直言の中には今日でも傾聴すべきものが多い。今は農業教育論に限って、彼の直言の内容を列挙してみると次の七点が重要ではないかと思う。

第一点。国家農本主義の主張である。農業は国家の「土台」であり、「大黒柱」であり、「干城《かんじょう》」であると言う。なぜなのか。答は二つある。一つは食糧の確保であり、他の一つは兵隊の供給である。彼の立場からすれば、当時の日本で国是とされていた工本主義や工商主義は批判される。工と商が結び合うことによって農が疎外される、あるいは疎略にされるという事態を憂慮した。理想としては農工商の三業が鼎立することであるが、そのためには国家が農業を保護する必要がある。

「商工の発達進歩は必ずしも奨励保護に待たず。農業は特別なる保護の下に始めて健全なる発育をなすを得べし」（『横井博士全集』第八巻、一九二五年）。

第二点。ドイツをモデルにしてイギリスを批判したことである。商工立国を標榜するイギリスにおける農業の衰退を憂慮した横井は、イギリスの覆轍を警世の種にした。イギリスの食糧の自給率はわずか六分の一にすぎないこと、農村出身の兵隊が少なく弱いため南アフリカでのボーア戦争に苦戦を強いられたことなど悪材料を列挙した。古くは、ギリシア、スパルタ、ローマに、新しくはスペイン、ポルトガル、オランダに見る如く、「農業衰えて国亡ぶ」と言う。イギリスに比べると、ドイツでは農学の研究が盛んであり、農業は健全である。のちの第一次世界大戦において敗れたとはいえあれだけ長期にわたり耐え得たのは、「独逸の元気は農村の間に維持されて居る」からだと解釈した。彼自身は一八九九（明治三二）年に一年半ドイツへの留学体験を有していた。

第三点。コメつくりを中心とする集約農業を日本農業の特質と考えたことである。駒場農学校卒業後の横井は福岡県農学校の教頭に赴任し、その地の老農林遠里に対抗して塩水選種法と称する稲作改良法を発明し、一躍有名となった。農学校時代にはイギリス人教師の指導を受けた彼ではあったが、イギリスのように資本に集約的大農法には与しなかった。日本の農業は労力に集約的小農法であるべきだという考えを変えることはなかった。イギリスと日本を比較して次のように言う。

「彼ハ混同農業ト称シテ耕種ト養畜ヲ兼ネ行ヒ、我ハ無畜農業ニシテ専ラ耕作ヲナス。彼ハ大農組織ヲ以テ大器械ヲ用ヒテ較《やや》ヤ疎放ナル農耕ヲナシ、我ハ小農組織ヲ以テ小農具ニヨツテ極メテ集約ナル農耕ヲナス」（『国家学会雑誌』第二〇一号、一九〇三年一一月）。

第四点。日本的小農経営においては人間の労力が重要であるとしたことである。彼は大農式機械化に反対した。例えば、田植器械を作ることはそれ自体困難であるが、仮にそれが作れたとしてもそれを使う必要はないと言い、温室に蒸気缶を据付けるような農業は無駄であると言い、肥料も化学肥料ではなく人糞を含む有機肥料を使えと言う。今日考えれば時代に逆行しているけれども、コメつくりの重要性を説く姿勢は一貫している。西洋式の経済思想や合理思想では農業は疎放化の一途を辿り農業の崩壊を招くと考えたからである。

第五点。武士道の後継者として中産地主に期待を寄せたことである。熊本藩の下級武士の家に生まれた横井は、武士道の持続を期待していて、自ら生産に従事している中産地主こそが、国家の干城としての農村の指導者となるべきだと考えた。彼らには地方の紳士としての自覚と資格を持たせるべきだと主張した。当時の農村には、自らは労働することなく選挙運動などに奔走する顔役が巣食っていたが、横井はそれを「羽織ゴロ」とか「蚜虫《あぶらむし》」とかののしり物議をかもしたこともある。恒産あり恒心ある中産地主こそが武士道の後継者になり得る、と彼は主張した。

第六点。成功主義や向上主義の教育を批判したことである。成功主義は、一九〇二（明治三五）年に博文館が雑誌『成功』の発刊をしたころから若者たちを揺り動かし、向上主義は蓮沼門三が中心になって一九〇九（明治四二）年に雑誌『向上』を発刊したことが新しい刺激となった。手島精一や渋沢栄一など商工業教育の推進者たちは支援の手を差し伸べたが、横井はこの動きを厳しく批判した。横井によれば、成功や向上は、「青年の脳髄を撹乱する魔物」であって、その害は「虎列刺赤痢《これらせきり》よりも実に甚だしい」と難じた。その結果生じるのは農村における「都会熱」「出世熱」「ハイカラ熱」の蔓延であり、農業学校よりも中学校や高等女学校への進学熱を煽ることになる、というのが横井の心配事であった。

第七点。国民の最後の教育は実業教育であるべきだと主張したことである。教育の目的は、生産に従事しつつ自活できる人間をつくることにある、というのが彼の信条であった。彼はこのことについて多くの語録を残している。例えば、普通教育を実用的なものにせよ、そのためには職業を遂行するうえで不可欠な読・書・算の基礎教育に力を入れ、加えて小学校に普通教育としての農業科を入れよ、道徳教育は経済的観念と結び合わせよ、具体的には「己を修め飯を食ふことが先立つて、人の厄介にならずに生きて行く」という経済的道徳を教えよ、その他引用し始めたらきりがないほど彼独自の教育論を展開している。このような教育論を実現するためには、教員の力量形成が重要であり、彼が主事をつとめる東京帝国大学附属農業教員養成所の課題も大きくなる。

横井の農業教育論を現代の教育論のまないたにのせてみると、まぎれもなく多くの問題点を含んでいる。しかし、時代に即さないと丸ごと切り捨てることへの躊躇の念も残る。少なくとも戦前期の農業教育は彼の論理で動いてきたという歴史的役割だけは認めざるを得ない。人間の能力は無限の可能性をもつがゆえに教育機会を均等にしてできるだけ長期にわたり同一の普通教育を受けさせるべきだという楽観的教育論者にとっては、頂門の一針となるものがある、と考えるからである。農業学校の不人気、若者の農業ばなれ、果ては日本農業の衰退状況などを直視してみれば、彼の教育論の根底にあるものを掘り起こすことは無駄ではないであろう。

4　駒場系譜の農業教育家

駒場農学校は中途で東京農林学校となり、帝国大学農科大学、東京帝国大学農学部と、発展の一途を辿った。そこから多くの農業教育家が輩出されたが、彼らを一括して駒場系譜の農業教育家と呼ぶことにする。

帝国大学の卒業生は、法、医、工学部の場合は専門分野に進出できたが、文、理学部の場合は教育職が多数を占めた。農科大学（農学部）関係はその中間的位置にあって、第一位官吏、第二位教職の順になっていた。ちなみに東京帝国大学の農学関係卒業生の就職状況を『文部省年報』から集計してみると、明治末年では官吏五二五名についで教職は一八五名、大正末年では官吏九八八名、教職五一二名と教職が増加している。大正末年には、明治末年に四二名であった民間会社員が二六八名に増加しているものの、教職が第二位であることに変わりはない。

教職への就職者は、母校の教授に残った者を除けば、まずは中等農業学校から駈け出し、やがて官立の農業専門学校の初代校長に就任し、農業教育界を動かした人物の中に著名人が多い。一九〇二（明治三五）年創立の盛岡高等農林学校の初代校長玉利喜造（一八八〇年卒）、一九〇八（明治四一）年に鹿児島高等農林学校の創立とともに玉利がその初代校長に転出したあとの盛岡の第二代校長となった佐藤義長（一八八八年卒）、一九一〇（明治四三）年創立の上田蚕糸専門学校の初代校長針塚長太郎（一八九六年卒）、一九一四（大正三）年創立の東京高等蚕糸学校の初代校長本多岩次郎（一八八八年卒）、同年創立の京都高等蚕業学校の初代校長川島勝次郎（一八九九年卒）、一九二九（昭和四）年に官立に移管された千葉高等園芸学校の初代校長鏡保之助（一八九〇年卒）などは特に有名である。

中等教育界で活躍した人物も多い。小県蚕業学校長三吉米熊（一八八〇年卒）のように三六年間の長期にわたり学校長として同校にとどまった者もいるし、「渡り校長」として各地の学校づくりに寄与した者も多い。例えば、沢村真（一八八七年卒）は高知県と石川県の県立農学校長をつとめたあと母校の講師、教授となった。高知における沢村の前任者牛村一（一八八〇年卒）と後任者前野長成（一八九六年卒）はともに駒場系であった。伝統校である宮城県農学校を例にとってみると、初代校長十文字信介は学農社の出身であるが、後任校長の中で特に活躍した第四代校長今井秀之助（一八八三年卒）、第五代校長井原百介（一八八三年卒）、第六代校長山田登代太郎（一八九〇年卒）、第七代校長三宅鏗吉（一八九二年卒）、第一〇代校長飯田洪農（一八九二年卒）などは駒場系の教育家であった。

駒場出身の教育家として特に重要な人物は前述の横井時敬であって、福岡農学校に勤務したのち一時農商務技師をつとめて母校に戻った。特に重要なことは、同学の農業教員養成所の主事の職を二〇余年間つとめたことであって多数の農業教員を育てた。はじめは付設、のち附属となったこの教員養成所では、師範学校または甲種以上の農業学校を卒業して一年以上教職経験を有する者を入学させ、当初は修業年限一年（のち二年に延長）間農業教員になるための教育をした。その教育方法は当時の師範学校に準じていたが、横井自身は師範学校は農業教育を軽視しているとして批判した。そこでは横井の指導を受けたすぐれた農業教育家を輩出した。例えば矢田鶴之助とか千葉敬止の活躍は目ざましい。これらの教育家も駒場系譜と見なすことにする。

駒場系譜の多数の農業教育家の中から横井を除く代表的人物を選ぶとすると、玉利喜造、沢村真、千葉敬止の三名が注目される。

(1)**玉利喜造**――薩摩藩に生まれ、駒場の第一期生として一八八〇（明治一三）年に卒業して母校の教授となり、盛岡、次いで鹿児島の高等農林学校の初代校長として創業の任を果たした。一八八四（明治一七）年から三年間のアメリカ留学の経験も有していた。留学前に出版した『農家速算』の序文を見ると、学理的農業よりも実利的農業に関心を寄せていたようである。

「夫レ農業ヲ治ムルハ一ニ収益ニアリ。苟クモ利益ナキノ農事ハ之ヲ治ル目的ニアラザルナリ。寧ロ転ジテ工ト為リ商トナリテ或ハ却テ国家ノ富栄ヲ増進セン」（『農家速算』有隣堂、一八八三年）。

横井とちがって、玉利は、農業経営に経済的合理主義を持ち込み、コメつくりよりもむしろ畜産や畑作を重視した。東北振興を目的にして設けられた盛岡と、南方開発を目的にして設けられた鹿児島の、第一と第二の官立高等農林学校の創立に玉利が登用された理由も分かるようである。

農科大学在職中の玉利は、農業の実用化を目ざして、「駒場の実科」と通称された実務者養成に力を注いだ。元を辿れば、この実科は、玉利が駒場を卒業するとき大久保利通に対してなした献策に端を発していると言われる。その中に次の一文がある。

「農事改良ヲ企図スル今日ニ於テハ、地方ノ豪農ヲ奮起セシムルヲ以テ実ニ急務トス。故ニ願フ、速ニ農学校ニ於テ其ノ子弟ヲ徴集シ、機械ノ巧拙、土地改良、培養、牧畜、種芸、耕耨《こうどう》ノ道ヲ知ラシメンコトヲ」（『東京高等農林学校沿革略』一九四〇年）。

二つの高等農林学校における玉利の教育実践の中で注目されることは、倫理教育を重視したことである。彼は『実用倫理』と題する著書も出している。彼は生徒に対して自ら講義するだけでなく、教官全員の輪講形式で全校あげての取り組みにした。「倫理は実践的ならざるべからず」というのが彼の持論であった。

(2)沢村真――熊本藩の家老職の家に生まれた沢村は、同郷の先輩横井と同じような経歴を辿り、公私両面から横井の指導と支援を受けた。横井と同じように地方の農学校での教職経験を積んだあと母校に呼び戻され、特に農業教員養成所で横井の輩下として教育経営に従事し、横井の後を受けて主事を引き継いだ。ともに農業教授法の研究のためにドイツに留学体験を有していた。沢村もまた横井と同じようにぼう大な量の著作物や論説を発表していて、大きく分けると農業プロパーの分野と農業教育の分野から成っている。

農業プロパーの分野の著作物は、肥料や土壌や養蚕や牛乳や製茶など実に多種多様であって、何が専門かは分かりにくい。高知農学校の校長をしていたころには、紙や酒といった地場産業に関する意見も発表している。農民に対して農学の研究成果を平易に示すという啓蒙書の色合いが強い。

これに比べれば、農業教育の分野の著作物には彼の独創性が発揮されている。代表的単著だけでも、『農業教科書』（一八九二年）、『中等農学』（一九〇四年）、『農業教授法講義』（一九〇九年）、『独逸の農業教育』（一九一一年）、『農業教育及農業教授法』（一九一二年）、『農業学校の組織及経営』（一九一七年）、それに教科書などを加えると一〇指に余る。

沢村の主要な活動舞台は、農業教員養成所と農業教育研究会であった。養成所では横井を補佐して教授法の開発に取り組み、全国各地に農業学校教員として送り出した。この養成所の関係者が集まり一八九九（明治三二）年に農業教育研究会が結成され、一九〇一（明治三四）年から機関誌『農業教育』の刊行が始まったが、沢村は横井の下で同会の主事となり横井の没後は会長となった。機関誌には横井につぐ多数の論説を発表している。加えて、沢村は文部省の視学官（のち督学官）として彼の考える教授法を全国に普及させた。彼は自著の中で次のように言う。

「著者は農業教育に従事すること二十有余年、殊に十年来農業学校の実際を視るの機会を得て、全国二百六十余の農業学校中之を視ざるもの殆んどなきに至つた」（『農業学校の組織及経営』弘道館、一九一七年）。

(3) 千葉敬止

——宮城県の師範学校を出て小学校訓導となり、さらに志を立てて駒場の農業教員養成所に入り、横井と沢村に指導を受けた教育家である。養成所を卒業したあとは農業学校の教職に携わり、京都府の農林学校や香川県の実業学校の校長もつとめたが、いずれも乙種農業学校であった。小学校訓導の経験をもつ千葉は、小学校に直結させる、いわば下から上へと積み上げる発想を大切にし、帝国大学卒業者が自分の学んだ農学をより平易に、より実際に即するように組み立てて中等農業教育の内容とする、いわば上から下への発想とはそのベクトルを異にしていた。

この面における千葉の力量は文部省に認められ、一九二〇（大正九）年「実業補習学校規程」の改正を受けて文部省に実業補習教育主事のポストが設けられると、千葉はその職に抜擢された。その後、一九二九（昭和四）年に文部省に社会教育官が新設されると、千葉はその職に転じて、一九三五（昭和一〇）年制定の「青年学校令」の起案に大きく貢献した。

千葉もまた多くの著書を世に出した。著者の調べたところでは、単著が二二件、共著が四件ある。その内容を分類してみると、農業教育全般論二件、小学校農業教育論九件、青年学校論七件、実業補習教育論と公民教育論が各四件である。千葉の著書の中で、今日でもその評価の高いのは、一九三四（昭和九）年刊行の『日本実業補習教育史』であって、千葉は自己の教育論を構築するに際して歴史的経緯をふまえたうえで、あるべき方向の具体的提言をなしている。

5　札幌系譜の農業教育家

札幌農学校が、東北帝国大学農科大学を経て、北海道帝国大学農学部へと発展する間の卒業生の中で農業教育家となった者を取り上げてみる。

駒場の卒業生の就職先は官吏が一位を占め、教職がこれに次いだが、札幌の場合はその順位が逆転していた。帝国大学となった駒場のほうは官吏志向が強かったことと、かつ有利であったのに対して、札幌はいきおい教職を選ぶことになったからである。例えば、一八八七（明治二〇）年現在、それまでの五年間の卒業生は、官吏二四名に対して教職二八名であり、一九〇九（明治四二）年現在も、官吏六一名に対して教職六七名と、教職優位が続いた。

教職従事者を高等と中等に分けてみると、高等教育では母校に残った者が多数を占めた。官立の専門教育機関は駒場系が独占していて、ようやく一九二〇（大正九）年創立の第六番目の鳥取高等農業学校に札幌系の山田玄太郎（一八九八年卒）が初代校長に就任し、そのあとを岡村精次（一九一五年卒）が引き継いだ。その後一九二三（大正一二）年創立の第九番目の岐阜高等農林学校では、初代校長に東海林力蔵（一九〇一年卒）が就任し、東海林が一年後に急逝したあとは草場栄喜（一九〇〇年卒）が後任となった。

中等段階の教育では、札幌系の卒業生は初期のころは尋常中学校の教員となった者が多い。その多くは得意とする英語を担当したものと思われる。例えば、一八九二（明治二五）年現在の卒業生の就職状況を見ると、合計一二二名のうち五七名、比率にして四六・七％が教職に就いている。その内訳は、尋常中学校二〇名、札幌農学校と私立学校が各一一名、尋常師範学校が九名の順になっていて、農業学校はわずか二名にすぎない（『北大百年史札幌農学校史料(二)』一九八一年）。

札幌系譜の教育家の活動は、駒場系教育家ほどの派手さはない。卒業生の中には、第一期生の佐藤昌介、大島正健、第二期生の内村鑑三、宮部金吾、新渡戸稲造のような著名人が含まれるが、佐藤を除いては教育家と見なすには無理がある。しかし、地域の農学校においては、地道な実績をあげた人物も少なくない。管見に入った限りでも、熊本県立農業学校長河村久淵（一八八四年卒）、鳥取県立倉吉農学校で二度にわたって校長代理をつとめて同校を廃校の危機から救った安田英吉（一八八五年卒）、福井県立農林学校と山口県立農業学校の校長をつとめた出田新（一八九三年卒）などである。一九〇〇（明治三三）年創立の島根県立松江農林学校の場合、初代校長は榊原仲（一八八九年卒）、第二代校長長崎常（同上）、第三代校長が上記の草場栄喜と続き、以後は駒場系に変わる。

駒場系譜と同じように札幌系譜の農業教育家として以下に三名の人物を取り上げてみよう。

(1)佐藤昌介――南部藩士の子に生まれ、大学南校に入学、札幌農学校の開校時に第一期官費生となった。以後五〇年間、母校と運命を共にして、同校の校長、東北帝国大学農科大学長、そして独立後の北海道帝国大学初代総長として、同校の発展に寄与した。彼は、農学者、学校経営者、農業教育家という三つの顔の持ち主であった。

農学者としての佐藤は、札幌農学校卒業と同時に母校に奉職したものの、二年後には思うところあって私費（途中で官費生に採用）でジョンズ・ホプキンズ大学に留学し農政経済学を修めて博士号を取得、アメリカ流の大農論や植民論に傾倒した。訳書『威氏経済学』や共著『世界農業史論』などを著した。

学校経営者としての佐藤は、北海道帝国大学の歴史を作り上げた中心人物という一語に尽きよう。特に注目したいことが二点ある。その一は、開拓使が創置当初から計画していた農工両全の教育を実現したことである。一八八六（明治一九）年にアメリカから帰国すると岩村通俊北海道長官と会見し、「米国農工科大学の活動を目撃せる同人は、百尺竿頭一歩を進めて工学科を併置すべきと論ず。同時に又簡易農学科の付設を勧む」と言う（『創基五十年記念北海道帝国大学沿革史』一九二六年）。この二学科は翌年実現した。その二は、独立した帝国大学への昇格を実現したことである。当初は、東北帝国大学の分科大学といういびつな形であったが、佐藤が地元の要望を盛り上げて政府と折衝した成果であり、彼の行政力が発揮された。

教育家としての佐藤は、農業教育についてまとまった著書や論説を発表したわけではないが、学生に対する演説などで深い見識を表明した。恩師クラークと同じように青年を激励し奮起させる熱情と言葉を持っていた。一九〇七（明治四〇）年の農科大学開学式での演説の一節を引用してみる。

「地を拓《ひら》き民を植うるは経国の大本にして為政の要務なり。学を建て士を造るは文化の要道にして治国の本源なり」「顧《おも》ふに文物の興隆は国家元気の発動に基く。明治九年本校の起るや、札幌の人口は僅に二千人、四囲常に蛮煙瘴《ばんえんしょう》雨に蔽《おお》はれ実に荒涼寂莫の境たり。然れども笈《きゅう》を負ひ来りて此校に学ぶもの時代の精神に富み、進取の気概に乏しからず」「学校の生命は永遠無窮に渉《わた》るべきものにして、歳月と共に益々改良発達するを要す」（同上）。

⑵草場栄喜――佐賀県に生まれ、札幌農学校卒業後、石川県、新潟県で教鞭をとったのち、島根県立農林学校長、新潟県立加茂農林学校長、水原高等農林学校教授などを経て、岐阜高等農林学校長に就任した。他の札幌系譜の教育家に共通することであるが、彼は在職中から研究熱心であって、八件の著書を公刊している。その主なものは専門の園芸学に関係するものである。また、中等および高等の農業学校の教育方針についても見解を表明していて、特に自化自育論と農村工業化論は重要である。自化自育については後述するとして、ここでは農村工業化論についての彼の見解を紹介してみる。

草場は、岐阜高等農林学校に在職中に、『農産物の経済的利用価値の増進と所謂農村及農業の工業化』と『農村及農業の工業化』と題する二冊の著書を発刊した。彼は同校においてこの方面の施設整備を進め、農場内に各種の製造実習室を設け、食品加工、パルプ製造、セロファン製造その他原料から製造までの一貫した技術教育を行って、各方面から注目された。彼は自著の中で次のように記している。

「要するに、農村の振興、農家経済の革新には、幾多緊要なる問題も決して尠くないが、個人及び社会経済よりするも、先づ農家の剰余労力の利用により農家経済の増進を図り、農村的趣味の鼓吹により農村男女の離村を防ぎ、帰農運動を合理ならしむる要素の一たるべく副業問題を討究せざるを得ない。副業の進展的根本は多くの場合に於て農村及農業の所謂工業化になるのである」（『農村及農業の工業化』大日本図書、一九三〇年）。

(3)出田新――大分県に生まれ、草場より七年前に札幌農学校を卒業した。早逝した実兄出田晴太郎は同校の一期生であった。中学校や師範学校の教職経験を経て、大阪府立農学校教諭、福井県立農林学校長ののち、一九一六(大正五)年から一四年間山口県立農業学校長をつとめた「渡り校長」の一人である。彼もまた研究熱心であって、植物病理学に関する五件の著作のほかに農業学校生徒用の四件の英語教科書を出版した。

出田の功績として注目すべきことは、農業学校が中学校に比べて差別的取扱いを受けていることの是正への尽力であった。その一つは、福井県や山口県の県官に対して、教員の給料、施設や図書の整備などを中学校と同等にせよと訴え続けたことである。福井県では県官との衝突が原因となって山口県に移動したが、山口での状況も前任地と変わらなかった。もう一つは、農業学校の教員自身が研究をして力量のあることを証明する必要があると考えたことである。一九〇三年刊行の主著『日本植物病理学』は「余が農業教育の為憤慨に堪へざる事ありて殆ど一身を犠牲にするも辞せざるの決心を以て起稿した」と、後年の著作で回顧している(出田新『続日本植物病理学』上巻、裳華房、一九二三年)。

農業学校が差別される原因の一つは、卒業生の学力不足にもあると、出田は考えた。普通学、特に英語の学力水準を高めるためには、農業学校独自のリーダーが必要であると考え、そのテキスト作りに努めた。卒業生の回顧談の中では、出田が次のように生徒に諭したという彼の言葉が紹介されている。

「農学校は農業という自然を相手にしてものを作り出す人間の働き方、生き方を通じて人造りをするところである。だから君たちは、職業の勉強も大切だが、同時に社会人として立派な活動のできる教養を身につけることも大切である」(『山口県立山口農業高等学校百年史』一九八七年)。

6　農業教育機関の発達

前章の工業教育にならって、農業教育も高等段階と中等段階に分けて、教育機関の発達状況を概説してみる。学校名称は前例にならって一九四二（昭和一七）年現在のものを使う。

まず高等農業教育について見れば、日本産業の近代化政策の中で、国策として駒場農学校と札幌農学校が設けられ、それが東京と北海道の両帝国大学の農学部として発展したことについては前述のとおりである。大正期にはこれに加えて九州と京都の帝国大学に農学部が設けられて、七帝大のうち四帝大に農学部が整った。さらに「大学令」の施行後は、大正末年に私立（法人立）の東京農業大学が加わり、昭和期に入って日本大学に農学部が設けられたが、戦前の大学農学部はこの六校に過ぎなかった。

官立の高等農業学校は、一九〇二（明治三五）年の盛岡高等農林学校を先駆に、明治年間に鹿児島高等農林と上田蚕糸専門の二校が、さらに大正の初期には東京高等蚕糸と京都高等蚕糸の二校がこれに続き、中橋文政の高等教育拡張政策の以降には、鳥取高等農業、三重高等農林、宇都宮高等農林、岐阜高等農林、宮崎高等農林が設けられ、大正期の合計は七校の大増設となった。昭和期になると県立から官立に移管された千葉高等園芸、東京帝大の実科の昇格した東京高等農林、北海道帝大附属水産専門部の転換した函館高等水産、東京帝大の農業教員養成所の昇格した東京農業教育専門、帯広高等獣医などの専門学校が加設されたが、昭和期の動きは鈍い。公立と私立の専門学校も、獣医系を除けば特筆すべき増設校は見当らない。

大学も専門学校もその学科の構成は多様であった。四帝大の場合は、農学、林学、農芸化学の三学科は共通していた。しかし、専門学校の学科構成は時代とともに変化していて、一九四二（昭和一七）年現在、官立一五校の場合、農学科と林学科がともに八校、獣医学科が七校、農芸化学科が五校、養蚕科四校、製糸科三校（以下略）の順になっていた。

次に、中等農業教育について見れば、地域から要望が強かったために、農業学校は工業学校よりも早く、かつ数多く設置された。一八八三（明治一六）年に他に先立って「農学校通則」が制定されたころには、すでに一〇校もの公立農業学校が存在していた。その通則は三年後には廃止されたけれども、法制面では一八九四（明治二七）年の「簡易農学校規程」および一八九九（明治三二）年の「農業学校規程」によって再出発となった。

農業学校が工業学校より優勢な状況はその後も続いた。文部省の刊行した最初の『実業学校一覧』は一九一七（大正六）年のことであって、このときの農業学校数は二八〇校（甲種八三、乙種一九七校）であり、一九四二（昭和一七）年の最後の『一覧』では四三二校（甲種三六一、乙種七一校）となっている。前出の図1に示した工業学校数よりもはるかに多い。当初は乙種程度の簡易農学校が多く、やがて甲種に昇格したこと、甲・乙を問わず公立が多く私立が少数であることなど農業は工業と共通していた。後述するように商業は私立が多数を占めたこととはちがいがある。

高等と中等とを問わず、農業教育では、その範囲や領域が大きな問題となる。これについては議論が続き、米作を中心に考える横井時敬は養畜を農業から除外したのに対して、駒場の同期生酒勾常明はこれに反論した。沢村真は、一八九二（明治二五）年の著書で、「実ニ農業ハ、水産、山林、園芸ノ諸業ト其境界ヲ交ヘ犬牙《けんが》錯綜ス」と記して畜産をはずした（『農業教科書』大日本図書、一八九二年）。その後、一八九九（明治三二）年の「実業学校令」では、「蚕業学校、山林学校、獣医学校及水産学校等ハ農業学校ト看做ス」とされたので、本書はそれに従っている。

農業の領域問題は、農業世界における業種の浮沈に関係するため、複雑の度合いを増した。日本の中等農業学校は輸出の振興のために蚕業から緒につくが、三校の高等蚕糸学校が設けられたころになると、養蚕業と製糸業に分かれ、製糸業は工業に接近した。海洋国日本の水産教育も一九〇一（明治三四）年の「水産学校規程」によって「農業学校規程」より独立して律せられるようになった。養殖、製造、漁撈の三科をもって構成されていて、一般の農林業とは異質の性格をもつようになったからである。さらに複雑な領域は、横井や沢村が農業から分離した畜産業であって、獣医学の発達に伴って限りなく医学に近づいていった。政府も一九二六（大正一五）年には「獣医師法」を定めたし、帯広には官立の、東京には二校の私立の高等獣医学校が設けられた。中等農業学校の獣医師資格取得にも規制がかけられ、獣医師の補佐をする「獣医手」という新しい資格が設けられた。

農業教育はまた所掌問題で混乱した。駒場も札幌も主管省の管理のもとに出発して曲折の末文部省に移管されたし、地方では多くの場合、勧業の担当課による事業としての農事試験や農事講習から始まり、漸次学務課の管理する農学校へと転換した。勧業課の農事講習と学務課の農学教育とが重複する例も見られた。前者は農商務省が所掌し、後者は文部省が所掌していて、例えば茨城県のように、農事講習所が先行して組織されて農学校へ移行する例が多く見られたけれども、島根県のように地方農会も参加し、農事試験場の関係者が指導にあたる農事講習も活発であった例も見られた。前述した草場栄喜のごときは、島根県の農学校長と農事試験場長の二つの役職を経験している。県の役職から言えば後者のほうが上位であった。

7　特色ある学校事例

農業教育を大学教育、専門教育、中等教育に分けて、特色ある学校の事例を紹介してみる。

まず、大学教育について見れば、東京、北海道、九州、京都の四帝大に農学部が設けられ、そのうち東京と札幌についてはすでに言及した。私立校としては明治年間に生まれて大正末年には正規の大学となった東京農業大学の存在が大きいし、戦時下にはもう一校私立大学農学部が加わった。ここでは九州帝大と東京農業大学に注目してみる。

(1)**九州帝国大学農学部**――東京と北海道の両帝国大学農学部は明治の早い時期に起源をもつ前身校があったのに対して、母体校を持たずに帝国大学の一角に喰い込んだのは、一九一九（大正八）年の九州、一九二三（大正一二）年の京都の農学部であった。九州、京都の二大学は共通した性格をもっているので九州を事例に挙げ、必要な範囲で京都に言及することとする。

両帝大の中に農学部を加設する動きは京都から始まった。京都府が博覧会用地として購入した一〇万余坪の土地が未利用のまま残っていたので、府会はそれを帝大農学部用地にあてるという条件で国に寄付したが、ほかに多額の創設費が必要であったため、校舎は現有の本部内に設けて、寄付した土地は実習地として利用することにした。その計画を進めた沢柳政太郎総長は、たまたま教官人事をめぐって法科大学教授会と対立して辞任に追い込まれるという、世に言う沢柳事件が生じたため、計画は延期のやむなきに至った。

その間にあって動き出したのは九州各県であって、特に帝大をもつ福岡県と高等農林をもつ鹿児島県が競い合った。九州帝大の初代総長山川健次郎も農学部増設に熱心であり、さらに文部官僚時代に産業教育機関の地域適正配置を推進した第二代総長真野文二が政府や地元に働きかけた結果、京都より四年早く九州帝国大学農学部が実現した。

高等農林の昇格ではなく、帝大農学部の開設は、九州帝大の学理重視という建学の精神を生かすことができた。このことは、これに続く京都帝大農学部も同様であった。ただし実践を軽視したわけではなく、理論と実践の「中庸」を目ざした。そのことは開学式において打ち出された教育方針の次の一節の中に現れている。実学としての農学の特質が明白に表明されている。

「農業ハ一種ノ応用科学ナリト雖モ、授業ノ方針余リニ応用ニ偏スルトキハ大学トシテ存立ノ意義ヲ喪《うしな》フベク、又若《も》シ余リニ理論ニ失センカ、農界教導ノ本義ヲ没却スルニ至ラン。故ニ本学部ハ克ク其ノ中庸ヲ保チ理論ト実際ト併セ咀嚼《そしゃく》熟達セシメ、進ンデ研究ニ従事セントスルモノニモ、亦出デテ実社会ニ活躍セントスルモノニモ、共ニ遺憾ナカラシメンコトヲ期ス」（『九州大学農学部七十年史』一九七一年）。

学理尊重の方針の例としては、最初の学生募集では、定員二〇名のところ受験者が一八名あったのに、合格者は高等学校卒業者一名（無試験）、農業専門学校卒業者二名（選抜試験）のわずか三名であった。学問水準の低下を考慮したうえでの厳選であった。その後は大学側の期待した高等学校からの志願者が増加し、専門学校との間に一線を画することができた。

学科は、創業時には、農学科、農芸化学科、林学科の三学科体制で進み、第二次大戦時に水産学科と農業工学科を加設した。おくれて発足した京都帝大農学部は、九州帝大よりもさらに学理志向を強め、学科数も学生数も九州帝大より大きな規模となった。ちなみに京都の学科数や卒業生数は東京に次いでいて、北海道よりも多い。

(2)**東京農業大学**――戦前・戦後を通じて日本で唯一の私立農業大学である。その歴史は波瀾にとんだものであった。静岡の旧幕臣などが集まり榎本武揚を中心にした徳川育英会が結成された。この種の育英会による上級学校進学者の支援は、島津育英会、毛利育英会など各地に見られたが、徳川育英会は一八九一（明治二四）年に農学校を設けるという特異な活動をした。同校は曲折の末に一九〇一（明治三四）年に大日本農会に譲渡されて大日本農会附属東京農学校となり、一九〇三（明治三六）年には「専門学校令」の適用を受けることになり、一九一一（明治四四）年には東京農業大学と改称することが認可された。名は大学であってもこの時期の私立大学に多くの類例のあるように実質は専門学校であった。その後、同大学は、一九二五（大正一四）年になると「大学令」の適用を受ける正規の大学に昇格を果たし、設立者は大日本農会から財団法人東京農業大学に変更した。

同学の発展に貢献して「慈父」と称されたのは先述の横井時敬である。同学の七〇年史の序文を執筆した時の学長三浦肆玖楼は横井の功績を次のように讃えた。

「明治三十年東京農学校の教頭に就任以来、昭和二年十一月の逝去の日まで実に三十年間、東京高等農学校、専門学校令による東京農業大学、大学令による東京農業大学学長として粉骨砕身、大学発展のため尽力され、質実剛健のいわゆる横井精神を貫ぬき通した強大な気迫と崇高の人格である」（『東京農業大学七十周年史』一九六一年）。

東京農業大学の教育は帝国大学農学部と大いに性格を異にしていた。特に次の三点は重要である。

第一点。大日本農会という当業者団体がその経営に参画したことである。横井によれば、農会が農業大学を経営するということは世界に事例がないと言う。「大学令」による大学に昇格する際、法制上法人組織にする必要が生じたけれども、大日本農会の支援はその後も続き、法人の役員は大日本農会から推薦された者が過半数を占めた。

第二点。農界の現実に密着し、農界の要望にこたえる教育をしたことである。横井の言う「知徳兼備の農界紳士」「血あり涙ある農村保護者」の育成を目ざした。その結果として、卒業生の大多数は農村に帰って農業の実務に従事した。官吏や教員となる者の比率は低く、「大卒農民」を社会に送り出した。

第三点。学科や課程のコースを多様化するとともに各種のエクステンション事業を展開したことである。中核をなすのは本科（のち大学本科、学部と改称）であるが、大学になってからはそれに向けての予科を設けた。また本科より修業年限の短い選科、専修科、高等科、専門部など時代によって名称は変わるものの、各種の便宜を提供して入学者のニーズにこたえた。エクステンション事業としては教育研究会と共催による夏期講習会、農商務省委託の開墾及耕地整理技術員講習会、肥料分析技術員養成講習などのほか、同校の特色ある取り組みとして在京の近衛師団および第一師団の兵士に対する軍隊農事講習を行った。農村出身の兵士が都会熱に浮かされることのないように農民精神を鼓吹することを目的としていて、横井の持論が実践に移された。

次に、専門教育について見れば、官立の高等農林学校では、農学と林学の主要二学科のほかに、地域振興にかかわる学科を加えてそれぞれに特色を発揮した。農林系八校のほかに、上田、東京、京都の三校の蚕糸系、千葉の園芸系、函館の水産系、帯広の畜産系、東京の教育系などの専門学校が存在した。私立の専門学校としては獣医系の三校が設けられた。これらの農業系専門学校の中から以下に二校を選んでみる。

(3) **盛岡高等農林学校**――のちに大学に昇格する専門学校を除けば、工業では一九〇二（明治三五）年に京都高等工芸学校が、商業では一九〇五（明治三八）年に山口と長崎の高等商業学校が、そして農業では工業と同じ一九〇二（明治三五）年に盛岡高等農林学校が誕生した。なぜ盛岡なのか。地元の熱意（寄付金醵出）と併せて、地域の適正配置と東北振興の必要を考慮した文教施策の結果である。岩手県議会から出された請願の中には次のような一文がある。

「顧みて本邦農事の現況を察するに、開墾の事起らず、牧畜の業盛ならず、殖産蚕桑亦皆改良進歩の著しきを見ず。我奥羽地方の如きは殊に然りとす」（『岩手県近代教育史』第一巻、明治編、一九八一年）。

設計委員の一人となった玉利喜造は、開校と同時に初代校長に就任し、高等農林学校の範例づくりに寄与した。玉利は開校式の式辞の中で、「東北は寒地なれば寒地相当の農業法を組織すべき」こと、特に「畜産、果樹、森林経営、獣医学の研究」に力を入れることを宣言した（同上）。彼はそのための教官人事にも力を入れ、農学博士二名、林学博士一名、農学士二名、獣医学士二名、林学士一名をもって初年度の教官陣容を整え、加えて横井時敬、本多岩次郎ら在京の著名な学者に講師を委嘱した。駒場の第一期生で母校の教授をつとめた彼の実力が遺憾なく発揮された。

玉利はそれから六年後に設けられた鹿児島高等農林学校の初代校長に就任するため盛岡を離れたが、彼の創始した教育方針は後任校長に引き継がれた。同校の校風と目されるものをまとめてみると次の五点が重要である。

第一点。甲種農学校の卒業生に対して入学の便宜を与えたことである。玉利は開校式の式辞の中で中学校と農業学校を平等に扱うと述べた。実際には両者の間には学力差があり入学試験をすれば中学校卒業生が有利になるため、学力試験の結果と併せて在校中の成績を評価した。

第二点。先述したように倫理教育を重視し、輪講形式を採用して全教員一丸となって取り組んだ。

第三点。本科のほかに現業者の教育をするための別科（修業年限一年）を設けたことである。大正末年の学則改正では教育学を週四時間入れることにより、農学別科の卒業生には実業補習学校の教員資格を与えることにしたため、入学希望者が増加した。その後農学別科は農学実科と改称したし、また新たに農村工業実科を加えて工業への接近を図った。

第四点。一九三三（昭和八）年に第一拓殖訓練所を設けて、満蒙移民の教育を行うようになったことである。ちなみに、第二は三重高等農林、第三は宮崎高等農林に同じ施設が設けられたが、盛岡高等農林はその先導的役割を果たした。

第五点。本科の卒業生の就職先は、官公吏および技術官（陸軍獣医官を含む）が圧倒的に多く、それに次いで教職関係、特に中等学校関係が第二位を占めた。最初の官立農林学校で作り出されたこの就職状況は、それに続く官立校においてもほぼ共通していた。

(4)東京農業教育専門学校——戦前期における中等学校教員の養成機関としては東京と広島の高等師範学校、東京と奈良の女子高等師範学校が中核をなしていた。産業教員の養成機関は、商業では東京高等商業学校に商業教員養成所が、工業では東京と大阪の高等工業学校に工業教員養成所が設けられた。工業の場合はこの両校が大学に昇格したのちは、名古屋、横浜、熊本、広島の高等工業学校がその肩代わりをした。ところが、農業教育の場合は、東京帝国大学内に農業教員養成所が設けられ、後年になってそれが独立した専門学校に昇格するという、異例の事態が発生した。

元を辿れば、一八九九（明治三二）年に東京帝国大学農学部の中に農業教員養成所が設けられたことに端を発する。最初は修業年限一年であったが、明治末年に二年に延長、さらに一九二二（大正一一）年に三年とされて専門学校程度に格上げされた。疑問に思われる点が多々ある。なぜ農業だけは帝国大学なのか、帝国大学は本来の使命である学術研究とこの教員養成をどのように両立させたのか、その養成所はどの程度まで教員養成の実績を収めることができたか、といった点である。これらすべてに解答を出すことはできないけれども、少なくとも次の二点を指摘することができる。

第一点。横井時敬と沢村真が中心となって運営にあたり、農業教授法の研究と指導に成果を収めたことである。これについてはすでに種々言及してきた。工業や商業とちがって帝国大学という誇りと権威ある学園の中でそのことがなされたことの意味は大きい。

第二点。その水準の高さから一九三七（昭和一二）年には独立した東京農業教育専門学校に昇格できたことである。独立後の初代校長になった上原種美は駒場卒の農学士であって東京高等師範学校の教授歴を持っていた。そこから三重高等農林学校の初代校長となり、さらに農業教育専門学校の創業をまかされた。彼は修業年限を高等師範学校並みの四年に引き上げて、農学の専門科目と教職の科目を併修させて、彼の言う「農業の高等師範学校」を作り上げた。授業料免除、就職義務、兵役猶余など師範教育の特性を有効に生かした。

一九四二（昭和一七）年現在、前身校を含めて卒業生数は千二〇九名に達し、死没者二〇〇名を除く生存者の六九％は教職に従事していた。その内訳を見ると農業学校の校長および教諭が第一位で、師範学校教諭がこれに次いでいた。数の上から見ても農業教員養成の実績は注目に値する。

最後に、中等教育について見れば、地域における農業は、風土に応じて農産物が多様であり、また輸出や国内需要の変化が激しかったため、その学校教育の対応にも多様性が現れた。以下に二例を挙げてみる。

⑸石川県立松任農学校――明治の早い時期から、新政府の方針を受けて府県では農事試験場や農業講習所を設けて農業振興を図った中から組織的な教育機関として農業学校が誕生した。しかし多くの場合、農民の反応は鈍く廃校に追い込まれたが、宮城県、石川県、京都府、山口県などでは府県立の農業学校として生き延びて伝統校の名誉をかち得た。

石川県の場合、宮城県農学校と双璧をなしている。宮城県は廃校論の嵐をかいくぐって辛うじて生き延びたのに対して、石川県のそれはトップレベルの農業学校を目ざして順調に発達した。発端は一八七七（明治一〇）年創立の石川県農業講習所であって、杉江秀直、渡辺譲三郎ら学農社出身者が指導した。一八八六（明治一九）年には石川県農学校と改称してその水準を高めた。

その間に斡旋したのは勧業知事（当時は書記官）として有名になる徳久恒範であった。同校の校長は、初代の渡辺のあとは駒場出身の著名な教育家が就任して、校風の刷新に努めた。特に重要な人物は第四代校長となった織田又太郎であって、一八九八（明治三一）年に茨城県立農学校（当時は茨城県簡易農学校）の校長から転じてきた。織田の赴任の際には、茨城から八名の生徒が織田に連れ立って転校してきた。このころの同校の校勢はとみに上がり、全国各地から入学者が集まり、在校生の二〇～三〇％は県外生であった。

一九二五（大正一四）年の創立五〇周年の記念祝賀会で、時の校長竹内秀雄は式辞の中で、「入リテハ郷里ニアリテ耕作ニ親ミ、出デテハ社会ニ立チテ社会ノ開発ニ勉ム」「本県下農村ニ於ケル中堅人物ハ実ニ本校卒業生ノ占ムル所」と述べた（石川県立松任農学校『五拾年記念号』一九二六年）。ちなみに、明治末年の統計では、農科の卒業生の就職先は、農業一八二名、官公吏一七一名、教員四一名（以下略）の順になり、獣医科の卒業生は、開業獣医一一六名、官公吏一一一名、教員五名の順になっている（『松任農業高等学校百年史』一九七五年）。

⑹福井県立小浜水産学校――養蚕、農産、獣医畜産、林産、園芸などは農業学校という容器に包摂することができたが、水産の教育はその内容や方法から見てやや異質の性格のものであって、早くも一九〇一（明治三四）年には「農業学校規程」とは別個の「水産学校規程」によって律せられることになった。そこに至るまでの過渡的段階では、水産補習学校や簡易水産学校など各種の試みがなされていたが、「水産学校規程」以降はそれに準拠する水産学校が設けられ、明治末年までに設けられて敗戦時まで存続したものは七校を数えた。

その先駆を切ったのは福井県立小浜水産学校である。同校の創立八〇年の記念誌の序文には、「全国公立四十数校の水産高等学校の中では最も古い歴史と伝統を有するもの」と記されている（『福井県立小浜水産高等学校八十年史』一九七五年）。同校には前史があって、まずは一八九五（明治二八）年に福井県簡易農学校の分校として小さな出発をした。修業年限は二年であった。一八九九（明治三二）年に乙種の福井県水産学校として福井県農学校から分離独立し、それから三年後に修業年限三年の甲種に昇格した。

そのころには、全国各地から入学生が集まるようになった。県外生の比率は年々高まり、明治四〇年前後には三〇％から五〇％に達した。卒業生の就職状況も好調であって、勤務先は国外にまで及んだ。県費をもって経営する学校であるが故に、県会ではこの状況に対する批判の声も出たため、学校としては県民の入学勧誘に力を尽くすとともに、県下の各漁村における短期の水産講習を行うなどの努力をした。

中等水産教育の最大の問題点は、高等水産教育が農商務省の所轄であって、文部行政の管轄外にあったことである。東京の水産講習所は一八九七（明治三〇）年創立の古い歴史と実績をもつ実業専門学校であって、府県の水産学校はそれをモデルにし、そこから教師陣を迎え入れていた。小浜水産学校も例外ではなく校長や教諭は水産講習所の出身者で占められ、学科編成も水産講習所の漁撈、製造、養殖の三科を模していた。中等の水産教育は文部省、高等の教育は農商務省という所轄関係では連結状態にはなかった。

8　第二次大戦末期の改編

大戦末期の非常事態に際して、政府は軍需工業人材を確保するため工業教育を大拡張したことは前章で述べたし、そのための犠牲に供されたのは商業教育であって大縮小を余儀なくされることについては次章で述べる。その間に位置する農業教育は、工業と商業に比べると影響は軽微であった。基本的には食糧生産の保持と海外拓殖という政策には変化はなかったが、しかし見逃すことのできない変動も生じた。その変動の大要を以下にまとめてみる。

高等教育の分野では、日本大学に農学部が設けられた。東京農業大学を除けば私立大学の農学部はこれが唯一である。専門学校では、公立校が二校から八校に増加したことが注目される。公立の工業専門学校は四校が一五校に増加しているのに比べても増加率は小さくない。府県が農業の専門教育に動き、それが戦後の国公立大学の農学部の母体になった。ここでは、長野県立の名門農学校である上伊那農業学校の昇格運動が実を結び、敗戦直前ではあるが、同校に併置するという形で長野県立農林専門学校の設置が認可され、戦後改革によって信州大学農学部となったことに注目してみる。専門学校の設置申請書には次のように記されている。

「断片的教育ヲ排シ、科学ヲ尊重スルト共ニ総合教育ニ重点ヲ置キ、農業及農村ノ実際的経営者ノ養成ヲ目標トスルコト」「同校ノ教育特色ハ科学技術ヲ尊重スルト共ニ皇国ノ道ニ則リ全寮制ニヨル塾風教育ト総合経営錬磨トニ依リ行学一体智徳併進ヲ期シ、皇国農民指導者タルノ人格陶冶ニ在リ」(『文部省簿書』「設置・廃止許認可文書長野県立農林専門学校」)。

私立校の中では、女子の農業専門学校が二校新設されたことも重要であるが、これについては第8章で言及する。

中等教育分野の改編は高等教育に比べればより大規模であった。一九四四(昭和一九)年の時点で少なくとも次の五点の改編がなされた。

第一点。商業学校が工業学校への転換を強制された際に、商業学校から農業学校への変更は許容されたため、一校がその途を選んでいる。例えば、法人立の福知山商業学校は次のような理由によって福知山市立農業学校への転換を果たした。

「農村ノ教育文化、経済及社会振興施設等百般ノ機構モ其ノ旧套ヲ脱シ着々大東亜共栄圏盟主国ノ農村トシテ其ノ構装ヲ整備シツツアル実態ニアレ共、日ニ月ニ革新サレツツアル農村ヲ指導シ国策遂行ノ万全ヲ期スルニハ次代農村ヲ背負フ青年教育訓化ヲ講ズルノ要切ナリ」(同上、「設置・廃止許認可文書農業学校京都府」)。

第二点。農商学校の商の部分を削除して農業学校とか農工学校に変更したものが一四校を数える。それまでの農商学校は地域における中学校や高等女学校の代替的役割を果たしていたけれども、商業教育縮小政策に従ったもので、長崎県の四校、新潟県の三校などは特に多い。地方において種々の対策を講じていたことを物語る。

第三点。実業学校の中の商業科を廃止する例もある。それまで二種以上の実業系学科をもって構成される学校が実業学校と称されていた事例が多数存在した。特に女子の職業科を含んだ学校にその例は多い。一九四二(昭和一七)年には、農業科を含む実業学校は五八校を数えた。その中で、男子の商業科を女子の商業科に変更するとか、農工の両科を併置するとか種々の工夫がこらされた。農業学校に転換した二校を除けば校名は実業学校のままで学科構成を変更することで対応している。

第四点。純然たる農業学校の中にも変化が現れた。農業土木科を加設したり、新たに工業科を設けたりして、工業優先の国策に対応した。

第五点。これらに加えて女子の農業学校が設けられたことも大きな改編である。それまで女子にも門戸を開く共学制の農業学校は存在していたけれども、女子だけの単独校で正規に女子農業学校と称したところが敗戦時に三一校に達した。また「農業学校規程」に準拠する女子実業学校も五校存在した。先の女子農業専門学校と併せて第8章で検討することにする。

第7章　戦前期商業教育の思想と実践

1　『商売往来』に見る近世と近代

中国山地の内陸盆地に三次《みよし》と称する小さな町がある。この地の市立図書館に、一六九四（元禄七）年に板行された『商売往来』の初板本が所蔵されている。商都大坂で作られ、阿波徳島、大坂、京都などを流転して、民衆の稚拙な書き込みや手あかを残している小冊子である。日本では、往復書簡の文例集として平安末期の『明衡往来』や鎌倉期の『庭訓往来』などの歴史はあったが、『商売往来』はそれらの古往来の歴史を大転換させ、民衆の生活や生業のための学習書となった。

『商売往来』の原作者は堀流水軒と言う。阿波徳島の生まれで、大坂に出て御家流の書法を教えていた。御家流とは南北朝時代の青蓮院門主尊円法親王から始まり、江戸時代に公用書体とされたため、流水軒のもとには入門者が引きも切らず、殊に子どもの入門希望者が増えた。そこで流水軒は手書きの手本を与えるのではなく、商人の子どもに役に立ちそうな言葉を内容にした板木印刷本を作った。『商売往来』の跋文には、「此一巻《まき》筆徒わらハへの便にと書あつめしなり」と記した。

子どもはこの手本をもとにして、商売に必要な語彙や心得を読んで書いて覚えた。そこに集成された語彙は著者の数えたところでは、商業用語三三種、一般用語三〇三種、生活用語三〇種の、計三六六種であって、それらを小さなまとまりにグルーピングしながら、七五調でリズミカルに読み下せるようにしている。

大胆にも書名に「商売」と銘打ったこの書はその後民衆の間に普及していった。元禄初板本の内容はそのままにして、板木を変えたりとか書体を変えたりとかする再刻本のほかに、時代が下るにつれて語彙数を増やしたり、巻首や巻尾や頭書欄などに新しい語彙を加えたりする増補本、図解や挿絵を入れ込む図解本、語彙の説明をする語釈本などさまざまな工夫がこらされた。著者は各地の図書館を廻って調べたところ、江戸期の刊行物一一〇件を確認することができたが、実際にはそれに倍するものが普及したと考えられる。一八四七（弘化四）年刊『大全商売往来』の序文には、「俗中の一大奇書」と称されている。

この『商売往来』はそれの有用性が分かると、職人や農民の世界にも波及して『諸職往来』『万匠往来』『百姓往来』『農業往来』などが相次いで刊行された。これら産業系往来本の情況について言及する余裕はないので、ここでは『商売往来』に限ってその後の展開を概述してみたい。

すでに第4章の近代日本の産業啓蒙書について記した中で、明治初期の教科書系出版物の中には、江戸期からの連続である往来本形式のものが多数含まれること、特に商業系往来本が七八件に達することを指摘した。その中の、明治四年刊行の『世界商売往来』、明治六年刊行の『万国新商売往来』、明治一三年刊行の『農商往来』の三件については、著作者の序文を引用して執筆や出板の意図について紹介した。明治期の『商売往来』の出版件数は一八七三（明治六）年がピークを迎える。明六社の結成に見られるように日本社会全体が文明開化の気運で盛り上がる年である。

この一八七三年に、この時代を彩る画期的な『商売往来』が刊行された。黒田行元という洋学者の著した『万国商売往来』であって、文明開化期の『商売往来』の最高傑作と称してよい。形式は元禄本を踏襲し、同じく御家流系の書家によって、大きな文字を書き連ね、習字の手本とし、振り仮名をつけて読み本としても役立たせるようにしている。画期的と称するのは、その本文も頭書欄も挿絵も元禄本の内容を一新していることである。開国後の日本商人が世界各国と通商するのに必要な新知識が盛り込まれている。元禄本は藩境を越えて日本国中に普及したが、本書は書名に「万国」とうたったとおり、日本商人は蒸気船に乗って世界を駆け巡っている。商人はビジネスマンに変身し、その生気潑剌たる姿が活写され余蘊がない。そのことは頭書欄の記事・絵図の目次を見ただけでも首肯される。

互市盛大三港の図、暖帯諸国の図、世界金山の図、英学大意、金山領の図、数学大意、商法大意、地学大意、理学大意、五帯の解、五大洲の解、英国印度領の記、三物の解、蒸気機の説、諸国貨幣大略、諸国度量大略、工作場製革の説、近用英語百五十余、皇国の年代を西洋に当る表。

『商売往来』の刊行件数は、明治一二～三年のころにもう一つのピークを迎えるが、このころになると新味の薄いものとなり、もはや消滅の兆が出てくる。そのわけは、それに代わる小学商業書の刊行が始まるからである。『万国商売往来』に盛られたような内容を整理し、初学者が段階的に学習できるように組織化、体系化して知識や理解を容易に手助けできるような工夫がこらされた。習字手本ではなく知識手本と変わり、行書体の和綴本から楷書体の活字印刷の洋装本となり、小学校で他の近代教科書と併せて使用されるようになる。寺子屋が小学校に道を譲ったことが最大の理由と言える。小学校生徒に教えるためには、日本の伝統的な往来本の革袋ではなく、新しい内容を入れ込む新しい革袋が必要となったからである。

なお、三次市立図書館所蔵の初板本と、広島大学所蔵の『万国商売往来』の閲読が容易でない方のために、著者は両書の原書の全文を縮小して、拙著『日本商業教育成立史の研究』の増補版に補遺として掲出した。

2　交易の振興と商権の回復

日本に開国を迫った列強の最大の思惑は日本との交易にあった、と理解するのは福沢諭吉であった。彼は一八六九（明治二）年に門下の早矢仕有的の需めに応じて「丸屋商社之記」を執筆した際、「抑モ外国人ノ我国ニ来ルハ唯和親ノタメニ非ズ」「彼ノ大眼目ハ唯貿易ニ由テ利益ヲ求ムルノ一事ニ在ルコト固ヨリ論ヲ俟タズ」と記した（細谷新治『商業教育の曙』上、一九九〇年）。幕末期に初代駐日公使として来日したオールコックの『大君の都』（岩波文庫）にも、日本人の輸出潜在力は「東洋の国民の最前列に位する」ことを見抜いていた一文がある。

列強と交易するためには、西洋の商法を学ぶことが必要であるという認識は、日本の先覚者の中から叫ばれ始めた。その先駆者の一人は、福井藩の蘭学者で藩政改革に功労のあった橋本左内であって、安政年間には「外国貿易説」を発表し、「外国民は商律を守り信義を基と致し候故、本朝の商とは心術不同候」と記した（『橋本左内全集』景岳会、一九〇八年）。

明治維新の年、加藤祐一の『交易心得草』と題する啓蒙書が出版された。加藤は、大阪において五代友厚の女房役として活躍した啓蒙家であって、商業に関する著書も多い。彼は同書の中で、交易には理のあること、「此理をさとり得て社をむすび心をあはせ各その分に応じて利を得る事をはかるべし」と、会社、商社の結成を呼びかけた（『交易心得草』前編、河内屋喜兵衛、一八六八年）。その後の商業啓蒙書には、西洋の商法、さらには経済学の有用性を説くものが多い。例えば、先に引用した黒田行元の『万国商売往来』の頭書欄にも、「西洋諸国ニハ商法学一科ありて幼よりこれを学ばしむ」「万国の商売に志す輩は西洋の商学を心懸くべし」と記されている。

しかし、理想化された西洋と実態としての西洋は大きくかけ離れていた。開港か攘夷かをめぐる激しい政争の末に開国に踏み切ったものの、そこにやってきたいわゆる「外商」の所行は、植民地的手法で日本の貿易を支配した。開港地における居留地取引では、外国商人は自分の店を商館というような尊称で呼ばせ、日本の商人や製造人の商品を倉庫に収めさせて、受取証も出さず都合のよいとき「拝見」と称して検査して、悪いものはペケと称してはねてしまう。代金の支払いは随意に延期し、場合によっては勝手に契約を破棄するという傍若無人ぶりであった。明治初年の輸出品の取扱のほぼ一〇〇％はこの種の外商の掌中にあった。福沢の門下生森下岩楠は、一八七七（明治一〇）年に起草した三菱商業学校設立の趣意書の中で悲憤を込めて次のように記した。

「今其害ノ理財上ニ最モ甚シキモノハ、我商権ノ皆彼ニ奪取セラルルニ在リ。既ニ商権ヲ奪取セラルルニ於テハ我人ノ風ニ梳《くしけず》リ雨ニ浴シ艱難辛苦シテ作リタル絹ナリ茶ナリ皆ナ最下ノ安直《やすね》ニテ彼ニ買占ラレ、彼ヨリ買フ所ノ物品ハ高上ノ高価ニ騰《のぼ》ル可シ。既ニ斯ノ如キ有様ニ至ルトキハ何ヲ以テ我富強ヲ致シ我独立ヲ維持ス可ンヤ……只外人ノ奴隷タルノ他ニ望ミナカル可シ」（『三菱社史』第五巻、東京大学出版会、一九八〇年）。

明治初年から七年間フランスに留学し、帰国後三田育種場の創設やパリ万国博参同などの公務をつとめた前田正名は、一八八一（明治一四）年に『直接貿易意見一斑』なる文書を政府に献策した中で、次のような主張をしている。

「我輩身ヲ外国貿易ノ市場ニ措キ其現状ヲ熟視スルニ、開港以来貿易ノ権理ハ常ニ外商ニ掌握セラレ、其圧抑ヲ受クルモノ年一年ヨリ甚シ。故ヲ以テ輸出入ノ不平均ヲ生ジ、随テ正貨ノ濫出ニ係ルモノ一年平均七百万円ノ多キニ至レリ」（『直接貿易意見一斑』博文社、一八八一年）。

前田は、その対策として、「帝国銀行ヲ立ツルコト」「貿易会社ヲ設クルコト」「製産者ヲ団結セシムルコト」の三点を挙げたが、この状況下においてより重要なことは、外商に対抗できるだけの力量をもった人材を育てるべきだということが世論となった。

ここでは、かつて天下の台所と称されて繁栄を極めた大阪の商人を例示してみよう。維新後の大阪は時勢の変動に対応できず沈滞の淵に沈んでいたが、東京から来た二人の教育家が大阪人の奮起を促すための教育活動を始めた。商権回復が眼目である。

その一人は、慶応義塾から三菱商業学校を出た山本達雄で、のちに大蔵大臣となる人物である。彼は福沢にすすめられ大阪商業講習所の教頭に就任した一八八二（明治一五）年の開業式での演説で次のように述べている。「輓近《ばんきん》外交ノ開ケシヨリ商業ノ権利常ニ彼レノ圧倒スル所ト為リテ、我商業漸ク衰絀《すいちゅつ》シ、我邦ノ財政ハ困難ノ極点ニ達セントス。是レ皆外人、我商民ノ実地ニ暗ク学術ヲ究メザルヲ利トシテ、姦計《かんけい》百出、我ヲ魚肉ニセント欲スルヲ以テナリ」（『大阪商業大学六十年史』一九四四年）。

もう一人は、慶応義塾から東京商法講習所に転学し、のち一橋の重鎮となる成瀬隆蔵である。彼は一八九二（明治二五）年に大阪商業学校の校長に就任し、同校の改革に寄与するが、就任時の演説の中では次のように述べた。「維新以来今日ニ至ルマデ商業モ稍《やや》進歩セシモノノ如シト雖ドモ、是レ外観ノ改マリシノミニテ内部ノ進ミシニアラズ……内地居留地の商業ハ盛大ナリヤト云フニ、是亦憐《あわ》レ墓《はか》ナキ光景ナリ。日本ハ外国ノ奴隷ニアラズ。独立帝国ナリ。然ルニ商業上ニ於テハ遺憾ナガラモ悲憤ノ至リナレドモ、奴隷ノ奴隷ト謂ハネバナラン」（『大日本教育会雑誌』第一二四号、一八九三年一月）。

商権の回復は、初期における商業教育家の悲願であり、外国商人と対等に向かい合うことのできる人材の養成が商業教育の一大眼目となる。政府の懸命の外交努力によって、ようやく一八九九（明治三二）年に外国人の内地雑居許可と治外法権の撤廃とを旨とする条約改正を実現させ、さらにおくれて一九一一（明治四四）年に関税自主権を確立した。その間に日清、日露の二つの戦役に勝利して日本の国際的地位が向上したことも影響している。貿易の相手国もアメリカ、ヨーロッパの優位の状況が変じて、アジアが第一位を占めるようになった。アジア重視の交易論を唱え、そのための人材養成に着手する人物も現れた。その代表者は大倉喜八郎であって、彼については後述する。

3　商法講習所の創立と商業学校への発展

工業教育は工部省、農業教育は内務省および開拓使による主務省管理のもとに開始されたのに対して、商業教育は民間人の首唱によって動き出した。関係した民間人は多い中で、特に森有礼、渋沢栄一、矢野二郎の三人は重要である。

森有礼は、幕末期薩摩藩派遣のイギリス留学生の一人であって、中途でアメリカに渡り、維新後は外交官としてアメリカに、その後はイギリスに駐劄した。アメリカに滞留中の彼は、新興国アメリカの活力の一因に教育の発達があること、特に盛況を見せていたビジネススクールに注目した。森は、親友の外交官富田鉄之助と協議して、日本にもビジネススクールを設けることの計画を立てた。富田は幕府留学生としてアメリカに渡り、維新後も官費生としてニューアークの商業学校に学んだ経験があったので、同校の校長ホイットニーを日本に雇い入れることにした。一八七三（明治六）年に森が、その翌年には富田が賜暇休暇を得て帰国した際、商業学校の設置を政府に働きかけたが官立校としては認められず、止むなく森の私塾としてそれを発足させ、森の離日後はその経営を東京会議所に委ねた。一八八四（明治一七）年に森は外交官から転じて文部省に入り、翌年伊藤内閣のもとで初代の文部大臣となると、彼の創始した商法講習所を高等商業学校に昇格させることができた。

渋沢栄一は、前述したように幕末期にパリ万国博に出張し、維新後一時期大蔵官僚となったが、一八七三（明治六）年以降は実業界において活躍した。東京会議所の会頭のころ森の設けた東京商法講習所を管理することとなり、以後生涯にわたって同講習所が高等商業学校、さらには商科大学に昇格することを支援し続けた。

矢野二郎は、幕府遣欧使節団に随行した旧幕臣であって、英語に堪能であったため横浜運上所に出仕、維新後は横浜に翻訳所を設けて通弁翻訳を業として財をなした。一八七二（明治五）年に森有礼に見出されて外交官としてアメリカに渡り、森の一時帰国中は代理公使をつとめた。一八七五（明治八）年に官を辞して帰国していたとき渋沢らに懇請されて、その翌年に商法講習所の所長に就任した。それから一八九三（明治二六）年まで、一時府知事と衝突して辞職した時期はあったが、横浜時代に蓄えた私財を投入してその職務に専念した。彼は就任早々府知事に対して彼の教育構想を献策し、府の支援を得て、学則を定めた。初定の学則では、修業年限一年半、最初の六か月は英語、次の六か月は商業、最後の六か月は実習にあてた。彼の提出した献策書の中には商業教育の必要が次のように訴えられている。

「其法ヲ得ル者ハ益ヲ得テ盛ンニ、其法ヲ得ザル者ハ損ヲ受ケテ衰フ。此レ自然ノ理ニシテ亦止ムヲ得ザル者、今ヤ本校ノ設ケアル実ニ其法ヲ尽シテ以テ鴻益《こうえき》ヲ得セシムルノ基礎ヲ立ル者ニシテ、今日人民ヲシテ必之レヲ勉強講習セザルヲ得ザラシムル所ノ者ナリ」（『一橋大学学制史資料』第一巻、一九八三年）。

これらの先覚者によって創立された日本最初の商法講習所は、その後難題に遭遇し苦節の歴史を辿った。大きく見て乗り越えるべき障害は四点あった。

第一点。管理者の問題である。森の私塾として始まった商法講習所は、森が清国公使として離日するとき東京会議所の所轄となったが、その翌一八七六（明治九）年に東京府に移管された。ところが府議会ではそれの廃止論が勢いを得て、一八七九（明治一二）年には経費半減、さらに二年後には廃止の決議を採択した。この明治一四年の危機突破のために渋沢は東奔西走、その結果農商務省の支援を取りつけ辛うじて存続ができた。ところが一八八四

(明治一七)年になると農商務省は主務省管理の方針によって同所を自省の管理下に置き東京商業学校と改称した。農商務卿の職制では、官設および民立の「農商工ノ諸学校」の管掌が明文化されていたからである。これに対して「学政一元化」を主張する文部省は強く反発し太政官への四回に及ぶ上申をなした。

文部省はこの確執を終結させるために新たな手を打つことにした。東京外国語学校の中に高等商業学校を付設し、一八八五(明治一八)年に農商務省所轄の東京商業学校を文部省に移管したうえでこれと合併させて、新たな文部省所轄の東京商業学校にすることの認可を取りつけた。この間の学政一元化の推進者は大木喬任文部卿であり、森有礼がその方針を継承した。森の在職中に同校は高等商業学校と改称された。

第二点。財政の問題である。この間に貢献したのは渋沢であって、まず東京会議所が支援に乗り出したことで渋沢の出番となった。渋沢は、会議所の共有金の中から、すでに一家を引き連れて来日してきたホイットニーに年俸二千五〇〇円で五年間雇い入れて、商法講習所を森に貸し与えるという約束をした。加えて会議所は木挽町の四千四〇〇余坪の土地を貸与し、森もまた自ら寄付金を出した。ところが会議所の側からこの措置に異論が出たため前述したように渋沢の尽力で東京府の管理に移すことになったが、府会でもまた反対論が出て最後には廃止案が採択されてしまった。

渋沢らは窮余の一策として農商務省の支援を求めたが、それには相応の自助努力が要求されたため、渋沢は自ら醵金するとともに有志者を回り三万円を集めた。他方では講習所の教員給料を減額し、矢野所長は財産を持っているということで無給にした。補助金を出した農商務省はやがて同校を直轄校としたが、上述のように文部省との間の激しい確執の末に、文部省に移管されることになり、ようやく財政上の安定が得られた。

第三点。教育方針の問題である。最初の学則は矢野二郎によって、アメリカのビジネススクールをモデルにして、英語を正則にした短期速成の実務的教育を目ざした。東京府会では矢野の定めたこの英語正則が批判されたため、一八八一（明治一四）年にはその原則を修正して、まずは国語を基礎にして、その後に英語科と実践科に進ませるようにした。新しい学則では修業年限を五年に引き上げ「初三年間ハ専ラ内国商業必用ノ学科ヲ授ケ、傍ラ英語ヲ教ヘテ以テ外国商業ヲ学バシムルノ階梯トス。後二年間ハ英語ヲ以テ外国商業ノ方法慣習等ヲ教授ス」とした（同上）。

矢野の教育路線は、文部省直轄を果たした後にもなお難渋が続いた。文部省では農商務省に対抗する必要から、東京外国語学校に高等商業学校を付設していた。それと農商務省から移管された商法講習所を合併して新たに商業学校を設けて矢野にその経営を委ねた。これに対して外語学校側は、矢野の路線を「商人風」とか「前垂風」とか称して批判した。専門教育の充実を求める「書生派」との対立であって、「一橋に流るる二つの潮流」は、「学校に何事か問題の起る時にも画然と現れ、一は改革の急先鋒となり、一は穏順の保守派となつた」（『一橋五十年史』一九二五年）。学問重視の書生派は矢野の進めてきた、英語、簿記、商用作文、商業実践などを中心とする実用的教育に対して非難の声をあげ、矢野の退陣を迫るに至ったため、矢野は遂に一八九三（明治二六）年に職を辞した。

しかし、この間にあって、またこの後にあって矢野の業績を高く評価していたのは渋沢であって、しばしば称賛の言葉を発した。同校が一橋から国立《くにたち》に移転したとき有志によって高さ一丈の立像が建立され、渋沢はその台辞を執筆した。後年になって、『矢野二郎伝』を著したジャーナリスト出身の島田三郎は、一八九八（明治三一）年の論説で次のように記した。

「教育と全く縁故無かりし商業を教育界に紹介し、其学校をして今日に至らしめたるは、内に矢野の力あり、外に渋沢氏の援助ありたるに因らずんばあらざるなり」（『龍門雑誌』第一三七号、一八九七年六月）。

第四点。大学昇格の問題である。高等商業学校の学問水準を高めるには大学に昇格させたいという強い希望が湧き起こってきたが、これに対しては東京帝国大学とその側に立つ文部省の激しい反発に遭い、教育界を揺るがす一大事件に進展した。これについては次節で取り上げて検討する。

以上は、東京商科大学の母体となった商法講習所の概要である。こののち東京以外にも、神戸、大阪、岡山、横浜などに商業（法）講習所が設けられたが、これらの講習所では福沢とその門下生が創立に寄与した。

神戸では、東京につぐ第二の講習所が設けられた。県令森岡昌純が福沢に協力を求めて、経営と人事を福沢に一任するという条件で三人の教師を派遣して貰った。そこでは東京の洋式教育とはちがって日本語で神戸の現況に即した教育がなされた。順調にいけばその後に高等商業学校に発展できる高い水準の教育機関であったけれども、一八八六（明治一九）年には財政上の理由もあって、兵庫県立の中等商業学校となった。しかし、商業教育の必要性とその実績をもつ神戸では、明治三〇年代に入ると改めて官立高等商業学校の誘致に成功し、そしてそれを第二の官立商業大学に昇格させることになる。

大阪では、一時期の商業の停滞状況を打開するため福沢の門下生が動き出した。『大阪新報』の主筆となった加藤政之助は論陣を張り大阪商人を動かして、福沢の支援を求め、神戸におくれること二年後に市立校としての講習所が設けられた。その後も市立校として発展して、官立高等商業学校への昇格を神戸と争ったけれども僅差で敗れたため、一九〇一（明治三四）年には市立としては初めての高等商業学校に、さらに一九二八（昭和三）年には同じく市立としては初めての商科大学となった。いずれも神戸に先がけること一年前であった。

岡山では、福沢門下の小松原英太郎が『山陽新報』に論説を出し、帳合法など神戸方式の講習所の必要を訴えた。県会もこれにこたえて、一八八〇（明治一三）年に商法講習所を発足させ、所長に箕浦勝人、教頭に山本達雄を任命した。しかし、慶応出身者の政治的発言が問題にされたため、同所は一八八三（明治一六）年に廃所とされた。

慶応出身者は、その後政界や財界に転出したため、創業の大役を果したものの、教育界にとどまった者は少ない。ちなみに、岡山商法講習所の小松原は文部大臣に、箕浦は逓信大臣に、山本は大蔵大臣になっている。福沢門下生で商業教育家として長期間つとめたのは、一八八二（明治一五）年創立の横浜商法学校初代校長美沢進、一八八四（明治一七）年創立の赤間関商業講習所初代校長中村英吉、一八八五（明治一八）年創立の公立長崎商業学校初代校長猪飼麻次郎などがいるけれども、渋沢が生涯にわたり支援し続けた一橋系の商業教育家に比べれば、その数は格段に少ない。

4　東京高等商業学校と東京帝国大学の確執

世界を熟知する森有礼をしてアメリカに盛行を見せていたビジネススクールの校長ホイットニーを雇って創業した商法講習所と、ヨーロッパのトップレベルにあったベルギーのアントワープ高等商業学校教授スタッペン（J. von Stappen）を教師にして一八八四（明治一七）年に発足した東京外国語学校附属の高等商業学校との間には、その教育方針においても教育内容においても径庭の差があった。両校が併合されて、商業学校（のち高等商業学校）となった後も、この当初の差異は尾を引くことになる。外国語学校側の反発は強く、のちに文部大臣となる平生釟三郎のように矢野の説得に応じて「矢野の学校」に残ったものもいれば、二葉亭四迷のようにさっさと退校した者もいる。この対立は日本の商業教育の将来にかかわる根の深いものであって、矢野が辞職に追い込まれたことについては前述した。

矢野の辞職後も、特に校長人事をめぐって混乱が続いた。校内の対立だけではなく、文部省の恣意的な校長人事に対する学校側の反発も新たな火種となった。帝国大学を重視する文部省は高等商業を一段軽く見ていて、「天下り人事」の対象にしていたふしが見受けられる。その最初の事件は、一八九八（明治三一）年に時の小山健三校長が文部次官に転出したあと、文部省は渋沢ら商議委員に諮ることなく、東京帝大書記官清水彦五郎を後任校長に発令したことである。これに対して高商の生徒は反発し卒業試験をボイコットする挙に出た。帝大の一書記官を校長にするのは商業教育の軽視であるというのがその理由であった。

渋沢はこの間に周旋し、生徒を説得して事を収めたが、この難治校の後任校長の人選には手間どり、希望者が出ない中で中に三名もの事務取扱を置いたのち、翌年に大蔵省参事官寺田勇吉が発令された。ようやく平静を得たかに見えたが二年余りのちに寺田が卒去したあと、再び後任人事は難航を続けた。渋沢は文部省とかけ合い、ようやくにして東京帝国大学教授松崎蔵之助を校長に迎えたものの、これが高商側には誤算となった。この松崎校長の時代に高商の歴史にとって廃校の危機となるほどの一大事件が発生するからである。申酉《しんゆう》事件と称されるものがそれである。なお、校長人事について言えば、一九一四（大正三）年に同校出身の佐野善作が校長に就任するまでに、矢野を除いて僅々二四年の間に一五名の校長または事務取扱が交代し、そのうちの多くは学校紛擾に巻き込まれている。

申酉事件は、校長人事だけではなく、もう一つの大きな原因があった。それは大学昇格問題である。矢野の辞職後、同校を卒業して母校に残った若手教授を中心に、商業教育の地位向上のためには高商を大学に昇格させるべきだという気運が高まってきた。その運動が頂点に達したのが、一九〇一（明治三四）年に発表されたいわゆる「ベルリン宣言」である。

これより先、一八九七（明治三〇）年には佐野善作と福田徳三が、一八九八（明治三一）年には関一と志田鉀太郎が、一八九九（明治三二）年には石川文吾と滝本義夫が、一九〇〇（明治三三）年には石川巌、津村秀松、神田乃武、下野直太郎が、留学生として欧米諸国に派遣されていた。このうち、福田、関、石川文吾の三名は留学先から西洋の商業教育情報を日本に伝えていた。三名とも高商の卒業生であって母校への思い入れは強い。

このうち、石川巌、石川文吾、神田、滝本、津村、福田、志田、関の八名がベルリンに集まり五日間にわたって協議してまとめた「商科大学設立の必要」と題する提言が母校に送られてきて、同窓会誌に発表された。それは、「平常諸教授の理想に存する最高等なる商業教育の府は如何なるものなるべきや、之を日本に設立せんとせば如何なる手段に出づべきや等を研究したるもの」(『一橋五十年史』)であって、その後に同校で展開されることになる昇格運動の指針となった。これらの留学生たちは、一九〇〇(明治三三)年の佐野善作の帰国を皮切りに相次いで学園に戻り、'Captain of Industry'、つまり日本産業界の指導者養成をスローガンとした教育活動をした。

明治四一、四二年の干支《えと》にちなんで名づけられた申酉事件は、このような背景の中から生まれた事件であって、一橋にとっては一大事件であるため一橋関係者によって多くの記録が残されている。事件の概要はこうである。

一九〇七(明治四〇)年の衆議院で「商科大学設置建議案」が採択されたとき、文部省と高商の間に齟齬《そご》が生じた。高商は実績のある専攻部を昇格させて大学にすることを期待していたのに対して、文部省はその翌年に東京帝国大学の法科大学を政治学科と経済学科にすることで対処した。時の松崎校長は文部省に与し、これに反発する生徒を退学処分にするという強硬措置に出た。小松原英太郎文相は、さらに進めて法科大学内に商業学科を設け、高商の専攻部を廃止することにしたため、高商の期待は完全に裏切られた。

高商の生徒、卒業生、教官らは激昂し、生徒は総退学を決議、関や佐野ら四教授は辞表を提出した。これに対して渋沢商議委員ら有力な関係者は事態の収拾に乗り出し、渋沢の涙ながらの慰撫演説で生徒の総退学だけは回避することができた。文部省も譲歩し、当分の間専攻部を存続させることにしたため、高商側の言う「悲しき現状維持」で一先ず幕を下ろした。これが世に言う申酉事件である。

ところが、一九一三(大正二)年になると再度帝大対高商の対決が表面化した。文部省は高商専攻部廃止の省令は一旦撤回したものの、奥田義人文相はこの問題の解決の道を見出すべく、帝大の中に高商を併入するという案を出してきた。高商側はこれとは逆に、高商を大学に昇格させて、その中に帝大の経済学科と商業学科を取り込むべきだと主張した。帝大に併入されれば実績を誇る高商が消滅するという危惧から高商側の主張は強硬であったため、奥田文相は取りあえずこの議を棚上げしたことによって騒動は収まった。

文部省と帝大の側から見れば、これは難問と称すべき確執であった。第一に、当時の法制から見れば、帝国大学は総合大学であるべきで、単科の商科大学は容認されなかった。渋沢は、工業も農業も大学となっているのに商業にそれがないのは均衡を欠くと主張したけれども、工部大学校も駒場農学校も、札幌農学校も総合大学としての帝国大学に包み込まれた。第二に、特に帝大の側からの反発は商業という学問が大学水準のものとして認知され得るか、という疑念から生じていた。これに対して高商側では、福田徳三をはじめ有力教授は学問的実績をもって反証しようとした。帝大の側にはこの点についての自信はなかった。商業学科を設けたものの教授は得られず、学生の志願も低調であった。この商業学科の不振状態は、「小松原文相失敗の記念」とまで悪評された（『教育時論』第九五〇号、一九一一年九月）。

この厄介な問題は、一九一八（大正七）年に原敬内閣で実業界出身の中橋徳五郎が文部大臣に就任したことによって解決に向った。「帝国大学令」はそのままにして、単科および公私立の大学の設置を認める「大学令」を公布したからである。この新法によって官立単科大学の第一号として、一九二〇（大正九）年に東京商科大学が発足した。同年、大学主催の創立四五周年の記念式が開催されたとき渋沢は喜びの挨拶をなした中で、「滄海《そうかい》変じて桑《そう》田《でん》と為《な》る」という中国の古語を引用した。彼は同学の創業以来、財政面からも精神面からも支援を続けた。同校に事あるごとに呼び出されては、文部省との交渉や生徒の慰撫や教官の激励などに活躍した。ちなみに、彼の同学との関係は筆頭商議委員であったが、この商議委員という役職は一八八四（明治一七）年に矢野二郎が文部省と交渉して設けたもので、当時他の官立学校に例のないものであった。同記念式における彼の言葉の中には新生大学に対する彼の期待の念が表明されている。大学に対して道徳教育の必要を説いたところは渋沢らしい。

「深遠なる知識を以て商業を経営すると同時に、道理ある観念を以て商業界の道徳を充実させるといふことに十分なお力入れが願ひたい。斯くあつてこそ商業大学が本当に維持され、且つ未来に完全に進んで行くのである、と斯う考へます」（『龍門雑誌』第三九四号、一九二一年三月）。

5　一橋系譜の商業教育家

帝国大学や慶応義塾とちがって、一橋は、商法講習所の時代から商科大学の時代に至るまで、その卒業者の多くは、商業教育界で活躍した。明治期にあっては、中等商業学校長のほとんどは一橋の出身者で占められていた。一九一六（大正五）年のデータでは、全国の商業学校数は甲種六九校、乙種三四校であって、その校長は、東京高商卒四七名、同商業教員養成所卒九名にのぼり、半数以上は一橋系譜の教育家であった。また同校の専攻部は商業教育の最高学府であって一九〇一（明治三四）年には商業学士号を授与することができたため、全国の高等商業学校の商業系学科を担当する教授も一橋の専攻部出身者で占められていた。佐野善作校長は後年の著書で次のように記している。

「専攻部の卒業生は、開設（明治三十年）以来大正十三年三月卒業の者に至る迄累計千三十一名にして、主として実業に従事するも、専門学校及び甲種商業学校の教職に就ける者亦尠なからず。現今官公私立高等商業学校及専門学校商科に於ける商業学科の授業を担当せる者は大率《おおむね》東京高等商業学校専攻部出身者の商学士なりと云ふも大過なきが如し」（『日本商業教育五十年史』東京商科大学、一九二五年）。

東京帝国大学経済学部の実力教授大内兵衛が後年になって語ったところでは、「一橋のほうが経済学がずっとえらくて、プラクティカルな経済学であるという意味における評価は実業界ではやはり一橋でした」と言い、福田徳三、佐野善作、関一、滝本美夫の四教授の名前をあげた（『東京大学経済学部五十年史』一九七六年）。その後の出身者の中からも著名な教授が相次いで生まれ、その中には著名な教育者となった者も多い。特に重要な人物として、東京商大の初代学長となる佐野善作、大阪商大の創設に寄与した関一、神戸高商の校長をつとめ神戸商大の昇格に功労のあった水島鉄也は、三商大の経営に貢献した三大教育家である。

商業教育にも、工業や農業と同じような「渡り校長」がいて、地域の商業教育の拡散に寄与した。高等商業教育界にも、その種の校長がいたけれども、ここでは中等商業教育界における彼らの活動に注目してみる。二人の人物を代表例として挙げることにする。下関商業の斎藤軍八郎と名古屋商業の市邨芳樹である。

(1)**斎藤軍八郎**――越後の鳥越村に生まれ県費生として東京の商法講習所に学び、一八八三（明治一六）年に卒業。北越興商会の設けた新潟商業学校の創立に力を尽くしたあと、神戸、滋賀、京都、大阪の名門商業学校を渡り歩き、一時実業界に出たけれども、一九〇一（明治三四）年に市立下関商業学校の第八代校長として原点に戻った。以後二〇年間にわたりこの名門校の校風刷新に寄与し、同校の「中興の祖」と讃えられつつ、商業教育家としての生涯を閉じた。斎藤の前任者三戸得一は斎藤より一年後輩ながら、下関、京都、香川の商業学校長をつとめた典型的な渡り校長であったのに比べると、斎藤の校長歴は下関商業ただ一校であったので、渡り校長とは呼びにくいかも知れないが、他の誰よりも長い間全国の商業学校での教職経験の持ち主であり、下関の学校長はその総仕上げであった。

下関商業における斎藤の最大功績は、徳育の充実であった。同校は、「下商名物」と揶揄《やゆ》されるストライキ瀬発の難治校であって、斎藤自身も就任早々三度のストライキに見舞われた。斎藤は、学校の使命の一つは生徒の道徳性の向上にあると考え、渋沢の提唱していた論語算盤説、道徳経済合一説を実践に移した。同校は、一九〇五（明治三八）年に学級の名称を仁・義・礼・智と改め、一九〇九（明治四二）年からは教諭の宗内長吉に論語講義を担当させ、斎藤も自ら講義をした。渋沢は日本商業教育の倫理化運動に貢献したが、斎藤はこの運動を地方に定着させることに寄与した。このことは渋沢も評価していて、一九一〇（明治四三）年には「達人大観」と揮毫して同校に贈り、また中国視察の帰途同校で一場の講演をした。

そのほか、斎藤は一九一三（大正二）年から三か所の家庭的公認塾舎を設け、その中の一舎は斎藤自身が塾主となり、師弟の交誼を密なものにした。

斎藤の教育方針は生徒が卒業後に生かすことのできる実践能力の形成にあって、そのための実用的英語の学力向上に力を尽くした。外字新聞を教科書に用いたのも彼のアイディアである。加えて、中国語も随意科目として提供した。いずれも就職に有利になるようにという配慮からであった。それだけの信頼を集めた斎藤は市長と意見の衝突を来し、長年の勤務を終えたが、生徒は慰留を求めたストライキを起こした。排斥のストライキで迎えられた斎藤は好意のストライキで学校をあとにした。

(2)**市邨芳樹**――広島県の尾道に生まれ、斎藤と同じように県費生として東京の商法講習所に入学し、一八八七（明治二〇）年に卒業、帰郷して尾道に簡易商業学校（のちの広島県立尾道商業学校）を創立したあと、一時期実業界に出たが、恩師矢野二郎の推輓によって一八九三（明治二六）年に愛知県名古屋商業学校（のち市立名古屋商業学校と改称）の教諭となり、その後同校の第五代校長に就任した。以後二〇余年間その職にあって同校の発展に寄与した。校長に就任すると、その直後に校風四則（のち三則に変更）を定め、一に三恩に感謝すべし、二に商士道を発揮せよ、三に世界は我市場なりを校是とした（市邨芳樹『戦の跡――世界は我市場』文華堂、一九二〇年）。この校風確立に対する市邨の功績は大きい。

名古屋における市邨のさらに大きな功績は一九〇七（明治四〇）年に各種学校としての女子商業学校を設け、翌年にそれを正規の商業学校にしたことである。一九二五（大正一四）年にはさらに加えて第二の女子商業学校を設け、日本の女子商業教育の先導役を果たした。これら二校の創立は、名古屋市民が市邨の功労を顕彰するために醵出した多額の寄付金で実現した。特に市邨が市立名古屋商業学校を辞職して女子教育に専念するという決意を表明したときの祝賀会は、参加者三千人、贈呈金一〇万円という前例のない盛会となった。この席に臨場した渋沢は、矢野と市邨を並び称した。市邨は「第二の矢野二郎」と称され、自らも「矢野二郎の後身」を以て自認した。

東京における矢野は、教育の方針をめぐる校内の抵抗勢力によって石もて追われるように校長職を辞し、以後うっくつした人生を送ったのに比べて、市邨は矢野の構想した実務的能力をもった男女の商業人材の育成を中等段階の学校において大輪の花を咲かせることができた。その間、浜松、岐阜、大垣、静岡の商業学校の創設に際して請われて指導助言をしたし、また全国商業学校長協会の幹事長としてリーダーシップを発揮した。

6　商業教育機関の発達

工・農・商の高等および中等の教育機関の発達状況は、その学校数から見れば時代状況に応じて変化してきたことについては前述した。敗戦直前には商業教育の大縮小がなされたため、今はそれに先立つ一九四二（昭和一七）年までの概略を記してみると、この間には高等教育機関は、商業の伸びが大きく工業がそれに続いた。中等教育機関は農業が優位に立っていたが、戦時体制に入ると商業がそれを上回った。なぜ商業が優勢であったかについてはそれなりの理由があって、その最大の理由は、この分野における私立学校の参入が活況を呈したことにある。この間の商業教育機関の発達を高等と中等の二段階に分けてもう少し詳しく説明してみよう。

まず高等教育について見れば、注目すべき特徴として次の五点を挙げることができる。

第一点。工業および農業とちがって、帝国大学の中に商業学部が存在しなかったことである。その代わりに「大学令」による単科大学が工業や農業よりも先行していたし、官公立の商業大学は大阪、神戸を加えて三校になった。また私立校が参入して私立大学商学部は七校に達した。

第二点。専門学校は、官立校としては一九〇五（明治三八）年の山口と長崎の高等商業学校を先駆にして一一校を数えたが、工業の二四校、農業の一五校に比べればその数は少ない。国策は、帝国大学を含めて工・農の産業分野を重視していたことの証左である。その穴埋めの役割を果たしたのは私立の専門学校であって、明治末年の高千穂高等商業学校から始まり十二校に達した。この時点において工業の私立は三校、農業は四校であったのに比べれば、格段にその数は多い。

第三点。私立学校の果たした役割が大きいことである。一九一八（大正七）年の「大学令」の公布以前に、すでに多数の名目上の私立大学が存在して専門学校として扱われていたが、それらの大学の中には商業教育に参入した事例は多く、一九〇六（明治三九）年には、明治大学、専修大学、法政大学、関西大学に、その翌年には日本大学に、専門部の商業系学科が設けられ、以後早稲田大学などがこれに続いた。「大学令」によりそれまでの私立大学が正規の大学になると、早稲田、明治、中央、拓殖、上智の五大学に商学部が設けられたし、また多くの専門部商業学科はそのまま「専門学校令」の適用下の専門学校として存続した。

第四点。キリスト教系私学の参入の多いのも商業教育の特色である。「大学令」の適用を受けるようになった後の上智大学は商学部を、立教と関西学院の両大学は学部段階の商業学科を、同志社と関西学院の両大学は専門学校段階の高等商業学校を設けた。一般専門学校の中にも、東北学院、青山学院、明治学院、西南学院、関東学院に商業系の学科が設けられた。これらキリスト教系私学は文系のものが多く、工学や農学といった理系の学部・学科になじまなかったこと、時代に即応しつつ学生・生徒の確保による経営の安定を図ったことなどがその理由として考えられる。

第五点。私立の女子商業専門学校が設けられたのも商業分野の特色であって、これについては第8章に譲る。

次に、中等商業教育について見れば、学校数は年々増加した。二種以上の実業学校の学科を含む学校（実業学校、農工学校、商工学校など）を含み入れるか否かなどによって、統計数には若干のちがいは出るけれども、文部省のまとめた一覧表では、一九〇二（明治三五）年の五〇校（甲種四二校、乙種八校）は、明治末年には九九校（甲六七、乙三二）、大正末年には二五一校（甲二〇九、乙四二）、そして一九四二（昭和一七）年には四六二校（甲四一八、乙四四）となった（『産業教育七十年史』一九五六年）。この最後の年度では、学校数だけでなく、生徒数も卒業生数も工と農を大きく上回っている。前出の図1でこの年の学校数が五一四校となっているのは、『実業学校一覧』の校数を数えたからである。工業および農業とちがう、商業の中等教育の特色を挙げるとすれば次の四点が重要ではないかと思う。

第一点。工・農に比べて生徒数の伸び率が格段と高いことである。手許に一九二二（大正一一）年から一九三七（昭和一三）年までの一五年間の調査統計があるので、それを要約してみると、商業学校では生徒数において三・一倍、卒業者数において三・九倍の伸びであるのに対し、工業学校は二・七倍と三・一倍、農業学校では生徒数・卒業者数がともに一・七倍である（『実業教育』第二巻五号、一九四〇年五月）。工業学校の学校数は商業学校の学校数を若干上回り急成長したけれども、生徒数や卒業生数では商業学校には及ばない。商業学校は工業学校に比べれば施設設備その他の面から見て一校当りの収容定数を多くすることができたこと、工業学校は男子のみを入学させたのに対して商業学校は女子にも門戸を開いたことなどがその理由として考えられる。

第二点。商業学校には市立校が多いことも特徴である。道府県立よりも市立校が優勢であることは、市民の要望や寄付金などの支援に支えられる度合いが高かったことを物語る。仙台、宇都宮、横浜、甲府、名古屋、京都、下関、高知、久留米、長崎などの名門商業学校は最初から市立であった。工業や農業の場合、道府県の勧業政策の中から生み出されたため、各道府県立校が大抵一校以上設けられたのに対して、宮城、秋田、京都、大阪、高知、福岡、沖縄には府県立の商業学校は存在しない。

第三点。私立校の多いのも商業学校の特色である。法人立、私人立を含めて私立校と呼ぶならば、一八〇校、全体の三四％はそれである。このうち法人立は一四〇校、私人立は三九校、組合立は一校の内訳となるが、法人立が多いのは文部省の行政指導によって財団法人を設けて財政基盤と責任体制を確立するための対応である。私人が設立認可を求めた際に法人立にすることを条件とする場合も見られた。法人立は工業では二九校、農業では一一校であった。

第四点。以上は高等と中等の二段階に分けての商業教育機関の概要であって、この二段階の教育を併せて行うという、工・農には見られない教育機関が存在した。早稲田大学、日本大学、明治大学などにその例が見られる。早稲田大学では、早稲田実業学校（明治三四年創立）と大学部商科（明治三七年）をほぼ同時に設け、後者は商学部（大正九年）と専門部商学科（大正九年）に改組し、その後さらに附属早稲田専門学校商科（大正一三年）を加えた。日本大学では、商業学科（明治三八年）を専門部商科（明治四〇年）にし、商学部（大正九年）を設置したのちに、中等段階の第一（昭和二年）、第二（昭和三年）、第三（昭和五年）商業学校を設けた。明治大学では、専門部商科（明治三九年）を皮切りに、商学部（大正九年）、専門部女子部商科（昭和三年）、商業学校（昭和五年）を設けている。

7　特色ある学校事例

まず、大学教育について見れば、官立の東京商科大学と神戸商業大学、それに公立の大阪商科大学の、通称三商大が重要である。私立大学では、「大学令」の公布後、一九二〇（大正九）年に早稲田、明治、中央、日本の四大学に商学部が設けられ、その後拓殖、上智、関西学院の三大学が続いた。ただし、日本大学と関西学院大学は商学部ではなく商経学部と称した。これまで言及することの少なかった大阪と神戸の二商大を例示してみる。

⑴**大阪商科大学**――江戸期に町人の町として栄えた大阪は維新後になるとかつての生気を失っていた。ここにサムライ出身の新商人五代友厚や福沢門下の新知識加藤政之助らが、一八八〇（明治一三）年に地元の紳商を動かして、東京、神戸に続く商業講習所を設け、慶応出身の桐原捨三を所長にした。当時の大阪市民の理解は薄く苦難の船出ではあったが、一八八五（明治一八）年になって府立大阪商業学校と改称、さらに四年七か月後にはその経費が市税から出ているという理由をもって市立商業学校となった。その後、第二の官立高商への昇格をめぐって神戸と争って敗れたため、自力による市立の高等商業学校とし、さらに一九二八（昭和三）年には大阪商科大学にした。

「大学令」では道府県立校と単科の大学の設置は認められていたものの市立の単科大学を設置するには法令の改正を必要としたため、大阪市の強い要望によりそれが実現した。官立の神戸商業大学より一年早く設置認可が出た。この間に政治的折衝や市民啓発に功労のあったのは関一である。

関は、旧幕臣の子として静岡に生まれ一八九三（明治二六）年に東京高等商業学校を卒業、神戸、新潟の商業学校に勤務したのち母校に戻り、一八九八（明治三一）年から三年間ベルギーに留学するもののその後ドイツに移り、「ベルリン宣言」の八教授の中に名を連ねた。その間、『欧米商業教育の概況』を文部省に報告して刊行された。申西事件で辞任し、一旦復職したものの、期するところあって、一九一四（大正三）年に大阪市助役に転出し、一九二三（大正一二）年に市長となり、一二年間その職を務めた。在職中は大阪市政の刷新、特に都市計画の推進に功績を残した。商科大学の設置もその一環であって、開学直後に次のような言辞を残している。「顧《おも》フニ本大学ハ市民ノ大学ナリ。市民ノ生活経済ハ本大学ニ依テ導カレ、本大学ノ研究ハ其ノ独得ノ使命ニ立ツテ市民ノ文化ヲ指導シ、以テ本市ノ殷盛《いんせい》ヲ致シ、進デ経済立国ノ実ヲ挙ゲムトス」（『大阪商科大学六十年史』一九四四年）。

関はまた、大阪商科大は専門学校の延長でも国立大学のコピーでもなく、大阪市を背景とした学問の創造をしなければならない、とも発言している（同上）。関をはじめ市民の期待が大きかっただけに、その後の同学がどの程度までその期待にこたえ得たかが問われなければならない。結論から言えば、官立の二商大に比べれば、市立の大学として見るべき成果を収めたことが認められる。特に次の二点は重要である。

第一点。学問面から見て市政科と経済研究所を挙げたい。商科大学創設当初の学則では、学部を貿易科、金融科、経営科、市政科の四科編成にした。このうちの市政科という目新しい学科の創案者は関であって、「市政は、全然経済に関する智識で経済を応用して行けばよいと思ふのであります。あまり政治的手腕によるのはよくないと思ふ」と述べている（『如水会々報』第一三一号、一九三四年一〇月）。また経済研究所は大阪高商出身の実業家野村徳七の一〇〇万円という巨額の寄付によって設けられ、その創設趣旨は次のようにうたわれている。「経済現象ニ関スル抽象的理論的討究ヲ主トセズ、寧ロ確実豊富ナル資料ヲ蒐集整理シ、之ニ基キテ為セル実証的研究ノ結果ヲ学界及実業界ニ提供シ、又ハ本所蒐集ノ資料ヲ公開シテ以テ経済界ノ進歩ニ貢献スルコト」（『大阪商科大学一覧』昭和四年度）。

第二点。教育面から見て市民に便宜を提供したことも重要である。大阪商科大はその前身校の時代から、本科に加えて夜間速成科など実務従事者に対する細かな配慮をしたし、高商への昇格時には、附属校として中等商業学校を存続させた。その後、組織としてはこの中等学校は独立したけれども、高商が一九三三（昭和八）年に杉本町に移転するまでは天王寺の同一敷地内に併置されていて連携関係を保った。大学昇格時には、市民の要望の高かったそれまでの高商を存続させるために高等商業部を設けた。大学学部も高等商業部も大阪市民には授業料を減額した。官立の二商大に比べれば地元住民の入学者の比率は高く、確かな信頼関係が築かれた。

(2)神戸商業大学——神戸には、一八七八（明治一一）年に東京に次ぐ第二の商業講習所が設けられたが、東京、大阪のように高商、商大へと連続することなく、兵庫県立神戸商業学校として発展した。明治三〇年代に入り、第二の官立高商を関西に設けるという計画が浮かび上ってきたとき、商都大阪との間に激しい誘致合戦の末に、国会ではわずか一票差ではあったが、政府の決定をかち得た。この時神戸側が掲げたのは、商権確立、関税自主権といった諸問題を解決して、国際貿易の推進に従事する人材の養成であった。土地一万一八〇〇坪と創立費中の五万円は神戸市が寄付した。初代校長には、東京高等商業学校教授水島鉄也が発令された。

水島は、中津藩士の子に生まれたが、父の職業が定まらずしかも早く死去したため一家離散の悲運に陥った。水島は姫路の叔父に引きとられ、神戸商業講習所に学び、それから東京高商に進学した。市邨芳樹と同時に卒業し矢野校長により同校の教員に採用されたが、一家再興を夢みて実業界に出たのち、再度母校に呼び戻されて教授となった。神戸高商の校長に抜擢された彼は、生涯を商業教育家として神戸高商の発展に力を尽すことになる。

神戸高商の開校式の日、彼は式辞の中で、彼の教育方針について次のように語った。

「教育方針として品性の陶冶を主とするは勿論、授業上に就ては学理に偏せずして実地活用的人物、特に神戸の土地柄及び世界の大勢に照らし海外通商貿易に従事する有為の商人を養成するに勤むべく、従つて学科中外国語の如きは最も重きを措く」（『教育時論』第六六八号、一九〇三年一一月）。

水島は、学校経営に創意をこらした。まず注目すべきは、予科を第一部と第二部に分けて商業学校卒業者にも中学校卒業者と同じように入学の門戸を拡張したことである。そのほか、二二年間にわたる校長在職中に、学友会内部に生徒の出身地や出身校を単位とする「友団」を作り親睦と協力の体制を整えたり、生徒が自主的に経営する消費組合を他校に先がけて設けたり、研究面では兼松商店その他の寄付金によって研究所や兼松講堂を設けるなどして、「神戸高商の水島か、水島の神戸高商か」と称されるだけの実績をあげた。

神戸高商の商科大学への昇格運動は水島校長時代に始まった。まず動き出したのは生徒委員会であって、早くも一九一九（大正八）年には第一回大会を開き決議文を採択した。一九二〇（大正九）年に東京商科大学が設置されると昇格運動はさらに勢を増し、生徒大会も二〇数回に及び、水島もまたそれを支援して懸命に奔走した。ようやく一九二九（昭和四）年に実現したが、このとき高商時代から続いていた修業年限一年の予科は廃止され、加えて専門部は設けないという政府の決定が下されたため、東京と大阪の両商大に比べると、いわば裸の商大となった。

水島は健康上の理由から、昇格の確定した後の一九二五（大正一四）年に校長職を辞した。留任を嘆願する生徒の前で、涙ながらの離別の挨拶をし、後継者に田崎慎治を推薦した。商大の初代学長となった田崎は、水島の後輩であり一八九九（明治三二）年に東京高商を卒業した。長崎高商の教授をしていたとき水島から神戸に呼び寄せられ、水島の股肱の下僚として校長学を学んだ。商大の学長就任後、水島の学校経営の忠実な継承者を以て自ら任じ、同学の発展に寄与した。世界貿易の要衝にある神戸の地理的環境を生かして国際経済に関係ある諸学科の充実を図るとともに、彼の言によれば、学理と実際の融和に意を用い、実際に即して理論を樹立し、学理を実際に応用する能力を形成する、という伝統を確立した。結果的には、同学の卒業生は会社商社の社員になる者が圧倒的に多く、しかも海外に進出する者も多くいた。実務能力のある人材、国際活動のできる人材の養成に成功したと言えよう。

大阪の関も、神戸の水島も、同じ東京高商の卒業生ではあったが、二人の教育観のちがいが原因で両大学の学風はちがったものになった。関は市民のための学問の樹立を希求したため、その学問の確立には京都帝大の支援を求めた。学長も、初代の河田嗣郎、第二代の本庄栄次郎と、京大の有力教授を迎えたし、卒業生の中には京大に進学する者も出た。これに対して水島は、東京帝大に対抗心をもつ東京高商との関係を大切にし、矢野から受けた薫陶を神戸の地で開花させた。東京商大と神戸商大の連携関係はその後も継続することになった。

次に、専門教育について見れば、上に述べた三商大は日本の代表的な三高商の昇格したものであり、これら三校に続いて、大正末年までに一一校の官立高等商業学校が設けられ、昭和初期には二校の公立高商が加わった。商業の教育が、工業や農業のそれと異なることは私立校の多さであって、私立大学商学部は明治末年から始まって一二校、私立大学の専門部は明治三〇年代から始まって一二校、私立専門学校の商業系学科は大正末年から始まり九校を数えた。第二次大戦末期の大縮小をひかえ、いずれも一九四二（昭和一七）年までに創立を終えている。これらの官立校と私立校を一校ずつ選んでその特色を例示してみよう。

(3)**山口高等商業学校**――三商大に昇格する三高商につぐ第四の高商は意外にも山口に生まれた。第五の長崎高商より一か月前のことである。山口高商の歴史について語るある校長は、「光輝ある歴史と特異なる沿革」という言葉を使って誇りにしている（『山口高等商業学校沿革史』一九四〇年）。彼の言う光輝ある歴史とは、その発端が毛利藩の藩校明倫館に起源をもち、それが県立中学校となり、山口高等中学校を経て山口高等学校となったことを意味し、特異なる沿革とは、一九〇五（明治三八）年になって山口高等商業学校に転換したことを意味している。しかし、この転換をもって山口高商の栄光の歴史を語るのはいささか無理があるように思われる。旧制高等学校の施設設備を利用した高等商業学校の新設であると見なすのが適当であろう。

およそ商業とは縁遠い山口の町になぜ高商なのかという疑問が生まれる。それには二つの理由が考えられる。その一は財政的な理由であって山口高等学校は経費面で経営困難な状況に陥っていた。旧藩主の肝入りで作られた地域の育英団体である防長教育会の支援を受けていた山口高校の経営の行きづまりを打開するには、それを国家の経営に移す必要が生じていたからである。その二は、国家の側からすれば、山口が大陸に近いため、大陸に進出する実業家を養成するという課題解決に役立てようと考えたことである。この間、山口高校の最後の校長であり山口高商の初代校長となる松本源太郎が難題の解決にあたった。松本は東京帝大の出身であり、彼の後任校長も東京帝大から補われた。

山口高商は、政府の期待にこたえるための校風づくりをし、実績を収めた。特に次の三点は重要である。

第一点。アジア留学生を受け入れるための諸種の方策を講じたことである。早くも一九〇八（明治四一）年には清国政府の要請を受けて毎年二五名の留学生を入学させ、予科一年、本科三年の特別教育をすることにした。ピーク時の一九一一（明治四四）年には、予科三〇名、本科六九名、合わせて九九名もの中国人留学生が在籍していた。その後、修学旅行先をめぐって留学生の反発が生じ、彼らはこぞって明治大学に転校したため低調となった。満州国の建国以来満州からの留学生が入学して再度活況を取り戻し、一九四二（昭和一七）年までの卒業生（修了生を含む）は、満州国九八名、朝鮮五一名、中華民国四七名を数えた（『山口高等商業学校一覧』昭和一七年度）。

第二点。アジア関連の学科を設けて日本人にアジア進出の実力を身につけさせたことである。一九一六（大正五）年には支那貿易講習科（のち支那貿易科と改称）を設けて、本科卒業生に一年間の特別教育を行ったし、一九三九（昭和一四）年には支那科を設置して従来の本科を第一部、この支那科を第二部と対等の位置に置いた。このとき支那貿易科は東亜経済研究科と改称した。そのほか、一九二九（昭和四）年からは中等学校卒業生に一年間の速成教育をなす貿易別科も加設した。一九四二年現在、本科（第二部を含む）、東亜経済研究科、貿易別科の卒業生総数四千八六八名中海外居住者は千六四六名、何と三四%という高い比率になる。東亜経済研究科は四六%、貿易別科は四三%である（同上）。同じくアジア重視の教育方針をとった長崎高商よりもその比率ははるかに高い。

第三点。教育面だけでなく研究面でも積極的な対応をしたことである。一九一六（大正五）年には東亜経済研究会（のち東亜経済研究所）を発足させて、翌年から研究誌『東亜経済研究』の刊行を始めた。アジア研究の重要性が増した一九三九（昭和一四）年からは年間六回の刊行という意欲を示した。

(4) **大倉高等商業学校**——創立者の大倉喜八郎は越後新発田の豪商の家に生まれ、幕末維新期には横浜に出て武器商人として財をなした。一八七二（明治五）年には日本商人としては初めて欧米を視察し、国際感覚を身につけて外国貿易商としての力量を発揮した。彼は日本商人の意識改革の必要性を痛感していて、一八七九（明治一二）年に東京府会で商法講習所の廃止論が出たとき、「凡ソ国ヲ富スハ外国貿易ニアリ。其貿易ニ掛ル法ヲ教エルハ商法講習所ニシテ、之レ国ノ富ヲ保ツ人ヲ教フル場ナリ」として、その存続を主張した（細谷新治『商業教育の曙』上巻、一九九〇年）。さらに大倉は、一八八六（明治一九）年に『貿易意見書』を著し、日本商人は「往時ノ旧套《きゅうとう》」を脱せよと力説した。

一九〇〇（明治三三）年、還暦を迎えた大倉は自ら商業教育に乗り出す決意をして、創設費に二〇万円、原資金に三〇万を出して大倉商業学校を創設した。その後も古稀を機に大阪大倉商業学校、京城（ソウル）に善隣商業学校を設立する資金を提供した。東京の大倉商業学校は、予科二年、本科四年の甲種校であって、夜間授業の東京商業学校を除けば、東京で最初の企図であったため、入学志望者は時には一〇倍に及ぶ人気を博した。

一九一九（大正八）年になると、この商業学校を高等商業学校に格上げすることを企図した。商業学校の施設設備を利用して高商にすることの認可を取りつけたのである。それまで商業学校の卒業生を東京高商に送り込むという連携関係が、東京高商の大学昇格に伴って途切れたことを受けて、大倉は自前で高商設置に踏み切ったことが、その理由と考えられる。新設の大倉高商の学校長や教授陣は初めのころは東京高商の出身者をあてた。

大倉高商の教育で注目したいことは、一つには赤坂の大倉邸に隣接していたという地の利を生かして、商業学校の時代から昼間勤労する者に夜間授業を受ける機会を提供したことであり、また一つには、英語教育を重視したことである。大倉は、「平和ノ戦争」「商売上ノ戦争」に従軍する「商士」「商兵」という言葉をしばしば口にしていて、それに必要なものは英語であるという信念を持っていた。

最後に、中等教育について見れば、創立の古い名門校は多く、かつ学校数が多いだけに、特色校もまた多い。貿易港のある二校を例示してみる。

(5)**横浜市立横浜商業学校**――居留地貿易で盛況を極めた横浜では、外国商人の専横に耐えかねた横浜貿易商組合が自衛策の一つとして一八八二（明治一五）年に横浜商法学校を設けた。福沢門下の有力者たちが支援をし、その初代校長には三菱商業学校に勤務していた美沢進が就任した。美沢は岡山県川上町の造酒業の家に生まれ、父の破産に加えて自身が身体に障害をもったため、学問がおくれ、三〇歳にしてようやく慶応を卒業するという晩学者であった。福沢の推薦で校長に就任すると、生涯をその職で貫き、在職のまま死去するという校長一筋の道を歩んだ。

美沢の尽力によって、同校はY商と称される名門校となった。他の商業学校とはちがったY商の特色としては次の三点を挙げることができる。

第一点。経営主体は横浜市民であった。地元商人の寄付金で創立され、最後まで市立校であった。Y商という通称は、地元民の愛称でもあった。

第二点。他の商業学校より修業年限が長く別格商業と称された。創立時は四年の小学校卒、予科二年、本科三年であったが、義務教育年限延長後は、六年の小学校卒、予科二年、本科五年の七年制にした。のち、予科を廃止して本科五年、専修科二年に変更したが七年制には変わりはなかった。「商業学校規程」では小卒、修業年限五年を甲種校と定めたのでそれより二年長く、高等商業学校よりわずか一年短いだけであった。そのためY商から高等商業学校への進学希望者は少なく、そこで完結教育がなされたことになる。その後、一九二八（昭和三）年には専修科二年をさらに一年延長して専門学校の水準に高めることにしてY専（横浜市立横浜商業専門学校）の設置認可を得た。Y商とY専を合わせてオールY校と称されるようになる。

第三点。美沢は学校経営にたけていて、彼は明確な信念をもって校長としてのリーダーシップを発揮した。スマイルズの言う「セルフ・ヘルプ」を座右の銘としていた彼は、知・徳・体の三教を身につけた実践的力量の形成を教育目標にした。例えば、一九二〇（大正九）年改正の学則第一条には、次のようにその目標を明示した。

「本校ハ商業ニ従事スル者ニ必要ナル修身学術衛生ヲ教授シ、之ガ均一ノ進歩ヲ図リ、身体強健行状端正ニシテ内外ノ商務ヲ処理シ得ル者ヲ養成スルヲ以テ目的トス」（『Y校八十周年記念誌』一九六二年）。

(6)長崎市立商業学校――一八八五（明治一八）年、長崎県令の石田英吉は、地元の貿易商に働きかけて寄付金を集め公立の長崎商業学校を発足させた。これより先、長崎には幕政時代から外国語学校が設けられていて、途中一回も名称変更しながら石田県政時代には県立長崎外国語学校として復活していた。石田はこの外国語学校を母体にして商業学校を作ることを企て、一旦長崎県立商業学校としたが、経費支出の主体が長崎区にあったことから、一八八九（明治二二）年の市制施行時に市立校に転換した。以後同校は名門市立校として発展することになった。

同校の関係者の中には、自校の歴史の古さを誇り、その発端を江戸期の語学所に求める傾向がある。例えば、創立五〇周年に建立された記念碑において、長崎高商の教授経験をもつ田崎慎治神戸商大学長の記した碑文の冒頭には、「安政五年近世日本文化発祥ノ地長崎立山ニ創立セラレシ英語伝習所コソハ我ガ長崎市立商業学校ノ前身ニシテ」と記されている（『長崎商業学校百年史』一九八五年）。しかし、外国語学校と商業学校の連続性を強調しすぎることには慎重でなければならない。長崎商業学校が伝統を重んじて外国語を重視したことは確かであるけれども、二つの学校にはそれぞれちがった目的があったからである。

長崎市立商業学校の特色は、その伝統を生かして外国語を尊重し、外国への進出の力量を身につけさせたことである。一八九六（明治二九）年の学則を見ると、従来の英語科に加えて外国語学校時代の清語科を復活させ、それに朝鮮語科と露語科を加えて四か国語を教えている。同年には上海旅行を開始し、外国への修学旅行の嚆矢である、と百年史は誇っている。

卒業生の就職状況については、昭和一四年度の『一覧』には、第一回から第三四回までの卒業生の住所が記されていて、海外在留者は満州二五八名、支那一一五名、その他六〇名となっている。当時の生存者の総数が出ていないため正確には分からないけれども、およそ一三％程度の者が海外に居住していたことになる。その後も海外居住者は増え、東南アジア方面にまで拡大している。また同校の卒業者は上級学校、特に高等商業学校への進学の希望者が多く、このことも含めて「長商スピリット」と評されている。

8　第二次大戦末期の大縮小

第二次大戦末期に工業教育が大拡張したことについては前述した。それを決定づけた一九四三（昭和一八）年の「閣議決定」では、それとは逆に商業教育の大縮小の方針が打ち出された。男子商業学校は工業学校、農業学校、女子商業学校に転換すること、それが不可能な場合は整理縮小することが指令されたのである。この閣議決定は、高等教育よりも中等教育に対して決定的打撃を与えた。この国策の前には抵抗する術もなく大縮小の一途を辿ることになる。なお敗戦時の学校数は文部省の統計がないため、著者の調査した暫定的な数字であることを断わっておく。ここでは影響の大きかった中等教育から先に概述してみる。中等商業学校の大縮小は大別して次の三つの方法によって行われた。

第一の方法は、工業学校への転換である。圧倒的多数の商業学校は政府の指令に忠実に従って工業学校へ転換していて、その学校数は二三六校に上る。特に東京都の四〇校、大阪府の二三校は際立って多い。この転換には、学科課程の改正、教員の確保、実習施設の整備などの難題が横たわっていたけれども、このうち実習校は学徒勤労動員と連動していて派遣先の工場での作業がそれに代替された。商業から工業への転換は、上からの強制であるだけに、学校側としても特別の理由づけや正当化する理由書は見当らない。いわば教育の論理抜きの転換であった。

第二の方法は、農業学校または農工学校への転換である。農業学校への転換校は一七校あって、それまでの農商学校の中の六校が、商業科を廃止して農業学校になったのもその中に含まれる。農工学校となったものは一〇校あって、その内訳はそれまでの農商学校の商業科を工業科に変えたものが四校とそれまでの実業学校で商業科を廃止して農工学校となったものが六校である。これらの転換校ではそれぞれに理由を記したものが含まれる。まず商業学校から工業学校ではなくして農業学校に転換した福知山市立農学校の設置申請には次のように記されている。なぜ農業なのかという理由が示されている。

「現下農業ノ発展ト農村繁栄トヲ企図スル国策ノ下ニ於テ実地ニ農業者ヲ指導シ挺身農村ノ開発進展ニ寄与セシムル為ニハ農業教育ノ普及徹底ニ待タザルベカラズ」（『文部省簿書』「設置・廃止許認可文書農業学校京都府」）。

もう一校、農業を残したまま商業だけを工業に変更した事例を紹介してみよう。長野県丸子農工学校の設置申請書の一部であって、農工連携の必要が説かれている。

「丸子農商学校ハ、昭和十七年四月農業土木科ヲ設置以来、土木測量、器具機械の整備ニ努メタル結果、現在之ガ教授施設相当完備セリ。今般商業科ノ転換措置ニ当リ之ガ施設ヲ更ニ活用スルコトハ時局下資材乏シキ折柄特ニ緊要ナルヲ以テ昭和十九年度ヨリ土木科ヲ設置シ、教員組織並ニ設備ノ充実ヲ期シ、以テ土木技術者ノ養成ニ努メントス」（同上、「設置・廃止許認可文書農業学校長野県」）。

第三の方法は、男子商業学校の女子商業学校への転換である。すでに早くから商業学校は女子に開放されていて、これにはさほどの抵抗はなかった。男子校から女子校への転換は三八校ある。特に東京都立校の場合、一一校という多数が転換しているが、その中の九校の申請書は一まとめにして出された。その中には次のような同文の趣意が記されている。女子教育の拡張を期待する戦時体制下の国策が簡明に表現されているので、長文ながら以下に引用してみる。

「今ヤ帝国ハ未曽有ノ時難ニ遭遇シ一億国民挙ゲテ戦闘配備ニ全力ヲ傾倒セザルベカラズ。此ノ秋ニ当リ独リ女子ノミガ家庭ニ在リテ徒食スルヲ許サズ。曩ニ制定セラレタル男子就業禁止令実施ト共ニ之ガ業務代行者トシテ女子ノ率先挺身ヲ促進セラルルハ理ノ当然ニシテ其ノ職域モ亦広汎ニ亘ルベキモ、就中産業部門ニ於テハ生産増強ト相俟ツテ女子事務者ノ需要激増スル現状ニ鑑ミ、教育ニ関スル戦時非常措置ニ基キ男子商業学校又ハ旧女子職業学校ノ転換ヲ敢行シ、中等学校令及実業学校規程ニ依リ、女子商業学校ヲ新設シ、専ラ産業実務ニ従事セントスル者ニ須要ナル教育ヲ施シ、併《あわせ》而《て》中堅有為ノ皇国女子タルノ徳性ヲ涵養シ、以テ斯界ノ要請ニ応ゼントスルモノナリ」（同上、「設置・廃止許認可文書商業学校東京都」）。

この文中に、旧女子職業学校とあるのは、一九四三（昭和一八）年の「実業学校規程」において法的根拠を失った職業学校の謂であり、その多くは女子商業学校に転換した。その他、各種学校からの転換、青年学校からの転換、男女共学商業学校の女子部の独立など、種々の手順を経て女子商業学校が簇生し、敗戦時には女子に開放された学校は総計三〇八校に達した。女子教育の問題は第8章でさらに言及する。

以上は中等商業学校の大縮小の状況であって、これに比べれば高等教育の分野での影響は比較的軽微であった。とはいえ、商業教育の内容面から見れば、見逃すことのできない影響もあった。特に次の二点は重要である。

第一点。大学教育において、日本商業教育の最高学府である東京商大が東京産業大学と改称され、加えて附属工業経営専門部が設けられた。神戸商大も神戸経済大学と改称のうえ、航空機生産に関係する経営計録講習所が加設された。大阪商大は名称はそのままであったが高等商業部は大阪工業経営専門学校に改組された。

第二点。専門教育の改組は大学教育よりも大規模であって、まず第一段階として官立の高等商業学校は経済専門学校と名称が改められたうえで、第二段階として彦根、和歌山、高岡の三校の経済専門学校がこれまでとは異なる工業専門学校に転換させられた。さらに、長崎、名古屋、横浜の三校の経済専門学校は工業経営専門学校とされて、工業への接近を求められた。それまでに工商の連携を説く論者はいて、和歌山では地元がそのことを期待していたし、名古屋ではすでに工業経営科を設けて実践に移していたけれども、ここまで商業が身を切って工業に近づいたことは注目に値する。そのことによって多年にわたり蓄積してきた日本の商業教育の伝統がどのように変化するかは戦後改革の課題となる。

第8章　戦前期産業社会の女性役割

1　日本歴史の中の働く女性

歴史書によれば、すでに縄文時代に男女の性別分業や役割分担が始まったと言われる。出産は当然であるにしても、食物の採取や調理、衣服の加工など生活に密着した労働は女性が主役を果たしていた。文字記録に即して見ても、『万葉集』の女性歌の中には労働の歌が多いことも知られている。

中世になると、絵巻物や屏風絵の中に働く女性の姿が描かれている。衣食や生活必需品の製造販売にかかわる女性が多い。田端泰子によれば八種の職種を例示できると言う。

「頭を布で包み正方形の豆腐を売る女、かぶり物で頭を包み竿秤《さおばかり》を傍に置いて真綿を売る女、自分で裁ち縫ったと思われる帯を店棚で売る女、練り香を売る薫物《たきもの》売りの女、酒の製造と販売をする女、大瓶《おおかめ》に布を浸《つ》けて作業する紺掻《こうかき》の女、黒木を頭に載せて売り歩く大原女、ゴザに米を広げ升《ます》で売る米売りの女」(『日本中世女性史論』塙書房、一九九四年)。

サムライの支配する近世封建社会においては、三従七去の儒教的婦徳を説いた『女大学』が普及したことはよく知られている。本文は貝原益軒の『和俗童子訓《わぞくどうじくん》』（一七一〇年）の中の「教女子法」（女子を教ゆる法）を下敷にして誰かが女子教訓書としてまとめたもののようであるが、その書が大坂の書肆の手によって巷に出たときは、『女大学宝箱』の書名になり、本文のほかに、頭書《かしらがき》、前付、後付がつけられた啓蒙書となっていた。そこには、「賤《しず》の女の手業」に関係する挿絵や解説が入れ込まれていた。それは、本文に見られるサムライ的なタテマエの世界とはちがった近世民衆の生活する姿を活写していた。

『女大学宝箱』の頭書欄には、養蚕や紡織に関する多数の絵図が入れられている。それに加えて注目したいのは、近世町人社会に生きる女性の手仕事である。例えば、念珠《じゅず》屋、くみものし、くゝしや（括屋）、水ひきや、紙すき屋、そうめん屋、あふぎや（扇屋）などである。製塩に関して、しほくむ所、しほたれる所、しほやく所、あるいは宇治の製茶に関して、茶つむ所、茶もむ所などにも女性が出てくる。

農民の生活も男女協業であった。近世農書の到達点は大蔵永常の著した多数の農書である、と前に記した。大蔵は自己の著作物を世に広めたいという願望から多くの挿絵を入れ込んだ。松川半山など江戸末期の流行画家も彼に協力した。挿絵画家は大蔵の意図を汲んでか、働く女性の姿を明るく描いている。赤子を背負った母親の図もある。一家の利益に向けて男は農作業にいそしみ、女はその協業者となっていて、農書の絵図に見るかぎり、近世農村社会の女性は、サムライ社会におけるほど家父長への隷属の度合いは強くはなかった。ちなみに大蔵の農書に出る女性労働の挿絵には表13のような詞書がつけられていた。

江戸も末期になると、女性が繊維産業の賃労働に出るようになる。一家の衣服調整という役割が家計の補助へと拡大する。このことは養蚕の盛んな上州や、木綿栽培の盛んな三河や畿内などに、原料を問屋から借りて自家の仕事場で加工する問屋制家内工業や、さらに進んで一定規模の使用人を雇って工場で作業するマニュファクチャー（工場制手工業）が起こったことと関係がある。日本の代表的な養蚕地帯上州では、「かかあ天下に空っ風」と言い

表 13　大蔵永常の農書における女性労働の絵図

番号	刊　年	書　名	絵 図 件 名
①	1802（享和 2）	『農家益』	無題 2 図，「蒸粉（むしこ）を俵に造る図」，「篩器（ふるひ）にてふるひ分ける図」，「干莚（むしろ）畳（たゝむ）図」
②	1804（文化 1）	『老農茶話』	「徳苧樹（とくをき）へぐ図」ほか，「徳苧布練（ねる）図」「徳苧績（つむぐ）図」ほか，「徳苧布の蒲団（ふとん）を制（したつ）る図」ほか
③	1810（〃 7）	『豊稼録』	「はたに育てる苗にて田植する図」
④	1822（文政 5）	『農具便利論』	「風起莚（かぜおこし）」，「畿内農家の竈（かまど）」，「麦こきにて麦をこぐ図」，「取桶（とりおけ）一名ふりつるべ」
⑤	1824（〃 7）	『再種方一名二度稲之記』	「苗代の朝露をおとすてい」，「六月に再び植る図」
⑥	1826（〃 9）	『除蝗録』	「水口より油を入また水をくミ入て田一めんに油をゆきわたらしむる図」，「稲葉にのぼる蝗（いなむし）を竹のむちにてたゝき落す図」
⑦	1829（〃 12）	『油菜録』	「土性のかろき所にて蒿（わら）をしきて土を切あぐる図」，「はえたる苗を間引図うろぬくともくけるともいふ」，「苗を引てこしらへ植場へはこぶ図」，「苗を植る図」，「かりたるなたねを畦（うね）とうねの間にすかして干（ほす）図」，「塵（ちり）をさり俵に納る図」，「打棚にて刈干たるたねを打落す」
⑧	1830（〃 13）	『製葛録』	「掘たる葛根（くず）をたゝきひしぐ図」，「たゝきひしぎたる葛を水ニてもミすぢのかすをしぼりとる図」，「葛粉を干図」ほか，「曝葛（くずをさらす）図」ほか，「葛のつるをゆでる図」，「河よりあげて薦（こも）又ハ刈草をかぶせてむすところ」ほか，「はぎたる皮をこきあげて干図」ほか，「葛苧をさきてつなぎ糸車にてくだにする図」ほか，「織あげたる葛布の結び目をはさみとりつやつけてゐる図」
⑨	1832（天保 3）	『農稼肥培論』	「池水にて木綿綛（かせ）を染る図」，「油糟（あぶらかす）を粉にする図」，「魚を料理する図」，「きらずに葛を交て団子（だんご）をこしらゆる図」，「蛤蜊（あさり）貝を砕きて肥しとする図」
⑩	1833（〃 4）	『綿圃要務』	「蒔（まき）たねにする綿をくりて俵ニ入貯ふ図」，「綿を摘（つむ）図是をわたとりといふ」
⑪	1836（〃 7）	『製油録』	「水車にて種子（たね）を粉にする図」
⑫	1837（〃 8）	『農稼業事後編』	「紅花をつむ図」，「紅花をつミかへりて黄汁をもミ出し其汁にて木綿をそむる図」，「紅そめする所」ほか，「紅とる図」ほか，「独りにて籾する図」，「川芎（せんきう）をほりて根を取（とる）図」，「川芎を煎（に）る図」
⑬	1859（安政 6）	『広益国産考』	「耕たる田へ水をはり藺（ゐ）の苗を植る」，「紫草の根と茎とを折わけて居る図」，「萆薢（ところ）製法の図」，「蕨粉（わらびこ）を製する図」，「豆をいる図（醤油）」，「葛粉を製法する図」，「蚕を養ふ図」，「漉（すき）たる紙を板にはきつけ日に干（ほす）図」，「人形を胡粉（ごふん）にて下ぬりする図」，「人形彩色仕立あげの図」「海苔（のり）を漉（すく）図」，「梅実（うめ）を四斗樽に漬て諸国へ運送の図」，「葡萄（ぶどう）棚の図」

継がれた。明治になってからではあるが、徳富蘇峰は自身の創設した民友社の刊行する『国民之友』の社説「女子教育の事」の中でそれを例に出して、女性の職業意識を高めるべきことを主張した。

「試に見よ。上州の如き、八王子の如き、女子の職業を作《な》す地方に於ける女子の勢力の如何に盛なるを。又見よ。彼の男女の権衡を得て其幸福を全ふするは下等社会にして、上等社会の如きは其貴婦人往々涙の絶ゆる間なきを。是れ何ぞや。一は職業を有して其夫婿と並び稼ぐが為なり。一は只夫婿の為に養はるる厄介物たるが為に非ずや」(『国民之友』第一三五号、一九七四年)。

2　洋式蚕糸業の伝習と教育

糸紡《いとつむ》ぐ女、機織《はたお》る女は、日本だけでなく世界に共通する。例えば、イギリスでは、一五六三年に「職人規程」が定められ、一二歳から四〇歳までの独身女性は糸紡ぎに従事することが義務づけられた。それ以来、糸を紡ぐ者を意味する英語の spinster は「独身女性」の代名詞になった。嫁入り前には一家の衣服を調達する技術を身につけておくこと、嫁入りに際しては自分の仕立てた衣服を嫁入道具の一つとして持参することなどがその中に含意されている。

日本でも、絹は上層階級の、麻は下層階級の衣服に用いられ、女性がその生産に携った。中世になり麻に代わり木綿が多用されるようになると、実綿《みわた》をつんで種子を取り去り繰綿《くりわた》にし、糸を紡ぎ、地機で織りなして衣服に仕立てるという工程はほとんど女性の仕事になった。大蔵永常の『製葛録』は葛《くず》の根から繊維を取る方法を記していて、その作業にも女性が従事していた。

歴史的に見れば、数ある繊維材料の中でも特に絹のもつ技術的意味は大きい。日本における蚕の起源は神話と結び合わされ、養蚕および絹糸・絹布の製造は、中国からの影響を受けつつも日本の伝統技術として尊重され、一般的には秘法として家ごとに伝承されたが、近世になるとそれを公開する書籍も出板されるようになった。その早い事例は一七五七（宝暦七）年に塚田与右衛門の著した『新撰養蚕秘書』であって、巻首に、「こたね寒水に入やう」「こたねしまひやうの図」などを記した「養蚕之図」があり、そこに描かれている人物は、女性一九人、男性九人、子ども二人であって、圧倒的に女性が多い。図には詞書がつけられていて、例えば機織り図は次のように解説されている。

「蚕《かいこ》養育の始めは人皇二十二代雄略天皇の御后《おんきさき》自《みずから》養蚕し給ふを日本紀に目付たり。其後賢《かしこき》よりかしこきに伝へ、きぬ機《はた》をいとなむ事今我国の通宝となれり」（振り仮名は原文のまま）。

養蚕の技術は奥が深く、女性にとっては生涯にわたり習得につとめる必要があった。多くの場合、祖母から母へ、母から娘へと技術の継承がなされ、江戸末期になると数年間の長年季奉公を経てから賃銭を得ることも可能になった。機械を使う綿糸紡績とはちがって座操製糸はそれだけ技術の習得に手間がかかった。このようにして生産された日本の絹糸はその質が高く、幕末維新期には外国貿易品として珍重された。

明治新政府は、外貨獲得のための輸出品として、外国から需要の高い蚕卵紙と生糸の可能性を十分に認識していたが、そのころになると日本製品の粗製濫造に対する悪評が出始めた。養蚕業に実績をもつフランスやイタリアなどでは、すでに科学的手法による技術改良においてすでに日本を越していた。日本としては組織的な養蚕技術者の養成が課題となってきた。

科学的手法ということになれば、日本では男性が表面に出てくる。西洋の養蚕技術書の翻訳や抄訳、ウィーン万国博を契機とした西洋事情の視察や実地での伝習などが精力的に進められた。明治初期には、特に西洋の技術を紹介する養蚕啓蒙書の出版が目につく。先に一八八五（明治一八）年までを日本の産業啓蒙期と仮定して啓蒙書の出版状況や啓蒙家の活動状況について記したが、この間における養蚕啓蒙書は、著者の調べた限りでも六〇件に達する。それらの啓蒙書の執筆者は男性であるが、その内容を見るとこれまでどおり女性役割に期待するものが含まれる。早い時期の事例として、一八七〇（明治三）年に彦根藩の出した『蚕桑図解』の序文を引用してみよう。

「此書を作り、桑作るより始て繭取るまでの所為を図録して見易からしむ。あはれ婦女子たらん者能此旨を心得、其術を習知り、漸《しだい》に研究拡充《おしひろ》め、其人其地を尽して物産を繁植《ふや》し、皇国の用を助け皇国の恩に答んことを専一に掛念《こころがく》べし」（振り仮名は原文のまま）。

計画的養成の面では、幕末期に幕府に接近していたフランスが、維新後生糸貿易の実権を握る目的から、横浜の有力生糸商会を介して機械製糸工場の設立を日本政府に働きかけてきた。これを受けて民部省（のち大蔵省）は、一八七〇（明治三）年に群馬県富岡に模範製糸工場を設け、その技術指導者としてフランス人ブリューナ（P. Brunat）を雇い入れた。彼はフランス製の繰糸機械を売り込み、フランス人技師一一名を日本政府雇いとしたが、その中に四名の女性が含まれていて、日本人女性に機械技術の伝習をさせることにした。

その間の政務は、幕末のパリ万国博に出張体験があり、一時期新政府の官僚となっていた渋沢栄一が担当し、文明開化を象徴する赤レンガ造りのモダンな工場を始動させた。初代場長には渋沢の従兄弟の尾高淳忠をあて、そこに日本人「工女」を集めて製糸の法を学ばせることにしたが、「異人」の下で働くことに恐怖を感じたのか当初は応募者がなく、仕方なく尾高は一三歳の娘ゆうを「工女第一号」とした。それを契機に世評は好転してその翌年には工女数は五五六名に達した。長野県の一八〇名をトップに、地元群馬県一七〇名、入間（埼玉）県八二名と続いた。山口県から三六名が入ったが、何かと特別扱いをされて、他の工女を憤慨させた。士族の娘が多く、一八七八（明治一一）年の寄宿工女三七一名のうち、およそ四割は士族の出身であった。

信州松戸の戸長横田数馬は、県の布達に応じて、率先して娘の英《えい》を差し出した。英の記した『富岡日記』は工女の記録として重要である。場長の尾高は彼女たちが帰郷するに際して、一枚の紙に「繰婦勝兵隊」と揮毫してはなむけにした。工女は兵隊にも勝るという意味である。一年程度の伝習を終えた富岡工女たちは、郷里に設けられた民間の製糸工場において教婦として新人工女の指導に従事したことが記録に残っている。のちの高等蚕糸学校における教婦養成の先駆と言えよう。

その意味から工女伝習は学校形態による工女教育の種を宿していた。蚕糸の学校教育は男性を対象とする講習所から始まった。すなわち、一八八四（明治一七）年に農商務省は蚕病試験場を設け、一八九六（明治二九）年にそれを蚕業講習所として組織改革をした。試験場から講習所へと、教育機関としての性格を併せ持つようになり、一九一四（大正三）年には文部省の所掌する東京高等蚕糸学校となった。試験場、講習所、蚕糸学校と推移する間の中心的指導者は蚕糸業界の最高権威と称された本多岩次郎であった。本多は駒場農学校出身の学卒人材であって、ヨーロッパの蚕業状況についての見聞体験を有していた。

本多は、蚕業における女性役割を重視した。一九〇二（明治三五）年には、それまでの講習所規程を改めて女子に門戸を開いた。すなわち、養蚕講習科と製糸講習科の二科のうち、前者は男子のみであるが、後者の本科課程（修業年限二年）は男女共学に、その別科課程（修業年限一〇か月）は女子のみにした。高等蚕糸学校に昇格したときは、養蚕科と製糸科の本科（修業年限三年）は男子のみにし、それとは別に製糸教婦養成科（修業年限二年）を設けた。この製糸教婦養成科は上田蚕糸専門学校と京都高等蚕糸学校にも設けられた。

中等の蚕業学校は、高等のそれよりも開設は早く、その校数も多い。その中には、比較的早くから女子に門戸を開放して実質的な共学体制をとったところが現れた。例えば、一八九七（明治三〇）年創立の兵庫県立蚕業学校では、一九〇八（明治四一）年に修業年限一年の女子部（男子部は二年）を設けた。明治末年の『文部省年報』によれば、蚕業系農業学校の男女共学校は一一校（甲種三、乙種八校）を数えるが、女子の課程は男子の本科に対して別科が多く、修業年限も男子より短い。

時代が下って、日本の輸出産業の中で蚕業が衰微し始めると高等蚕糸学校の教婦養成科は縮小し、また中等蚕業学校も廃止や転換を余儀なくされた。後者の場合、女子部は裁縫や家事を取り込むことによって実科高等女学校として生き延びる道が残されていた。いずれにせよ、男女別学を原則としていた日本の高等および中等の教育制度の中で蚕業系の学校が最初に門戸を開いたことの歴史的意味は大きい。蚕業という業種そのものがそのことを需めたためである。

3　良妻賢母論の諸相

『女大学』の本文に示されたような婦徳に対して、日本人は「良妻賢母」の言葉をあて、特に近代社会ではその言葉が人口に膾炙された。ただそれの含意するところは、時代により人により微妙に異なっていた。産業社会に生きる女性にとってその言葉はどのような意味をもっていたか、以下に関係する四人の人物の語録を拾い上げてみる。

工業教育のトップリーダー手島精一は、西洋の工業事情に通じていて、先進西洋、特に躍進ドイツでは、女性を工業界に引き出していないし、日本でも然るべきであるという消極的な発言をした。彼の養成した「工業軍」は男性であって、女性の天職は家庭にあるという考えから、「予は一般女子が担へる天職の上より見て、女子が或種の工業に従事する事は好ましからぬ事であると思ふ」と記した（『なでしこ』第六巻五号、一九〇六年三月）。そのため、彼は手芸や裁縫などを教える職業学校を支援したけれども、女子の工業教育までには進まなかった。手島がこのように考える一つの理由は、日本において工場法の制定がおくれていることであって、児童や女子の深夜を含む長時間労働を制限しない限り婦女子を工場に出すわけにはいかない、と彼は考えた。ちなみに、日本で工場法が実施されるようになるのは一九一六（大正五）年、婦女子の夜業禁止は一九二五（大正一四）年のことである。

農業教育のトップリーダー横井時敬もまた女性の天職は家庭にあるという信念の持ち主であって、良妻賢母の育成こそが女子教育の本領であると主張した。ただし、地域差があり、農村の良妻賢母と都会のそれとはちがいのあることも認めていた。小農経営を特色とする日本の農村では、女性や子どもを含めた家族全員の協業が必要であるため、「家の周囲の整理、養禽、養魚、養蚕、園芸等の細かい仕事に至つては男子よりもより多く女子に適当して居る」と記した（『農村発展策』実業之日本社、一九一五年）。農村の女子教育には、ハイカラ趣味、都会趣味に走りがちな高等女学校は不向きであって、ドイツモデルの農村家政学校に類するものが望ましい、と主張した。

実践女学校と女子工芸学校の創立者下田歌子は、当初は華族女学校の学監として貴顕の中に身を置いたが、その後中流以下の女性に技芸を教える学校の創立に転じた。「女子には先天的に或意味の職業が与へられて居る。それは家庭の整理を為し、子女を産み且つ育てることであります」という前提のもとで、中流以下の婦人には「已むを得ず執る職業」の必要を認めた（『増補訂正婦人常識訓』香雪叢書、第四巻、実践女学校出版部、一九三三年）。一八九九（明治三二）年には、彼女が会長をつとめる帝国婦人協会が女子工芸学校を創立すると、その学則に「本校ハ女子ニ適当ナル工芸ヲ授ケ、併セテ修身斉家ニ必要ナル実業ヲ修メシメ、能ク自営ノ道ヲ立ルニ足ルベキ教育ヲ施ス所トス」と定めた（『実践女子学園八十年史』一九八一年）。一九〇八（明治四一）年には実践女学校と女子工芸学校を合併して、新しい実践女学校に変えたが、その中に修業年限二年の高等技芸部を設けて旧実践女学校の卒業生を受け入れ、裁縫、造花、刺繍、編物、押絵の五分科方式にした。手島や横井と同じように高等女学校の教育を批判し、それを補う独自の学校経営をした。

日本女子商業学校の創立者嘉悦孝子は、一九〇三（明治三六）年に各種学校としてではあったが、日本最初の女子商業学校を、そして一九二九（昭和四）年に日本最初の専門学校としての日本女子高等商業学校を設けた。嘉悦もまた女性の天職観の上に立って、良妻賢母の実をあげる実践をした。日露戦争のころには、「女子は独立してなり又は男子と携へてなり生産上に貢献することは是非必要のことであります」と女性の職業を肯定したけれども（『婦人界』第三巻六号、一九〇四年六月）、入学希望者は少なく、その後の彼女の女子教育観は後退していく。三年後の論説では、「女子をして穏健なる経済思想、円満なる常識を啓発発達せしむる為め、適切なる商業教育を施し、家庭の整理者、慰藉者として其本分を完うせしむると云ふのが本校の目的です」と記した（『女学世界』第七巻一二号、一九〇七年九月）。日本女子高等商業学校の設立に際し嘉悦の記した長文の趣意書によれば、「円満なる常識知識」を得させて、「他日人の妻となり母として家を監理し、家事経済を処理する」「善良なる将来の良妻賢母を養成する」ことを目的とした（『文部省簿書』「設置・廃止許認可文書日本女子高等商業学校」）。

戦前期の日本において良妻賢母は女性の規範とされた時代に、ここに挙げた四人の産業系教育家は、個人差はあるにせよ、その規範に立脚して女性の天職を特定する点において共通していた。彼らは、女性が子どもを産み育て家庭を守り夫を支えるという基本的思想に立って、遠慮がちながらも産業分野の教育に一歩踏み込んだ。工・農・商の教育の中で、工の技芸、農の蚕糸、商の家事経済といった分野に女性を入れ込むことまでは進んだが、同時代の平塚らいてうや山川菊栄のような女性解放論者の主張する女性自立論との間にはかなりの距離があった。

農・工・商の学校教育の中で、良妻賢母思想に最も柔軟に対応したのは商業教育であった。そのことを証明するために二校の女子商業学校の設置申請書の中から関連する部分を摘記してみる。

その一は、一九二五（大正一四）年創立の広島女子商業学校である。地元有志者の設立したもので、大正デモクラシーの影響を受けて女性の役割を拡大しつつ、道徳と経済の一致を実現しようという意図が表明されている。

「文化進歩ノ現在社会ニ於ケル良妻賢母トハ、単ニ道徳的ノ観念ニノミ局限セラレタル狭義ノ者ニアラズシテ、其商工業者タルハ勿論、縦令《たとえ》無職業者ト雖ドモ、斉家《せいか》ノ主婦トシテ道徳的ニ精練セラレタル精神ニ経済上ニ練磨セラレタル頭脳及躰感《たいかん》ヲ有スル者ニアラザル以上ハ良妻賢母若シクハ一家ノ主婦タルノ任務ヲ完全ニ果シ能ハザルハ火ヲ見ルヨリ瞭《あきら》カナリ」（同上、「設置・廃止許認可文書商業学校広島県」）。

その二は、一九三八（昭和一三）年創立の東京の東洋女子商業学校である。満州事変から日中戦争へと戦局が拡大しつつある中で、戦死傷者の数が増え、女性の新しい役割期待が生じていて、女子商業学校がそれに対応せんとするに際しての、さらに進んだ良妻賢母論を展開している。

「女子が徒《いたず》らに家庭内の消費経済のみを掌るを以て満足すべき旧式良妻賢母時代は過去となりました。今日の良妻賢母は進んで生産的活動の技能を有して現時に於ては家庭生活の合理化によつて得たる余暇を利用して夫の経済活動に協力して家庭生活を向上せしめ、一朝夫に不慮の災禍ある場合は之に代りて自ら一家経済を支持して家族に生活の不安なからしむるを得る丈の力強い良妻賢母であらねばなりません」（同上、「設置・廃止許認可文書商業学校東京都」）。

4 女性の職業案内書と女子職業学校

日本の女性は古い時代から労働に従事してきたけれども、この労働を女性の職業と見なすようになるのは明治期に入ってからである。その最初の女性の職業として現れるのは教育職（女教員）と看護職（看護婦）であって、それぞれに職務上の心得や技術について記した出版物が出た。その後、女子の職業は徐々にその種類が広がりを見せ、それらを総合的に紹介する職業案内書が刊行された。著者が国立国会図書館で調べた限りでは、戦前期に刊行された女子職業案内書として二三件を確認することができた。

その先駆は、一八九五（明治二八）年に民友社の発行した『婦人と職業』であって、「吾人は飽《あく》まで婦人の職業を取るを可とするものなり」「職業に従事せば、自治も、独立も、権利も、品格も、自由も、自ら来るものなり」と、さすがに徳富蘇峰が主宰するだけに鼓舞的な言葉が連なる。その後の刊行物を見ても、女性が職業を持つことは男性への隷属から解放されることになる、としてその意義を説くものが多い。著作者はいずれも男性である。

しかしながら、それらの主張の内実を見ると、明治中期以後に高揚する良妻賢母の思想とのジレンマをかかえている。家庭か職業かという選択の問題になると、ヴィクトリア朝のイギリスに台頭するドメスティック・イデオロギーに相似た現象が現れるからである。全般的に見れば、日本の女子職業案内書には次の三点の特色があり、それがまた限界点にもなっている。

第一点。男女の役割上のちがいを前提としていることである。男性にとって職業は第一義的役割であるのに対して、女性にとっては家庭が第一で職業は第二であるという、先述した女性天職論の壁である。先駆的・開明的言辞として引用した『婦人と職業』でも、「婦人には婦人が為すべく天より授けられたる適当の職業あり」とし、具体的には「家政の整理、小児の保育、食物の調理、室内の掃除」などを挙げ、「閑なる時間あらば進んで職業に従事すべし」という程度の職業のすすめである。

第二点。女性には男性とちがう身体や精神の特性があるとしたことである。それゆえ女性にはその特性に適合した職業を振り当てるべきだということになる。例えば、婦人の適性として、緻密、丁寧、優美、温順、親切、忍耐力、注意力などを挙げた書もある。

第三点。職業を奨励する対象として中産階級の女性を措定したことである。そのため、貧農出身者が止むなく従事していた繊維女工は無視ないし軽視しているし、農業や商業など男性の営む自営業に補助的役割を果たす場合も女性の職業と見なしてはいない。

そこで問題とすべきことが二点浮かび出る。

第一点。繊維女工の取り扱いである。日本の産業革命は未婚の女性を多数使用して低賃金で昼夜を問わぬ長時間労働をさせて収益性を高めることから緒についた。綿糸の紡績工場から始まり絹糸の製糸工場に及び、それに綿布と絹布の織物工場を巻き込んで、繊維女工の数は盛時には八〇万人を越えた。貧しい農村から出て劣悪な寄宿舎に収容され、粗末な食事しか与えられぬのに昼夜業に従事させられたため、健康を害する女工が続出した。その実態については早くから各種の報告や告発がなされてきた。世に言う「女工哀史」である。中には、鐘渕紡績の武藤山治や郡是製糸の波多野鶴吉のような教育的配慮をなした事例はあるものの、一般には繊維女工は労働問題とされて教育問題とされることはなかった。

第二点。女性に奨励された職種の一覧を見ると産業関係の職業が極めて限られていることである。わずかに製糸教婦、女子製図手、タイピストの三種が新しい職業として注目される程度である。このうち製糸教婦は先述したように高等蚕糸学校で養成され、女子製図手とタイピストは主として各種学校で養成された。特にタイピストは一八七四年にアメリカでタイプライターが発明されたことを契機にして世界中に広がり、日本でもオフィスの花としてもてはやされた。中でも英文タイピストは英語の基礎学力をもつものに一年程度の養成を必要としていたため、女医や女教師につぐ女性の専門職と見なされた。しかし、これら三種の新職業のほかに、産業関係への広がりは見られなかった。

以上、戦前期における職業案内書を中心にして産業分野における女性の職業の限界を指摘してみた。これとは別に戦前期の日本には職業学校と称する学校が盛況を見せていたが、そこにもまた同じような限界があった。女性職業案内書と同じく女性を対象とする職業学校でありながら、産業分野との関係が希薄であったことを以下に概述してみる。

職業学校は主として女子を対象とする学校であって、正式には一九二一（大正一〇）年の「職業学校規程」によって法的根拠が与えられた。しかし、元を辿れば、一八九四（明治二七）年制定の「徒弟学校規程」にまで遡る。その規程の中に、「女子ニ刺繍、機織及其ノ他ノ職業ヲ授クル所ノ女子職業学校」も徒弟学校の中に含み入れるとされていたからである。しかしその規程はあいまいであり、徒弟学校の中には男子の工業系学校が主体をなしていた関係上、これを整理するため「職業学校規程」の新定となった。これと同時に「工業学校規程」の改正があり、それまでの男子の徒弟学校の多くは工業学校の中に併入された。

職業学校として残されたものの内訳は、一九四二（昭和一七）年の文部省の『実業学校一覧』をもとに著者の整理したところでは、総数三八一校のうち、甲種では、女子校三三〇校、男子校一一校、共学校五校であり、乙種では、女子校一六校、男子校五校、共学校一四校に分けられ、圧倒的に女子校が多い。甲種女子校の名称は高等家政女学校が一二九校と多数を占め、高等実践女学校三二校以下を引き離している。多くの場合、複数の学科で構成されていて、甲種女子校では、裁縫と手芸の二科の編成が二二六校に達し、家政女学校という名称と合致する。産業系の学科を含む学校はごく少数であり、複数の学科の中に商業を含むものは二二校、農業を含むものは一四校にすぎない。それも裁縫、手芸と併せての編成であって、単独の学科ではない。女子工芸学校と称したところが四校あるが、その時間割を見ると、裁縫が主であって、それに手芸が加わっている程度である。

日本の職業学校がこのように産業から遠ざかった理由は多々あるであろうが、その一つとして共立女子職業学校の先例がモデルにされたことも考えられる。同校は、一八八六（明治一九）年という早い時期に宮川保全を中心とする有志によって各種学校として設置された。巖本善治の『女学雑誌』のごときはその企図を美挙として逐一紹介記事を載せた。

その後、共立女子職業学校の校長には手島精一が委嘱され、手島の退職後は鳩山春子がこれをついだ。手島は東京高等工業学校長との兼務であって、先述したように女性天職論の主張者であった。鳩山は名に負う良妻賢母論者であって、この二人の校長によって職業学校と称しつつも職業色の薄い学校に変わっていった。ただし、鳩山についていては若干の補足が必要である。鳩山の良妻賢母論は、西洋の中産階級に見られる、夫婦と子どもを中心とした小家族のいわゆるファミリーを想定したもので、日本の旧来の考え方とは若干色合いを異にしていたが、妻女の果たす役割は職業婦人とは縁遠く、万止むを得ぬ場合に教職に従事する程度の職業のすすめであった。

手島や鳩山によって経営された共立女子職業学校は、「職業学校規程」に基づいて各種学校から職業学校に変更することが認可されて名実ともに女子の職業学校となった。その際の学則では、「本校ハ女子ノ職業又ハ家政ニ須要ナル技芸及学科ヲ授ケ兼テ之ガ教員タラントスル者ヲ養成スルヲ目的トス」とうたい、以下の条文では、学科を甲部と乙部に分け、甲部では二科目、乙部では一科目の技芸を修めさせることにした。それから四年後の一九二五（大正一四）年には甲部に設けていた高等師範科を母体にして「専門学校令」による共立女子専門学校を設けた。日本の女子職業学校の先進校である共立女子職業学校が裁縫と並んで技芸を重視したことと、中等学校の裁縫科または裁縫手芸科の教員養成をしたことは、戦前期の女子の「職業」の範囲を区画したものと言えよう。

共立以外にも女子の職業学校は各地に設けられた。例えば、兵庫県では、「職業学校規程」以後、同法による八校の職業学校が設けられている。設立順に挙げれば、神戸市立女子技芸学校、姫路高等女子職業学校、湊川高等実業女学校、西脇高等家政女学校、神戸高等技芸女学校、高等聖家族女学校、須磨睦高等実践女学校、姫路市立高等家政女学校である。一校だけは女子職業学校と称しているものの他の七校は種々の学校名称を使っていることと、その職業科目は共立と同じように裁縫と技芸を主体としていることなどが特色として挙げられる。職業学校の設置校数は府県間の差の大きいことも特色であって、女子校（共学校を含む）は東京と大阪がともに三九校で、愛知の二六校がこれに続いている。

ところが第二次大戦末期になると、日本の職業学校が大転換を迫られ、工・農・商の産業教育に接近することになる。一九四三（昭和一八）年の「実業学校規程」によって職業学校は法的根拠を失った。新しい規定による実業学校は、農業学校、工業学校、商業学校、水産学校、拓殖学校とされて、職業学校はそこから除外されたのである。

行き場を失った職業学校の多くは女子商業学校に、また一部は女子農業学校に転換することになった。例えば上掲の兵庫県の職業学校の場合は八校のうち六校までが女子商業学校となっているし、その他神奈川県では一四校のうち八校が、岡山県では七校のすべてが女子商業学校に転換した。市立校の場合も、例えば横浜市立の九校が、大阪市立の八校が女子商業学校となった。また女子農業学校に転換した例としては、千葉県では一三校のうち三校は男子農業学校の女子部に、三校は独立した女子農業学校に転換したし、奈良県では七校のすべてが女子農業学校となった。大戦末期における工・農・商の産業教育における女子の参入状況については以下に述べるが、職業学校というあいまいな性格の学校がその中に含まれていたことに注目しておきたい。

5　女子の商業教育

日本の女性が商業の実務に従事した歴史は古い。まずは行商から始まり、座売商や小売商に携わり、さらに大店のオカミは経営にまで参画した。しかし、幕末期から始まる開港地における外国人との商取り引きには女性の姿は見えなくなる。各地に西洋の簿記や商法を教える講習所が設けられるけれども、その対象は男性であった。

日本商業教育のパトロン的存在であった渋沢栄一でさえ、商業の世界に女性を入れてはいなかった。後年の一九〇七（明治四〇）年になって、嘉悦孝子の経営する日本女子商業学校の創立四周年の記念式典に出席した渋沢は、それまで商人は男性ばかりと思い込んでいたのに、嘉悦のこの実践を見て、これから先商業界に女性が加われば商業の人口は二倍の数になることに気づいたと、彼らしい率直な感想を述べた（『龍門雑誌』第二三五号、一九〇七年一二月）。

工・農・商の産業分野の教育の中で、最も広く女性に開放されたのは商業教育であった。特に嘉悦の実践を先駆にして女子商業学校が設けられたことは重要である。嘉悦に続いたのは市邨芳樹であって、一九〇七（明治四〇）年に名古屋女子商業学校を設けた。嘉悦も市邨もすでに述べたとおりである。

女子に開放された商業学校の形態を大別してみると次の三種となる。

その一は、嘉悦の実践に始まる女子の単独校である。一九〇三（明治三六）年に始まる嘉悦のそれは一九三八（昭和一三）年まで各種学校に位置づけられていたのに、市邨のそれは創立の翌年には各種学校から商業学校に転換している。明治期には、一九一〇（明治四三）年創立の東京女子商業学校が加わり、正規の女子商業学校は、嘉悦の学校を除けばこの二校だけであって、男子の商業学校より大きくおくれていた。

一九二七（昭和二）年の文部省の『実業学校一覧』を見ると、大正期に入って女子商業学校は徐々にではあるがその数を増やした。神戸、横浜、広島、愛知など七校の甲種校と盛岡、静岡などの三校の乙種校が加わっている。このうち市立の神戸を除けばいずれも私立校であって、民間人によって設けられている。一九四二（昭和一七）年になると、甲種商業学校総数四〇三校のうち女子校は五六校、乙種商業学校総数一一五のうち女子校は一三校に達した。大戦末期の閣議決定ののちは男子商業学校の大縮小とは逆に女子商業学校の大拡張を見るが、これについては後述する。

その二は、男女の共学校が存在したことである。これより先、農業分野では蚕業系の共学校が出現したけれども、商業分野でも一九〇二（明治三五）年には岡山市立商業学校が男女併設校として開校しているので、嘉悦や市邨の独立女子校よりも歴史は古い。なぜ岡山で共学商業学校が設けられたか、その理由はよくは分からない。一説には、高等小学校卒業生の中で上級学校進学希望者が増えたため、市当局は窮余の一策として、市立商業に乙種程度の学科を設けて女子の受け皿にしたと言われ、また一説では、一八九八（明治三一）年創設の岡山県立商業学校の初代校長小田堅立の提言によると言われている。ちなみに小田は同志社からアメリカのオバリーン大学に留学したアメリカ通であって、市立商業学校の創設にかかわり、その初代校長を兼任した人物である。

一九四二（昭和一七）年の『実業学校一覧』を見ると、共学校の数は農業学校のほうがはるかに多いけれども、商業の共学校も一五校が挙げられている。その中には商工学校と農商学校が各一校、実業学校が三校含まれているが、他の一〇校は商業学校の名称のもとに女子の入学を認めている。この時点では、日本最初の共学校である岡山市立商業学校は男女が分離され、女子部は岡山市立女子商業学校となっている。一九三五（昭和一〇）年になされたその分離の理由は、当時の中等学校に対する社会的・制度的制約を物語っている。まず言えることは、たとえ共学校であっても、女子部では裁縫を重視することなど男女の授業時間の配当に差異があり実質的に別学に近いものであったこと、狭隘な校地校舎の中に男女を収容させることによる訓育上の懸念がなされたこと、などがその理由であった。女子の単独校に比べると共学校は不人気であって、この傾向は敗戦まで続いた。

その三は、商業系の女子専門学校が誕生したことである。一九二九（昭和四）年の日本女子高等商業学校と明治大学専門部女子部商科がそれである。前者は、嘉悦孝子の設けた日本女子商業学校（各種学校）の中にあった二年制の高等科を基礎にして年限延長のうえ専門学校として設置認可を得たもので、高女卒三年の課程であった。初定の学則では、三学年を通して商業関係科目に四七時間、英語に一二時間をあてて商業の専門性を高め、家政はわずか六時間におさえ、加えて、教育には七時間をあてるなど、商業に特化した学科課程を編成した。ちなみに、その学則第一条の目的条項には次のように記されている。

「本校ハ実業学校令及専門学校令ニ據リ女子ニ適切ナル高等商業教育ヲ施シ、併セテ穏健ナル経済思想ノ涵養ト人格ノ陶冶トニ資スルヲ以テ目的トス」（『文部省簿書』「設置・廃止許可文書日本女子高等商業学校」）。

明治大学は、司法省明法寮に端を発する法学系の伝統校であって、「大学令」による大学昇格後も「専門学校令」による専門部を残し、一九二八（昭和三）年には日本で最初の女子法科を加え、翌年には女子法科を女子部と改めて法科と商科の二科編成にした。その設置申請書は女子教育史上先見性にとむものであるため、その一部を引用してみる。

「昔時ニ於ケル宜シキ教育ハ良妻賢母ヲ作ルニアリタレドモ、漸次時代ノ進化ニ伴ハレテ女子モ家庭ノミニ在ルコトヲ許サズ。或ハ官公吏トナリ或ハ会社員トナリ其他諸般ノ事業ニ従事スルコトトナリタリ……此ニ於テ我ガ明治大学ハ陳腐《ちんぷ》ナル思想ヲ排シ女子部ヲ新設シテ大ニ女子ノ向上発展ヲ計ラムトス」（同上、「設置・廃止許認可文書明治大学専門部」）。

このほかにも、専門学校水準ではないが、その別科として設けられた商業科が存在した。文化普及会の推進者森本厚吉は、一八二八（昭和三）年に「専門学校令」による家事経済を教える女子経済専門学校を創設して、一九三三（昭和八）年になると、別科の中に商科を置いた。高女卒修業年限一年とし、「中等教育修了者ニ対シ現代ノ家庭経理ニ必要ナル知識ヲ授クルト共ニ専ラ商業ニ関スル学理トソノ応用トヲ習得セシムル」ことを目的にした（同上、「学則・規則許認可文書女子経済専門学校」）。

6　女子の農業教育

男女別学を原則とする日本の中等教育の中で、工業学校は男子の独占状態にあって、第二次大戦の末期にごく例外的に女子への開放の事例が現れる。これに比して、商業学校は早くから女子を入れ、その場合共学よりも女子だけの独立校が圧倒的多数を占めた。農業学校はいわばその中間にあって、商業学校のように女子の入学を許容しつつも、女子だけの単独校はごく少数であって、大多数は男子との共学の形をとった。

その理由としては、農村地方の住民にとって農業学校は小学校の延長線上の教育機関であって、小学校との連続性において工業や商業の学校のような異和感の程度が少なかったこと、戦前期の高等女学校のように婦徳を強調してあえて中学校との溝を作り共学を忌避する程度が小さかったこと、農業学校と呼ぶよりも実業学校などの名称を使って女子の農業学校という印象を弱めたことなどが考えられる。農村更生が叫ばれる時代になれば、農業という業種の性格上男女の協業が不可欠となり、特に出征兵士の出た農家では女子の役割が増大したため、農村女子教育の必要性を説く論調も高揚した。全国農業学校長会議でもしばしばこの問題が議された。

農業教育の先進県である長野県では女子への開放は早くから始まり、かつ広汎に及んだが、これについては次章で述べることにして、ここでは同じく農業の盛んな隣県の新潟県を事例に取り上げてみる。新潟県では、明治年間に三校の県立と一二校の郡立の農業学校が設けられ、一九二二（大正一一）年には郡立校もすべて県立校となった。その中の農林学校一校と農学校三校の計四校は女子に開放された。そのうち、一九二八（昭和三）年に認可された県立吉川農林学校の女子部設置の申請書には次のような理由が記されている。

「農村婦女子ノ職業ヲ嫌ヒ都会ニ走ルノ多キハ実ニ国家ノ為憂慮ニ堪ヘザル事象ナリトス。之ガ匡救《きょうきゅう》ノ途ハ一ニ女子農業教育ノ普及徹底ヲ図リ農村女子ニ農業上ノ理解ト趣味トヲ与ヘ以テ農村女子ヲシテ善良ナル農家ノ主婦タラシムルニアリ」（同上、「設置・廃止許認可文書農業学校新潟県」）。

共学校の多さで注目されるのは広島県である。最初の農業学校の設置は他県におくれをとるけれども、戦前、それも昭和初期までに一三校の農業学校が設けられ、そのうちの九校は共学校であった。共学校の学校名称は、農学校三校、実業学校六校であって、新潟県の共学校と同じように女子の名は出ていない。その九校は農村地帯に設けられた郡立学校が郡制廃止後に県立校に変更されたものである。娘を都会地の高等女学校に進学させるために下宿をさせるだけの余裕のない農家にとっては歓迎される選抜であったと思われる。農村指導者の中に高まっていた高等女学校の教育に対する批判も無関係ではないであろう。結果的に、一九四三（昭和一八）年の閣議決定までは女子農業学校と称する学校ではなくとも女子の進学する学校が存在していた。

一九四二（昭和一七）年の『実業学校一覧』を見ると、女子への開放が一段と進展していることが分かる。閣議決定直前の女子の農業学校名が記されているからである。全体は甲種全数三三九校、女子甲種八〇校、乙種全数六七校に三分類されているけれども、女子甲種八〇校は甲種全数三三九校の中にも名前が出ているため、女子校の正確な数字は確定しにくい点もあるが、少なくとも言えることは女子甲種八〇校の内訳は独立女子校九校、男女とも甲種の共学校が六三校、共学校のうち男子は乙種で女子は甲種が八校であることが分かる。また乙種六七校の中には独立女子校が一校、男女とも乙種の共学校が三一校を数える。甲乙合わせて女子の入学が可能な学校数は、推計して一一二校となる。

この中に独立女子校が甲種九校、乙種一校が含まれていて、それが法規上は農業学校とされていたことに注目したい。学校の名称は、女子実業学校または実業女学校が五校、家政女学校が三校、高等農芸女学校と女子職業学校が各一校である。独立女子校は商業学校に多数あったが、少数ながら農業学校にもそれがあったことは、工業学校とのちがいになる。

農業教育の特色は共学校の存在であることは紛れのない事実であるが、そのことには賛否の意見が交錯していて、すんなりと容認されたわけではない。例えば、反対論が強く共学の実現しなかった県がある。福岡県がそれであって、同県では県立校のほかに県下全郡に郡立農学校一二校が設けられ、郡制廃止とともにすべてが県立校となった。それらは男子校であって、一九二四（大正一三）年の県会では地域民の要望にこたえて女子に開放せよという意見が出て議論されたが、時の県知事柴田善三郎は、共学は時期尚早であり、女子には現在の職業学校で対応するという理由をもって拒否した。彼の発言で特に重要なことは、男女を共に学ばせるのは「教育訓育上不都合」であると述べたことである（『福岡県教育史』一九五七年）。

これに対して共学を支持する意見も出ていた。例えば、新潟県立農民道場の主事であった本間猛雄は一九三六（昭和一一）年に出版した著書において、時代状況の影響もあって、極めて積極的な意見表明をしている。本間は言う。共学では女子部が従属的になりやすい、学校行事などに一体感が生まれにくい、風紀上の注意を要する、相互が牽制し合うために活発さが失われる、といった世間の評価はそれなりの難点として認め得るにしても、むしろその利点のほうが大きい。なぜなら、地域における各種の農業教育機関の枢軸的役割を果たすことができるし、「両性の分化統一協調連帯の生活結合の理法」を体得できるし、両性の相互教育により性格の長短を補佐することができるからである（『日本農村教育論』一九三六年）。

共学をめぐるこのような賛否の意見にかかわらず、多くの共学校が設けられたものの、その内実に分け入ってみると、むしろ否定論に接近した教育方針や教育課程となっていたところが多い。教育の実態は学校ごとに差異があって、一般的には男子部と女子部の間には懸隔があり、男子部は農業の専門科目に重点を置いたのに対して女子部は普通科目と家政科目を重んじた。その結果、男子部は農業学校としての性格を保有していたが、女子部はむし

表 14 広島県立油木農学校の履修時間数の分野別比率（1925 年）

	男子部		女子部	
	時間数	比　率	時間数	比　率
普通科目	23	38%	31	51%
農業科目	37	62	10	17
家政科目	0	0	19	32
計	60	100	60	100

〔注〕時間数は修業年限 2 か年の総時間数

ろ実科高等女学校に近い性格のものとなった。そのことは、女子部設置の動機が然らしめたもので、一例を広島県立油木農学校の女子部設置申請書の中の次の文言の中に見出すことができる。同県は共学校の比率が全国一であり、油木農学校はその中で最初に共学校となった。

「初等教育ヲ了ヘタル女子ガ進ンデ入学スベキ教育機関ナキタメ、農村ニ不適当ナル都市ノ高等女学校ニ入学シ、若クハ全ク中等教育ヲ受クル能ハザル者多数ヲ算セルハ聖代ノ恨事ナリ」（『文部省簿書』「設置・廃止許認可文書農業学校広島県」）。

ここに例示した広島県立油木農学校の女子部加設時の学則では、男子部・女子部ともに高小卒修業年限二年で生徒定員は各一〇〇名と共通した課程であったが、表14に見るように学科課程には大きなちがいがあった。男子部には農業関係科目への配当時間が六二%という高い比率を示すのに対して、女子部は普通科目五一%、家政科目三二%であって、農業科目はわずか一七%にすぎず、女子にとっては名ばかりの農業学校であった。農業学校女子部の農業学科への配当時間の少なさは、この学校に限ったことでなく全国的に同じ傾向が見られた。

商業教育の場合は、昭和期の早いころに女子の専門学校が誕生したけれども、農業教育では大戦末期になって三校の女子専門学校が設置されただけである。大戦末期の女子中等教育の変動と併せて次節で述べることにする。

7　両世界大戦の影響関係

戦争と革命は、その当否は別にして、女子の産業教育に対する影響力において、他の歴史的要因より優越する。山川菊栄が歓喜して期待したように、一九一七年のロシア革命は女性解放と男女平等社会への夢を抱かせた。これとはちがった意味にせよ、戦争もまた女性の産業界への進出を促し、女性に対する新しい期待を生み出した。

史上最初の総力戦となった第一次世界大戦がヨーロッパ諸国の女性の職業を拡張させたことは一般に指摘されるところである。例えば、山川菊栄は一九二九（昭和四）年の論説で、女性の進出状況を具体的な数字で示した。金属産業を例にとれば、ドイツでは一九一七年に六・二％であった女性の従業者は一九二〇年には一九％となった。イギリスでは一九一四年から一九二一年までの間に女性の就業者は四四・四％増加した（『山川菊栄集』第五巻、岩波書店、一九八一年）。

第一次大戦が終わると各国は競って教育改革に着手した。敗戦国ドイツの改革は徹底していて、一九一九年のワイマール憲法で打ち出した統一学校の方向で諸種の施策を講じた。イギリスも一九一八年のフィッシャー教育法で一八歳までの補習教育の義務化を定めたし、アメリカも一九一七年のスミス・ヒューズ法によって農・工・商および家事の教育に対する連邦政府から各州への補助金交付の道を拡げた。しかし、全般的に見れば、戦時下における女性の勤労動員にかかわらず、女子の産業教育に対する目立った動きはなかった。

日本では、一九一七（大正六）年に内閣直属の初めての臨時教育会議が設けられ、大戦後の教育改革について審議した。しかし、女性の職業進出にとって決め手となる女子の高等教育については時期尚早という結論を下した。結果的には男子の産業教育は、官公私立の単科大学の設置や実業専門学校の大増設を可能にし、日本の産業教育の一大革新期を迎えることになったものの、女子の産業教育は中等教育の段階に留め置かれた。この時期、山川菊栄は、婦人問題は経済問題に端を発していて、その経済問題解決のためには女子の職業問題に切り込むべきであり、その職業問題は女性に対する職業の通行証となる高等教育の機会を開放することに尽きる、と主張していたけれども、男性中心に展開された文教政策を動かすことはできなかった。

一九三九（昭和一四）年から始まる第二次世界大戦になると事情は大きく変わった。交戦各国は女性を戦時要員として動員し、職業や労働における男女間の壁を低くした。特にアメリカでは、大統領のアピールにこたえて何百万人もの女性があらゆる職業分野に進出していった。長らく男性の専業とされてきた陸・海軍の兵士の中にも女性が入り込んだ。これに対してドイツはむしろ女性を家庭に帰す方向へと動いた。いわゆる「母性の囲い込み」であって、ナチズムの信条とするゲルマン民族の優生学的優越性の思想からドイツ民族の出生率を高めるために、母性を礼賛して女性を家庭に帰すという、アメリカとは逆方向の政策をとった。

日本の場合は、アメリカともドイツともちがった第三の道を進んだ。兵士の確保のために産めよ増やせよという人口拡張と同時に、敗色濃厚となった大戦末期には、女性を含めたすべての労働力を生産活動に集中させた。そのための教育政策として、それまでの教育史には見られなかった劇的な変革を断行した。これまで繰り返し述べてきた一九四三（昭和一八）年の閣議決定である。以下に、この後の女子産業教育の変貌について概述してみる。

まず、女子の工業教育について見れば、男子の工業学校の大拡張に比べれば、女子への影響は比較的軽微であった。敗戦という極限状態に追い込まれたときも、工場への女子の勤労動員はあったものの、工業教育の対象は男子であるというそれまでの方針は変わることはなかった。ただし、この男性の城郭にも小さな風穴が開けられたことを見逃すわけにはいかない。その事例が、一九四四（昭和一九）年に創立された東京都立女子工業学校と大阪市立女子安治川工業学校の二校である。

前者の設置申請書には、「工業技術界ニ勇躍挺身セントスル女子ニ須要ナル教育ヲ施シ、併而《あわせて》皇国女子トシテノ徳性ヲ涵養シ以テ女子工員中堅指導者ヲ斯界ニ送ラントス」とし、機械科は尋小卒四年三二〇名、工業化学科は尋小卒四年一六〇名の、純然たる男子工業学校と同格にした（『文部省簿書』「設置・廃止許認可文書工業学校東京都」）。後者もまた、「女子工業学校ヲ設置シ以テ生産力増強ニ資セントスルニ由ル」とし、東京と同じように二科編成にして、こちらは高小卒二年とした。

次に、女子の農業教育について見れば、男子のいなくなった農村を守って食糧生産を継続させるために、閣議決定では女子の農業学校を奨励した。敗戦時の状況について著者の調べた限りでは、それまで使われることのなかった女子農業学校という名称をもつ独立女子校が三一校設けられ、それまでの男子農業学校の中に新たに女子部が設けられて共学校となったものが六六校に達する。そのほか新たに男女共学校として設置されたものが九校ある。合わせると、閣議決定を受けて一〇六校もの女子農業教育機関が設けられたことになり、さらに調査すればその数はもっと増えると思われる。

閣議決定後における女子への開放は道府県によって差異があった。決定の以前においても以後においても積極的な対応をしたのは長野県であった。以前、以後、合計の校数を示してみると、長野県（以前八校・以後八校・計一六校）となる。これに次ぐのは千葉県（七・七・一四）である。以前に積極的に対応していて以後にそれのないのは広島県（九・〇・九）であって、長野・千葉の両県と対照的である。逆に以前には対応なく以後に急遽対応したのは山口県（〇・九・九）と奈良県（〇・七・七）である。以前には皆無であって、以後にもわずか一校の共学校しかないのは北海道と福岡県である。北海道では開拓人材の中心は男性であるとしていたし、福岡県では先述したように職業学校で対応した。以前にも以後にも全く対応しなかったのは埼玉県一県だけである。

女子の農業教育で注目したいことは、敗戦直前の一九四五（昭和二〇）年に三校の女子専門学校の設置認可が出たことである。恵泉女子農業専門学校、大和女子農芸専門学校の二校の私立校と、官立の東京農業教育専門学校附設女子農業教員養成所である。

このうち、恵泉は、津田梅子の門下生でアメリカへの留学体験をもつ河井みちが一九二九（昭和四）年に東京に創設した私立恵泉女学園の中の高等部園芸科を昇格させたものである。彼女の記した専門学校設置申請書には長文の趣意書がつけられていて、先覚的な女性教育家の思想が格調高く表明されているので、以下にその一部を引用してみる。

「此際女子ガ一方ニ農芸化学、自然科学ト其応用並ビニ農芸一般ノ知識ヲ修得シテ、此等ヲ生活ノ日常ニ実際化スルト共ニ、日本在来ノ伝統及経験ヲ巧妙ニ生カシ、進ンデ農自体ヲ心ヨリ重ンジ、且ツ之ト親シミ是ヲ愛シ是ヲ楽ムニ至ラバ、外部ヨリノ奨励ヲ待タズシテ女子ノ手ニ依ル作物ノ改良増産ハ続々ト実現ヲ見ルニ至ルベク、尚ホ彼等ノ創意工夫ハ啻《ただ》ニ農事ニノミ止マラズ、伸ビテ家政ニ及ビ、栄養ニ亘リ、衛生保健育児ノ道ニ貢献スル所多大ナルベキハ言ヲ俟《ま》タズ」（『文部省簿書』「設置・廃止許認可文書恵泉女子専門学校」）。

大和女子農芸専門学校は、神奈川県で大和学園を経営する伊東静江の申請では、「農業ノ指導者トナルベキ女子教員ノ養成」を目的としていた。東京農業教育専門学校附設の女子農業教員養成所は真正面からその教員養成の目的を打ち出した。同校校長上原種美の申請では、農業教員養成が急務となっていることを訴えている。官立校として、東京と奈良の両女子高等師範学校に匹敵する水準の教育を目ざしていることが注目される。

最後に、女子の商業教育について見れば、閣議決定において男子の商業学校が容赦なく抑制されたことの反面において、女子のそれが代替役を果たすことになった。女子に門戸を開いた商業学校の学校数は三〇八校に達した。農業学校の二一八校を大きく上回り、恐らく当時の世界にも類例のない多さである。その三〇八校の内訳は、一九四二（昭和一七）年以前設置が七九校、一九四三（昭和一八）年が一一校であるのに、閣議決定のなされた後の一九四四（昭和一九）年が実に二〇九校、一九四五（昭和二〇）年が九校である。いかに閣議決定の影響が大きかったかを物語る数字である。

閣議決定後のこの急増は、次の四種の経路によって達成された。その一は、男子商業学校を女子商業学校に転換させることで、著者の調べたところでは少なくとも三八校がそれに該当する。政府が求めたのは、男子商業学校を工業学校に転換させることであったが、施設設備や教員構成からそれが無理な場合は女子校に変えることは比較的容易な選択であった。東京都ではこれに該当するものが一一校あって、そのうちの九校の設置申請書はごく事務的な内容のものが一括して提出された。その二は、旧職業学校から、その三は青年学校から、その四は各種学校から女子商業学校への転換である。特に「職業学校規程」が廃止されたのちの旧職業学校からの転換校が多く、大阪市のように市立の職業学校八校が一斉に転換したような例もある。

閣議決定を受けての女子商業の設置状況も都道府県において温度差がある。一九四四（昭和一九）年に設置された二〇九校の内訳を見ると、東京都三二校、大阪府二四校、兵庫県一八校、静岡県と愛知県がともに一三校の順になる（以下略）。それ以前に設立されたものを含めると敗戦時における女子商業学校数は、東京都五六校、大阪府三〇校、兵庫県二二校の順になる。ところが、山梨、高知、佐賀の三県ではわずか一校、群馬、石川、福井、大分、沖縄の各県には敗戦に至るまで女子商業学校は存在しなかった。東京都の五六校は私立（法人立・私人立）が三四校、公立が二二校であって公立の比率は三九％であったのに対して、大阪府の公立は四七％、兵庫県では四五％であって、東京は私立が、大阪と兵庫では公立が多いというちがいが出た。なお、東京の場合、一九四三（昭和一八）年七月の都制施行以来、それまでの府立、市立はすべて都立となる。

大戦末期における女子商業教育の大拡張に関連して注目しておきたいことがある。それは、女子を排除していた工業分野に商業学校が接近するという兆候が見えたことであって、帝京女子工商学校、名古屋市立女子商工学校、愛知県女子商工学校、横浜市立第一女子商業学校専攻科が設置された。女子教育における、いわゆる商工連携の端緒と言える。特に最後に挙げた横浜市立女子商業学校に高女卒修業年限一年の商工の専攻科を創立するに際して、横浜市長の提出した設置申請書には、次のような見解が示されている。

「戦局ノ緊迫化ニ伴ヒ、戦力ノ増強ハ一刻ヲ争フ急務トナリ、男子ノミナラズ女子モ生産戦線ノ第一線ニ挺身シテ直接戦力ノ増強ニ寄与セネバナラヌト同時ニ、他面男子ノ転出シタル部門ニ進出シテソノ重要部門ノ一翼ヲ担ハネバナラナイ。ココニ於テ女子ニ技術教育ヲ施シ、所謂製図工、統計々算員、女子分析員等ヲ養成スル為、特ニ本専攻科ニ於テ製図写図ノ実習、商業経済、統計々算ノ実習、並ニ化学定量定性分析ノ実習ヲナサシムルヲ以テ目的トス」(『文部省簿書』「設置・廃止許認可文書商業学校神奈川県」)。

中等教育だけでなく専門教育の分野でも変化が現れ、農業教育とはちがって、商業教育の女子専門学校は、昭和の早い時期に設置されている。関係する三校については先述した。

以上において、世界大戦が日本の女子産業教育に対して与えた影響について概述し、特に戦争の当事国として火焔に包まれた第二次大戦の、それも敗色濃厚となった大戦末期の大改革の実態に注目してみた。平時には起こり得ない教育改革が、戦争という大義のもとで強行された。そのことを日本教育の「崩壊」として解釈することが、教育史の世界ではいわば通説化している。しかし、山川菊栄が、戦争のもつ「破壊」と「建設」の両面に注目していたように、敗戦後の建設を念頭に置いてこの戦争のもつ意味についての冷静な判断を必要とする。本書の最終章の課題となる。

8　隠れた女性役割

これまでの日本の近代女子教育史の研究物は、高等女学校の教育を中心にしてきたうらみがある。しかし、産業教育の指導者たち、例えば工業教育の手島精一、農業教育の横井時敬、商業教育の渋沢栄一らは、高等女学校に不満を抱き、より一層産業社会に密着した教育を求めてきた。本章では、産業社会の女性役割を第二次大戦終結に至るまでの長いスパンで概述してみたが、結論的には「隠れた女性役割」という一語で締めくくることができそうである。その意は、一つには、目に見えにくいためにこれまでの研究では等閑に付されていた女性の役割を表に出して光を当ててみたことであり、また一つには、男性中心の産業社会の中で日本の女性は想像以上に大きな役割を果たしたのではないかという問題提起をしたことである。そのように考える理由は大きく見て四点ある。

第一点。日本の、特に民衆の女性は、働くことを厭わずに働き、日本の産業発展を底辺において支えてきた。すでに近世における史実の中に、農・工・商の産業分野で働く女性の姿が描かれ、婦徳の教訓書とされた『女大学』でさえも手業《てわざ》の絵図とセットになって広められた。産業革命期になると繊維女工たちは過酷な労働条件の中で生産性の向上に寄与した。貧農出身の彼女たちは、僅かな賃金を貯えて親元に支送りして生計の手助けをした。男女雇用機会均等法を契機にして声高に叫ばれ始めた男女共同参加型の社会は日本の民衆の中ではすでに実験ずみのことであって、なりわい、すぎわいと結びついた生産の場面では男女の共同参加は当然のことと考えられていた。日本の産業発展の中での女性の貢献度はかなり高い数値になるものと想像される。

第二点。良妻賢母という言葉に内包される「男は外、女は内」という役割分担もまた日本の産業戦略の一環として効果的に機能した。産業界のリーダーたちがそのことを期待したのは、日本の産業発達の効率性を考えたうえでの選択であって、女性の産業教育家を含めて、女性の本務論や適性論をもってそのことを正当化した。当時におけるそこでの論旨は明快である。産業戦士として外で働く男性がエネルギー補給のために精神的・肉体的休養と慰安の場所を家庭に求め、その家庭では次なる労働力を生産するための子育てが行われるということになると、その特性から見て女性が担当するのが適当である、とされた。女性の子育てを含む家事労働は男性の戸外労働に匹敵する価値があるという発想は、すでに戦前期において母性保護論者の平塚らいてうや家政学者の井上秀らによって提起されていたし、戦後になるとそれを金銭に換算する論者も出た。その額は決して低くはない。

第三点。制度としての女子産業教育は不完全の謗《そしり》を免れ得ぬとしても、実態としてのそれは、次章で述べるように、欧米諸国に比べても遜色のない域に達していた。明治初年には製糸女工のための西洋式訓練方式が導入されたが、急激な人手不足のため健全な発達を見ることはなかった。それでも、郡是製糸の工女教育や東京蚕業講習所の教婦教育のような実践例が存在することを見逃すわけにはいかない。中等教育における男女共学は公式には認められていなかったにもかかわらず、農山村地域の農業学校ではなしくずし的に実践に移されていた。特に蚕業系の学校ではそのことが必要であり、地域住民のニーズが下支えとなっていた。都市部の商業学校では女子への開放が進んだ。嘉悦孝子や市邨芳樹のような民間の先覚者たちは相次いで女子の商業学校の創立に乗り出し私立校の実績を築き、やがて公立校が参入することになった。農業学校は共学体制をとったのに対して、商業学校の多くは独立した女子校として存立し、その普及の度合いは、世界的に見ても見劣りしないのではないかと思われる。

産業系の女子中等教育の進展に比べると産業系の高等教育の女子への開放は大幅に遅滞した。この点については良妻賢母思想が歯止めの役割を果たしたのかも知れない。文教政策はあくまで固陋であってその殻は破れなかったけれども、しかしたとえ少数ではあっても女子の商業専門学校が設けられ、さらには大戦末期に女子の農業専門学校が姿を現すという実践があったことは見逃してはならないであろう。

第四点。隠れた女性役割は、皮肉にも、あるいは不幸にも、戦争という国家の一大危機において顕在化した。そのことは、一九四三（昭和一八）年の閣議決定という文教政策によって明白になり、それに基づいた大変革の実態についてはすでに述べたとおりである。その変革は上から下への強制によって粛々と進められたけれども、それを支持する思想家が存在していたという事実は重要である。その代表者として産業心理学者の桐原葆見に注目したい。彼の発表した一九三三（昭和八）年と一九四四（昭和一九）年の二つの論説を取り上げてみる。ちなみに桐原は、戦後になって日本産業教育学会を立ち上げた創立者の一人である。

前者の「女子と職業生活」と題する論説では、女子の教育は、農・商だけでなく工業も含めて男子と同程度の水準にまで高めて職業的機会を男女均等にすべきだと主張している（『教育』第五巻一一号、一九三三年一一月）。この点においては女性解放論者の山川菊栄に共通する進歩思想を表明している。山川は女子に高等教育を開放せよと主張していた。しかし桐原の後者の論説「女子の勤労と教育」では、戦局の急迫する中でその論調は変化する。「国亡びて何が教育ぞや」という彼の言辞の中に彼の万感の想いが込められていた。彼は次のように言う。

「今日の勤労は、皇国女性の此上なき鍛錬である。女性生活はこれを以て完きを得る。日本婦道はここに確立するのである」「女子は家庭の主婦となり、母たることが本務であるといふ。それは使命であつて、だから勤労をしなくてもよいといふことにはならない。その使命をよく完うするためにこそ、勤労が生理的にも心理的にも教育的にも道徳的にも必要である」（同上、第七巻九号、一九四四年九月）。

ここでは桐原に注目したが、ほかにも同じような発言をした教育家や知識人がいた。多くの場合、発言を控えて唯々と、黙々と国策に従った中で桐原は異色である。そのことの是非は今日でも評価が分かれるであろう。産業教育の門戸が女性に開放されたという大戦末期における現実そのものを否定するわけにいかないために、それを支える思想をただ為政者の専横として断罪するわけにはいかない。この現実と思想との間のずれが、戦争という異常事態のもたらす宿命である。戦時下の産業教育には、国家や資本や軍事の論理が介入する度合いが強いため、今日でも進歩的な教育学者や女性学者は、この問題を避けて通ろうとする傾向にあるのは、産業教育そのもののもつこの種の体質に対する嫌悪感が影響しているのかも知れない。しかし目をそらしたのでは、人間の実生活にかかわる教育の論理は希薄になり、本当の人間教育論から遠ざかることを恐れる。

第9章　戦前期産業教育の地域実態

1　高等教育機関の地域配置

ダイアーの門弟真野文二については先に紹介した。工科大学教授、文部省実業学務局長、九州帝国大学総長をつとめ、学術面と行政面と教育面から、高等教育に指導的役割を果たした人物である。実業学務局長就任後の一九〇三（明治三六）年、彼は次のような発言をしている。

「学校建設の位地は又大に教育の盛否に関する重要の問題にして、重に教育の目的、交通の便否、経済上の利否等を標準として選定せざる可らず。然るに世間往々之を度外視し地方的観念又は地方政争等の弊により不条理の地点に選定されたるもの多し」（『実業時論』第三巻六号、一九〇三年六月）。

真野の挙げたこの標準は、特に文部省所轄の大学や専門学校の配置計画においてすでに早くから採用され、このちも継続された。しかし、公立と私立の教育機関については、文部省は設置の認可権を行使すること以上の介入はできなかったため、東京に集中することを抑止することはできなかった。敗戦に至るまでの産業系の高等教育機関の全国的配置の状況をまとめてみると次の五点が重要ではないかと思う。

第一点。官立の大学は、中国四国を除く、北海道、東北、関東、中部、関西、九州の六ブロックに帝国大学が設けられ（関西は二校）、北海道帝大には工・農、東北帝大には工、東京帝大には工・農、名古屋帝大には工、京都帝大には工・農、大阪帝大には工、九州帝大には工・農の産業系学部が設けられた。商学部は帝大の中には入り込めなかったけれども、代わりに東京と神戸の二つの商大がその代役を果たした。関西と九州の中間地帯である中国四国には穴があいたにしても、全国的には比較的バランスのとれた地域配置となった。

第二点。官立の実業専門学校の場合は、大学よりさらにバランスのよい地域配置となった。工業系の専門学校（鉱業専門学校、高等工芸学校を含む）は、一九三八（昭和一三）年までに仙台から熊本まで一九校設けられた。私立校から官立校に転換した明治専門学校も含まれる。そのうち東京と大阪の高等工業学校は工業大学に昇格した。一九三九（昭和一四）年になると工業人材の需要がさらに高まり、室蘭から久留米までの地方都市に七校の高等工業学校が追加された。一旦工業大学に昇格したものの、四年後には大阪帝国大学工学部となり、専門学校のなくなった大阪にも、その年に高等工業学校が復活した。追加七校の中に含まれる。

農業系の官立専門学校も地域の農業事情に適合した配置がなされた。高等農林学校は盛岡から鹿児島まで八校、高等蚕糸学校は東京・上田・京都の三校、それに千葉の高等園芸学校、函館の高等水産学校、帯広の高等獣医学校など、その地域も種類も配慮されていた。商業系の専門教育もまた適正に配置された。高等商業学校は小樽から長崎まで一三校設けられ、そのうち東京と神戸の二校は商科大学に格上げされた。

第三点。地域別に見ればバラツキは少ないものの、道府県別に見れば、官立学校の設置状況には厚薄のちがいが生じた。一九四二（昭和一七）年現在、帝国大学の産業系学部および産業系単科大学を含めて大学水準の教育機関は、東京四（工二、農一、商一）、北海道、京都、福岡が工と農の各一、宮城、愛知、大阪が工のみ各一となる。これに官立の専門学校（大学専門部二校は除く）を加えた合計数は、東京八（工三、農四、商一）、北海道六（工二、農

三、商一)、京都四(工二、農二)、福岡四(工三、農一)、愛知三(工二、商一)、宮城と大阪が工のみ各二の順になる(以下略)。これらの官立高等教育機関の存在しないのは、青森、埼玉、奈良、島根、岡山、高知、佐賀、沖縄の八県である。府県によっては、実業専門学校よりも高等学校の設置を希望するところもあり、奈良と沖縄を除く六県には官立の高等学校が設けられたという事情も考慮に入れる必要がある。

第四点。公立の高等教育機関としては、大阪に市立の商科大学が設けられた。公立の専門学校は、東京に工業が二校のほか、大阪と岐阜に工業、大阪と福岡に農業、神奈川と兵庫に商業の各一校があっただけで総数は多くはない。ただし、一九四三(昭和一八)年以降になると、工業に一一校、農業に六校の公立専門学校が加わり、にわかに活況を呈する。

第五点。私立校になると地域配置の均衡は崩れて東京への一局集中となる。単科大学としては東京農業大学があり、大学の産業系学部は敗戦時までに全国に一一校設けられた中の九校までは東京に位置していた。早稲田大学の理工学部や商学部、日本大学工学部や商学部などはその代表格であった。私立の実業専門学校もまた東京が中心であった。一九四二年現在全国では二〇校の私立実業専門学校が存在し、その中の一一校、率にして五五%は東京に集まっていた。これに続く、京都と大阪と兵庫は各二校となり、関西が第二の拠点とはなっていたものの、東京への集中は際立っていた。

東京への私立校の集中で特に目につくのは商業系の私立専門学校の多さであった。工業や農業に比べて施設設備の財政負担が軽微ですんだこと、東京では講師として安い給料で教授陣を揃えることができたこと、東京に憧れて上京してくる学生生徒を受け入れて生徒定員を確保することができたこと、交通の利便性がよいため夜間授業が可能であったこと、などその理由は多々考えることができる。

2　中等教育機関の地域特性

中等の産業教育機関は、高等のそれに比べると、地域や道府県においてその設置状況に大きな格差が生まれた。戦前期の一応の到達点である一九四二（昭和一七）年と、大戦末期の大混乱が終焉する一九四五（昭和二〇）年に分けて、注目すべき地域特性について概述してみる。

まずは、昭和一七年度の文部省の『実業学校一覧』をもとにして、道府県別に、工・農・商の中等学校数を集計してみた。

工業教育——昭和一七年現在の工業学校の学校数を多い順に並べると、東京三三校、大阪二六校、愛知一四校、福岡一二校、北海道と神奈川各一〇校の順になる（以下略）。全体的には、京浜、中京、阪神、九州北部、瀬戸内などの工業地帯では地元の要望も高かったため学校数も多い。これに比べて、東北、北陸、四国などの農業地帯ではその数は少ない。茨城、福井、宮崎、沖縄の四県ではわずか一校にすぎない。

農業教育——大都市圏を除けば、全国各地に比較的万遍無く設置が進み、最低でも三校が設けられたという点では工業学校とのちがいを見せた。ただし、東京の七校、大阪の三校というのは予想外の少なさである。代わって長野は三二校、千葉は二七校、新潟は一八校を数え、農業県にその数は多い。千葉の場合はその中の一二校は乙種であって比較的簡易の農業学校が設けられた。

商業教育——工・農と比べれば地域間の格差はさらに大きくなる。特に東京八九校、大阪四五校、愛知二八校、兵庫二三校と、大都市をかかえる府県の学校数が際立って多い。東京では私立校（法人立・私人立）が多いのに対して大阪では市立校が多いというちがいはある。逆に福井や奈良には二校しか設けられなかった。

以上の工・農・商の実業学校を総合的に見ると三業の間に均衡のとれた道府県とそうでないところのちがいが出る。比較的均衡のとれた事例としては、愛知が、工・農・商の順に一四校、一一校、一八校、福岡が一二、一五、一七校と、学校数も多く、かつバランスもよい。北海道の一〇、一二、一五校、広島の九、一三、一五校、鹿児島の八、一〇、八校もバランスのよいほうである。これに比べて、茨城は一、一三、四校、千葉は二、二七、一三校、東京は三三、七、八九校、長野は四、三二、一五校、大阪は二六、三、四五校と三業間の学校数に均衡を欠いている。その理由としては道府県間の産業構造のちがいが考えられるが、微細に見ればそれだけではなさそうである。

次に、敗戦時における地域配置の状況について著者の調査した暫定的な数字を挙げてみる。

工業教育――山梨の現状維持を除いて、すべての都道府県の工業学校数は激増した。二倍以上の増加を示したのは二五の都道府県に及び、中でも五倍の茨城（一校から五校へ）、四倍の千葉（二校から八校へ）、宮崎（一校から四校へ）はそれまでの低調を回復した。三倍以上は、宮城（二校から六校へ）、秋田（同上）、栃木（四校から一二校へ）、福井（一校から三校へ）、岐阜（三校から九校へ）、京都（四校から一五校へ）、兵庫（九校から二八校へ）、岡山（五校から一五校へ）、長崎（二校から六校へ）の九府県にのぼる。

農業教育――閣議決定において工業教育に次いで重要視されたため、山梨の一県だけが六校から五校に減少しただけで、他の都道府県は、現状維持かまたは増加に転じた。すなわち、現状維持は、北海道（一二校）、新潟（一八校）、福井（六校）、岐阜（一一校）、三重（一〇校）、鳥取（六校）、島根（九校）、広島（一三校）、高知（六校）、福岡（一五校）、佐賀（五校）、沖縄（四校）であって、すでに昭和一七年現在各地の農業事情に適した農業学校が整備されていたことになる。二倍以上の増加をしたのは、秋田（四校から九校へ）、大阪（三校から六校へ）、奈良（五校から一二校へ）、山口（七校から一四校へ）の四府県である。このうち、秋田と奈良の増設校はすべて女子校で

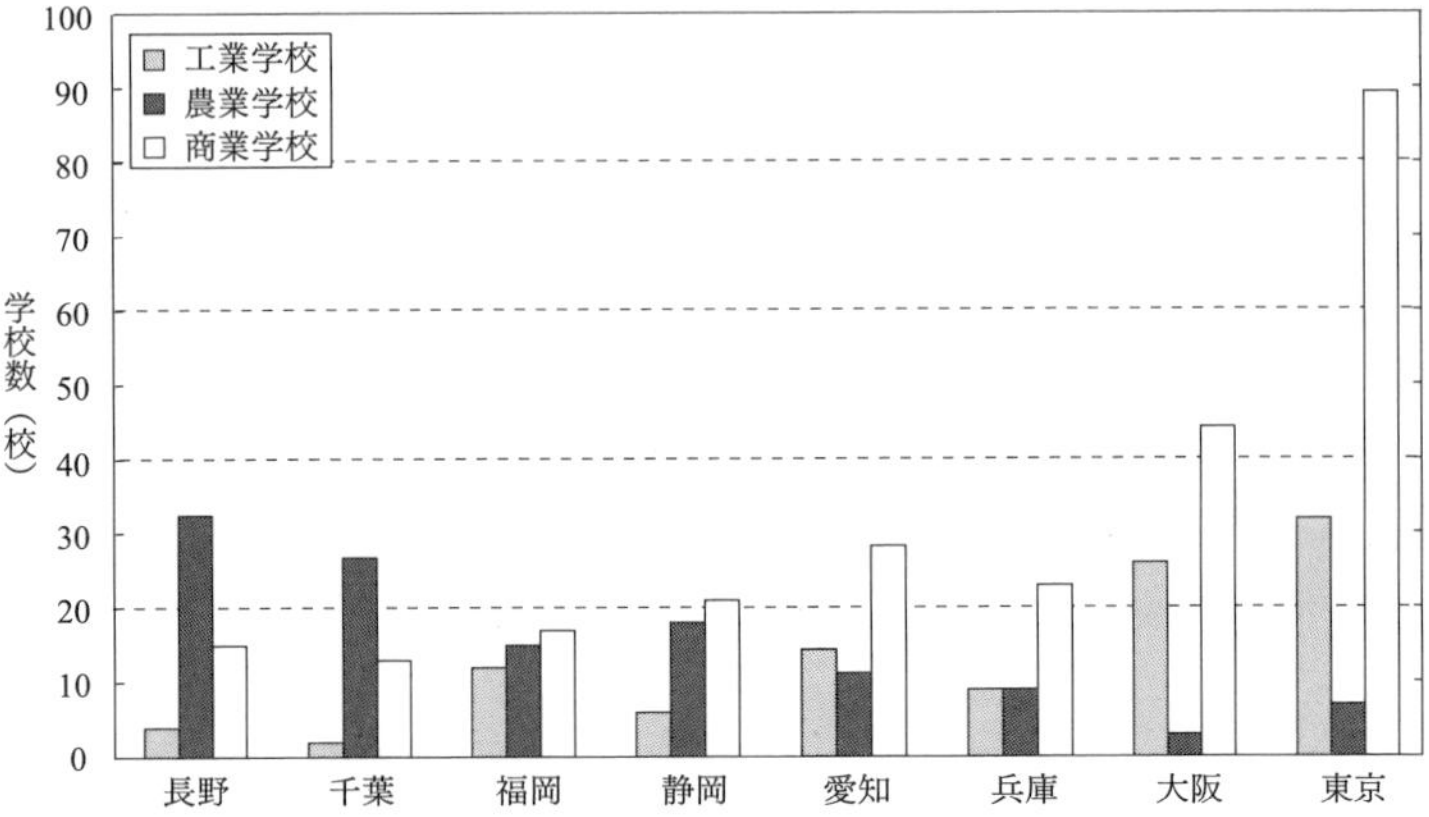

図 3　昭和 17 年現在の中等産業教育機関の上位 8 府県

あった。

商業教育——国の打ち出した縮小政策によって大幅に減少した。しかし、都道府県の対応は必ずしも全国一律ではなかった。まず注目すべきは国策に逆行して縮小より増加を図った県がある。神奈川（一五校から一八校へ）、兵庫（二三校から二六校へ）、奈良（二校から三校へ）の三県であって、増加分は兵庫の一校を除けばすべて女子校である。現状維持は、青森、秋田、山形、静岡、三重、鳥取、島根、愛媛、高知、宮崎の一〇県である。減少幅の大きいところは、四校が一校になった石川、山梨、大分であり、その他大幅に減少したところは、北海道（一五校から五校へ）、栃木（一一校から三校へ）、埼玉（一五校から四校へ）、新潟（一三校から六校へ）、長野（一五校から七校へ）、和歌山（一〇校から四校へ）、福岡（一七校から八校へ）などである。東京は八九校から六三校へ、大阪は四五校から三七校となったが、減少幅をこの程度に食い止めたのは、男子商業学校を工業学校に転換させた穴埋めとして多数の女子商業学校が設立されたことによる。その中には男子商業学校から女子商業学校に転換したものも含まれる。

工・農・商を合わせた全体の中等産業学校数は、昭和一七年現在、東京一二九校、大阪七四校、愛知五三校、長野五一校、静岡四五校、福岡四四校、千葉四二校、兵庫四一校の順であったものが、昭和二〇年になると東京一六〇校、大阪一〇一校、兵庫六四校、愛知六一校、静岡五七校、福岡五三校、千葉と長野がともに四九校と、順位に若干の変動が見られるものの、これらの八府県がいずれの年度にも上位八位を占めて他を引き離している。そこでこの八府県の工・農・商の内訳を棒グラフにしてみると図3と図4のようになる。東京の商業、大阪の工業、千葉と長野の農業が突出していることが分かる。なお図4の敗戦時の学校数は著者の調査した暫定的な数字であるため工業学校数はさらに増加し、商業学校数はさらに減少する可能性が高い。またこの学校数は他種の学校からの転換を含んでいる。生徒募集中止校は除いている。

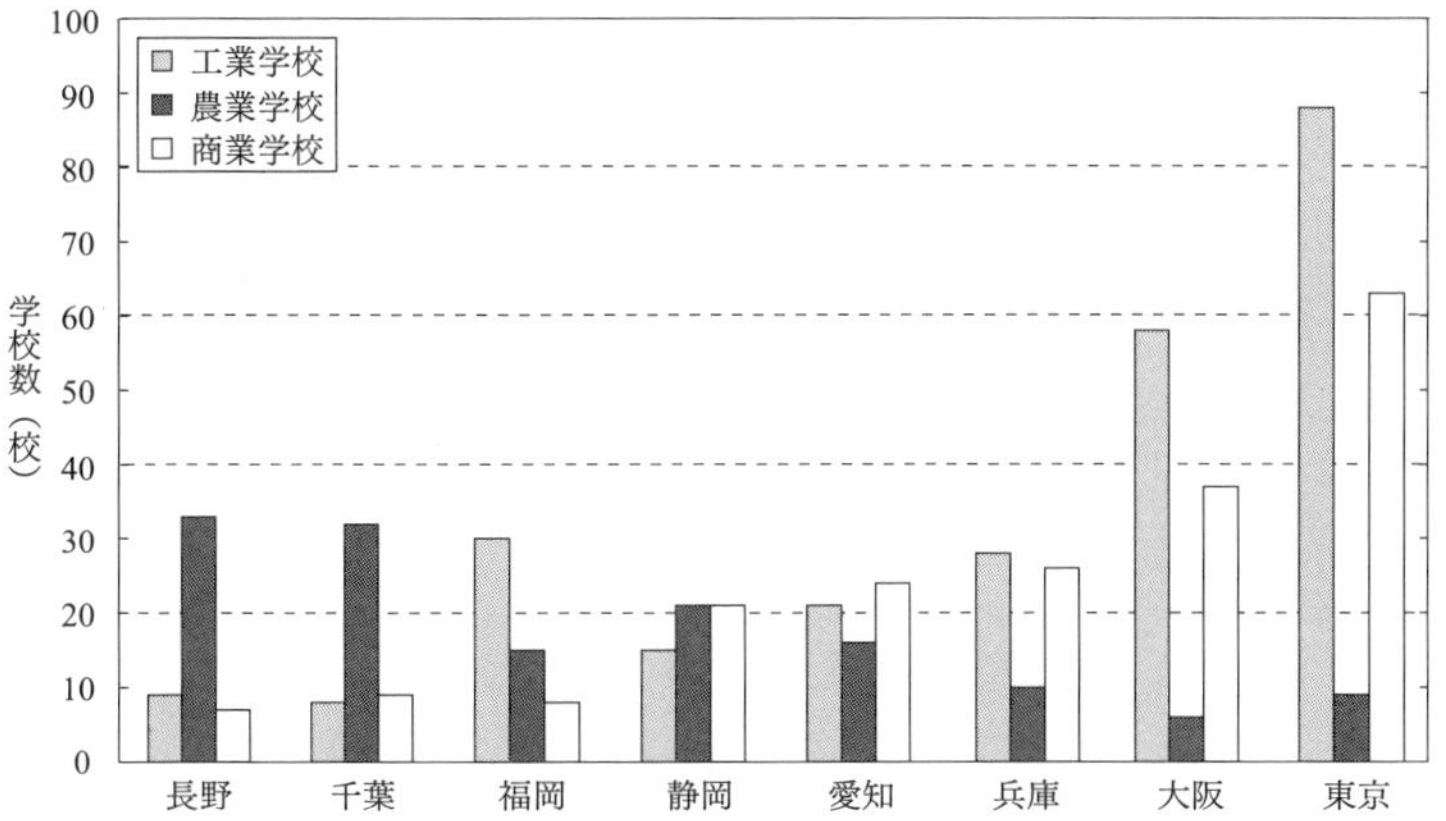

図4　敗戦時の中等産業教育機関の上位8都府県

同じ都道府県内でも、市や郡など、より小さな行政区画に配慮して産業学校を設置する事例が数多く見られた。九州地方における農業学校の県内配置を例にとってみよう。

福岡県では、明治期に県立一校、郡立一二校の農業学校を設けた。郡立は各郡に一校を原則にしていて、一九二二（大正一一）年に郡制廃止が施行されたため、その翌年には一挙にすべてを県立校にした。そのうちの一校は県立移管後不振状態に陥って廃止されたが、一九四二（昭和一七）年現在、残る一一校は県立校として健在であった。

大分県では、西北部の日田に県立農林学校（のち林工学校と改称）、北部の宇佐に四日市農学校、東北部の国東《くにさき》に国東農学校、南部に三重農学校、中央部に玖珠農学校と、地理的な適正配置をなした。

佐賀県では、農業の領域に配慮した学校設置をなしたという意味でも適正配置と言えよう。すなわち、佐賀農学校は普通作物、西松浦農学校は畜産、神崎農学校は養蚕、佐賀農芸学校は園芸に重点を置くことにした。

同じ九州でも、鹿児島県は産業学校については特色ある配置をした。すなわち、県内に工・農・商の三種の学校をバランスよく設けたことと、県内の各地域に配慮した設置をしたことにおいての特色である。「石を投げれば士族に当る」とまで言われた、旧サムライの力の強い県であるだけに意外性が高い。

鹿児島県で最初に設けられたのは一八九四（明治二七）年の簡易商業学校であって、鹿児島市中の商業家の醵金によるもので、鹿児島市立商業学校として発展した。その翌年には県立の簡易農学校が産声をあげ、のちの県立鹿屋農学校の母体となった。工業はややおくれて明治末年に二校の郡立工業徒弟学校が設けられ、その後県立薩南工業学校と県立加治木工業学校となった。一九四二（昭和一七）年現在、工業八校、農業一〇校、商業八校であって、農業県としての特色が出ているものの三業は鼎立状態にあったと見てよいであろう。

この商業八校のうち五校は私立校であることにも注目したい。封建色の強い鹿児島県にも市民意識が芽生えていたことのあかしになる。その市民意識に関連してもう一校注目すべき学校がある。簡易商業学校創立と同月同日に設けられた女子の実業学校であって、東京の共立女子職業学校から三名の女教師を雇い入れて技芸教育が開始された。一九〇三（明治三六）年には鹿児島市立女子興業学校と名を変えて全国的にも有名となる。男尊女卑というイメージの強い鹿児島において女子の技芸学校が他県に先がけて設けられたのである。

3　地域間格差の発生要因

産業系の官立高等教育機関は、全国的に見て比較的均衡のとれた配置状態にあったことについては先述したとおりである。その理由の一つには、日本産業の発達を希求する文部官僚の見識を挙げることができる。特に、井上毅、浜尾新、菊池大麓、中橋徳五郎、真野文二らの果たした役割は大きい。また一つには、限られた文教予算の中で学校を新設することに必要な経費を負担した地域の熱意も重要である。政府は、国庫からの支出金とほぼ同額の寄付金を地方に求めた。地方議会でその支出について議する際に、すんなりと可決されたところもあれば難航したところもある。提案にあたった自治体首長の熱意や説得力も影響した。

例えば、一九二〇（大正九）年に広島高等工業学校を設立するに際して、政府は同時に設立する横浜高等工業学校と同様に、建築費および敷地を含めて八八万円という巨額の寄付を求めてきた。この件を審議した県会では、国立学校を設けるのに国はなぜ地方に負担を強いるのか、という反対論が出たのに対して、時の県知事馬渕鋭太郎は国際的・国家的視野に立った格調高い演説をして説得に成功した。彼は言う。「欧洲戦争の終局を告げましたる暁に於ては必ず商工業の大戦争を始めなければならぬことになります」と。結局、広島県は七五万円と土地一万五〇〇〇坪を寄付することに決した（『広島県議会史』第三巻、一九六二年）。

注目したいことは、戦前期にあっては、実業家が官公私立の高等教育機関の設立に対して多額の寄付金を出したことである。工業教育では、一九〇七（明治四〇）年に北九州の鉱業家安川敬一郎と令息の松本健次郎が自力で設立した私立明治専門学校の場合、「私財三百三十万円及ビ敷地台帳面積七万八千七百七十六坪」を義捐したと記録されている（『私立明治専門学校史』一九二二年）。

農業でも商業でも、財界人の寄付によって高等教育機関が設けられた。例えば、一九二一（大正一〇）年に設置認可の出た鳥取高等農業学校の創立に際して政府は六六万円の醵出を求めたのに対して、鳥取市出身で大阪で海運業を営む山本藤助の一〇万円をはじめ、有志が金を出し合ってようやくその額を確保することができた。六六万円と言えば、当時の鳥取県の年度予算の半額に相当する。一九二二（大正一一）年に私立の松山高等商業学校が創立されたときには、予期せぬ事態が生じた。松山市長をはじめ市の有力者が学校設置の希望を伝えて支援を求めたのは、大阪に出て革帯製造で成功していた新田長次郎に対してであった。新田は郷里のために奉仕したいという念から二〇万円の寄付を応諾した。ところが政府は、基本金として別に三〇万円を準備せよという要求を出してきたため、地元の有志は再度新田に懇請したところ、新田はそれに応じたため、高商の設置が実現の運びとなった。

中等産業教育においてもまた「勧業知事」とか「勧業市長」とか称された地方行政のリーダーの果たした役割が大きい。以下に代表的人物を挙げてみる。

「勧業知事」として第一に注目したいのは徳久恒範である。まず石川県の書記官時代の一八八六（明治一九）年に農業講習所を県立農学校に転換させ、その翌年には納富介次郎の提言を容れて金沢工業学校（のちの石川県工業学校）の設立に寄与した。その後、富山県知事、香川県知事、熊本県知事を歴任し、富山と香川では納富を登用して工芸学校を創設し、熊本では市立の熊本商業学校を県立に所管替えした。

そのほか、のちに農商務大臣となる大浦兼武は、島根、山口の県知事時代に県立工業学校を創立した。琵琶湖疏水事業を完成させたことで有名な北垣国道は京都府知事時代の一八八六（明治一九）年に京都府商業学校（のちに市立に変更）を設立した。札幌農学校長の肩書きをもつ調所廣丈は高知県知事のとき高知県農学校を創設したし、千葉の元藩主加納久宜は鹿児島県知事として農業学校を設け、外交官の経歴をもつ滋賀県知事中井弘は近江商人を動かして滋賀県商業学校を設け、長崎県知事時代の石田英吉は長崎区の商人に呼びかけて商業学校を設けた。

「勧業市長」と称される者の中では、代表に仙台の遠藤隆吉を挙げたい。弁護士の資格をもち、県議四回、衆議院議員二回、仙台市長三回という地方の実力政治家である。彼は市立の仙台商業学校、仙台工業学校の創立に寄与した。宮城農学校は県立であったが、彼はそれにも深くかかわり推進役をつとめた。彼の所論で注目されるのは商工の連携であって、「商業ハ殖産工業ト相待テ消長ヲ為ス」と市会で発言している（『仙商七十年史』一九七三年）。

これらの勧業知事や勧業市長の期待にこたえて学校経営の実務を担当した産業教育家が存在したことは言うまでもない。納富介次郎らの思想や実践についてはすでに述べたとおりである。

以上は、人物面から見た中等産業教育の発展の概要であって、高等産業教育に比べると中等のそれは、道府県間の格差が大きい。その格差は人物だけから説明できるものではなく、地域の経済状況や住民の教育意識などもっと根深い要因によって左右されている。そこで著者は、統計処理の力量のある島田直哉の協力を得て、その要因分析を試み、『産業教育地域実態史の研究』の第一編にその研究成果を掲出した。しかし、中等産業教育の地域間格差の発生には複雑な要因が絡み合っているため、明確な結論を導き出すことはできなかった。なお、共同研究者の島田は、その間の分析を詳細な論文として発表している（「昭和前期における実業学校の地域配置について」『東海大学研究紀要人文学・健康科学研究編』第一五号、二〇一〇年）。二人でこの問題にアプローチしたのは、主に次の三点である。第一点は、道府県の生徒定員と産業構造の関係、第二点は、所得水準と生徒定員の関係、第三点は、中等教育の進路選択状況、である。以下に不十分ながら考察の結果を記してみる。データは一九四二（昭和一七）年の『実業学校一覧』をもとにした。東京はまだ都になっていない。

第一点。道府県内における中等産業教育機関の生徒定員と当該産業の従事者数の相関関係について言えば、農業教育では農業学校生徒定員比率と農業従事者比率とは正の関係にあって第二次・第三次産業従事者とは負の関係にある。これに対して商業教育では、第二次・第三次産業と高い正の関係にある。ところが工業教育の分野は複雑であって、工業従事者との間には正の相関値が出るものの絶対値は低い。

第二点。生徒定員比率と道府県民の所得水準との関係について言えば、両者の間に深い相関関係の出るものは農業学校であって負の相関を示す。つまり個人所得の低い府県ほど農業関係の生徒定員は高くなる。例えば全国で最も所得水準の低い茨城県では農業学校の生徒比率は五四%に達する。長野県もまた個人所得は低く農業学校数は全国一であったが、この県には工業学校四校と商業学校一五校が存在していたため、農業学校生徒定員比率は茨城県ほど極端ではない。商業学校の場合は、定員比率と所得水準は正の関係にあり、例えば個人所得第一位の大阪府では商業学校定員比率は五七%となる。個人所得第二位の東京府は六九%、第三位の兵庫県は六〇%、第四位の京都府は六八%と、いずれも生徒比率は高い。工業学校の場合は、商業学校ほどではないけれども、商業学校と同じく正の相関関係が確認できる。

第三点。中等教育の進路状況、つまり進学者が普通教育と産業教育のいずれを選択するかについて言えば、道府県の格差は大きい。普通教育の中核をなすのは中学校と高等女学校であって、これを含めた中等学校進学者の中で、工業学校の進学者の比率の高いところは、大阪府の一八%を筆頭に愛知県の一五%がこれに続き一〇府県が一〇%を越えるのに対して、最低の千葉県は二%である。農業学校はそれより格差が広がり、最高の長野県は二七%であるのに対して、最低の東京府は〇・八%、大阪府は一・〇%である。一二県は一五%を越えているので、工業学校よりも上下の差は大きい。商業学校はさらに最高の比率は高まり、愛知県三三%、東京府三一%、大阪府二四%となるが、最低値は鳥取と沖縄の五%であるので、格差はあるものの、全国的に平均した比率は工業や農業よりも高くなり、産業系学校の中では最も進学者が多い学校ということになる。

道府県間における普通系学校と産業系学校の格差、さらには産業系学校における工・農・商の格差がいかなる要因によって発生するのかは分析のむずかしい問題である。予想されるのは地方住民の教育意識のちがいによるであろうが、寡聞にしてその種の調査研究の資料は見当らない。

4　総合的に見た産業教育の先進地愛知県

産業立県の基盤づくりのために、工・農・商の三分野の教育の整備に実績を収めた代表的府県としては愛知県を筆頭に挙げたい。同県には、各分野にすぐれたリーダーがいたし、県民の熱心な支援があった。リーダーとしては、工業教育では蔵前系譜の柴田才一郎、農業教育では駒場系譜の山崎延吉、商業教育では一橋系譜の市邨芳樹の三人が特に重要である。

愛知県の産業教育は、地元民の要望する商工連携論から緒についた。早くも一八八三（明治一六）年には、県会議員奥田正香ほか一二名が名を連ねて、有志の寄付をもとにした名古屋区立の商工学校を設置することの認可を取りつけた。その学則第一条では、「当校ハ名古屋区ノ共立トシテ区内ノ子弟商工業ニ就クガ為メニ必須ノ学科ヲ授クル所トス」と定めた。しかし翌年には、未だ開校に至らなかったその商工学校計画を変更して県立の商業学校にすることとした。その後経費支出の関係から一八八九（明治二二）年の市制施行時に市立校にすることが適当とされた。さらに、同市は一九一九（大正八）年に第二の、一九二四（大正一三）年に第三の市立商業学校を設けた。

前述したように、矢野二郎の門下生市邨芳樹が矢野の推輓により、尾道商業から転じて名古屋商業に赴任するのは一八九三（明治二六）年のことである。市邨は四年後には校長となり、生涯を名古屋で過ごし、一九一八（大正七）年に退職するまで、同校を天下の名門校に育て上げた。市邨はその間に私立の女子商業学校の設置に乗り出した。一九〇七（明治四〇）年にまず各種学校として私立名古屋女子商業学校を立ち上げ、翌年にはそれを「商業学校規程」による正規の商業学校とする認可を得た。さらに一九二五（大正一四）年には、同じ手順を踏んで、名古屋第二女子商業学校を設立した。日本最初の正規の女子商業学校が名古屋の地に誕生したのである。

商工連携論では商業が先行することになったけれども、工業教育もまた早々に着手された。その端緒は、「瀬戸もの」として全国に名を知られる瀬戸地方の窯業教育から緒についた。常滑では早くも一八八三（明治一六）年には有志によって美術研究所が設けられ、工部美術学校のイタリア人教師ラグーザの指導を受けた内藤陽三、寺内信一が教師となった。その後同所は廃止されたが、一八九六（明治二九）年に常滑工業補習学校が設けられ、一九〇〇（明治三三）年に町立の常滑陶器学校となった。いっぽう瀬戸でも、一八八四（明治一七）年に陶器の研究会が発足し、それが一八九五（明治二八）年に瀬戸陶器学校の創立へとつながった。瀬戸は常滑より早く一九一一（明治四四）年に県立に移管されて徒弟学校としての県立陶器学校になったが、一九二〇（大正九）年には工業学校としての愛知県立窯業学校となり、現在に至るまで、窯業の名称をもつ全国唯一の学校となった。歴代校長には、北村弥一郎（初代）、黒田政憲（第三代）といった斯界の権威者が就任した。またのちに有田工業学校の初代校長となる寺内信一もその教諭をつとめた。

県立の工業学校は、一九〇一（明治三四）年に創立された。提議した沖守国知事は東京高等工業学校教授染織科長の柴田才一郎を初代校長に迎えるという人事をなして世間を驚かせた。柴田に目をつけたのは地場産業の織物業の革新を図るためであった。柴田は蔵前を出てドイツに留学体験をもつ権威者であって、こののち一九二三（大正一二）年に米沢高等工業学校長に転出するまで、名古屋の工業界で指導的役割を果たした。豊田佐吉が有名な豊田自動織機を発明するにあたり、同校の所有する外国製機械を利用したことが役立ったというエピソードが残っている。工商連携論者である柴田は、米沢時代に発表した論説で、「従来の如く技術にのみ偏倚せず、今少しく経済的の才能を養ひ、工業経営の中心人物たらしむる方針を採ること緊切なるべし」と記している（工政会『工業教育の改善方策』一九二九年）。

名古屋における柴田の業績としてもう一点忘れてはならないことがある。それは、一九〇五（明治三八）年の名古屋高等工業学校の創立に寄与したことである。これより先、政府が第四高等工業学校の計画を発表すると、愛知県は一五万円の寄付金提供を条件にその誘致運動を進めた。文部省の原案では、土木科、建築科、機械科の三科でスタートする予定であったが、県としては地場産業振興の必要から機織科と色染科の二科を加えることを求め、この二科については実習工場の機械を愛知県立工業学校と共用するということで話をまとめた。この間に斡旋したのは柴田であり、高等工業が開校すると彼は機織科の講師を兼任することになった。

高等工業に対置される高等商業学校は、一九二〇（大正九）年になって設置された。このとき愛知県は政府の求めに応じて六六万余円という巨額の寄付金を醵出することになった。一九一七（大正六）年の県議会における松井茂知事の趣旨説明の中には次のような一節がある。産業立県のための教育施策に対する県としての見識を表明している。

「愛知県ノ如キ地ノ利ヲ占メテ居ル所ハ、大学デモ各種ノ高等専門学校デモ総《す》ベテ揃ツテ居ナケレバ互ニ比較研究上大ニ不便ヲ覚ユル次第デアリマス。殊ニ今回ノ欧州戦乱ノ跡ニ鑑《かんが》ミマスルト益々各種ノ事業ハ互ニ提携一致セネバナラヌコトト相成リマシタノデ、教育ノ如キモ各種ノ高等専門学校ガ此地ニ設ケラレルト云フコトハ時代ノ要求デアラウト存ジマス。而シテ高等商業学校ノ設置ノ如キモ実ニ尤《もつと》モ希望ニ堪ヘナイ次第デアリマス」（『名古屋大学五十年史』通史一、一九九五年）。

名古屋高商の最大の特色は、工商連携の実をあげたことである。初代校長渡辺龍聖は一九二六（大正一五）年の同校創立五周年の記念式典において、他の高商に見られない自校の特色学科目として、商業実践、商品実験、商工心理、能率研究、産業調査の五科目を挙げた（『名古屋大学経済学部五十年史』一九七七年）。名古屋高商のもう一つの特色は、一九二四（大正一三）年の商工経営科の加設である。地元経済界の要請にこたえて県が資金を提供したもので、実業専門学校を卒業した者を入学させて修業年限一年の上級段階の教育をした。名古屋高商には商工心理学の開拓者古賀行義が教鞭をとっていた。

松井知事の提言を敷延すれば、高工、高商に並んで高農も設けたい、ということになるが、文部省の適正配置計画のため高農は隣県の岐阜と三重に設けられた。しかし、農業教育に関しては、愛知県には特色ある中等農業学校が設けられた。

一九〇一（明治三四）年に県立の農林学校として設けられ、大正期に入って愛知県安城農林学校と名称を変えて、全国にその名を知られるようになる学校である。その初代校長となったのは、勤労主義、精神主義を標榜して独自な教育実践をした山崎延吉である。「我農生」と自称し、「我は農に生まれ、我は農に生き、我は農を生かさん」ことをモットーにして、安城村を日本のデンマークと呼ばれるまでに有名にした。彼は、一九年にわたって同校の校長をつとめるかたわら、その思想と実践を全国に広める農村更生運動のリーダーとなった。安城農林学校時代の下僚であった加藤完治はその普及者として特に有名であって、国民高等学校運動へと展開させた。

一九三九（昭和一四）年になると第七の帝国大学として名古屋帝大が設けられ、理工学部が発足した。東北と大阪の両帝大の場合は、それまでの高等工業学校を昇格させて工学部としたが、名古屋帝大は高等工業に手をつけなかった。戦後になって新制大学が発足したとき、愛知県では名古屋大学工学部と名古屋工業大学を並立させることができた。

一九四二（昭和一七）年現在の愛知県の産業教育機関は、高等教育では、名古屋帝大理工学部、名古屋高等工業学校、名古屋高等商業学校があり、中等教育では、工業学校一四校（敗戦時は二一校）、農業学校一一校（一六校）、商業学校二八校（二四校）があった。中等商業学校数が多く、その中には多数の女子校が含まれていたことが目立っていて、全般的に見れば中等教育では工・農・商のバランスがとれていた。

女子の産業教育の先進地である愛知県の中等学校の中で、注目したい一校がある。一九三九（昭和一四）年創設の愛知県女子工業実務学校である。「職業学校規程」に準拠する学校であるが、県知事から出された申請書には愛知県政のリーダーのもつ先進的思想が表明されているからである。産業立県愛知県はかくして作り出されたという証拠になる。

「本県ハ現下ノ労力不足ト重工業振作ノ国策ニ鑑ミ、女子工業労働者ノタメ特ニ女子ノ特性ニ稽ヘ、工場実務、製図、機械ノ検査検定等ノ如キ女子ニ適応スル実務教育ヲナスト共ニ、女子トシテ必要ナル教養ヲ施シ、出デテハ工務労働者トシテ工業生産ニ参加シ、入リテハ一家ノ主婦トシテ子女ノ養育ニ当ルベキ女子養成ノ必要ナルヲ痛感シ、茲ニ女子工業実務学校ヲ創設セントスルモノナリ」（『文部省簿書』「設置・廃止許認可文書商業学校愛知県」）。

敗戦直前に「職業学校規程」が廃止されたため、同校は愛知県女子商工学校と名を変えた。愛知県には、もう一校、敗戦直前に名古屋市立女子商工学校が設けられたが、『文部省簿書』の中に関係文書が見当らないため詳細は不明である。いずれにせよ、明治の初期に地元から出た商工連携の要望は、戦時体制下に女子教育の中に姿を現すというのも同県の特色と言えよう。

愛知県の産業教育の発達は、以上に述べたように行政および教育の世界におけるリーダーの役割が著大であったことは紛れのない事実であるが、それだけではなくこれを支援した県民や市民の教育意識の高さが大きな原因となっていることを見忘れてはならない。そのことを証明する二つのエピソードを紹介してみよう。

その一は、市邨芳樹の功労に対して市民のなした顕彰事業である。一九〇六（明治三九）年、市邨が校長をつとめる市立の名古屋商業学校の同窓組織である商友会では、この名校長を長く名古屋にとどめ置きたいという願いを込めて市邨の邸宅購入費として七千五〇〇円を贈ったのに対して、市邨はこれに私費を加えて名古屋女子商業学校の設立資金にした。その後、一九一八（大正七）年に市邨が名古屋商業の校長を辞職した際に、商友会は盛大な謝恩会を催して公債証書一〇万円という前代未聞の寄付金を贈ったが、このときも市邨はこれを基金にして第二の女子商業学校を設けた。さらに加えて一九三九（昭和一四）年に、全国商業学校長協会は市邨の多年にわたる功労を讃え、在職五〇年表彰式を催したとき、地元名古屋ではこれに呼応し、市立商業、第一、第二女子商業の卒業生が中心になって祝賀会を挙行し、一万円を贈呈した。それから程なく、市邨は郷里の尾道ではなく名古屋で没した。

その二は、名古屋の工業教育に寄与した柴田才一郎は、生まれは長野県、後年は米沢に転職したが、名古屋を第二の故郷として永住の地にすることを決めた。それを聞いた愛知県立工業の同窓会である愛工会や名古屋高等工業の卒業生たちは、謝恩会、頌徳会、寿像建設の事業を進めた。柴田は記念金などは奨学資金として寄付したが、寄贈された邸宅は受け取り、そこで八一歳の生涯を全うした。

市邨の顕彰行事に出席した渋沢栄一は、名古屋を「淫靡《いんび》なる土地」と思い込み名古屋商人を軽蔑していたけれども、それが大間違いであった、という率直な感想をもらした。

産業立県としての愛知県の産業教育は、以上に概述した戦前期の実績の上に、戦後になってさらに顕著な発展をした。例えば、高等教育について言えば、名古屋大学は地元高校生の進学率の高い地域性の強い大学であり、商工連携策による地域産業の振興に寄与しているし、産業教育学の研究では全国のトップを走っている。名古屋大学とは別に名古屋工業大学や豊橋技術科学大学の活躍も目ざましい。地元の有力企業も教育に熱心であり、豊田工業大学や大同工業大学（現大同大学）などが設けられている。中等教育についても特筆すべきことが多い。工・農・商の産業系の学科の卒業生徒数は三分野ともに全国第一位であり、愛知県の高校卒業生の地元就職率は全国第一位である。戦前期について記述する本節に例外的ながらこのような言及をするのは、いずれ折を見て産業立県の教育モデルとして同県の産業教育について一書をものしたいという願望を抱いているからである。

5　工業教育の先進地福岡県

関門海峡に面する門司市から、中に筑紫平野をはさみ、有明海に面する大牟田市まで、九州北部を東西に広がる福岡県は、地理的条件が多様であり、産業構造も一様ではなかった。

県都となった福岡市でまず最初に動き出したのは農業教育であって、老農林遠里の指導する西南農法に対して、駒場出身の農学士横井時敬が塩水選種法と称する新技術で挑戦したのは一八八〇（明治一三）年創設の福岡県農学校においてであった。時代に先んじていたこともあって、同校は一八八七（明治二〇）年に廃校となった。県会において再度農業学校の必要が認められて県立の福岡農学校が設置されるのは一九〇〇（明治三三）年のことであった。この時期、福岡県はまだ農業県であったため、これに続いて県内各地に郡立の農業学校が設けられ、明治末年には合わせて一三校に達した。長野県と新潟県につぐ校数である。大正後期の郡制廃止によってそれらは県立に移管され、すべての農業学校は県立校となった。

博多商人とか久留米商人とか称される商人たちの商業活動も活発であって、一八九六（明治二九）年には久留米市に久留米市立商業学校が、次いで一八九九（明治三二）年には福岡市に福岡市立商業学校が設けられた。近隣の下関市と長崎市にはおくれをとったものの、市民の設けた商業学校としては先駆的な事例に属する。農業は県立校となっていくが、商業は県立校はなく、市立校または私立校というちがいが出た。

工業教育はスタートはおくれたけれども、設置者も学校種も多様であって、年を重ねるごとに福岡県の産業教育の中核的位置を占めるようになった。特に日本の産業革命の進行に伴って鉱工業が盛況を見せ始めると、学校設置も急速かつ大規模に進められた。特に重要な転機は、一八九七（明治三〇）年に遠賀郡八幡村に官営製鉄所の設置が決まり、四年後に操業を開始して、北九州が日本を代表する工業地帯の一つになったことである。重工業の発達はそのエネルギーとして大量の石炭を必要としたため、県内に存在する筑豊や三池などの有望鉱山の開発も急速に進められた。福岡県が工業立県として発展するに必要な人材養成に乗り出すのはこのころからである。早くも一九〇一（明治三四）年の県の「訓令第七号」には次のような提言が見受けられる。

「実業ハ人生生活ノ根拠ニシテ国家富強ノ基礎ナリ。其ノ教育ハ決シテ普通教育ト軽重アルコトナシ。故ニ両者併進連行シテ始メテ人生ノ福祉ヲ増進スルコトヲ得ベシ。本県近時普通教育ノ発達実ニ顕著ナルモノアルモ、実業教育ノ施設動《やや》モスレバ之ニ伴ハザルノ感アリ……此際当局者ハ宜ク部内ノ人心ヲ開誘シ、実業教育ノ発達ヲ助成スルコトヲ努ムベシ」（『福岡県教育百年史』第五巻通史編Ⅰ、一九八〇年）。

福岡県の工業教育は、まず中等工業教育から緒についた。一八九六（明治二九）年に福岡市に設けられた県立の福岡工業学校がその最初であって、九州地方はもちろん西日本で初めての県立校であったが、当初の学科は染織・木工・金工の三科であって、特に新味のあるものではなかった。しかし一九〇二（明治三五）年になると、筑豊石炭鉱業組合からの寄付金提供の申し出を受けて採鉱科を加設したころから変化が現れた。その後順次機械科や応用化学科などが加えられて盛況を見せ、「九州に福工あり」と称されるモデル校となった。一九一六（大正五）年には「卒業生一千人記念式」を挙行するまでになった。人数だけでなく、基礎学力を重視した教育による卒業生の質の高さも評価された。

県立の第二の工業学校は、北九州工業地帯の中心地小倉に設けられた。初めは福岡県工業学校の分校として発足したが、一九〇二（明治三五）年に独立して機械科一科から成る県立の小倉工業学校と改称した。八年後には電気科を加え、北九州の工業界の需要にこたえた。その後夜間授業の専修科を設けたり、各種の講習会を催したりして、地域の産業界に貢献した。

明治期の福岡県には、一九〇七（明治四〇）年に三井工業学校と称する他県に類例のない私立の特色校が誕生した。筑後の三井炭鉱と筑前の筑豊炭鉱は日本有数の鉱山としてにわかに脚光を浴びたため、採鉱能率を高めるためには有能な技術者を必要とした。

そこで動き出したのは三井家であって、三池に私財を投じて法人立の甲種工業学校を設置した。初定の学則では、「本校ハ工業学校規程ニ拠リ鉱業（主トシテ石炭鉱業）ニ必須適切ナル学科ヲ教授シ、特ニ実習ヲ重ンジ、以テ将来適良ナル鉱業手ヲ養成スルヲ目的トス」と定めた。修業年限三年の各学年に一四時間の実習を課し、校内だけでなく自社の諸工場で現業実習をさせたのも、当時の他の工業学校に例を見ない実践であった。いわゆるサンドウィッチ方式の教育形態と言えよう。最初は、採鉱科と機械科の二科で出発し、のちに電気科と応用化学科を加えて一般的な工業学校の編成に近づけた。同校の校長として教育経営の責任を果たしたのは神崎浜吉であって、手島精一に見出されて東京工業学校の助教授、山形県立工業学校長などを経て、同校の学校づくりに寄与した。名誉校長として胸像も建てられた。

なお、筑豊でも、一九一八（大正七）年に筑豊石炭鉱業会によって私立筑豊工業学校が建てられたが、各種学校であり、のちに青年学校に転換しているので三井工業学校ほどの実績はない。

このほか、福岡県には、工芸系の工業学校が設けられた。一九二二（大正一一）年に乙種工業学校として認可された法人立の大牟田工芸学校では建築と家具の二科編成にした。一九四〇（昭和一五）年に設置された福岡市立の第一と第二工業学校のうち、第一は機械科であったが、第二は印刷工芸と木材工芸の二科であり、一九四二（昭和一七）年に木工業の盛んな大川町に設けられた町立の福岡県大川工業学校は木材工芸と建築の二科で編成された。

三校もの工芸系の学校が設けられたことに注目したい。福岡県の中等工業教育の多様さを物語る。

工業教育における福岡県の特色は、中等教育よりも高等教育においてさらに鮮明となる。その発端は、一九〇七(明治四〇)年に安川家からの巨額の寄付金によって明治専門学校が創立されたことである。同校については工業教育の特色ある事例校として先に紹介したので委細は省略する。同校の開校一〇周年に発行された冊子は、「地の利」「人の利」で幸運なスタートを切ったと記している(『開校十周年記念明治専門学校概覧』一九一九年)。地の利としては、「前ニハ内外ニ通ズル海運ノ便ヲ抱キ後ニハ廉価ナル石炭ノ供給ヲ負フ」ていたし、人の利については地元の実業家安川敬一郎とその一族、こののち九州帝国大学初代総長となる山川健次郎、山川の呼びかけに呼応した東京帝国大学出身の教師たちがいた。山川は同校の教育方針を示す「徳目八か条」を作成した。

その後、安川家の資金提供も限界に達したため、九州帝大との合併案も出たが、あくまでも教育の独自色を守りたいという創業者の願いもあって、一九二一(大正一〇)年には官立に移管して明治専門学校として存続することになった。以後、時代の変遷に伴って学校の教育方針に若干の変更はあったけれども大きく変わることはなかった。「徳目八か条」も長く守られた。変化した部分としては、例えば生徒数の増加に伴って全員を寄宿舎に収容することが困難になったため第四学年を通学制にしたり、地元産業との関係を緊密化するため、明治末年までには、採鉱学科、冶金学科、機械工学科、応用化学科、電気工学科の五学科体制を確立したり、さらに第二次大戦中には火薬学科と製鉄機械科を加え、堂々たる高等工業学校となった。そのため戦後になっても名古屋高等工業と同じように、新制九州大学の工学部とは独立した九州工業大学となった。

明治専門学校から四年後の一九一一(明治四四)年に九州帝国大学工科大学が開校した。医科大学と並んで工科大学が設けられたのは、古河家からの寄付金に加えて地元が創立費と敷地を提供して熱意を示したことによる。初代総長には元東京帝国大学総長の山川健次郎が、初代工科大学長には真野文二が就任した。真野は工部大学校におけるダイアーの門下生であることについては先述した。一九一三（大正二）年に山川が再度東京帝大総長に返り咲いたあとは、真野が第二代総長となり、真野の後任には熊本高等工業学校長中原淳蔵が就任した。中原は工部大学校での真野の一年後輩であって、熊本での教育経営に実績を収めていた。真野、中原と引き継がれた九州帝大の工科大学には多分にダイアーの示した教育方針が継承されていた。ちなみに同学の授業の方針については次のように記述されている。

「本学諸学科ハ何レモ皆深キ基礎学ノ上ニ立チテ広ク実地ニ活用センコトヲ期シ、基礎学課トシテハ一般ニ数学力学及ビ応用力学ヲ課スルノ外、更ニ各科ノ必要ニ応ジテ物理学又ハ化学ヲ授ケ、或ハ其ノ実験ヲ課シテ、深キ根底ノ上ニ立チ以テ実際ノ応用ニ遺憾ナカラシムルニ努ム……実習及実験ハ本学ノ特ニ力ヲ致セルモノニシテ講義時間ノ比較的少クシテ而カモ実習時間ノ反ッテ多キガ如キ、皆学生ヲシテ修得ノ理論ニ依リテ充分ニ実地応用ノ力ヲ揮ハシメントスルニ外ナラズ」（『九州帝国大学工科大学要覧大正三年七月』一九一四年）。

創立時の学科編成は、土木工学、機械工学、電気工学、応用化学、採鉱学、冶金学の六学科であり、ダイアーが一八七三（明治六）年の来日時に示した学科名とほぼ同一であった。しかし、大正期に入ると工業教育界の状況は明治初年に比べると変化してきた。特にドイツの優位性が顕著になると、教育方針に軌道修正がなされた。ちなみに一九一四（大正三）年の工科大学の職員一覧を見ると、教授一名と助教授七名が官費留学中であって、その多くは留学先をドイツにしている。このことも明治専門学校と共通していて、特に若手研究者のドイツ志向が顕著になり、工学の学問的水準の向上へと向かった。ここから九州帝国大学工科大学の新しい学風が築かれることになる。

福岡県にはもう一校、一九三九（昭和一四）年に創立された官立の久留米高等工業学校がある。戦時下の技術者の確保のため一挙に七校の高等工業が増設された中の一校である。九州に誘致するとなると、長崎県が名乗りをあげて競争したが、福岡県に決まると今度は県内の各市から希望が出た。最終的にゴム工業の盛んな久留米市と石炭工業の盛んな大牟田市が競い、石橋家の資金提供のある久留米市に落ち着いた。増設された七校の高等工業の学科構成には若干のちがいはあったが、ほぼ全国的には共通していた。ただし、久留米では大戦末期になってゴム工業科が加設された。同校は戦後になると九州大学に併合され、一時期その校舎は九州大学の教養部として使用された。

一九四二（昭和一七）年現在、福岡県には、高等の工業教育機関は三校、中等の工業学校は一二校（敗戦時には三〇校）と、工業教育が突出していたものの、中等の農業学校は一五校（一五校）、商業学校は一七校（八校）を数え、農と商の分野も合わせて比較的均衡のとれた産業教育体制となっていた。

6　農業教育の先進地長野県

農業を、農産、養蚕、山林、畜産、水産というように広義に解釈すれば、長野県は水産を除くすべての分野を網羅した農業県であった。しかし、農家一戸当りの水田面積は全国平均の三分の二程度であり、畑地面積もほぼ全国平均と同じで、県の総面積の八五％は山地であるという、農業の条件は不利であったため、いきおい畑地と山林を有効利用するしかなかった。養蚕、畜産、園芸、林産と多角的な農業経営がなされたのはその地理的制約によるものであった。その中で、特に養蚕業が盛んになり、桑園面積と養蚕農家数は年々増加した。養蚕業は製糸業の発達を促し、養蚕と製糸はともに先進地の群馬県や福島県を抜いて、明治二〇年代には全国第一位となった。富岡製糸場でフランス人教師の指導を受けた和田英らが帰県して改良法を教えたことは有名である。

教育こそは県民の資本となるという発想から早くから教育立県を目ざした長野県では小学校の就学率が高まり、

さらにそれに接続する上級学校への進学希望者のために中学校や高等女学校も設置され、加えて実業学校もまた進路拡張の一策とされた。その実業学校の中で最重要視されたのは農業学校であった。明治期に創設されて敗戦時まで継続した農業学校数は一七校を数え、もちろん全国第一位である。その農業学校の多くは郡や町や村、あるいはそれらの協力し合った学校組合など、まずは地元民が自力で設け、その中の過半は徐々に県立に移管されていったという意味で地元民の熱意が起動力となっていた。当然のことながら、その教育の内容は地元の産業と結び合うことが求められる。

長野県には、創立年が古く、初めは郡立校として設けられ、その後県立校となり、全国にその名が知られるようになる三校の農業学校があった。一八九二（明治二五）年創立の小県蚕業学校、一八九五（明治二八）年創立の上伊那農業学校、一九〇〇（明治三三）年創立の木曽山林学校であって、県の産業構造に対応した養蚕、農産、林産の三分野における先進的な取り組みをして全国のモデル校となった。

まず、長野県小県蚕業学校は、同県が蚕糸王国として発展する最初の産業教育基盤となった。小県郡長中島精一の提唱によって、同郡三〇有余の町村が賛同して、郡立校として発足し、一九〇一（明治三四）年に県立校となった。その創立に際しては中島郡長に働きかけをした駒場系譜の農学士三吉米熊の存在が大きい。三吉は駒場を出て長野県の農商課に勤務する間の一八八九（明治二二）年には農商務省から派遣されてフランスに留学して新知識を得た。帰国後は蚕病の学理と顕微鏡の使用法について指導にあたり、中島郡長と肝胆相照らす間柄となり、学校設置を勧めた。学校が創立されると三吉は初代校長に就任、三六年間という長期にわたりその職務を遂行した。蚕業に特化した先駆的な学校であったため、県内各地はもちろん県外からも入学生が集まった。教育では宿直当番制の実習を重視し、実践的力量の形成に力を注いだ。また研究成果を地域社会に公開するとともに、年に一回刊行する蚕業試験報告書は二五回に及び全国に配布された。

次の、長野県上伊那農業学校は、郡立として設けられ、一九〇四（明治三七）年に県立校となった。歴代の校長や教員陣は主として駒場出身者で占められ、研究と教育の水準の高さを誇った。学則は再三改正されたが、訓育主義と海外進出を二大特色とした。訓育主義は実行的訓練によって「労働ニ堪《た》フルノ習慣」を養うとともに、「実業ニ従事スル学科ヨリ概括シ得タル生産的思想ト相待テ其品性材幹ニツナガラ具備」させることを目的とした（『長野県立上伊那甲種農業学校第六年報』一九〇九年）。海外進出は、大正期にはアメリカやメキシコへの進出に実績を収め、昭和期になるとアジア大陸を目ざすようになり、一九四〇（昭和一五）年にはそのための「大陸科」を増設した。この訓育主義と海外進出の二つの目的を果たすために、一九三二（昭和七）年に第九代校長に就任した村上明彦が推進したのは上農寮教育であって、第五学年生徒は全員上農寮と称する四軒の農家において師弟一体の集団生活をさせて学校教育の総仕上げをした。塾風教育の実践例として全国の注目を集めた。

その次の、長野県木曽山林学校も郡立として設けられ、一九〇六（明治三九）年に県立校となった。校長には駒場出身の林学士松田力熊が就任した。駒場の林学科はもともとドイツ留学の経験をもつ松野礀によって設けられた東京山林学校に端を発していて、松田はドイツ系の山林学を木曽の地に定着させることに寄与した。松田は開校に際しての教育方針を記した一文の中で、「林学は純粋科学の応用術」であり「林学は観察の学問」であるとして、校内では専門学科の学力を身につけさせるために普通学科にも十分な配慮をなすべきこと、観察力を養うために県外への修学旅行を重視することなどを主張した（『木曽山林高校一〇〇周年記念誌』二〇〇一年）。

初定の学則では、修学旅行について、「第二学年及第三学年ニハ学術実地指導ノ為メ修学旅行ヲ課シ林業ニ関スル各般ノ観察ヲナサシム」と定め、生徒の都合によって免れることを禁止した。小県蚕業学校と同じように特色ある学校であったため全国から入学生が集まり、卒業生は全国に散って、多くは官公庁の林業関係の公務に従事した。

以上三校の名門校のほかにも、長野県の中等農業学校にはその他の特色をもつものが多い。それらを概括してみると、特に次の三点の特色が目立つ。

第一点。女子に開放された学校が多いことである。大別すると、独立した甲種女子校、甲種の共学校、乙種の共学校となる。例えば、組合立の長野県上水内郡北部農学校は、一九〇九（明治四二）年の創立当初から乙種共学校（昭和一七年甲種に変更）であって、地域における中等女子教育の期待にこたえた。その翌年創立の組合立の長野県埴南農蚕学校も同様である。独立女子校としては、長野県南佐久家政女学校の創立が早い。同校の場合、一九二二（大正一一）年創立の共学校である南佐久農林学校（乙種）の女子部が一九二七（昭和二）年に独立して甲種の女子校となった。名は家政女学校でも法規上は女子農業学校とされた。一九四二（昭和一七）年現在、女子に開放された農業学校は甲種八校、乙種二校の計一〇校である。

第二点。他県にその例はあるものの、それより多くの農商学校が設けられたことである。養蚕を中心とするなら、それを製品化する繊維工業と結合して農工連携が進みそうなものであるが、そうはならなかった。一九四二（昭和一七）年現在四校の農商学校が存在した。中野農商学校、丸子農商学校、伊北農商学校、赤穂農商学校である。しかし、大戦末期の商業教育抑止政策の結果、農商学校の商業科だけは生徒募集を中止され、曲折が生じた。例えば、丸子農商学校は丸子農工学校に転換する。それぞれの学校沿革は複雑になるため省略する。

第三点。拓殖教育がなされたことである。長野県が満蒙移民政策をとったことについては前述した。そのための学校教育に乗り出した代表例は長野県更級農業拓殖学校である。一九〇七（明治四〇）年の郡立農業学校が一九一九（大正八）年に県立校となり、昭和期に入ると拓殖教育へと大きく舵を切り、一九三六（昭和一一）年に校名を変えた。「県民一般ノ希望ニ依リ海外殊ニ満州移民ヲ目的トシテ設置スルモノナリ」というのがその理由であった。このときの校長は、駒場の農業教員養成所で横井時敬の指導を受けた矢田鶴之助であった。

高等の農業教育機関としては上田蚕糸専門学校が設けられた。一九一〇（明治四三）年創立の日本最初の官立蚕糸専門学校である。県が当初希望していたのは官立高等工業学校であったが、それが蚕糸に変わったのは松本市出身で当時文部次官の職にあった沢柳政太郎の助言によるとされている。電気や機械は長野県に限るものではないし、染織とても新潟県に及ばず、県としては製糸が有望であろうけれども、それが専門教育になじむかどうかは疑問なしとしない、というのが彼の意見であった。県としては沢柳のこの言に一縷の望みを託して政府に対して強力な陳情をなした結果、文部省を動かすことができた。

政府からは建設費三〇万円と経常費一〇万円という条件がつけられたのに対して県下では長野、松本、上田、諏訪の四地区がそれぞれに負担額を提示してまんじ巴の誘致合戦を展開した結果、すでに小県蚕業学校をもつ上田が選ばれた。初代校長には、駒場出身でドイツへの留学体験をもち、文部省視学官をつとめていた針塚長太郎が発令された。彼は就任前に発表した蚕業教育に関する論説の中で、教育家としての見識を示していた。

「斯《こ》の教育に対して世人較《やや》もすれば一般に陥いり易き謬見を有す。謬見とは如何《いかん》。曰《いわ》く、蚕業を発達するには単に養蚕並に製糸等に関する技芸のみを教授すれば足れりとなすこと是なり……教育の期するところの主たる目的は、其業務に関する諸般の事項に就き綜合的知識を授け、業務経営の事に堪能《たんのう》ならしめ、兼て人格品性を育成し、以て社会に重きを致し、健全なる常識に富みたる者を養成するにあり」（『大日本蚕糸会報』第一五四号、一九〇五年三月）。

針塚は、沢柳が不安を抱いていた問題の解決に力を注いだ。普通学と基礎学を尊重しつつ、高等専門の蚕業教育を組織するという課題である。同校の学科編成を見ると、まずは養蚕科と製糸科の二科で出発し、その後時代を追って絹糸紡績科（絹紡織科と改称）と繊維化学科を加え、さらに一九三一（昭和六）年には製糸教婦養成科を付設した。この教育の展開の中で生じた一つの難問は製糸科の教育課程であった。養蚕科の場合は、農学に近接していたため、針塚の考える基礎学として、昆虫学、遺伝学、植物学など広義の生物学を有効に活用することができたのに対して、製糸学は限りなく工学に接近することになるため、その基礎学の性格にあいまいさがつきまとっていたからである。

上田に続いて、一九一四（大正三）年には、東京と京都に高等蚕糸学校が設けられた。先輩格の上田には全国各地から志願者が集まり、生徒の出身地は長野県が三分の一程度であったし、しかもその卒業生の多くは県外に出ていき、長野県への定着率はほぼ二〇％前後であった。就職先は官公庁が圧倒的に多く、製糸会社と教員がそれに続いた。農業県長野にとって同校の果たした役割を過大に評価することはできないけれども、戦後の教育改革では信州大学の繊維学部として地元大学の特色学部となった。

一九四二（昭和一七）年現在、長野県の産業教育は、高等段階では蚕糸一校、中等段階では工業学校四校（敗戦時は九校）、農業学校三二校（三三校）、商業学校一五校（七校）であり、中等農業学校数は全国第一位であったけれども、工・農・商の間には著しい不均衡が見られる。なお大戦末期の一九四三（昭和一八）年には官立の長野高等工業学校が、一九四五（昭和二〇）年には県立の長野県立農林専門学校が加わったが、この中で特に注目したいのは農林専門学校である。県立の上伊那農業学校における村上明彦の上農寮教育の実践については先述したが、村上はこの教育を専門学校水準に高めるための運動をした。たまたま長野県伊那商業学校の転換が課題となっていたため、県は、上伊那農業学校を存続したまま法人立の伊那商業学校を県立の農林専門学校に変更することの認可を取りつけた。戦後の信州大学にはこの専門学校を母体とする農学部と先述の繊維学部が揃うことになった。農業教育県の面目は躍如としている。

7 商業教育の先進地兵庫県

兵庫県は南北で瀬戸内海と日本海という二つの海に面し、中に中国山地、その南に播州平野、その北に豊岡盆地をはさみ、そして何よりも阪神商工業地帯の一画を形成するという地理的多様さをもっている。県の主要産業は農業であったが、国際貿易都市神戸の占める比重は大きく、商業教育の先進地として発展した。幕末期に神戸（当時は兵庫）が開港地になると、当時の辺鄙な一漁村に外国人居留地が作られ、横浜と並ぶ外国貿易の拠点地となった。早くからこの地に商業学校の必要性を感じていたのは福沢諭吉であって、県令の森岡昌純の要請に応じて門下生を派遣して東京に次ぐ第二の商業講習所の設立に力を貸した。一八七八（明治一一）年のことである。同所はその後曲折を重ねて県立の神戸商業学校の母体となった。

兵庫県の商業教育は神戸市を中心に展開した。先ず中等教育について見れば、明治期に県立、市立、私立の三種の学校が出揃った。

県立の中等商業学校は、神戸商業学校が先駆となった。そのルーツは上述の神戸商業講習所であって、一八八六（明治一九）年に兵庫県立神戸商業学校と改称した。英語と簿記の教育を重視して特色を発揮した。なお後に文部大臣となる平生釟三郎が短期間ながら校長をつとめたこともあった。一九二八（昭和三）年になると修業年限四年の夜間商業学校を設けて兵庫県立第二神戸商業学校と称し、それまでの県商を第一神戸商業学校と変えた。

市立の中等商業学校は、一九〇九（明治四二）年創立の神戸市立神港商業学校を端緒とする。県商と同じように、一九二一（大正一〇）年に第二神港商業学校が設けられたとき第一神港商業学校と改められた。第二神港商業は第一神港商業に併置されて同じ校舎を使って正午から授業を始め、変則的な一日二回転の運営をしていたが、一九二五（大正一四）年に午後四時から授業を開始する本格的な夜間校となった。それとは別に一九二三（大正一二）年に第三神港商業学校（神戸市立灘商業学校と改称）が設けられた。一九四二（昭和一七）年現在、第一が一五〇〇名、第二が六〇〇名、第三（灘）が一二〇〇名というマンモス学校となり、県商をしのいだ。なお、神戸市民に親しまれた神港商業という校名は、神戸高等商業学校長水島鉄也の命名によるもので、神戸港をちぢめたものである。同校の校則には、「世界は我活動場也」とあり、神戸市民の心意気を示していた。その教育では県商と同じように外国語を重視した。

私立（法人立）の中等商業学校は、県立および市立よりおくれて、一九一一（明治四四）年の私立報徳商業学校、一九一五（大正四）年の育英商業学校、一九二二（大正一一）年の中外商業学校が設けられた。いずれも伝統校として有名になるが、性格には三者三様のちがいがあった。報徳商業学校は、二宮尊徳の思想を信奉する者たちが全国各地に報徳社を結成し「報徳教」を普及させる運動を展開する中の一環として設けられたものである。実業家の大江市松が御影町に設けたもので、そこでは尊徳の嫡孫二宮尊親を校長に迎えるという人目を驚かす人事を行った。育英商業学校は立志伝的人物である庄野一英が苦節して設けたもので、百日算と称する珠算教育で有名になった。中外商業学校は、初め大阪基督教青年会の事業を引き継いで伊丹町の私人が設けたもので、その後安田家の寄付による保育商工教育財団、ついで財団法人保隣実業教育財団へとその設立者は変転した。軍事教練日本一の折紙のつけられた学校である。

そのほか、兵庫県の中等商業学校で注目したいのは、一九一七（大正六）年に設けられた神戸市立女子商業学校であって、公立校では日本最初の女子校である。地元の女性実業家鈴木よねの寄付金を市が受諾して設立したものであって、同校の同窓会である姫百合会による二五周年の記念誌には、鈴木について次のように記されている。なお、この女子商業は、戦後になって第一神港商業学校と合体して共学校となった。

「今まで古き伝統の殻に閉ぢこもり自ら目覚めることを知らなかつた女の世界に〝女子商業〟といふ新らしい言葉を作り出して、商業の知識さへあれば弱い女の力をもつて世界を支配する力を養ひ得るといふことを、身を以て行ひ知らせて下さつた日本の女子商業界の恩人である」（『神港60年』一九六七年）。

以上は主要な中等教育機関であるが、兵庫県の特色は、中等より高等教育機関にある。その最たるものは一九〇二（明治三五）年に創立され、その後商業大学に昇格した神戸高等商業学校の存在である。

同校については先に事例校としてその概要を記した。東京に次ぐ第二の高商の設置をめぐって商都大阪と激しい競争の結果、わずか一票差ながら国会の承認を得たこと、水島鉄也というすぐれた学校経営者を得たことなど幸運な条件に恵まれた。創業の大役を果たした水島は、一九二四（大正一三）年の創立二〇周年記念日に「神戸高商の過去現在及将来」と題する記念講演の中で、大阪に勝利したのは「外国貿易に従事すべき人材を養成する」という期待をかけられたのがその理由であると述べた（『神戸高等商業学校開校二十周年記念講演及論文集』一九二四年）。水島はこの期待にこたえて二二年間神戸高商の経営に力を尽し、「神戸高商の水島か、水島の神戸高商か」と称されるだけの実績を収めた。

原敬内閣の高等教育拡張政策の中で、一九二〇（大正九）年に東京高商が商科大学に昇格したことを受けて、神戸高商も早くから昇格の運動を起こし、また期待もかけられていたけれども、諸種の政情に影響されて、一九二九（昭和四）年まで延期された。ところが、昇格運動を進めてきた神戸市民にとっては、それ以前から予期せぬ難題が持ち上っていた。その一は、昇格後の大学には専門部を設けないという決定であって、それではそれまでの神戸高商に代わる専門学校程度の教育機関が失われることになり、またその二は、予科を廃止することになったため、中等商業学校卒業生の進路に障害が生じることである。新制神戸商大はいわば「裸の大学」となった。この点では、先に動き出した東京と大阪（市立）の商大とのちがいになった。用地の問題も難題となったけれども、これは六甲台に三万坪を寄付することで解決した。

神戸高商はそれまで予科の二部制を採用していて、商業学校からの進学の便を図っていた。それがなくなることに不安を抱いた県立神戸商業学校の同窓会や父兄会が動き出して、伝統を誇る自校を高商に昇格させることを要求した。しかし、制度上の難点もあったため官立ではなく県立の高商を新設することで政府と折衝した結果、一九二九（昭和四）年に認可を得た。明石市で酒造業を営む田口政五郎が垂水町の三万坪を提供し、校舎建造費などには県商の同窓会などが三五万円の資金を集めた。この地に、県立の商業と県立の高商が隣接して建設された。県知事長延連の提出した設置申請書には次のような一文がある。

「神戸高等商業学校ハ昭和四年度ヨリ昇格シテ商業大学トナリ、専門部ノ附設ナキヲ以テ今後本県下ニ於テハ専門程度ノ商業教育機関ヲ有セザルニ至ル。是レ東洋第一ノ貿易港ヲ有スル本県ノ一大恨事ナリト言ハザルベカラズ……高等商業学校ヲ失フハ本県ノ実情ニ鑑ミ商業教育上頗ル遺憾ナリトス」（『文部省簿書』「設置・廃止許認可文書兵庫県神戸経済専門学校」）。

兵庫県立神戸高等商業学校の初代校長には、京都帝国大学を出て大阪商科大学の教授をしていた伊藤真雄が就任した。彼は、先例にこだわることなく、ゼミナール方式を採用するとか、第二外国語を拡張して支那語、独逸語、仏蘭西語、露西亜語、葡萄牙語、西班牙語の中から自由に選択させることなど、清新な校風づくりをした。ために志願者はとみに増え、特に隣接する県立第一商業学校からの入学者が目立った。さらに高商から神戸商大への進学の学力を身につけさせたため、神戸市民にとっては好ましい商業教育の機会提供の役割を果たした。

兵庫県には、もう一校西宮市に関西学院高等商業学校が設けられた。先述したように高等商業教育の発展に果たした私立大学の役割は著大であって、その中にはキリスト教系私立大学も含まれていた。メソジスト教会系の私学として一八八九（明治二二）年に創立され、一九〇八（明治四一）年に神学部が、一九一二（明治四五）年に文科と商科から成る高等学部が、「専門学校令」の適用下に入り、さらに一九三二（昭和七）年には「大学令」による関西学院大学となった。その大学学部は法文学部と商経学部の二学部から構成され、その商経学部には経済学科と商業学科が置かれた。また専門部には高等商業学部を置き、一九三五（昭和一〇）年にはそれを独立させて関西学院高等商業学校にした。大学段階と専門段階の二段構えの商業教育をした。

神戸市を中心とする商業教育は、突出した実績を誇ったけれども、兵庫県全体として見れば、工業と農業を含めた比較的均衡のとれた産業教育が行われていた、という点で愛知県や福岡県とよく似ていた。ちなみに、一九四二（昭和一七）年現在、工業教育としては高等段階の神戸高等工業があり、中等段階の工業学校は九校（敗戦時は二八校）を数えたし、農業教育としては中等段階の九校（一〇校）が存在していた。敗戦直前には県立工業学校の昇格した兵庫県立工業専門学校が加わった。

第10章　現代産業社会の教育課題

1　戦後改革の推移

アメリカの占領教育政策では、袋小路の学校体系を解消するため、六・三・三・四の単線型学校体系の採用が勧告され、その三段目の高等学校では、総合制、学区制、男女共学制が望ましいとされた。四段目の大学は、戦前期の高等学校や専門学校などを包括して再編することになった。その結果、戦前期の実業学校および実業専門学校は、その名称を失って、単線化された学校体系の中に取り込まれ、産業教育機関としての目的は薄らいだ。日本人はそのことが民主主義だと理解した。

当初、アメリカは日本の非軍事化を目標にしていたため、日本の産業、特に工業の復興に対しては消極的であった。一九五〇（昭和二五）年に朝鮮戦争が勃発するとアメリカの反共政策の前線基地としての日本の役割が増大したため、対日政策も日本の自立化へと方向転換した。一九五〇（昭和二五）年には第二次教育使節団が来日して総合制の見直しに舵を切り、さらにその翌年には対日工業教育顧問団が来日して産業界と大学の接近や大学の工業教育の振興などを奨める報告書を出した。

このころになると日本国内では経済成長や技術革新の気運が高まりを見せ、第一次アメリカ教育使節団に協力した日本側教育家を中心に結成された教育刷新審議会では、早くも一九四九（昭和二四）年には職業教育振興の建議をまとめ、単独制や通信制の高等学校の設置を提言していた。そして、政府は、対日工業教育顧問団の報告書の出る二か月前に「産業教育振興法」という、戦後の産業教育に期を画する法令制定に踏み切っていた。この法律では、特に高等学校の産業教育が総合制の名のもとに低迷状態にあることを打開しようとしたことが注目される。法制定直後の政令改正委員会の出した「教育制度の改革に関する答申」では、単独制の職業高等学校の振興を挙げている。

「産業教育振興法」は、もともと、アメリカのスミス・ヒューズ法（一九一七年）やジョージ・バーデン法（一九四六年）にならって職業教育振興法案として起草されたものであるが、「職業」を「産業」に置きかえて国会を通過した。その名称変更の意味は本書にも大いに関係があるので、補足をしてみる。職業教育と言えば、正規の学校以外に各種学校や企業内教育などを含む広義の概念であるので、それを避けて中等以上の学校での産業に関係する教育に限定している。同法第二条では、産業教育とは中学校、高等学校、大学において、「生徒又は学生等に対して、農業、工業、商業、水産業その他の産業に従事するために必要な知識、技能及び態度を習得させる目的を以て行う教育」と規定している。戦前の「実業」教育は専門学校段階までであったのに対して、中学校から大学までの学校を含み入れていることも注目される。著者が本書で対象にすると記した範囲の教育をさしている。

大学まで包み込んだこの法律に対して期待を寄せ、総合大学においてその実践に乗り出した教育学者がいた。北海道大学の城戸幡太郎がその人であって、彼は次のように言う。

「日本の自由と独立を確保するための国土計画に応ずる地域的産業を振興するには、地域に即した産業教育の計画をたてなければならない」「学校における産業教育は世界の平和と日本の産業自立のための産業政策を理解させることと、将来、産業人となるために必要な産業技術を修得させることを目標とするのであって、産業技術を修得させるとしても、それは特殊な職業に関する現場の要求に直ちに応ずるような技術ではなく、それらの基礎となる技能を訓練することである」(「産業教育振興法に期待する」『産業教育』一九五二年二月号)。

城戸によれば、学校では「生産的基礎技能」を向上させるため、政府に対して設備の充実を求め、かつ産業教員の力量向上をはかるべきである。彼は北海道の地域開発に果たすため北海道大学が積極的に取り組むべきだとして、教育学部が主導して他学部の協力を得て商業、工業、農業、水産の産業教育学科を設立する計画を打ち出した。戦前期に実績のある東京帝国大学の農業教員養成所、東京その他四校の高等工業学校の工業教員養成所、東京商科大学の商業教員養成所などを総合化し、産業教育の目的や内容をより鮮明にした先見性のある計画であった。しかし、城戸のこの構想はそのまま実現には至らなかった。

「産業教育振興法」の影響力は多岐にわたり、かつ強力であって、一九六〇(昭和三五)年の日本産業教育学会の発足もその影響の代表的事例であった。戦前期からこの分野の研究実績をもつ教育学者の細谷俊夫と産業心理学者の桐原葆見らが協力してこの学会を立ち上げたことは時宜にかなったことであった。同学会の現在の会長である寺田盛紀は学会の歴史を「産業教育・職業教育学の形成・発展・課題」(『産業教育学研究』第四三巻二号、二〇一三年七月)に要領よくまとめている。この論題からも、また同学会が総力をあげて編集した前述の『産業教育・職業教育学ハンドブック』からも分かるように、同学会は職業訓練、企業内教育、キャリア教育などの職業教育なども対象領域に入れていて、その性格が広大になっている。しかし本書では、あくまでも「産業教育振興法」の規定した範囲に限定して考察を進めてきた。特に「職業」の教育や訓練まで含み入れれば、著者の力量では処理できないからである。

現行の「産業教育振興法」では、法の制定当初にはなかった高等専門学校が加わった。これは、一九六一(昭和三六）年の「学校教育法」の改正によって、いわゆる一条学校の中に高等専門学校が加えられたことへの対処であって、高校と大学を連結させる新しい企図として特に工業分野での期待を集めた。

そこで再度日本産業教育学会の活動状況にふれておきたい。学会の大会開催はすでに五五回に及び、学会誌も四五巻になった。幅の広い領域にもかかわらず、各方面からの着実な研究が積み重ねられている。地道な実践の報告が多いのも特長である。著者の場合、学会の目ざす広範な領域の一部である戦前期の産業教育史を考察し、歳月を重ねて全一三巻本にまとめた。ところが一昨年これに対して学会賞が与えられた。その際の謝辞をここに掲出させてもらう。著者が本書を執筆した際の立ち位置をご理解していただくためのよすがになれかしという願いからであって、決して自賛ではなく、本書の限界の告白でもある。

「予想だにしていなかっただけに、専門学会からこのような賞を頂けることは、研究者として至上のよろこびであります。

寺田盛紀会長が本学会誌に発表された「産業教育・職業教育学の形成・発展・課題」は、本学会の性格や課題を実に的確に言い当てていて、何度も読み返しました。

そして気づきましたことは、この学会のテリトリーの広さや方法論の多様さなどに加えて、Education と Training を接合させるという難題を抱えていることです。細谷俊夫先生は技術教育と称し、隅谷三喜男先生は職業訓練と称しました。それなら何とか追随ができますが、寺田会長の言う両者の結合は骨の折れる作業であり、これまでの学会員の地道な取り組みに敬意を表します。

私自身は、学校における産業教育の歴史研究から入りました。日本の、少なくとも戦前期の日本で世界に類例を見ない規模で発達した産業系学校では、意外にも、教育の中に産業の心や術（わざ）を取り込む努力がなされていました。民衆は、生活や生業（なりわい）の中から湧き上る、いわば陽炎（かげろう）のような学習観を抱いていて、教育者たちがそれにこたえたためだと思います。

自己および家族の生活のために、一人前になりたい、自立したいという民衆の本源的な願望をみたすために、学校は何を教え、社会とどう連携するかという知恵は存外と身近なところに見出せるのではないでしょうか。

この名誉ある賞を機に、私もまた一臂の努力を続けたいと思います」(『産業教育学研究』第四五巻一号、二〇一五年一月)。

2　戦後の難題（その一）——教養教育と専門教育の関係

戦前期においては、六年間の義務教育を修了した者の進路は、大きく見て二つに分岐していた。普通教科を教える中学校または高等女学校と、実業教科を教える実業学校であって、前者はさらに高等の学校へ進学する道が開かれていたのに対して、後者はその段階における完成教育をなした。多くの例外はあったにせよ、日本でも二元的学校体系を基調としていた。ところが第一次世界大戦のころからこの二分岐を一元化しようという、いわゆる統一学校の運動が世界的趨勢となったけれども、日本への影響はそれほど大きくはなかった。日本がこの方向に大きく舵を切ったのは第二次大戦後のことであって、小学校と中学校の義務化に伴って九年間の共通課程を実現した。

難題の一つはそれに続く教育の中に生じた。高等学校は普通科高校と職業科高校とが並立することになり、そこに立ちはだかったのは高校教育三原則であった。産業教育にとって特に問題となったことは総合制の原則であって、戦前期の産業系中等学校の特色であった職業性と専門性が希薄になったことと、普通科に比べて職業科が軽視されるようになったことである。

進歩派を自認する教育学者や教職員の労働組合などは、中・高校生の職業決定はできるだけ遅らせて青年期教育は共通化することが民主的な学校制度であると主張した。そこにたまたま富山県の学校改革案がマスコミを賑わすことになる。一九五二（昭和二七）年に東京大学の海後宗臣門下の第一期生である矢口新が、戦後の地域復興に教育を役立たせるための教育改革に乗り出した。特に定時制高校を活性化させて、スクーリングや通信教育を活用して産学連携の途を開くことに主眼を置いた。そのため、高等学校の普通科と職業科の比率を三対七とするという職業教育重視の方針を打ち出した。俗に富山の三・七体制として世に知られると、全国から批判が集中して計画は実現に至らなかった。批判者は次のように言う。しかし、この批判が正しいかどうかについては大いに議論の余地がある。

「富山の三七体制は誰よりも父母や高校生自身の要望によって中止され、第二次高校増設の運動によって七〇年代後半から八〇年代初頭に各地で新設された高校の大多数は普通科であった。普通科にも問題は山積しているが、少なくとも早い時期に進路を無理にわける方式は排し、できるかぎり共通教養を獲得させたいという要望がいれられたのである」（山住正己『日本教育小史』岩波新書、一九八七年）。

高等学校の性格をめぐっては、その就学率が高まるにつれて各方面から意見や改革案が出てきた。「産業教育振興法」制定直後には政令改正諮問委員会が単独制の職業高校の充実を答申したし、その後も日本経営者団体連盟（日経連）の「新時代の要請に対応する技術教育に関する意見」（一九五六年）や経済審議会の「経済発展における人的能力の課題と対策」（一九六三年）など経済界の要請が相次いだ。

一時は普通科高校と職業科高校の生徒数が相拮抗するまでになったものの、一九九〇年代に入ると、高校の就学率が高まり、かつそこから大学へ進学する希望者が増加したため、職業科より普通科を選択する傾向が生じ、九〇年代の半ばには、職業科の生徒数は全体の二〇％台にまで低下した。平成二六年度の『文部科学白書』によれば、農・工・商のほか水産・家庭・看護・情報・福祉を含む職業系高校の生徒数は、全高校生の一八・九％にすぎない。その結果、日本の後期中等教育における職業教育は世界のどの国より軽視されるという由々しい事態に立ち至った。

文部省の施策として特に注目したいのは、一九九三（平成五）年の高等学校総合学科の制度化である。普通科と職業科とは別に総合学科を新設し、そこで普通科目と職業科目を総合的に課すことによって将来の自由な進路選択を可能にしようという試みである。高等学校の職業学科は、農業、工業、商業、水産、家庭、看護、情報、福祉の八学科から構成されていたのに対して、総合学科を加え、そこでは「産業社会と人間」を原則履修科目とした。変化する産業に対して人間がどう向き合うかという魅力ある科目として期待された。二〇一一（平成二三）年現在、高等学校の学科別生徒数は、普通科七二・七％、工業科七・八％、商業科六・四％、農業科二・五％、総合学科五・一％であって、期待されたほど広がっていない。（『産業教育・職業教育学ハンドブック』）。

難題は高等学校に続く大学にも及んだ。戦前期の産業系専門学校は戦後改革によって大学となったが、そこでは同一基準によって教育を行うことになった。特に重要なことは四年制の大学では、修学期間のうち、原則として一年半または二年間は一般教養課程として、人文・社会・自然の三系列の教養科目の履修を義務づけた。歴史的に見れば、西洋で長い伝統をもつ自由教養の教育（Liberal Education）と近代アメリカで発達した一般教育（General Education）とを合体したようなもので、教育論としては偏狭な専門化に陥ることのない人間教育を目ざすものであった。日本では、戦前期に一部エリート層の享受した旧制高等学校の教育に対するノスタルジーも働いていた。

ところが大学の学部段階でこの一般教養課程の比重が高まったため、必然的に専門課程が弱体化したことと、二つの課程の接合が工夫されなかったことなどの原因が重なり、特に産業分野のような専門的な知識や技術の必要な学部からの批判が強まった。旧制の産業系専門学校の学力水準より低下したというデータも示された。医学や法学など専門性の高い分野もまた同然であった。この問題の解決には戦後教育改革の再改革が進められ、特に次の三点が重要である。

第一点。前述した高等専門学校の設置であって、一九六一（昭和三六）年の「学校教育法」の一部改正によって実現した。戦後の一元型学校体系の一画が崩れたことになる。そこでは、中学校卒業の早い段階から生徒の志望や特性に応じた五年間の一貫教育を行うことを可能にした。

第二点。大学設置基準の弾力化であって、従来の単一基準による一般教育科目への傾斜を是正するため、一九五六（昭和三一）年には「大学設置基準」を省令化して、専門技能を主とする大学学部の場合には一般教育科目中八単位まではその基礎教育科目で代替することができるなどの改訂がなされた。その後さらに改革が進み、一九九一（平成三）年には大学設置基準の大綱化によって一般教育と専門教育の科目区分が廃止され、その単位制度の改善などによって大学教育の個別化、多様化、高度化が図られた。

第三点。科学技術振興のために大学院の充実が図られ、産業教育は高等学校、大学を越えてさらに大学院へと上方に押し上げられた。文部省が毎年発行している『我が国の文教施策』を見ると、日本は「科学技術創造立国」を目指して大学院に重点を置いた人材養成を充実させることがうたわれている。例えば平成七年度の同書ではその方針を明確に打ち出しているので、その一節を引用してみる。

「我が国が今後とも活力ある社会を維持し、世界に積極的に貢献していくためには、欧米へのキャッチアップ型社会から脱却し、先導性や創造性を一層発揮する方向へ転換を図ることが必要であり、これからの科学技術を支える、創造性豊かな理工系人材の育成が求められている」。

西洋でも歴史の古い国では、教養教育と職業教育はもともと階級を異にする二つのルーツから発生し、別個の学校系統として発達したものであるため、両者を一元化する教育論の構築は容易でない。明治維新後の日本で西洋の学校制度を受容する際には、その点についてはかなり寛容であったが、しかし親や教師の意識の中にはなお払拭し得ない差別観が温存されている。例えば、中学校や高等学校の教師は自らが普通科高校から大学に進学した者が多いためか、中学校生徒の高等学校進学に際しては普通科を勧めたり、高等学校生徒の大学進学に際しては、入試に必要な五教科、その中でも英数国の三教科の学力を重視する教育をしたりして、日本の中学および高等学校の教育が職業と乖離している程度は世界でもトップに入るというデータが出ている。上記文部省の定期刊行物には「一般教育と専門教育との有機的関連」という常套句が使われるが、その実現は難題の一つである。

3　戦後の難題（その二）――学校教育と職業訓練の関係

歴史的に見れば、内外を問わず、産業に関する学校の教育と学校外の訓練とは別の系統として成立し発達してきた。このうち、日本における学校外の産業訓練については、労働経済学などの分野から解明がなされた。例えば、石原孝一の『日本技術教育史論』や隅谷三喜男の『日本職業訓練発展史』などが有名であり、その後日本産業訓練協会によって『産業訓練百年史』も刊行された。このうち、石原の著書では、近代における職人の徒弟教育から始めて、戦後の技術革新と技術教育に至るまでの歴史を四段階に分けて記述を進めている（石原孝一『日本技術教育史論』三一書房、一九六二年）。

日本では、近代学校が誕生すると、義務段階であろうと高等段階であろうと、学校を卒業すれば企業や雇傭主に雇われて、そこで修業をし仕事を覚えるという、いわゆる学校から企業への直行方式が慣行化していたが、戦後になるとその慣行がさらに極端になり、学校は知育を主体にする独自な世界に閉じこもった。他方企業は、企業の論理、すなわち経営の効率化による利潤の獲得を目的にして、採用した学卒人材を企業内で訓練をした。企業内訓練では、必要とする学科の授業を取り入れる場合もあるにせよ、学校の授業と企業の訓練には大きなちがいがあった。

一九六〇（昭和三五）年に労働省の出した『職業訓練』と題するパンフレットでは、高校生と認定事業所における事業内訓練生（機械工）の受ける学科と実技の時間数を比較していて、両者の全時間数に占める学科の比率は七八・五％対一八・一％、実技（実習）の比率は二一・五％対八一・九％となっていた（石原孝一、上掲書）。営利体としての企業の行う技術訓練は企業の死活にかかわる重要性をもつものであって、学校教育で代替することには限界のあることを示している。

いっぽう、卒業生を企業に送り出す学校では、人格教育、個性教育、教養教育などといった伝統的な教育論を継承して、それこそが学校の使命であると考えてきた。前述した教養主義と職業主義の葛藤もそこから生じた。ある教育学者は、日経連が一九九五（平成七）年に発表した『新時代に挑戦する大学教育と企業の対応』と題する報告書を引き合いに出して、経済界が学校に期待するのは教養教育であるという趣旨のことが記されているとして、それまで専門教育の重視を主張してきた日経連が変貌していると解釈し安堵感を表明している（岩波講座『現代の教育10変貌する高等教育』一九九八年）。

学校と企業との間のこの溝を埋める努力は早い時代からなされてきた。ダイアーが工部大学校で六年間の修学期間の最後の二年間を実地学にあてたのは、最も初期の実践である。第二次大戦末期である一九四四（昭和一九）年の細谷俊夫の著書には次のような言辞がある。戦時体制下の工業技術者不足の時代であったことを考えれば慧眼と言えよう。

「一面に於ては技術教育に当る学校教育を拡充し、他面に於ては職場の技術教育を強化することが、技術教育当面の課題であるといふことが出来よう」「産業人教育の二つの形式を並行的に考へることは実際には当を得なくなり、学校の教育と職場の教育とを有機的な聯関の下に綜合的に考へざるを得なくなる。今日の技術教育の当面する最も重要な意義を持つ基本問題はここにあると云はねばならない」(『技術教育』育英出版、一九四四年)。細谷は、この課題解決法を「コオペラティヴ・システム」と称した。細谷が中心になって日本産業教育学会を立ち上げたのはそれから一六年後のことであって、その創立趣意書には、「いわゆる産学協同の実行もようやく諸方面ではじめられて来ましたが、その実体はまだ機械的な接合か形式的な共同か、もしくは便宜的な連携にすぎず、真正な意味の実質的協同教育は未だしという現状です」という現状批判のうえで、「研究室の教育学徒と生産現場の教育担当者」があらゆる教育問題を研究討議することの必要を説いている。

法制面から見ると、一九五八(昭和三三)年の「職業訓練法」は、「工業その他の産業に必要な技能労働者の養成」のための最初の単独立法であって、大きく分けて公共職業訓練と事業内職業訓練の二事業とし、特に前者の公共職業訓練所の設置を定めたことが注目される。この公共職業訓練は、文部行政とは別個に、労働省、さらには今日の厚生労働省の所轄事業として進められてきた。従って学校との重複を避けつつ学校と連携するといういわば玉虫色の方針を採った。一九六五(昭和四〇)年にはその方針に沿って中央職業訓練所の組織を強化させるため職業訓練大学校を設けたし、一九六九(昭和四四)年には法律を改正して「職業能力開発促進法」と名称を変更してさらなる振興を期した。一九九九(平成一一)年には職業訓練大学校は職業能力開発総合大学校と名を変えて、職業訓練を公共化するため研究と実践に取り組んでいる。

後者の事業内職業訓練は、戦前期から企業の自主的判断による各種各様の実践が積み重ねられてきて今日に至っている。多くの場合、企業に必要とされる人材を養成するために企業内に組織される訓練機構によって企画運営され、学校への支援を求める場合もある。戦後の若手労働者の不足の時代には、特に定時制高校との連携が盛んであった。前者の公共職業訓練に比べれば、公共性という点では一律に規制できないため私事性の強い事業であって、従って多様化は免れない。

その多様な実践の中で、企業が学校に大きく接近した二つの事例がある。

その一は、企業が自己資金によって正規の学校を設置することである。戦前期にもその事例があって、一例だけ挙げるとすれば、一九〇七（明治四〇）年に財閥の三井家が福岡県大牟田市に開校した三井工業学校であって、前述したように、「工業学校規程」に準拠しつつ、社内で必要な学科と実習を課した。「特ニ実習ヲ重ンジ以テ将来適良ナル鉱業手ヲ養成スルヲ目的トス」と定め、その実習には三井鉱山の諸工場をあてて社内での訓練を重視した。

その二は、戦後の実践例として企業出資の豊田工業大学に注目したい。一九八一（昭和五六）年の開校でまだ新しい大学ではあるが、文部省の定める「大学設置基準」に準拠しつつ、ぎりぎりの線まで企業内教育に近づけている。資金はトヨタグループが支出し、体験的学習を重視するカリキュラムを組んでいる。すなわち、実験・実習科目に比重を置き、第一・第三年次には四～六週間の全学必修のインターンシップに従事させるなどの創意が見られる。

そこで問題となるのは education と training の関係である。この件については、ロンドン大学の教育哲学の泰斗ピーターズ（R. H. Peters）の所説が参考になる（三好信浩・塚崎智訳『現代教育の倫理』黎明書房、一九七一年）。ピーターズによれば、education には少なくとも三つの要件がある。その一は、教える側が価値ある（worthwhile）内容を伝達すること、その二は、その中には知識や理解とともに認識的展望（cognitive perspective）が含まれること、その三は、学ぶ側に意志性と任意性（willingness and voluntariness）があることの三点である。このうち、第二の要件である認識的展望を欠落させて、一定の慣習的場面で求められる適切な評価や反応の習慣を身につけさせることで終われば、それは education とは言わずに training となる。

この考え方をもとにして、著者が産業における学校教育と職業訓練のちがいを図式化してみると図5のようになる。工・農・商にちがいがあるため大まかな特性を挙げたにすぎないし、医師や法曹のような伝統的専門職には適合しない部分もある。産業の分野でも両者の連絡を密にしてきた実践例のあることも考慮すべきである。

大きな課題は、産業教育学会がその設立趣意書にうたった両者の統合による産業教育学の樹立である。便宜的な連携ではなく「実質的協同教育」を実現するため、「講壇教育学や評論教育学」ではなく、また「旧来の学校教育」でもなく、「新しい能力や倫理」の形成を目ざす教育学の確立が課題であると記されている。しかし、その後における学会員の精力的な研究にかかわらず、未だに「産業教育・職業訓練」と表記され、両者はナカグロで並べられている。教育と訓練とを合体させるような産業教育論を構築するには未だしである。

ただし、そのための努力と実績が生み出されつつあることを見逃すわけにはいかない。特に注目したいのは職業訓練の側から教育論に近づくことの試みであって、その代表者として職業能力開発総合大学校の田中万年名誉教授の所説に注目したい。氏は、『働くための学習』（学文社、二〇〇七年）や『「職業教育」はなぜ根づかないのか』（明石書店、二〇一三年）などの著書や多くの論説において本源的な問いを発した。そもそもは、明治のはじめに education を「教育」と訳したことや、戦後の「教育基本法」に「教育を受ける権利」をうたったことに原因があると言う。

福沢諭吉は「発育」という訳語を使ったのに、それに教育という訳語がつけられたため、「富国強兵のための人材養成」の意味に転化したし、教育を受ける権利という概念は国民が平等で均一な教育を国家や社会に要求することを含意している。国民の個々人が勤労する人間に成長するためには「学習する権利」を行使する必要があるた

	学校教育		職業訓練
目　標	創造力		模倣力
	応用力		適応力
方　法	理論と技術	→	技術中心
	長期間	←	短期間
場　所	公開性		閉鎖性
	全国性		地方性

図5　学校教育と職業訓練の関係

め、「教育基本法」を「学習基本法」に変えることによって学校教育と職業訓練の離反を食い止め、人間的発達支援策として両者の結合を可能にする、というのが氏の主張である。

本書では、学校教育の側からこの課題に接近することを試みてきた。すでに図示したように、学校教育と職業訓練は異質の要素を持っていて越え難い壁がある。イギリスやドイツのように学校は学校、訓練は訓練と割り切り、その訓練には専門職団体が役割を果たしている国もあるが、近代以降の日本では学校がこの壁を乗り越える実績を重ねてきた。伝統のある専門職である医師や法曹分野では研修医や修習生の制度へと繋いだし、著者の関係した教員養成では、戦前期の師範学校は附属学校での実習を重視してきた。ただし、今日の教員養成では、大学教育の一部としてのごく短期間の教育実習の単位を取得すれば自動的に教員免許状が交付され、採用者側の試験に合格して初任者研修を経れば一人前の教員になれる。著者は、教員の専門職性を向上させるためには、アメリカのように教育実習を重視せよと主張し続けたが、教職の開放性を確保すべしという主張の前では如何ともなし難い。しかし、近年教職大学院のような新しい動きが出ていることには注目したいと思う。

本書では、まえがきで断ったように、日本の学校教育の歴史の中からその課題解決のヒントを見出すことに努めてきた。産業教育の思想家や実践家の中には、この問題の重要性を認識して、学校教育の中で実践的能力の形成に創意工夫と配慮をなすことによって、そこに学ぶ者たちを「社会的自立」に導く努力をした者たちがいたことを証明したつもりである。

なお、最近の日本で企業と学校を結びつける新しい動きが出たことをつけ加えておきたい。それは、一九九五（平成七）年に制定された「科学技術基本法」であって、企業と大学の連携を企図したという意味で大きな前進であった。すでにアメリカでは一九八〇年のバイ・ドール法によって、政府資金による研究を大学の特許として企業に売却して大学が収入を得ることを可能にしていた。日本ではこの「科学技術基本法」によって科学技術基本計画

（第一期）が立てられ、続いて一九九八（平成一〇）年には「大学等技術移転促進法」が制定されて大学から企業への技術移転に際して補助金交付の道が開かれた。その翌年の「産業活力再生特別措置法」によって大学などで国の資金で行われた研究の成果に対してその実施機関の特許権が認められ、さらに二〇〇四（平成一六）年に国立大学の法人化による大学の特許取得が容易になった。一九六〇年代のいわゆる大学紛争では、企業と癒着したという理由で教授がつるし上げられた時代を思うと隔世の感がある。

4　解決の方策（その一）——世界を見る

一国の経済にとって産業の重要性は言うまでもないことであり、世界の各国はその産業を担う人材教育に工夫をこらしてきた。日本が近代産業国家として急成長したことについては世界の耳目が集まったが、今日では日本と同じような後発型の経済成長を遂げている国も多く、また日本がモデルにした先進諸国も袖手傍観するのではなく新しい改革に乗り出している。このような世界状勢をつぶさに観察することは日本の進路を決める際の参考になる。もちろん、政治学や経済学などの分野から研究が進められているけれども、産業教育学の力不足のためか、産業社会の人的基盤の形成についての体系的・専門的提言は少ない。吉川弘之は、教育の改革論議において教育の専門家が排除されて「声の主流にならない」という事態を憂慮している（『テクノロジーと教育のゆくえ』岩波書店、二〇〇一年）。科学や産業の転換期にある世界の中の日本の教育をどうするか、というグローバルな視点が重要である。

日本にとって特に重要な世界の情報としては、日本の工業化のモデル国となったイギリス、そのイギリスを追い上げて産業教育の体制づくりに成功したドイツ、それに戦後の日本に格段の影響を及ぼしたアメリカの三国である。さらに加えて、近年日本を追い上げて成長を遂げつつある近隣の中国の動向も見逃せない。

イギリスについては、産業革命の先導役を果たしたにもかかわらずその後の経済がなぜ停滞したかについては多くの研究があり、その原因の一端を産業教育のおくれに帰することについては意見が分かれている。さしあたり、手近な訳書としては、藤井泰らによる『衰退しない大英帝国――その経済・文化・教育一七五〇～一九九〇』(晃洋書房、一九九七年)や、安原義人らによる『イギリスの経済衰退と教育――一八七〇～一九九〇s』(同、二〇一〇年)などが参考になる。

イギリスの産業教育の先駆形態であるメカニックス・インスティチュートについては加藤詔士の先行研究がある。また、最近になって広瀬信の本格的な研究書『イギリス技術者養成史の研究』(風間書房、二〇一二年)が公刊された。扱っている時代は第二次世界大戦までであるけれども、現代に示唆する点が多い。イギリス経済衰退の歴史的起源は一九世紀の教育、特に高等技術教育の整備がおくれたことにあるとされるが、しかしそれにはイギリスなりの理由があってのことで、例えば「経験の価値」に対する自信があって徒弟奉公や見習修業の期間が有効に機能したこと、専門職団体が実権を握っていて会員の新規加入や資格付与などに関与しその資格が社会的に認知されていること、出身階層の異なるエリートと非エリートという二つの階層の技術者が存在すること、そのうちエリート層は一八歳ぐらいから多額の謝金を支払って会員資格をもつ技術者のもとで三～五年間の見習修業をすること、会員資格は学生会員、準会員、会員の三種があって準会員が一人前のあかしになること、近年全日制の工学教育機関が充実するに伴って学卒人材には特例を設けるようになったこと、オックスブリッジのような旧大学にも、またロンドン大学をはじめとする市民大学にも漸次工学系の講座が設けられるようになったことなど、多くの示唆が得られる。

著者が特に関心を寄せるのは、日本のエンジニア教育の創始に成功したダイアーが、離日直前にイギリスの最も権威ある専門職団体である土木技術者協会に対して技術教育改革について長文の改革案を提案したが、協会はこれを日本のダイアーに差し戻してきた。その理由は何かという長年の疑問が該書によって解けたように思う。異邦の地でたとえ成功したとしても、その改革方針は長年にわたるイギリスの慣行になじまなかったからである。

第二次大戦後は労働党と保守党が競合しつつ教育改革を進めた。労働党の政権は戦後一貫して採用してきたアメリカ流のコンプリヘンシブスクールの方式を継続したのに対して、新自由主義を標榜するサッチャー政権は市場原理や競争原理や能力主義を重視する方向に舵を切りかえた。現今の制度では一一年の義務教育を終えると職業教育主体の継続教育カレッジや、シックス・フォーム（二年）を経て高等教育カレッジ（三年）に進学して職業技術を身につけさせている。一九九三年以前に三四校あったポリテクニックは高等教育カレッジとなった。

戦後になって日本人が特に注目したのは、一九五六（昭和三一）年にイギリスの保守党政権の発表した『技術教育白書』であって、テクニカル・カレッジの卒業生数を倍増させることなど技術教育全般にわたる大幅な拡張を図るための五か年計画を打ち出した。日本では、経団連など経営者団体がこれに注目して技術教育の改善を要求する一つの契機となった。動かないと思っていたイギリスが動き出したのである。

欧州、否、世界の技術大国に踊り出たドイツの場合は、一六の連邦間にちがいはあるものの、概して学校の対応が早くかつ強力である。四年間の基礎学校を終わると二年間の観察期間を経て、能力や適性に応じて、将来就職する者のための基幹学校や実科学校と、将来大学に進学する者のためのギムナジウムに分かれ、前二者にはさらに職業教育を継続させるための多種多様な職業学校や専門学校が整備されている。大学水準の高等専門学校の果たしてきた役割は大きい。

同国の産業教育の特色については、二件の先行研究が重要である。寺田盛紀『近代ドイツ職業教育制度史研究——デュアルシステムの社会史的・教育史的構造』（風間書房、一九九六年）と佐々木英一『ドイツにおける職業教育・訓練の展開と構造――デュアルシステムの公共性の構造と問題性』(同、一九九七年)である。両書ともドイツの職業教育をデュアルシステムと称してその内実を分析している。

ドイツでは古くから徒弟訓練制度が発達し技術者の養成をしてきたけれども、一九世紀末にケルシェンシュタイナーらの提唱によって実業補習学校が誕生してその後にそれが職業学校として発展した。義務教育終了段階の青少年は、企業に入って徒弟となって修業を始めたのちも一週間に何時間かは職業学校に通い、主として普通教育を受けることになり、この企業内訓練とパートタイムの学校教育の組み合わせをデュアルと称した。一九世紀の啓豪主義や新人文主義の教育学説が軽視していた職業教育の領域をこのシステムが補ったのである。

デュアルシステムの恩恵を受けるのは大学に進学しないおよそ半数の男子であって、そのことの政治性やイデオロギー性に対する批判が出始めた。例えば、企業における訓練は生活に密着するという利点はあるものの、そこに欠陥のあることが浮き出てきた。企業により訓練が独占されれば、分野や企業規模によって訓練の質に格差が生じることや、システム内部での徒弟は継続教育や上昇の機会において不利な状況にあることや、訓練基準がすでに時代おくれになっていることなどである。

隣国フランスでは、革命によってギルドが崩壊したため、学校がそれに代わってキャリア教育において成果を収めていることと比較して、ドイツでは徒弟になるまでの普通教育の不足や国の基準が弱く質の保証がなされていないことなどの理由から、近年では職業専門学校など学校の果たす役割が見直されている。

ドイツの学校は、高等段階においては大きな成果をあげてきた。当初は伝統的な大学学部に入り込めずに高等専門学校として発達し、大学と同じ水準の研究と教育をなした教育機関も今では、大学あるいは大学の中の学部となってエリート教育をなしている。

アメリカについては、田代直人の『米国職業教育・職業指導政策の展開――中等教育改造期を中心として』(風間書房、一九九五年）が、中等教育改革における一九一七年のスミス・ヒューズ法の果たした役割を重視している。農業・工業・家政の教育に対して連邦政府が補助金を交付してその促進を図った結果、全日制・パートタイム制・夜間制のジュニア段階の学校が発達した。このスミス・ヒューズ法については近年横尾恒隆の『アメリカにおける公教育としての職業教育の成立』（学文社、二〇一三年）が刊行され、それの成立過程の分析によって職業教育の公共性を担保した教育制度の創設という役割を果たしたことが明らかにされた。

しかし、アメリカでは六・三制への自信は強く、中等教育に職業教育を取り込むことと、総合制中等学校の中で職業への準備をさせるという方針に大きな変化はない。ガイダンスや職業指導の役割が生きてくる。ちなみに、一九八三年に発表された中等教育改革に関するボイアー報告書には次のような一節がある。

「ハイスクールは、すべての生徒に個人の適性や興味を開発するための選択科目制によって、職業や継続教育について準備させるべきである」（前出、市村尚久『アメリカ六・三制の成立過程』）。

いっぽう高等段階の教育では、植民地時代の一六三六年のハーバード大学を先駆にしてオックスブリッジ型の私立大学が次々に設立され、中でもアイヴィリーグと呼ばれる八大学は有名である。その後産業革命期に入ると農工の技術者の必要性が増したため、連邦政府は一八六二年の第一次と一八九〇年の第二次のモリル法を定め、農工大学創設費として国有地を交付した。これを契機に大学水準の産業教育機関が相次いで設けられ、アメリカ産業の近代化に寄与した。中でも、マサチューセッツ州の農科大学と工科大学は有名であって、前者は札幌農学校のモデル校となった。アメリカの大学は科学研究の成果を実用に生かす方針に転換し、その中に産業系の学部や学科も取り込んで、イギリス型でもドイツ型でもない独自の性格を持つようになった。ハーバードやシカゴなどの私立大学にはビジネススクール（経営学大学院）と呼ばれる商業系の専門大学院が発達し実業界のスーパーエリートを輩出しているのもその一例である。

近年の動向として注目されるのは、ハイスクール卒業後大学に進学しない者に対してコミュニティカレッジへの入学が奨励されていることや、産学連携への対策が講じられていることなどが挙げられる。特に後者については一九八〇年のバイ・ドール法制定以来、大学の特許を企業に売却してライセンスを取得させることを可能にした。上述した日本の一九九八年の「大学等技術移転促進法」のモデルになった方式である。

以上の三国のほかに、著しい経済成長によって世界第二の経済大国に躍進した中国にも注目する必要がある。日本とは政治体制を異にし、かつ毛沢東時代にソ連の影響を受けて構築された総合技術教育（ポリテクニズム）の伝統を色濃く残している国家であるため、安易に比較することには慎重でなければならないけれども、その現状についての文部省の報告書には驚くべき数字が示されている。二〇〇七（平成一九）年現在の高等教育（学部、短大）の工学部に在籍する学生数の比率は、日本一六・七％、ドイツ一五・七％、イギリス八・六％であるのに対して中国は三二・八％と断然他を圧している。これに反して理学部の学生はイギリス二〇・六％、ドイツが一七・一％、中国は八・七％であるのに、日本はわずか三・一％にすぎない。日本では工学系の大学院の学生数は他国より高い比率を占めているので、大学院と大学を合わせると日本の工学の教育はイギリスやドイツよりも高いことになるが、日本では理学がこれら両国より低調であるので、基礎科学の研究に支障が出るのではないかと恐れる（文部省『教育指標の国際比較』平成一九年版）。

中国では清華大学が「中国のＭＩＴ」と称され、三一の学部中一七学部が工学系を占め、中国における「産学連携のコア」をなしている。研究資金の半分は政府が、残りは企業が提供し、教授は優遇されている。胡錦濤前国家主席をはじめ、多くの政府要人や経済人を輩出していることでも有名である（豊田章一郎・近藤次郎・吉川弘之監修『産学連携から人づくりへ』東洋経済新報社、二〇〇七年）。

「世界を見る」ことによって、世界の各国は自国の歴史と伝統を重んじつつ、新しい産業社会に適応する教育制度への変革を図っていることが分かる。そこで考えるべきことは、日本においては、明治以来学校に大きな期待を寄せてそのための制度づくりと、その中での実践に大きな実績を残してきたことである。学校教育と職業訓練という大きな壁は、学校教育の側からだけでは解決できないという限界のあることを認めたうえで、この壁を越えるために日本の学校をぎりぎりの状態にまで改革していくことが、世界の中での日本のとるべき選択の道ではないかと思われる。

5　解決の方策（その二）——現状を見る

日本の産業教育を改善するためには、その実態を正確に把握して問題点の所在を確認する必要がある。現代日本の青年期の教育については多数の出版物が公刊されている。その中で、ルポルタージュ風の告発書は除いて、経済学と教育学という二つの分野の専門家の所見を取り上げてみよう。

⑴経済学者の目——産業に直接関係する学問は経済学であるため、以下に三人の著作物に注目してみる。橘木俊詔、太田聰一、熊沢誠の三氏である。

橘木俊詔はジョンズ・ホプキンズ大学院で学位を取得し京都大学教授をつとめた経済学者であって、多数の著作物を出している中の『日本の教育格差』（岩波新書、二〇一〇年）において、経済学者と教育学者の間にある深い溝を指摘した。教育は若者が社会に出て働くための準備期間であって、それを終えれば就職して生活の糧を得るという人間生活の常識に対して、教育学者は人間性の向上という伝統的発想から抜け出せないでいることを問題視して、学校教育では学問・教養だけでなく、仕事を行うに必要な技能の習得や働くことの意義を学ばせよと主張した。

特に現在の高校教育に問題が多く、一九五五年には普通科と職業科に学ぶ生徒の比率は六対四であったのが、その後職業科は減少の一途を辿り二〇％前後にまで落ちている。高校では、職業科の比率を高め、そこでは専門教科と技術実習を重視して、さらに大学進学を希望する者があれば専門学科で大学受験ができるようにせよと言う。たとえエリート大学を出なくとも、エリート的な職業でなくとも、人間は満足感と幸福感をもって生活することができるからである。橘木はまた、日本の公教育機関への財政支出はＯＥＣＤ諸国の中で最低であることも批判した。

太田聰一はロンドン大学で学位を取得し名古屋大学を経て慶応義塾大学で教授をつとめる経済学者である。その著『若年者就業の経済学』（日本経済新聞出版社、二〇一〇年）は「人的資本」という考え方に立って、それは学校教育と企業内訓練の両面から涵養されるが、一九八〇年代以前は、後者の「自社人材の育成」が優先され、それを効率化するために訓練受容性の高い銘柄大学の出身者が優遇されてきたとする。その人材の高学歴は一定水準以上の学力と、それを身につけてきた忍耐力の証明になると考えられたからである。

しかし、一九九〇年代の長期不況期になると企業の自家育成に限界が出て、学校教育への期待が高まりを見せた。学校での「一般的スキル」と企業内訓練での「企業特殊スキル」とを結合させるためには、現今の学校教育の改善が求められる。学校ではベーシックな素養を向上させると同時に「職業世界への適応力」を高めることが必要であるが、二〇〇九年のＯＥＣＤの報告によれば、日本の学校教育は職業世界への対応において著しいおくれをとっている。そのことは、高校だけでなく大学でも大きな課題である、と太田は言う。

熊沢誠は甲南大学名誉教授で企業社会論など多く著書を出している。その中の一冊『若者が働くとき』（ミネルヴァ書房、二〇〇六年）では、日本教育の職業的意義の回復を主張した。戦後の民主主義教育ではどんな子どもにも中学―高校―大学と段階を踏んで普通教育を中心にした学歴水準を向上させることが望ましい、将来の職業が何であれ、高い学歴は社会に関する知識や判断力を培い、職業選択の機会を拡げる、という考え方が進歩的であるとしてきた。

しかし、実態を見ると高校の職業科は学力の輪切りによる非自発的な選択の場となり、逆に企業の側は企業内教育に適応できるような良い学校の良い成績の若者を優先的に採用している。その結果として学校では勝ち組と負け組を生み出し、新しい形の階級社会を特徴づける複線教育に陥ってしまった。学校を卒業してニートとなった若者たちに対して調査してみると、学校では職業に対する知識や技能や資格といった職業的意義のある教育をして欲しかったと答えた者が圧倒的に多いというデータを紹介している。このことは高卒者だけでなく大卒者にも当てはまると熊沢は言う。彼の提言では、その対策として「職業教育総論」といったような学科目をすべての高校生の必修にして職業志向への導入を図るべきだと言う。

(2) 教育学者の目——戦後日本の教育学界をリードしてきたのは東京大学教育学部の進歩主義教育論者であって、前述した教養教育擁護派もその中に含まれる。かつては細谷俊夫のような技術教育論者もいたが、その学風は名古屋大学において花が咲いた。ところがその東京大学にも変化が出て職業教育に積極的な姿勢を示す教授たちが現れた。その中で特に二人の、元および現の教授に注目してみたい。天野郁夫と本田由紀である。

元教授天野郁夫は、日本の近代教育史の研究に社会学の手法を導入して多くの実態資料を入れ込んだ。その中には産業教育に関係する資料も数多く含まれる。特に『旧制専門学校論』（玉川大学出版部、一九九三年）と『大学の誕生　上・下』（中公新書、二〇〇九年）には、戦前期の実業学校に関する記述が多い。しかし、これら両書は日本の産業教育の特色や限界を指摘しているものの、戦後の問題状況についての言及は控え目である。

これらに比べると、一九九五年に出版された『教育改革のゆくえ』（東京大学出版会）は一歩踏み込んで著者としての意見が散見される。副題の「自由化と個性化を求めて」がその主張を端的に示している。戦前期の日本では職業指導という言葉が使われ、そこでは子どもの適性に即した堅実な職業観を持たせることを目的にしていたため、都会に出たいとか上級学校に進みたいという子どもの過熱を冷やす役割を果たす結果になった。これに比べると戦後の進路指導はより寛容であって、一九八八（昭和六三）年の学習指導要領の進路指導の項では、一人ひとりの子どもの人生の生き方や子どもの主体的な進路選択を可能にするため、教育活動全体を通じて行う、とされていることに注目し、それは戦前に比べての激変であると評価している。

現教授本田由紀は、これまでの伝統的な教育学説を越えて産業教育について大胆な発言をしていることで注目される。ここで取り上げたいのは、『若者と仕事』（東京大学出版会、二〇〇五年）と『教育の職業的意義』（ちくま新書、二〇〇九年）の二書であって、その中での重要な指摘は日本の学校教育の職業的意義が極めて低いという実態である。総務庁が一九九八（平成一〇）年に行った「第六回青年意識調査」の結果を見ると、日本と諸外国とを比べた場合、日本の特に後期中等教育では、学校教育の質や量と職業的自律を高めるということの因果関係においてまったく低調であるということが判明している。つまり、専門的知識、職業的技能、職業的資格の取得、自己の才能の伸長などに学校はほとんど関係がなく、友情をはぐくむことなど非職業的要素に寄与していることになる。

本田は、その理由として日本の教育学者が既定の教育観念にとらわれていることにあると主張する。その教育観は、「人格の発達という古典的で、ある種神秘主義的といえる観念」とまで極言する。大きく見て二つの観念がそれになる。その一は、教育に職業的意義は「不必要」であって、教育は一般的・基礎的知力と柔軟な人間力を養うことを使命とするという考えであり、その二は、教育に職業的意義を持たせることは「不可能」であって、教育は産業界の知識やスキルの変化を把捉することはできないという考えである。これに対して本田は、第一の考え方は仕事のための知識や技能を身につけさせる場が用意されている場合にのみ成り立つことであり、第二の考え方は教育として可能な範囲で実践すればよいことであって、柔軟な専門性の育成は可能であり必要である、と反論した。

日本の、特に戦後の教育学者は、経済界からの要請をかたくなに拒絶してきたのに対して、本田がここまで踏み込んで両分野の接合を主張していることに驚きさえ覚える。そのことは、先述した経済学者の主張に接近したことにもなり、両分野の対話の道を開いたことにもなる。ニートやフリーターと称する若者たちが増加し、キャリア教育論などで対応しているものの問題の解決には程遠いという実態を直視した結果である。ちなみに、本田によれば、キャリア教育では、若者の進路は結局は自分で考え自分で決めよというところに落ち着くけれども、決められない若者や実現不可能な夢を抱く若者を増加させる結果となっている、と言うのである。

6　提言（その一）——日本教育の歴史を再検討する

近年、江戸時代の民衆の生活を再評価する動きが活発である。著者もまた元禄期の大坂に生まれた『商売往来』の中に日本型商人の原型を見つけ出して一書をものした（『商売往来の世界』ＮＨＫブックス、一九八七年）。科学・技術史家の村上陽一郎は、日本では江戸時代に農業と工業が結合して工業化への「離陸」の条件が整っていたと解釈し（『技術とは何か』ＮＨＫブックス、一九八六年）、企業科学者の鈴木浩三は江戸時代の商工業者によって「自由主義的な市場経済システムが広範に機能していた」と言う（『江戸商人の経営』日本経済新聞出版社、二〇〇八年）。経済学者の速水融は江戸期に生じた「勤勉革命論」を提起し、それが資本節約的・労働集約的な性格を帯びて、イギリス産業革命期に生じた資本集約的・労働節約的性格と対照をなすという説を唱えた（社会経済史学会編『新しい江戸時代像を求めて』東洋経済新報社、一九七七年）。

本書の第1章において、著者は、近代以前の特に江戸期を中心とする伝統社会において、民衆は生きるための各種の生活規範を身につけていて、それが形を変えて近代に引きつがれたことを概述した。例えば、一人前になること、勤勉倹約に心がけること、家業に出精すること、自修自営にはげむことなどである。それらの生活規範の中には、日本人として普遍的な価値をもつものも含まれている。

ところが戦後の日本では、近代日本の、特に戦前期の日本の評価は、これとは逆に極めて悲観的なものになる。特に教育学、とりわけ教育史学からの批判は、戦争に加担した日本の近代教育に対する痛切な反省が先に立っていたため、容赦のない厳しい言辞となる。ここでは個人の名前をあげてそれらの言辞を引用することはあまり建設的であるとは思われないので省略する。

著者もこれらの批判には耳を傾けているつもりであるが、本書を執筆する中で、産業教育の分野に限ってみれば、近代教育には再評価すべき実績が残されていたことを認めざるを得ない。これまでの批判者の主張は、大きく見て二点ある。第一点は、戦前期の教育制度全体が正系と傍系に分けられていて、実業学校は行き場の少ない傍系に位置づけられていたことであり、第二点は、富国強兵の基礎的労働力の供給のために教育勅語に従順な臣民としての技術者や労働者を育て上げたことである。

しかし、日本の民衆は、正系のエリート教育を受けた政治家や官僚の思惑や施策とは別に地道に自分たちの生活を守ってきた。江戸時代の百姓一揆に見られるように、上からの強制に唯々と従わない抵抗の精神をもっていた。近代の実業学校では生徒のストライキが頻発したのも、上からの管理教育に対する抵抗の一種と見なすこともできよう。以下においては、批判者の出した上記二点の、近代産業教育に対する断罪を反証する例外的事例を摘記してみる。

(1)二元的教育体系の風穴——産業系の学校は正系中の頂点に立った帝国大学にまでは届きにくかったけれども、実業学校から実業専門学校を経て実業系の大学・学部に進む道は開かれていた。代表的事例としては神戸高等商業学校を挙げることができる。同校の生みの親であり育ての親であった水島鉄也は、自身が商業学校から東京高等商業学校に進学した経歴の持ち主であっただけに、神戸高商では中学校と商業学校卒業生の入学試験を別にし、入学後の予科一年間は相互に出身校の学科のちがいを補塡させた。専門学校は原則として中学校卒業程度の学力を求めていたので、この神戸方式は後続の長崎高商、小樽高商、名古屋高商などにも引き継がれた。水島は、まだ東京高商の教授であったころ、次のような発言をしていた。

「請《こ》ふ、試に中学の卒業生を見よ。彼等は高等の数学を知れり。然れども商店や会社の会計を整理する能はざるなり。彼等は英文を解す。然れども外人と対話し又は外人と通信する能はざるなり……故に公私百般の事務に鞅掌《おうしょう》して優に中学卒業生を凌駕《りょうが》しつつあるは現に余輩が実地に目撃する所なり」（『商業世界』第一巻七号、一八九九年三月）。

あるいは、早稲田大学において商業教育推進の中心人物であった天野為之も、一九〇三（明治三六）年の論説で同じ趣旨の発言をしている。

「実業専門学校へ入学の場合に際し、之と縁近き商業学校の卒業は入学の一資格とならず、却つて之と縁薄き普通中学の卒業生のみ此資格を得ると云ふに至りては無意味も亦甚しきに非ずや」（『経済策論』実業之日本社、一九一〇年）。

大正期に入ると、中学校と実業学校のこの差別問題解消の世論が高まり、一九二三（大正一二）年には全国実業学校連合大会と実業学校出身者大会において差別撤回の決議がなされ、文部省もこれを認めて、その翌年には『官報』の告示で専門学校の入学に際しては男女の実業学校と中学校および高等女学校の卒業生を同等に扱うように通達した。試験問題は中学校卒業生が有利であったものの、このことによって中等教育段階の袋小路解消は一応公的に容認されたことになる。

工農商の実業学校から実業専門学校への進学者の占める比率は年度によってばらつきがある。名古屋大学で産業教育学を担当した佐々木享が『文部省年報』をもとにして大正期から一九四二（昭和一七）年までのその比率を調査したところでは、高等商業では三〇%台、高等農業では二〇%台、高等工業では一〇%台の年度が多く、中学校卒業生の占める比率との間には開きがあったけれども決して閉ざされてはいなかった（『日本の教育課題』第八巻、東京法令出版、一九九五年）。

大学段階になると、東京工業大学の場合、昇格当初は高等工業の出身者が圧倒的に多く、初年度の入学者一四七名中高等学校出身者はわずか二〇名にすぎなかった。その後工業大学の評価が高まるにつれて、工業専門学校と高等学校の卒業者の比率はほぼ半々となった。東京帝国大学工学部ではほぼ全員が高等学校出身者であったのに比べれば大きなちがいである。

神戸商業大学の場合、前身の神戸高商で商業学校出身者に門戸を開いていたことは前述したが、その予科と附属商業専門部が大学昇格時に廃止されたため、これを残念に思う地元の有志たちは、県立商業学校に隣接して県立の神戸高等商業学校を設けた。この県立高商から神戸商大に進学する者は、多い年には四〇名を数えた。なお神戸商大にはその他の高商からの進学者も多く、例えば大分高商からは一九四〇（昭和一五）年に一三名、その翌年には七名、翌々年には一〇名が進学している。小さいながらも、大学教育の中にも風穴があけられていたことになる。

一元的教育体系が採用された戦後になって、職業科の高校から、いわゆる有名と称される大学の産業系学部への進学者がどれだけ増えたかは調査結果が待たれるところであって、それほどの急増ではないように思われる。

(2)**特色ある校風の発揮**――二元的教育体系のエリートコースである中学校―高等学校―帝国大学の中で、特に高等学校三年間は比較的自由な学芸の教育と自由な学寮の生活によって青春を謳歌できたことにノスタルジアを感じる者が多く、戦後の新制大学における教養課程にも影響を及ぼした。しかし、二五校の官立、三校の公立、四校の私立の高等学校を比較してみると、どれだけ特色ある学校経営がなされたかは判然としない。産業系学校は国家目的に奉仕する従順な技術者や労働者を育成したと言われるが、つぶさに調べてみると、必ずそのように断定できない例外的事例を数多く見つけ出すことができる。

傍系の実業教育は、正系の普通教育に後追いする形で成立したところが多いため、一般民衆は正系の学校、特に中学校や高等女学校を選択し、実業学校を一段低く見る風潮が生じた中で、実業学校の当事者は生徒確保に奔走した。そのためには、民衆の生活感覚に寄り添った教育の目標を示し、民衆の共感をかちとることが急務であったため、多くの中等・高等の実業学校の教育家は独自な校風を樹立し世にアピールしようとした。そこでは教育勅語体制にこだわらない多様な教育方針を打ち出した。

まず中等産業教育について見ると、岡山県立商業学校の初代校長小田堅立《けんりゅう》を例示したい。小田は、同志社を出てアメリカに留学した異色の教育家であって、県立中学校と比べてとかく低く見られた同校の存在を世に知らせるため各種の工夫をした。例えば、「商業に国境なし」をモットーにして実践的な外国語教育を行い、卒業生をアメリカに送り出したり、卒業式には生徒代表が日本語、英語、支那語の三か国語の答辞をして出席者を驚かせたりした。生徒の服装は生地は木綿でも海軍の制服をまねてハイカラなものにし、自らはロバに乗って出勤した。洋楽器を購入して吹奏楽団を編成して市中を行進したり、校内の中庭に設けた花壇では職員生徒参加の大茶話会を催したり、とかく世人の意表をつく学校経営をした。戦後になって門下生が集って七回忌追善供養を行った際の祭辞の中には次のような一文がある。

「先生の教育理念は単なる読書人を作るのでもなく、偏固な学究者流を養成するのでもなく、産業人としての矜《きょう》持《じ》と識見を養ひ、端的に経済理論と技術の要点を把握して、直ちに之を実行に移す推進力を養ふに在った」(『恩師小田堅立先生建碑追善記念』一九五〇年)。

商業学校は中学校よりも外国語に強いということは生徒の誇りの一つであった。例えば熊本県立商業学校では県下の中等学校で最初にアメリカ人教師が英語を教え、多いときには三人の外国人教師がいたこともあって、明治期の卒業生は次のように回顧している。

「我等の誇とするところは何と云っても西洋人が居る事であった。熊商の英語は西洋人が教える。英語の時間も多い。他の中学が五年生でやるところは四年まででやってしまい、五年生では専門学校程度の教科書を使い、原書を多く使った」(『熊商90年史』一九八六年)。

次に高等産業教育について見ると、帝国大学の産業系学部は蘊奥《うんのう》を極めるという「帝国大学令」のしばりがあったけれども、産業系の大学、学部、専門学校にはかなりの自由裁量が許容されていて多様な実践がなされた。例えばはじめ私立として設立され、のち官立に移管された明治専門学校のごときはその典型的事例であるが、同校については先述したので、ここでは一九二〇(大正九)年創立の横浜高等工業学校の初代校長鈴木達治の校風づくりを例示してみよう。

鈴木は、帝国大学出身の理学士であって、東京高等工業学校教授をつとめていたころ、手島精一校長の感化を受けて、手島の愛弟子を自認していた。彼は自著『自由教育の俤《おもかげ》』と『自由教育片鱗』に示されるように自称自由教育の旗手として学校経営にあたった。具体的には無試験無採点主義、無罰無賞主義という官立校としては意表を突く方針を打ち出した。生徒の「天賦天稟《てんぷてんぴん》の才能徳性」を発達促進させる「自由啓発の教育」を行うに必要な手段であった。ただし、大正新教育運動家の中には体制に対する反抗から官憲の弾圧を受ける者も出た中で、鈴木の自由主義は教育勅語や軍事教練を容認していた点では、彼独自のものであった。

農業専門学校では、自化自育の教育を行った岐阜高等農林学校長草場栄喜に注目したいが他の箇所でも言及するので、ここでは、一九二一(大正一〇)年創立の三重高等農林学校長上原種美を取り上げる。上原は、駒場出身の農学士であって、東京高等師範学校教授をつとめ、また後には東京帝国大学の農業教員養成所が一九三七（昭和一二）年に独立して東京農業教育専門学校となったときその初代校長として学校づくりに貢献した、教職経験豊かな教育家であった。三重高農の初代校長となった上原は、大正新教育運動の中で、教授法について特段の工夫をした。講義形式の一斉教授法をできるだけ排して自学研究主義の教育法を採用した。教育の個別化と実際化を図るため、当時提唱されていた新しい方法、例えば、ドルトン・プランに類する教育とか現地教育とか個別教育とかを積極的に取り入れた。彼は入学式の式辞で彼の教育方針を「自由啓発主義の教育」と称した（『三重大学農学部六十年史』一九八一年）。

商業専門学校には特色ある学校が多いけれども、一例を出すとすれば一九二三（大正一二）年創立の松山高等商業学校を挙げたい。同校の初代校長となった加藤彰廉《あきかど》は東京帝国大学出身の文学士であって、山口高等中学校（のちの山口高等商業学校）、広島尋常中学校で教職経験を積んだのち、帝大時代の学友であった平沼淑郎にさそわれて、市立大阪高等商業学校の教授や校長をつとめた。たまたま郷里松山の有力者たちの醵金によって私立の高商が設けられると、懇請されてその校長を引き受け、独自な校風づくりをした。彼は生徒に対する訓示で教育方針を語った。

「出デテハ有為多能、適《ゆ》クトシテ可ナラザルナク実用的才幹ヲ発揮シ、己レノ務メニ対シテハ忠実勤勉、誠心誠意、以テ人ノ信頼ヲ博シ、入ツテハ益《ますます》知識ヲ研キ、徳ヲ積ミ、真理ヲ尊トビ、正々堂々俯仰《ふぎょう》天地ニ恥ヂザル底ノ人物タルノ修養ヲ怠ラザランコトヲ望ム」（『松山商科大学三十年史』一九五三年）。

彼はこれを総称して三実主義と唱えた。三実とは、実用（Useful）、忠実（Faithful）、真実（Truthful）を言う。加藤の没後のことではあるが、第一一師団司令部の某少将が公開の席でこれに対して批判をした。軍人は「軍人勅諭」で十分であるのに、「教育勅語」以外に守るべき教訓を設けることに疑問を呈したのである。しかし、同校ではその後もこの三実主義を校訓として守り継いだ。

7　提言（その二）――学校の果たした役割を再評価する

序章において著者は、日本では、国家も企業も教育家も学校における産業の人材養成への期待を寄せ、これに対して日本の産業系学校は十分にその期待にこたえた、と述べた。しかし、中には、教育の実務を担当してみて、学校における産業と教育を結合させることのむずかしさを体験した教育家もいた。

その一例として県立広島工業学校の初代校長尾形作吉のぼやきにも似た感懐を取り上げてみよう。尾形は蔵前の出身でありながら東京尋常師範学校の教諭・舎監をつとめた教職歴の持ち主であって、広島県職工学校と称していた時期の一〇年間創業役を果たし、同校が工業学校へ転換することが課題となったころ、そこに見切りをつけて住友家に雇われ住友職工学校の経営に携わった。企業内教育に転じたのである。晩年のことではあるが論説の次の一文に彼の苦節の跡が語られている。

「産業と教育といふ題目は余りに大きな問題で、我々世間知らずに只教育といふ大きな様な小さな城廓に立籠つて人格陶冶や徳性涵養一点張りの駄法螺《だぼら》を吹いて居つた者の頭では到底消化し切れないことである。産業を教育に結びつけようとするのは我日本に於ける至難中の最至難な超至難事と言つてよい。死んで居る様な教育で産業といふ活問題を一層活かそうとするのだから仲々六ケ敷《むずかし》い」（『産業と教育』第二巻一〇号、一九三五年一〇月）。

この尾形の嘆きは、産業教育を口にする者にとって耳の痛むことであるけれども、尾形を含めてこの難事を超克しようと努力してきた多数の産業教育家が存在していたことは大いなる救いである。本書の序章では、近代日本において学校に対して二つの大きな期待がかけられた、と述べた。その一は、学理と実地を結合することであり、その二は、産業と道徳を結合することであった。以下においては、産業教育家がこれら二つの期待にどのようにこたえたかについて概述してみる。

⑴学理と実地の結合の実践例——序章ではこの点の期待について、工業分野の志田林三郎、手島精一、農業分野の船津伝次平、志賀雷山、商業分野の矢野二郎、松永道一、渋沢栄一らの言辞を紹介した。産業系の中等および高等の学校においてこの点についてどのような実践がなされたか、以下に三分野において注目したい事例を記してみる。

工業分野の中等教育では、納富介次郎が創立に寄与し初代校長をつとめた金沢工業学校を挙げたい。一八八七（明治二〇）年の創立で、のちに石川県立工業学校と名を変える名門校である。初定の学則では、「本校ハ各種ノ工芸ニ関スル学理ノ応用法ト芸術トヲ兼ネ授ク」とある。開校当初の『石川県学事年報』では、「其目的ハ工業ニ関スル学理ノ応用及実地ノ芸術ヲ授クルモノトス」「本校ハ学理実業兼備ノ工芸家タランモノヲ育成スルヲ以テ目的トナス故ニ技芸ト之レニ必要ナル学科ヲ兼ネ授クルヲ以テ主要トス」と記されている。言うところの芸術は技芸の謂である。一九〇三（明治三六）年に同校を視察した実業学務局長真野文二は次のように評価した。

「教育を実際的ならしめ且其普及発達を計らんには、学校と民間とは常に相接着して所謂《いわゆる》唇《しん》歯《し》輔《ほ》車《しゃ》の関係を保たざる可らず……余は金沢の工業学校に於て此関係の密接せるを見たり」（『実業時論』第三巻六号、一九〇三年六月）。

工業分野の高等教育では、大阪高等工業学校初代校長伊藤新六郎に注目したい。同校は一八九六（明治二九）年に東京に次ぐ第二の官立の工業学校として設けられ、一九〇一（明治三四）年に東京と並んで高等工業に昇格した。同校は創校時から技術主義・現業主義の方針を打ち出し、「本校ハ将来工業ニ従事スベキ者ヲ養成スルヲ以テ目的トス。故ニ教育ノ方針ハ就業上必要ナル諸学課目ヲ授ケ、併セテ各科所設ノ工場ニ於テ学理ヲ応用シ実地製造ヲナサシメ、卒業後尚一箇年以内本校工場若クハ他ノ工場ニ於テ其ノ技術ヲ研究練習セシメ、然ル後実業ニ従事セシメントスルニアリ」とうたった（『大阪工業学校一覧』明治三三年度）。その直後の雑誌記事では、同校がサンドウィッチ方式を採用する計画であることが次のように報じられた。ただし、同校は一九三三（昭和八）年には大阪帝国大学に合併されてその工学部となるため、所期の目的は十分に果たし得なかった。

「従来授業は一学年の初めより学科と実習とを併せ課しつつあるが、何れも未だ専門学科及び業務の如何なるものなるやを知らざる生徒に対し座上の講義をなすも頓《とん》と了解に苦むの跡あり。不便少からざるを以て、今後は毎学年三学期中の最初の一学期は専ら実習に服せしめ、略《ほぼ》その大体に通じたる上講堂教授に移ること、所謂サンドウィッチ式にせんとて目下協議中なりと」（『教育時論』第七二五号、一九〇五年六月）。

農業分野の中等教育では、長野県木曽山林学校を挙げたいが、すでに第9章で例示したので、ここでは京都府立京都農林学校を取り上げる。その理由は、農会の事業としての試験場および農事講習所が一八九五（明治二八）年に京都府簡易農学校となり、その後水準を高めて京都府立農学校、京都府立農林学校と名を変え、第二次大戦末期の一九四四（昭和一九）年に京都府立高等農林学校に昇格するという上昇の一途を辿った特異性にあるからである。同校が簡易農学校となる際、創立に寄与したのは、それより二年前から同府の農事巡回教師をつとめていた駒場出身の農学士佐藤義長であって、初代校長に就任した。その後、佐藤は盛岡と宇都宮という二校の高等農林学校長をつとめ、農業教育界の重鎮となった。農事講習所から簡易農学校への改編について一八九五（明治二八）年の『京都府農会報』は次のように報じている。

「聞く所によれば、全校の主旨とする所は今日の実業家をして学理と実地に就き充分に練習せしめ、以て府下農事改良の主動力たらしめんとするにあり。斯の目的を以ては曩に農事講習所の開設ありたりと雖も、講習は唯だ僅少の時日を以て各郡に開設せられ所謂農理普及の速成に適《かな》ふものにして未だ充分に学理及実際に就き実力家を養成するに足らず」(『京都府立大学百年史』一九九五年)。

農業分野の高等教育では、一九三五(昭和一〇)年創立の東京高等農林学校に注目したい。同校の起源は一八七六(明治九)年に設置された農事修学場の試業科にまで遡るためその歴史は古い。その後は駒場の帝国大学に付設されて、名称も速成科、簡易科、別科、乙科、実科と名を変えて実務的な教育の実績を収めてきた。「駒場実科」と通称されたこの教育機関は帝国大学にはなじまないという理由から早くから分離独立が議論されてきて、ようやく実現にこぎつけ、帝国大学とはちがった教育方針のもとに運営された。独立直後の同校の紹介記事には、六〇年来の古い歴史と四千有余の卒業生をもつという実績を誇ったうえで、その教育方針が次のように記された。

「本校に於ては単に学問として理論及其の応用を教授するに止らず、実験・実習を重んじ、単に一本一草の性状・栽培等を知るに止らず、学理と実地を総合せる経営者として完成せる人物の養成を終局の目的として居る」(『文部時報』第五四三号、一九三六年三月)。

商業分野の中等教育では、滋賀県立八幡商業学校を例示してみよう。近江商人の発祥地滋賀県では勧業知事として有名な中井弘が近江商人の蓄えた資本を地域産業の振興に役立てることを企画し、一八八六(明治一九)年という早い時期に大津市で滋賀県立商業学校の設立に導いた。当初同校は生徒募集に難渋し、一時は廃校論にさらされたが、一九〇一(明治三四)年に近江商人にゆかりの深い八幡町に移転して落ち着いた。この間の校長矢部善蔵は慶応で福沢の門下生であって、近江商人の伝統を生かした校風づくりを目ざし、将来は商業大学にまで発展させたいという抱負を述べた。同校の教育で注目されるのは、商業実践としての「行商」の体験であって、天秤棒一本で千両を稼いだという近江商人の伝統を継承したもので昭和初年まで継続した。当時の県の公報には次のように記されている。

「今回生徒をして行商をなさしめたるの趣旨たるや、実地の探検に在るは勿論なれども、其直接の目的は生徒をして金銭の貴きを知らしめんとするにあり……而して間接の目的に至りては種々あれども、主として我近江商人天賦の才能気質を発暢《はつよう》し、祖先の鴻業《こうぎょう》に感じ奮起せしめ、冒険の風を養成し、彼等後来の商業をして益《ますます》拡張せしめんとするに在り」(『八幡商業五十五年史』一九四一年)。

商業分野の高等教育では、小樽高等商業学校を例示する。一九一〇(明治四三)年に地元が負担金を出すという条件での誘致運動が効を奏しての開設であった。初代校長には早稲田大学の前身校である東京専門学校の出身でアメリカのコーネル大学で学位を取得した渡辺龍聖が就任し、プラグマティズムの思想をもとにした学校経営をした。彼は開校に先立って雑誌記者に次のように語った。

「本校は、商業学の原理を研究する学者を養成するにあらずして、卒業後直ちに実務に当り何等不便を感ぜざる所謂実務家を教養せんとする方針なり。是れ余の校長としての希望なり」(『教育時論』第九三二号、一九一一年三月)。

一〇年余り創業に力を尽したのち、渡辺は名古屋高等商業学校長に転出するが、その直前に催された開校一〇周年記念式典では、「先輩高等商業学校に於て教授せざる科目にして本校独得の学科三あり。一は商業実践、二は企業実践、三は商業実験なり」と述べた。同校には企業実験工場が設けられたが、それは渡辺が在職中に教授の国松豊に命じてアメリカのテーラーの科学的管理法を応用させたものである。ちなみに国松はこののち、渡辺の後任として名古屋高等商業学校の第二代校長に就任した。小樽高商の実践は、渡辺と国松の手によって名古屋高商に移し植えられることになったのである。

(2)産業と道徳の結合の実践例——学校において産業と道徳を結合させたいという期待については、序章で渋沢栄一、牧野伸顕、手島精一、玉利喜造らの言辞を引用した。産業系の中等・高等の学校において、この期待に対する実践例を挙げてみよう。

工業分野の中等教育では、愛知県窯業学校を取り上げてみる。一八九五（明治二八）年に町の有力者たちによって瀬戸陶器学校（徒弟学校）が設けられたことに端を発し、一九一一（明治四四）年にそれが県立に移管され、その後全国唯一の窯業学校の名称をもつ工業学校へと発展したことについては前述した。初代校長北村弥一郎、第三代校長黒田政憲といった日本を代表する窯業研究家が学校の設立と経営に寄与した。一九〇九（明治四二）年に初めての『町立瀬戸陶器学校一覧』が刊行され、「本校教育ノ要旨」の中には「実技ノ習練」に加えて「徳操ノ涵養」を重視する次のような一文が含まれている。なお、同校は現在も瀬戸窯業高等学校と称している。

「彼ノ英国ノ工業家及ビ労働者ガ能ク大陸ノ競争者ニ打勝チ其位地ヲ保持スル所以ノ者ハ実ニ熟練ト常識トノ力ニ負フ所大ナリ。本校ノ教育ハ特ニ此点ニ留意シ訓育ノ方面ニ於テハ一般国民トシテ必須ナル徳操ノ涵養ハ勿論、技術者トシテ肝要ナル性格習慣ヲ為成《いせい》セシメンコトヲツトメ、知育ノ方面ニ於テモ普通学科ハ啻《つと》ニ書ヲ読ミ之ヲ綴ルノ能ヲ得セシムルノミナラズ、知徳ノ啓発常識ノ修養ニ資センコトヲツトム」（『愛知県立瀬戸窯業高等学校八拾年史』一九七五年）。

工業分野の高等教育では、明治専門学校の「徳目八か条」が注目されるが、すでに第5章で言及したので、ここでは一九二〇（大正九）年創立の広島高等工業学校を取り上げる。初代校長には熊本高等工業学校長川口虎雄が就任した。川口は、前任校の熊本高工において、同校の初代校長中原淳蔵が九州帝国大学工科大学長に転出のあと、第二代校長をつとめていた。前述したように中原はダイアーの愛弟子であって、後輩の川口は中原の薫陶を受けたため、ダイアーの孫弟子とも言える。広島に移った川口は、初の入学式で、「諸子ヲ待ツニ青年紳士ヲ以テス」と訓示し、人格陶冶の教育をなすことを宣言した。一九二六（大正一五）年の校則改正では、「品性ノ備ラザルモノハ進級セシメザル方針」という大胆な見解を打ち出して次のように記した。

「本校教育ノ目的ガ、我国工業ノ発展ニ適応スベキ技術者ヲ養成スルニアルハ論ヲ俟《ま》タザルモ、本校ニ於テハ工業界ノ現状ニ鑑ミ人物養成ニ最モ力ヲ致シ、智育体育共ニ訓育ノ主義方針ニ悖《もと》ラザランコトヲ期セリ」（『広島大学二十五年史包括校史』一九七七年）。

農業分野の中等教育では、一九〇一（明治三四）年創立の愛知県安城農林学校長の山崎延吉の実践に特色がある。山崎は、駒場の農科大学を出て福島県蚕業学校に就職、一八九九（明治三二）年から大阪府立農学校教頭に転じた。当時の同校は生徒のストライキで揺れ動く難治校であって、誰もが敬遠していたけれども、山崎は生徒に真正面から向かい合い彼等の感化に成功した。二年余り勤務したあと、のちに日本のデンマークと称されるようになる愛知県安城村に設けられた県立農林学校の初代校長に転じ、一九年余りにわたり同校を有名校に育て上げた。彼は勤労主義・精神主義の教育方針を打ち出し、特に実習と修身に格別の重点を置き、その修身は彼自身が担当した。一九〇三（明治三六）年には有名な以下の四則の校訓を定めた。ただし、後年の山崎は、農学校教育の限界を感じたため、農村更生のために皇国精神・国体精神を育てる農民啓発運動のリーダーとなるが、農民を道徳面から奮起させるという姿勢に変化はなかった。

「一、礼節ヲ正クシ廉恥《れんち》ヲ重ンジ古武士ノ風ヲ養フ可シ。
一、国家ニ貢献センコトヲ庶幾《こいねが》フ者ハ勤労ヲ以テ身ヲ馴ラス可シ。
一、利ヲ忘ルベカラザルモ尚之レガ為メニ他ノ迷惑ヲ招クコトアル可カラズ。
一、共同一致ガ成功ノ基タルヲ覚知ス可シ。要ハ只誠意ニアリ」（『日本農業教育史』一九四一年）。

農業分野の高等教育では、盛岡と鹿児島の高等農林学校での玉利喜造の倫理教育の実践についてはすでに述べたので、岐阜高等農林学校の草場栄喜を例示する。草場についても、すでに言及したように札幌系の農業教育家として農業の工業化、つまり農工両全の提唱者として注目されるが、ここでは彼の提唱した「自化自育」の教育にも注目してみたい。草場は、これより先島根県立農林学校長をつとめていたときにこの教育方針を考え出し、岐阜高農では初代校長東海林力蔵の「凛乎《りんこ》たれ、真摯《しんし》なれ」という言葉を引きついで、さらに磨きをかけた。東海林は札幌系の農学博士であったが、半年余りで死去したため、後を継いだ草場は、「自化自育、凛乎真摯」を校是とした。草場の自化自育とは、道徳生活の根本にある自律性に基礎を置き、自己の性能を開発し、自己の心底にある力を発揮するため、「自ら考へ」「自ら恃《たの》み」「自ら努る」ことにより自己実現をせよ、という意味であると彼は言う。一九三〇（昭和五）年の第四回卒業式での訓示の中には次のような一節がある。

「凡て如何なる業務事業とも成功の秘訣は自化自育に凛乎たるべく真摯たり得べき実力と固き信念がなくては、如何に知恵才能があつても到底地平線上の人物となることは出来ないものである」（『岐阜大学農学部六十年史』一九八三年）。

商業分野の中等教育では、斎藤軍八郎が市立下関商業学校において、渋沢栄一の論語主義の教育を行ったこと、家庭的公認塾舎を設けたことについては、先に記した。加えて、同校の道徳教育についてはさらに補足したいことがある。斎藤は「下商名物」とまで悪評された生徒のストライキをおさめるため徳育の徹底に力を注いだ。就任後七年経ってようやく平穏に戻したころ地元新聞記者に対し語った中で、「私は常に知徳体兼備の者を以て理想の日本商人と定め、極力此三者の発達育成に努めて居るのです」と言い、中でも徳育については、「先以《まず》て鞏固《きょうこ》なる徳育の基礎を定め、其上に体智の柱を建つるのです」と言う（『馬関毎日新聞』一九〇九年一月二八日）。その徳育の具体策として企図した実践を彼は次の一〇項にまとめた。

「一、在校生・卒業生の不幸に対する同情の表明。

一、生徒の互選による風紀委員による風紀の振粛。

一、毎月、各学級の勤怠優劣に関する統計表の公表。

一、生徒による校舎内の洒掃《さいそう》。
一、教科書外の書籍雑誌や偉人傑士の事績などを学ぶための特別室の設置。
一、毎日始業前に全生徒が全教師に対してなす朝礼。
一、全生徒全教師列席して教師輪番の修身講話。
一、出征軍人の慰問や慈善事業のための表誠函の設置。
一、毎学年末の成績表を出身学校長に提出させ、旧師への敬慕の表明」(同上、一月二九日)。

商業分野の高等教育では、キリスト教系私学が、英語教育の実績を延長して商業教育に乗り出す事例が多く見られたが、その中にはキリスト教の立場から商業道徳を重視するところが存在した。その代表格が関西学院である。一八八九(明治二二)年にアメリカのメソジスト教会による開設という古い歴史を誇る同校は、当初は神学部と普通学部から成っていたが、一九一二(明治四五)年に「専門学校令」による文科と商科から成る高等学部に改組され、一九三二(昭和七)年に「大学令」による大学に昇格したとき、商経学部が設けられた。また、大学には専門部が付設されていて、それが一九三五(昭和一〇)年に関西学院高等商業学校に変更されて、その学科目の中に「経済倫理」という特異な学科目が入れられた。文部省に提出した申請書には注目すべき説明が記されていて、渋沢の提唱した論語主義とはちがった視角からこの問題へのアプローチがなされた。この説明書については先に引用した。

8　提言（その三）――ダイアーの残した遺産を再考する

本書の冒頭にヘンリー・ダイアーの言葉を引用したが、本書を締めくくるに際してもダイアーに注目して、彼の思想と実践を現代によみがえらせる手だてはないか、考えてみる。日本の産業教育、その中核をなす工業教育の原点はダイアーにあるからである。

ダイアーが来日して一四三年、ダイアーが没して九八年の歳月が流れた。著者は四〇数年前に日英教育交渉史の研究に着手したとき、日本でもイギリスでも忘れられた存在になっていたダイアーに光を当ててみた。その後日英両国でもダイアー研究が進み、興味あることには、一九九六年にグラスゴーで、その翌年には東京で相呼応してダイアー・シンポジウムが開かれた。グラスゴーでは、ダイアーが日本から帰国して設立に寄与したストラスクライド大学が、日本では、東京大学が主催者となり、前者では「グローバリゼーション」、後者では「エンジニア教育」がメインテーマとされた。

ちなみに、東京のシンポジウムは、東京大学総長や日本学術会議会長などの経歴をもつ斯界の権威吉川弘之が主導し、そのときの日英両国の一五名のスピーカーの講演内容は英文冊子として刊行されている。ダイアーの遺産は現代に生かすだけの価値があることは、この二つのシンポジウムの主催者たちの共通認識であったことが分かる。本書の主題である日本産業教育史の立場からその遺産を再評価してみると、次の三つの視座が重要ではないかと思う。

(1)国家進化論――ダイアーが帰国後に二冊の日本研究の大著を出版したことについては前述した。一九〇四年刊行の『大日本（*Dai Nippon*）』と一九〇九年刊行の『世界政治の中の日本（*Japan in World Politics*）』である。前者の副題は‘The Britain of the East, a Study in National Evolution’、後者の副題は‘A Study in International Dynamics’となっている。このサブタイトルの中の国家進化（national evolution）は国家を、国際力学（international dynamics）は国際を含意していて、国家と国際の両面から日本の近代化を研究したことになる。ストラスクライド大学の提起したグローバリゼーションは、この両面に視点を置いたものと解することができる。

ダイアーは、当時における卓抜した国際人であり、その視座から日本の国家進化を評価した。国際人としてのダイアーの活動は、二六歳にして来日し工部大学校を創設することから緒についた。彼は来日前に現地調査していた大陸諸国の学校制度を参考にしつつ、イギリス人の伝統である実地修業とを組み合わせた教育実験をはるか離れた東洋の異邦において成功させた。九年後に母国に帰ると、その実験の成果をイギリスにおいて再現すべく、ストラスクライド大学の母体校となるグラスゴー・西スコットランド技術カレッジの創立に寄与した。著者はこれを教育交渉史のブーメラン現象と呼んだ。

グローバリゼーションを果たすためには、国家のアイデンティティの確立が前提になる。来日したダイアーは、工部大学校に集まった日本青年のもつ国家意識の強さに驚いた。彼らの多くはかつての支配層であったサムライの子弟であった。彼らは、愛国心に燃え、日本を近代国家に脱皮させるという国家の政策に忠実に呼応し、大学卒業後は工部省の進める国営事業の最先端に立って活躍した。彼は言う。

「日本人の燃えるような愛国心、個人的・国家的名誉についての高度の感覚、鋭敏な知性が、一九世紀後半の政治的奇跡と認められるものを生み出すことを可能にした」（*Dai Nippon*）。

ダイアーは、日本を国家進化のモデル国と見た。その原動力は堅固な国家教育制度にあると解釈した。自由主義、個人主義の強いイギリスにとっては、日本の進化は「教訓」になる、と次のように言う。

「日本人は教育制度の中に国家進化の堅固な基礎を築いたが、その教育はすべての部門において非常に完ぺきであり、ある点でイギリスへの教訓となる」(*Ibid.*)。

独自な進化を遂げた日本に対して、ダイアーは国際社会に対して役割を果たすことを期待した。国家から国際への水路を拡張することを日本の新たな課題として提起したわけであって、その水路は大きく見て二本を想定していた。その一は、東西文明の融合であり、その二は、アジア諸国の覚醒である。以下にこれらの水路に対する彼の期待の要旨を概述してみる。

第一の期待である東西文明の融合については、日本人ならそれが果たせるであろうという楽観があった。日本人が西洋列強の植民地的支配を回避し、主体的に西洋文明を選択摂取して自家薬籠中のものにした実績を評価していたからである。

「日本は西の思想を吸収して、元の思想よりも価値あるアマルガムを作り得ることを示した」「日本の過去の歴史と最近の発達を見れば、日本は東洋と西洋の哲学や宗教の最良のものをすべて結び合わせるのに特に適している」(*Japan in World Politics*)。

この東西文明の融合というとき、ダイアーがまず考えたのは日本の伝統的な芸術や工芸を含む精神文化を守ることであった。「過去を忘れ特性のすべてを放棄した国家は真の偉大さに値しない」し、「もし今日生起している変革のさ中に、日本が世界の諸国家の中で独自な地位を保っている芸術的な特質を失うようなことがあれば残念に思うであろう」と言う。

(2)アジアの覚醒——国家進化を果たしつつある日本は、アジアの先進国として眠れるアジアの諸国民を覚醒させよと主張した。「中国や韓国の人民が国際的な生存競争に生き残るために何が必要かを学ぶ」ことができるように、「外から文明を与える」のではなく、「内から刺激を起こさせる」ための全面的な援助をなすべきことを期待した。日本がアジア大陸への侵略を開始したときも、ダイアーはなお日本への期待を捨てず好意的であった。『大日本』

の中では、日本には領土的侵略の意図は見られないとまで記した。「日本人は自国を東洋のイギリスにすること以上の野心は持っていない」し、最近の外交関係で日本が強硬な行動に出たのは、外国の列強がアジアでとっている侵略的行為に対処する止むを得ぬ対抗措置であると解釈した。例えば、ロシア、フランス、ドイツによる三国干渉の如きを念頭に入れていた。

しかし、日本が韓国を統治する度合いが強まると、さすがの日本びいきのダイアーも言葉に窮するようになる。日本における軍国主義と商業主義が結合して侵略的利己主義が力を増し政治家の支配が及ばなくなる事態を警戒せよ、と主張した。

幕末にイギリスへの留学体験をもち、その当時の知己を介してダイアーの雇い入れに奔走したダイアーの恩人伊藤博文は、一九一〇年にハルピン駅頭で韓国青年安重根に暗殺され、これを機に日本は日韓併合条約を結び韓国を植民地にした。その後の事態を含めて日本の進路を十分に見通せなかったことは事実であるけれども、その責をダイアーに投げかけることについては意見が分かれるであろう。

少なくとも言えることは、ダイアーの描いた東西文明の融合とアジアの覚醒という理想は、この時代の日本にはいささか荷が重すぎた。むしろそれは第二次大戦後の現代日本の課題として残された。ダイアーの理想は、彼の尊敬していたラスキンの理想がそうであったように現実を越えた遠い未来へつながっていたと言えよう。

今日、ダイアーの遺産を継承するとすれば、ダイアー・シンポジウムで提起された、今日的意味でのグローバリゼーションを実現することである。世界の共生を目ざして、国家の次元を越えて国際的に協調すること、地球環境という次元から、地域と社会と文明の持続的発展を図ること、といった新たな課題が生じていて、そのためには日本で発揮されたエンジニアの精神力が必要となることに変わりはない。

顧みて、現今の日本では、多くの若者がエンジニアを目ざして、工学系の大学・大学院に在籍している。平成二七年度の文部省の『学校基本調査』によれば、その比率は、国立大学の場合、学部では三〇%、修士課程では四七%、博士課程では二一%に達している。国・公・私立大学の総数から見ても、学部は一五%、博士課程は一八%であるのに対して、修士課程は四二%という高い率を占める。これは、社会主義国家を除けばケタはずれの高率である。しかし、数は多くともエンジニアのミッションが見失われているのではないかという不安がよぎる。ダイアーの遺産の中で最初に評価すべきことは国家進化に立ち向かおうとするエンジニアの精神力ではなかろうか。

(3) 真の教育論——東京大学でのシンポジウムのテーマは「エンジニア教育」となっていた。確かにダイアーは日本の工学教育の創始者ではあるが、シンポジウムを主催した吉川弘之らは、工学を基底に据えつつも、さらにはそれを越えた広い視野から日本教育の再生を目ざしていたように思われる。元来エンジニアはラテン語の‘ingenium’に由来し、ダイアーの解釈では「いかなる問題であれそれの解決のために人間の精神力を働かせる」ことを含意している。

著者の調査では、ダイアーは八九件の著書・論説を発表していて、著者はそのうちの二四件を選び著作集全五巻にまとめ、イギリスで出版した。その中には多数の教育論が含まれているが、書名や論題に出てくる教育の呼称は一定せず多様である。例えば、エンジニアの教育（Education of Engineers）、技術教育（Technical Education）、技術訓練（Technical Training）、産業教育（Industrial Education）、産業訓練（Industrial Training）、自由学芸の教育（Liberal Education）、国民教育（National Education）などである。

ダイアーが種々の用語で彼の教育論を展開する中で、著者が特に注目したいのは、‘real education’という言葉を多用したことである。日本語に適訳語がないため、「真《まこと》の教育」と仮訳しておく。

ダイアーは、一八八二（明治一五）年に日本を去る日、工部大学校の生徒に対して離別の演説をした。それは同校から印刷物として刊行されていて、その中に次のような言葉が含まれていた。

「私がまず第一に申したいことは、日本では教育の中心的目的がまだ明確に自覚されなかったことであります。それが単なる教授（mere instruction）と混同されることがしばしば見られます」（*Veledictory Address to the Students of the Imperial College of Engineering*）。

ダイアーの言わんとすることは、これより三年前の一八七九（明治一二）年に工部大学校第一回卒業生に対して二回にわたり自己の教育論を訴えかけた中に明瞭に示される。この演説も *The Education of Engineers* と題して同校から出版されている。六〇頁に及ぶ長文のものであって、内容は専門職業教育と非専門職業教育の二部に分かれている。前者は工部大学校での教育実験の成果を記したものであって、注目すべきことはそれに非専門職業教育（non-professional education）をつけ加えたことである。彼の考えは次のような言葉から大方の察しがつく。

「諸君は専門職の一般的要綱については十分立派な知識を得たと思いますが、広い公正な考え方で問題を処理するにはなお大いに欠陥があり、公共問題に関する諸君の意見は、専門職的偏見と階級的先入観によって歪められる傾向にあります。もし諸君が、文学や哲学や芸術、さらには諸君の専門職には直接役立たないような諸科学にまったくの門外漢であったならば、諸君は多くの専門職人に見られがちな偏狭、偏見、激情から逃れることはできないでしょう」（*The Education of Engineers*）。

工部大学校の六か年間の教育課程は、専門職業教育が中心であったため、彼の言う非専門職業教育は不足していた。そこで彼は生徒に対して余暇学習を奨励した。「われわれの使える時間が非常に短いため諸君のカレッジ教育が放課後の学習で補われなければ、ミルトンのなした教育についての完全で寛大な定義は実現されないでしょう」と、上記の講演で語っている。彼はエンジニアは真の革命家（real revolutionalists）であれ、と説いたけれども、その前に善良かつ正義の人間（good and true men）であれ、というのが彼の教育信条であった。

ダイアーは、生徒を呼ぶのにミスターをつけ、同じ構内で起居を共にしつつ、イギリスのカレッジ方式の人間教育をしたし、厳しい規則で生徒を律するのでなく生徒の自覚に訴える配慮をしたり、生徒を罰することよりも賞することにより激励をしたり、生徒にスポーツを奨励したりした。特にスポーツは、午後四時に授業が終わると、一時間全員にこれを課し、一八七八（明治一一）年の英文カレンダーを見ると、その種目はランニングやスウィミングなど一二種の運動競技のほか、フットボール、ベースボール、クリケットなどの球技も含み入れて、生徒に思い思いのスポーツを楽しませた。

帰国後のダイアーは、ストラスクライド大学の前身校である技術カレッジの理事職やグラスゴー学務委員会の委員長職などをつとめて教育界で活躍し、その間多くの教育論を発表した。その中でしばしば使われるのが「真の教育」つまりまことの教育という言葉であった。彼は、ミルトン（J. Milton）、スペンサー（H. Spencer）、ハクスリー（T. H. Huxley）など著名なイギリスの教育家の言説を援用している。

教育の最終的な評価の基準は、どの程度人民の幸福が達成されたかにある、というのがダイアーの考え方であった。再び『大日本』の中の彼の言辞を引き合いに出してみると、「人民の大多数は封建時代の諸制約の下で可能であったものに比べて、より健康でより幸福になり、彼らの人間性をより高い程度にまで伸ばすようになったのか」と問いかけた（*Dai Nippon*）。工部大学校の成功にもかかわらず、彼は日本人が教育の真義を理解していないのではないかという一抹の不安を残していた。

ダイアーの遺産について考える際には、日本における真の教育の意味を問い直すことも意義あることだと思う。ダイアーはスペンサーの言葉を引き合いに出して人間として生きる力を身につけよと説いた。西洋の教育を移植する場合、その思想を移植することは、制度や方法を移植することよりはるかにむずかしい。ダイアー自身は、イギリス人の教育思想のフィルターを通して、西洋の教育制度を日本に定着させようとした。これにこたえて、日本人は、政治家も教育家も日本教育を近代化するという課題に向けて、懸命に創意工夫をこらした。ダイアーが離日したあともダイアーの示した範例を忠実に実践した人々がいたことについては、本書で多くの事例を挙げた。

その際、ダイアーの考えた真の教育という思想がどこまで日本人の思想になり得たかは疑問なしとしない。ダイアーはそのことが気になったのか、日本を去る離辞の中でその不安を口にした。教育において、思想が抜ければ効率という量的な指標が基準になる。量という視点からすれば、確かに日本の近代教育は成功したと言えるであろうが、果たしてそれでよいのであろうか。

日本におけるダイアーの最大の功績はエンジニアの教育であるが、今日それを拡張してみたらどうなるであろうか。人間が真実に生きるためには吉川弘之の提唱する「技術知」が必要であることは根本的な前提となる。その技術知はひとり工学部門にとどまることなく、あらゆる分野において、「知」と「技」を統合して専門職業教育に生かすべきであると解釈するならば、教育、とりわけ学校教育の果たすべき役割は広く、かつ重くなる。その専門職業教育は非専門職業教育と合体することによって真の教育となり、人格と学識と技術とを兼ね備えた専門職業人を輩出させることができる。

ダイアーが不安を残していた日本における真の教育という思想は、二つの世界大戦を経た戦後の日本において、ようやく形のあるものにすることが可能になった。当然戦前期の日本の教育に対する評価と反省の念が込められるべきである。戦後の教育学界をリードした二人の教育学者の言辞を、同意をもって引用して本書の結びとしたい。前者は東京大学の元教授海後宗臣であり、後者は広島大学の元教授皇至道である。

「わが国においても近代産業の成立過程と教育との関係を見るならば、両者が極めて深い結びつきをもって進展していることを認めうるのである」「新しい技術による人間性の開展を産業教育の中で改めて見直さねばならない。そして又、民衆の教育はこうした産業の中での新らしい人間性の発見から確然と組立て直されねばならぬ」

（『産業と教育』第一号、一九五一年六月）。

「人が生きることは、具体的には職業を離れては考えることはできない」「明治以来の教育では、普通教育から職業教育へ、一般教育から専門教育へと、心身の発達段階に応じた教育が重んじられてきた。この順序が義務教育諸学校において基調となることは認められてよいが、個性の職業への志向からいえばその順序は逆である。むしろ職業教育の中核から一般教育の外皮が生じてくるのである」（『日本教育制度の性格』玉川大学出版部、一九七〇年）。

《著者紹介》

三好《みよし》 信浩《のぶひろ》

1932 年　大分県日田市に生まれる
1961 年　広島大学大学院教育学研究科博士課程修了
　　　　大阪市立大学助教授，広島大学教授，比治山大学学長などを経て
現　在　広島大学および比治山大学名誉教授，教育学博士
単　著　参考文献にあげた 21 点のほかに，『イギリス公教育の歴史的構造』『イギリス労働党公教育政策史』（以上 2 部作，亜紀書房），『教師教育の成立と発展』『日本師範教育史の構造』（以上 2 部作，東洋館出版社）ほか

日本の産業教育

2016 年 6 月 30 日　初版第 1 刷発行

定価はカバーに
表示しています

著　者　三　好　信　浩
発行者　金　山　弥　平

発行所　一般財団法人 名古屋大学出版会
〒 464-0814　名古屋市千種区不老町 1 名古屋大学構内
電話(052)781-5027/FAX(052)781-0697

印刷・製本 ㈱クイックス　ISBN978-4-8158-0840-2

索　引

ア　行

カ 行

サ 行

タ　行

ナ　行

ハ　行

マ　行

ヤ　行

ラ　行

ワ　行

参考文献

＊主要なもののみを掲げた.

公文資料

『公文録』(国立公文書館蔵)

『文部省簿書』(「設置・廃止に関する許認可文書」「学則・規則に関する許認可文書」，国立公文書館蔵)

『実業学校一覧』(大正 6 年度～昭和 17 年度，国立国会図書館蔵)

『外国人叙勲雑件』(外務省外交史料館蔵)

教育史——日本

『近代日本教育制度史料』全 35 巻，講談社，1956～59 年

佐野善作『日本商業教育五十年史』東京商科大学，1925 年

千葉敬止『日本実業補習教育史』東洋図書，1934 年

文部省『実業教育五十年史』1934 年，同続編 1935 年

全国農業学校長協会『日本農業教育史』農業図書刊行会，1941 年

大久保利謙『日本の大学』創元社，1943 年

文部省『産業教育七十年史』1956 年

全国商業学校長協会『商業教育八十年史』1960 年

文部省『産業教育八十年史』1966 年

皇至道『日本教育制度の性格』玉川大学出版部，1970 年

隅谷三喜男『日本職業訓練発展史』上・下，日本労働協会，1970～1971 年

国立教育研究所『日本近代教育百年史』第 9・10 巻 (産業教育)，教育研究振興会，1974 年

大島正健『クラーク先生とその弟子達』宝文館，1958 年

豊田俊雄編『わが国産業化と実業教育』国際連合大学，1984 年

杉林隆『明治農政の展開と農業教育』日本図書センター，1993 年

入江宏『近世庶民家訓の研究』多賀出版，1996 年

手折明敏『近代日本農村における農民の教育と学習』日本図書センター，2002 年

望田幸男・広田照幸編『実業世界の教育社会史』昭和堂，2004 年

天野郁夫『大学の誕生』上・下，中公新書，2009 年

教育史——西洋

市村尚久『アメリカ六・三制の成立過程』早稲田大学出版部，1987 年

加藤鉦士『英国メカニックス・インスティチュートの研究』神戸商科大学経済研究所，1987 年

田代直人『米国職業教育・職業指導政策の展開——中等教育改造期を中心として』風間書房，1995 年

寺田盛紀『近代ドイツ職業教育制度史研究——デュアルシステムの社会史的・教育史的構

造』風間書房，1996 年
堀内達夫『フランス技術教育成立史の研究』多賀出版，1997 年
佐々木英一『ドイツにおける職業教育・訓練の展開と構造――デュアルシステムの公共性の構造と問題性』風間書房，1997 年
飯田史也『近代日本における仏語系専門学術人材の研究』風間書房，1998 年
橋本美保『明治初期におけるアメリカ教育情報受容の研究』風間書房，1998 年
広瀬信『イギリス技術者養成史の研究』風間書房，2012 年
横尾恒隆『アメリカにおける公教育としての職業教育の成立』学文社，2013 年
京免徹雄『フランス学校教育におけるキャリア教育の成立と展開』風間書房，2015 年

人物伝

『横井博士全集』全 10 巻，大日本農会，1924～25 年
『渋沢栄一伝記資料』本巻 58 巻，別巻 10 巻，龍門社，1930～40 年
『山川菊栄集』全 10 巻，岩波書店，1981～82 年
島田三郎『矢野二郎伝』実業之日本社，1913 年
『藪椿――市郵先生語集』名古屋女子商業学校・名古屋第二女子商業学校，1926 年
『手島精一先生伝』手島工業教育資金団，1929 年
梅田音五郎『ワグネル先生追懐集』故ワグネル博士記念事業会，1938 年
『水島銕也先生伝』愛庵会，1939 年
安達龍作『工業教育の慈父手島精一伝』化学工業技術同友会，1962 年
『我農生山崎延吉伝』風媒社，1966 年
土屋喬雄『シャンド――わが銀行史上の教師』東洋経済新報社，1966 年
土屋喬雄『渋沢栄一』吉川弘文館，1989 年
嘉悦康人『嘉悦孝子伝』浪曼，1973 年
『玉利喜造先生伝』玉利喜造先生伝記編纂事業会，1974 年
北正巳『国際日本を拓いた人々』同文館，1984 年
豊田寛三ほか『大蔵永常』大分県教育委員会，2002 年
森川潤『井上毅のドイツ化構想』雄松堂出版，2003 年
加藤鉦士『お雇い教師ヘンリー・ダイアーを介した日本・スコットランド間の教育連鎖の研究』科学研究費補助金研究成果報告書，2008 年

教育論

福田徳三『高等商業教育論』高等商業学校，1898 年
関一『欧米商業教育ノ概況』文部省専門学務局，1899 年
工政会『工業教育の改善方策』工政会出版部，1925 年
草場栄喜『農村及農業の工業化』大日本図書，1930 年
細谷俊夫『技術教育――成立と課題』育英出版，1944 年
細谷俊夫『技術教育概論』東京大学出版会，1978 年
石原孝一『日本技術教育史論』三一書房，1962 年
本庄良邦『産業教育体制論研究』三和書房，1973 年
本庄良邦『産業教育論』三和書房，1983 年
細谷新治『商業教育の曙』上・下，如水会学園史刊行委員会，1990～91 年

吉川弘之『テクノロジーと教育のゆくえ』岩波書店，2001 年
田中万年『働くための学習――「教育基本法」ではなく「学習基本法」を』学文社，2007 年
田中万年『「職業教育」はなぜ根づかないのか』明石書店，2013 年
本田由紀『教育の職業的意義』ちくま新書，2009 年
橘木俊詔『日本の教育格差』岩波新書，2010 年
日本産業教育学会『産業教育・職業教育学ハンドブック』大学教育出版，2012 年

関係書

前田正名『興業意見』全 25 冊，1884 年
田中芳男・平山成信編『澳国博覧会参同紀要』上・中・下，1897 年
農林省『明治前期勧業事蹟輯録』上・下，大日本農会，1939 年
『日本思想大系』全 67 巻，岩波書店，1970～82 年
滝本誠一編『日本経済叢書』全 36 巻，同叢書刊行会，1914～17 年
小野武夫編『近世地方経済史料』全 10 巻，同史料刊行会，1931～32 年
大蔵省『明治前期財政経済史料集成』全 21 巻，改造社，1936 年
『三枝博音著作集』全 10 巻，中央公論社，1973 年
『日本農書全集』全 72 巻，農山漁村文化協会，1982～2001 年
石川謙『石門心学史の研究』岩波書店，1938 年
宮本又次『近世商人意識の研究』有斐閣，1941 年
土屋喬雄『明治前期経済史研究』日本評論社，1944 年
竹中靖一『石門心学の経済思想』ミネルヴァ書房，1962 年
竹中靖一・川上雅『日本商業史』ミネルヴァ書房，1965 年
遠藤元男『日本の職人』人物往来社，1965 年
遠藤元男『日本職人史の研究』全 6 巻，雄山閣，1985 年
尾高邦雄『職業の倫理』中央公論社，1970 年
村上陽一郎『技術とは何か』NHK ブックス，1986 年
本田由紀『若者と仕事』東京大学出版会，2005 年
中岡哲郎『日本近代技術の形成』朝日選書，2006 年
熊沢誠『若者が働くとき』ミネルヴァ書房，2006 年
太田聰一『若年者就業の経済学』日本経済新聞出版社，2010 年

拙著――三好信浩著

『日本工業教育成立史の研究』風間書房，1979 年，増補版 2012 年
『日本農業教育成立史の研究』風間書房，1982 年，増補版 2012 年
『明治のエンジニア教育――日本とイギリスのちがい』中公新書，1983 年
『日本商業教育成立史の研究』風間書房，1985 年，増補版 2012 年
『日本教育の開国――外国教師と近代日本』福村出版，1986 年
『商売往来の世界――日本型「商人」の原像をさぐる』NHK ブックス，1987 年
『ダイアーの日本』福村出版，1989 年
『近代日本産業啓蒙書の研究――日本産業啓蒙史上巻』風間書房，1992 年
『近代日本産業啓蒙家の研究――日本産業啓蒙史下巻』風間書房，1995 年
『手島精一と日本工業教育発達史――産業教育人物史研究 I』風間書房，1999 年

『横井時敬と日本農業教育発達史——産業教育人物史研究 II』風間書房，2000年
『渋沢栄一と日本商業教育発達史——産業教育人物史研究 III』風間書房，2001年
『日本の女性と産業教育』東信堂，2000年
『日本工業教育発達史の研究』風間書房，2005年
『日本農業教育発達史の研究』風間書房，2012年
『日本商業教育発達史の研究』風間書房，2012年
『日本女子産業教育史の研究』風間書房，2012年
『産業教育地域実態史の研究』風間書房，2012年
『納富介次郎——佐賀偉人伝 10』佐賀城本丸歴史館，2013年
Henry Dyer : Pioneer of Engineering Education in Japan, Global Oriental, Kent, U.K., 2004
The Collected Writings of Henry Dyer, 5 Vols, Global Oriental & Edition Synape, Kent, U.K., 2006

雑誌
『文部時報』『教育時論』『帝国教育』『産業と教育』『産業教育』『龍門雑誌』『工学会誌』『工業生活』『蔵前工業会誌』『農学会会報』『農業教育』『帝国農会報』『大日本農会報』『商業世界』『如水会会報』『産業教育学研究』その他

図表一覧